NEUER SPORTVERLAG

MENTALE TIPPS & TRICKS IM TENNIS

... für Spieler, Eltern & Trainer

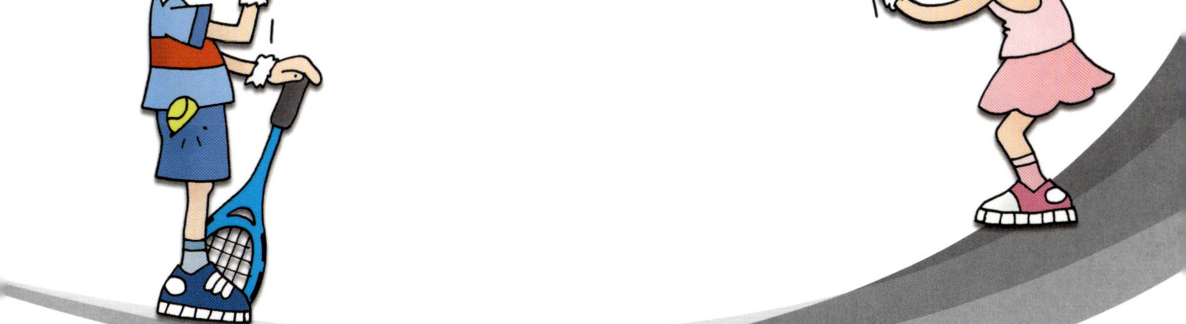

Von Nina Nittinger

Inhaltsverzeichnis

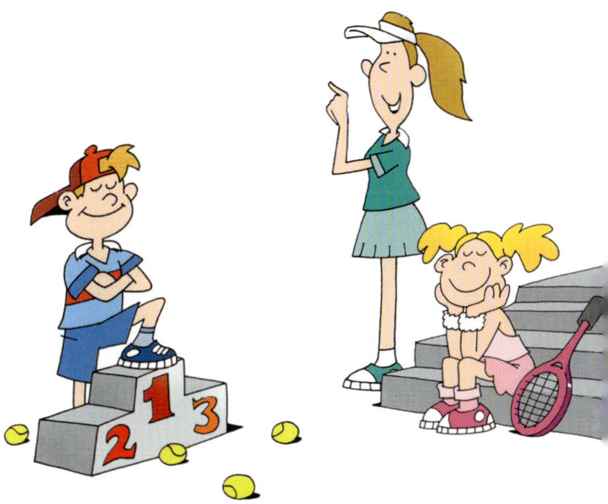

Vorwort

Das mentale Training ist seit einigen Jahren in aller Munde. Niemand zweifelt mehr an der Wichtigkeit und dem Einfluss, den mentale Stärke in allen Spielklassen auf die Leistungsfähigkeit hat. Auch die Literatur hat in diesem Themenbereich in den letzten Jahren enorm zugenommen. Es gibt zahlreiche Ratgeber und praktische Übungsbücher, die man als Hilfestellung verwenden kann.

Dieses Buch beschäftigt sich mit vielen Bereichen aus dem Mentaltraining und soll mit den mentalen Tipps, Tricks und Übungen eine Hilfestellung für Spieler, Eltern und Trainer sein, indem es Lösungsmöglichkeiten aufzeigt, die Tennisspieler dabei unterstützen, wie sie in den unterschiedlichsten schwierigen und anspruchsvollen Situationen auf dem Platz denken und handeln können. Denn werden den Spielern die richtigen Lösungsmöglichkeiten zur Verfügung gestellt oder haben sie gelernt, wie sie gewisse Situationen bewältigen können, dann stehen sie nicht hilflos und verloren auf dem Platz und werden automatisch mehr Spaß an Matches und Turnieren haben. Durch das kontinuierliche Anleiten und Anwenden können schon die ganz jungen Tennisspieler ein Repertoire an mentalen Fertigkeiten aufbauen und sie selbstständig einsetzen. Wenn sie zum Beispiel lernen, wie sie Nervosität und Anspannung in den Griff bekommen, dann erleben sie ihre eigenen Kompetenzen viel besser und bewusster. Dies wiederum steigert ihr Selbstbewusstsein, reduziert langfristig die Nervosität und erhält den Spaß bei Wettkämpfen aufrecht.

Dieser praktische Ratgeber widmet sich gezielt dem Thema Match, welches in die drei Phasen
1. vor dem Match,
2. beim Match und
3. nach dem Match aufgeteilt ist.

Denn letztendlich gilt es im Match das Trainierte anzuwenden und die individuelle Leistungsfähigkeit möglichst voll ausschöpfen zu können. Gerade in den schwierigen und wichtigen Momenten kommt es darauf an, das Gelernte auf den Boden zu bringen. Viele Spieler sind jedoch gerade dann besonders unsicher, wenn es um ein Match geht. Sie haben viel trainiert und sich perfekt vorbereitet, aber sobald es auf den Platz geht und ein ernsthaftes Match gespielt wird, dann heißt es, die Nerven zu kontrollieren, die Gedanken und Emotionen im Griff zu haben, alle schwierigen Situationen selbst zu meistern und für jedes Problem eine Lösung zu finden.

Auch die Eltern und Trainer wissen oft nicht, wie sie sich vor, beim oder nach dem Match verhalten oder was genau sie sagen sollen. Die Tipps und Tricks sollen ihnen aufzeigen, wie sie ihren Schützlingen in solchen Situationen ebenfalls unterstützend und beratend zur Seite stehen können. Spieler und Betreuer sind vor, beim und nach einem Match oft sehr emotional und angespannt. In solchen Situationen ist eine angemessene Kommunikation viel wert. Für den Spieler können die richtigen Worte im richtigen Moment extrem viel bedeuten. Sie geben ihm entweder Rückhalt und Vertrauen für das Match, oder sie können auch überfordern, verunsichern oder Zweifel hervorrufen. Auch nach einem Match ist es von enormer Wichtigkeit, ein gewonnenes oder verlorenes Match so zu analysieren, dass der Spieler etwas daraus lernt und dass sein Vertrauen für zukünftige Trainingseinheiten und Matches erhalten und/oder aufgebaut werden kann. Aus diesem Grund ist auch der Kommunikation ein Kapitel gewidmet.

Alle Tipps, Tricks und Übungen aus diesem Buch sind sowohl für den Spieler als auch für Eltern und Trainer leicht anwendbar. Sie können in fast allen Situationen eine Hilfestellung geben und auf die verschiedenen Altersgruppen angewendet werden. Allerdings ist an der Stelle zu beachten, dass die Spieler nicht mit Tipps überhäuft werden sollten.

Ein paar wenige Tipps zur richtigen Zeit können beim Spieler mehr bewirken als viele gut gemeinte Ratschläge, die den Spieler verwirren oder durch das eine Ohr hinein- und das andere Ohr wieder hinausgehen.

Und die wichtigsten Tipps zu Beginn:

- Tennis ist ein Spiel und wird auch immer ein Spiel bleiben.
- Spiele machen Spaß + Spiele sind Wettkampf = Wettkampf macht Spaß.
- Helfen Sie Ihren Schützlingen dabei, den Spaß und die Liebe zum Spiel und zum Wettkampf aufrechtzuerhalten.
- Gehen Sie auf Ihre Schützlinge ein und kommunizieren Sie offen miteinander.
- Verlieren, Fehler machen, Angst haben, sich ärgern, das alles gehört zum Tennisspielen dazu und ist völlig normal, entscheidend ist der richtige Umgang damit.
- Die Spieler sollten zu jeder Zeit (egal, wie sie gerade spielen) mit Verständnis und Geduld ermutigt und unterstützt werden.
- Die Tipps und Tricks in diesem Buch sind Hilfestellungen und Lösungsmöglichkeiten, sie sind kein Ersatz für professionelles und strukturiertes Mentaltraining mit einem Sportpsychologen. Sollte es anhaltende oder tiefgreifende Probleme bei den Spielern geben, wird empfohlen, umgehend professionelle Hilfe aufzusuchen.
- Überhäufen Sie Ihre Spieler nicht mit Ratschlägen, ein paar gezielte Tipps bringen mehr.
- Alle erwachsenen Betreuer sollten sich bewusst sein, dass sie zu jeder Zeit Vorbilder sind, sie sollten sich immer vergegenwärtigen, was sie sagen und wie sie sich verhalten.

Die Autorin hat alle Texte nach bestem Wissen und Gewissen zusammengestellt. Natürlich sind Fehler, unvollständige Themen (viele Themen sind stark abgekürzt, da sie sonst den Rahmen des Buches sprengen würden) und andere Blickweisen nicht auszuschließen. Es wird auch nicht erwartet, dass alle Tipps, Tricks und Übungen eins zu eins übernommen werden. Trainer, Eltern und Spieler sollen sich immer selbst Gedanken machen, ob dies für sie so passt oder ob sie allenfalls ihre eigenen, individuellen Tipps und Tricks zusammenstellen und die Übungen abändern. Der Einfachheit halber wird in den Texten immer nur von dem Spieler/Kind oder den Spielern/Kindern in der männlichen Person gesprochen.

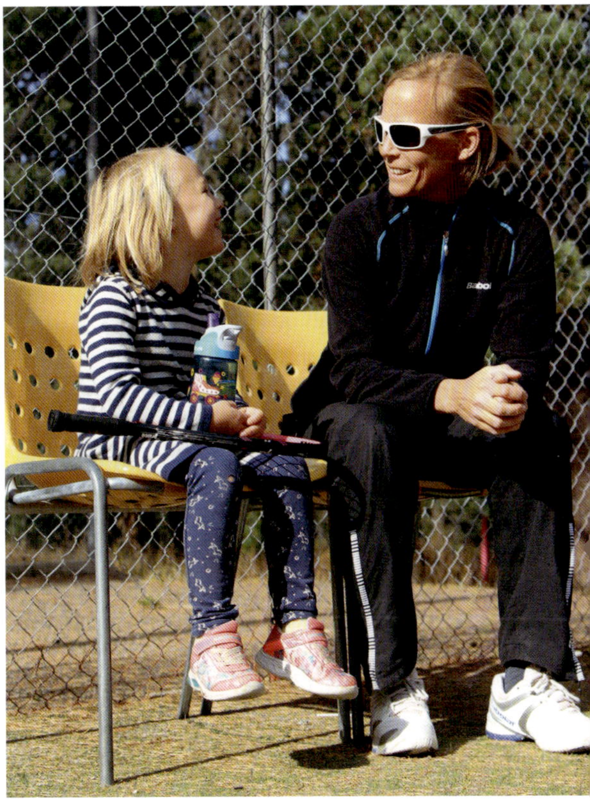

Stimme zum Buch

Ihrer Neugier, Offenheit, Fachkompetenz und Interesse am Spieler als Mensch entkommt man nicht. Oft habe ich Nina Nittinger als Spielerin und später Trainerin auf diversen internationalen Kids-, Jugend- und Profi-Turnieren getroffen. Kaum jemand lebt Tennis wie sie. Ihre Tipps aus Theorie und Praxis, verbunden mit fundiertem Wissen sowie viel Feingefühl und Erfahrung im Umgang mit den Nachwuchsspielern, bilden diesen wunderbaren Ratgeber. Ein gezielter Gedankenanstoß zum richtigen Zeitpunkt oder ein ermutigendes Wort können von Klein auf viel bewirken. Wir alle kennen Situationen, in denen es schwer fällt die richtigen, professionellen mentalen Tipps zu geben und Trainer und Eltern stehen nun mal in unmittelbarem Kontakt zu ihren Spielern. Das Buch offenbart viele Ratschläge die einfach aber äußerst effektiv in der Praxis umzusetzen sind. Ich wünsche allen Eltern, Trainern und Spielern viel Spaß beim Lesen und Umsetzen der praxisorientierten Tipps.

Petra Rußegger
MBA Sport- und Eventmanagement
Ehemalige Profispielerin
Sportkoordinatorin Tiroler Tennisverband
ITF Touring Team Coach
Langjährige Jugendnationaltrainerin
Österreichischer Tennisverband
Ausbilderin und Referentin Coaches Education

Vorlesegeschichten von Ballina

Die Dialoge zwischen der Trainerin **Ballina** und ihren zwei Spielern **Carlos Cool** und **Mona Mutig** sind Vorlesegeschichten für Kinder zwischen 5 und 10 Jahren. Eltern und Trainer können diese Geschichten abends vor einem Match, beim Training oder zu passenden Gelegenheiten vorlesen. Dafür können die Geschichten auch separat ausgedruckt werden, denn sie stehen als Download zur Verfügung. Ältere Kinder und Jugendliche können die Geschichten selbst lesen und zu ihren Turnieren mitnehmen.

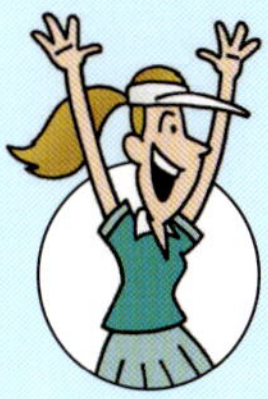

B **Ballina**

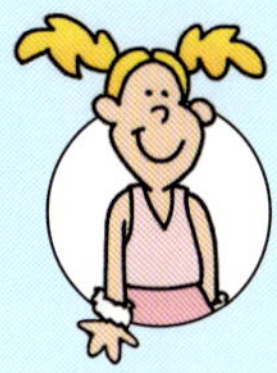

M **Mona Mutig**

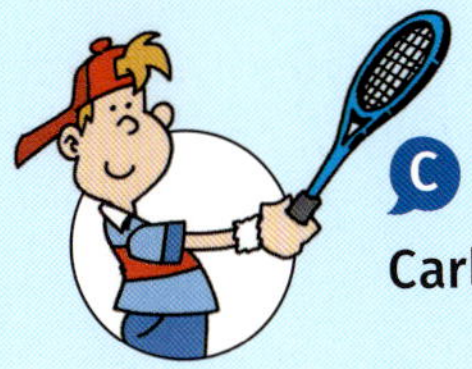

C **Carlos Cool**

Carlos ist ein hoch motivierter und sehr offensiver Tennisspieler, der sehr schnell wütend wird und möglichst cool bleiben muss. **Mona** ist ein eher ängstliches und defensiv spielendes Mädchen, deren Ziel es ist, mutig zu sein und an sich zu glauben. **Ballina** trainiert und betreut diese beiden Spieler oft bei den Turnieren und hat immer die richtigen Tipps und Tricks parat, um ihnen zu helfen.

Alle Comic-Vorlesegeschichten als Download zum Ausdrucken

Unter folgenden Links können Sie die Druckvorlage herunterladen:

PDF-Datei: **www.neuersportverlag.de/ebook/ballina.pdf**
ZIP-Datei: **www.neuersportverlag.de/ebook/ballina.zip**

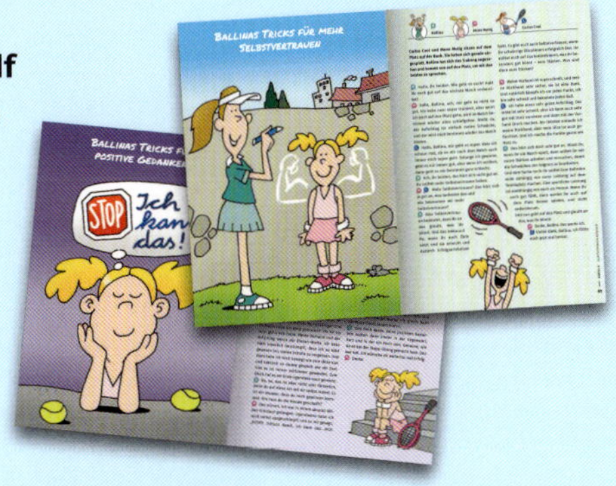

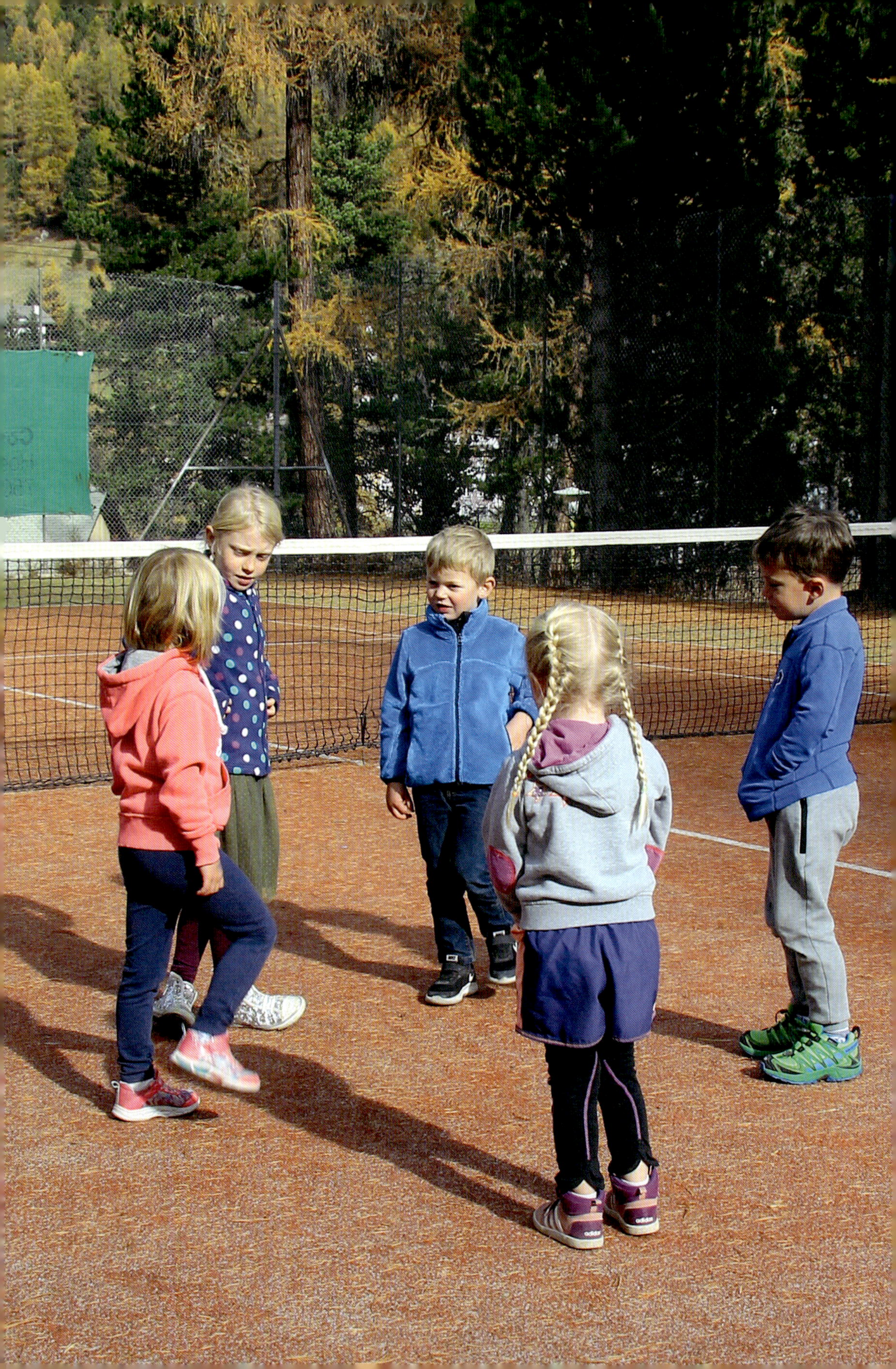

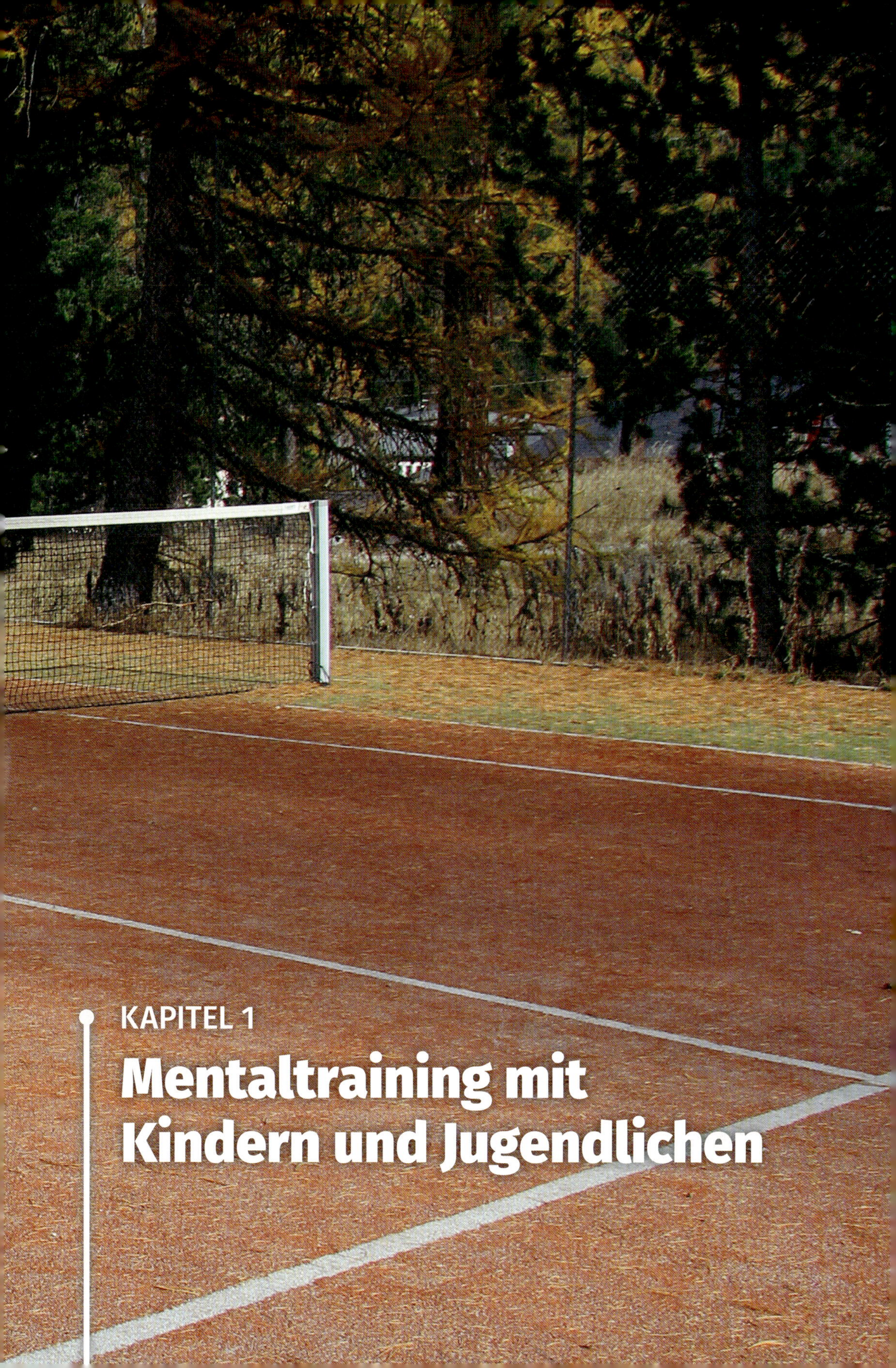

KAPITEL 1

Mentaltraining mit Kindern und Jugendlichen

Mentaltraining mit Kindern und Jugendlichen

Gerade bei Kindern stellt sich oft die Frage, wann der richtige Zeitpunkt ist, mit dem Mentaltraining zu beginnen. Oft hört man, dass die Kinder noch viel zu jung seien, um mit Mentaltraining anzufangen. Sie sollen erst einmal Spaß an ihrem Sport haben. Das stimmt auf jeden Fall, denn Kinder sollen sowieso immer Spaß an ihrem Sport haben. Aber grundsätzlich kann man auch sagen, dass es nie zu früh ist, um mentales Training bei Kindern einzuführen, wenn es dem Alter angepasst ist. Das mentale Training ist ein Prozess, der langfristig aufgebaut werden sollte. Und je früher man damit beginnt, umso besser kann man einfache mentale Fertigkeiten von Anfang an richtig lernen, anstatt später Fehler mühsam wieder beseitigen zu müssen. Genauso, wie man in einem bestimmten Alter mit roten Bällen, roten Schlägern und auf roten Plätzen spielen sollte, um beim Tennisspiel den richtigen Einstieg zu finden, müssen auch die mentalen Tipps und Übungen erst „rot“ sein, um dann langsam auf „orange“, „grün“ und „gelb“ überzugehen.

Besonders die jüngeren Kinder lernen das meiste durch positive Erfahrungen. Zu lange Erklärungen können schnell langweilig werden und bringen meistens nicht den gewünschten Erfolg. Die Kinder verstehen und lernen am einfachsten durch mentale Übungen, die mit Geschichten, Zeichnungen und/oder Spielen verknüpft sind.

Eltern sind oft ratlos und wissen nicht, wie sie mit ihren Kindern umgehen oder was sie ihnen sagen sollen, wenn es nach dem Match Tränen gibt, die Kinder Angst haben oder vor einem Match so nervös sind, dass sie kaum den Schläger halten können. Als Erstes sollten sich Trainer, Eltern und ab einem bestimmten Alter auch die Spieler mit den altersgerechten Informationen, Hintergründen und der dazugehörigen Theorie beschäftigen.

5 bis 10 Jahre

Der Altersabschnitt von etwa 5 bis 10 Jahre wird als Kindheit bezeichnet. In der Entwicklungspsychologie wird diese Phase noch sehr häufig in das Spiel- und Schulalter unterteilt. Im Sport nennt man diesen Altersabschnitt meistens Grundlagentraining oder Initiierung.

(vgl. Bühler, 2012)

Allgemeine Infos

Die Kinder zwischen 5 und 10 Jahren kann man auf folgende Weise kurz charakterisieren:

- Die Hauptmotive sind unmittelbares Vergnügen und eine sofortige Bedürfnisbefriedigung.
- Es besteht eine große Lernbereitschaft und ein großer Bewegungsdrang.
- Der Umgang mit Autoritätspersonen ist meistens problemlos.
- Die Kinder sind sehr ichbezogen und unbekümmert.
- Sie verfügen überwiegend über ein gutes psychisches Gleichgewicht.
- Sie lernen sehr schnell und viel.
- Sie haben eine große Vorstellungskraft.
- Sie probieren gerne viele neue Sachen aus.
- Sie möchten so viele Kompetenzen wie möglich erwerben.

Ziele & Tipps für das Training

Im mentalen Bereich sollten mit den 5- bis 10-Jährigen die drei folgenden Hauptziele gesetzt werden:

- Aktivierung und Entspannung erlernen
- Positive Körpersprache entwickeln
- Sich über längere Zeit zu konzentrieren

Zusätzlich kann man noch weitere Ziele ins Auge fassen. Die Kinder sollten

- sich regelmäßig einfache Ziele setzen;
- einfache Techniken zur Kontrolle ihrer Atmung kennenlernen;
- die Grundlagen des Visualisierens lernen;
- die Konzentration bewusst auf verschiedene Punkte lenken können;
- innerlich motiviert sein;
- unabhängig vom Resultat den Sport und Wettkampf genießen können;
- eine positive Einstellung in Bezug auf das Lernen, Gewinnen und Verlieren entwickeln.

(vgl. Bühler, 2012)

Tipps für den Trainer

- Setzen Sie sich mit dem Hintergrundwissen über die soziale, psychologische und physiologische Entwicklung der Altersklasse auseinander.
- Zeigen Sie, dass Sie gerne mit Kindern arbeiten und viel Geduld dabei haben; Kinder merken sehr schnell, wenn der Trainer keine Freude am Unterrichten hat.
- Sprechen Sie eine kindgerechte, klare und einfache Sprache.
- Setzen Sie Grenzen und setzen Sie Verhaltensregeln konsequent durch.
- Fordern Sie die Kinder auf, sich mitzuteilen, und lassen Sie die Kinder immer aussprechen. Das wiederum setzt voraus, dass Sie als Trainer gut zuhören können.
- Wenden Sie im Training kindgerechte Methoden an, fördern Sie Vielfalt und Variation, lassen Sie die Kinder Lösungen finden und ausprobieren.

Um die oben genannten Zielsetzungen zu erreichen, kann der Trainer die psychologische Entwicklung seiner Kinder fördern, indem er

- in oder vor jeder Trainingseinheit ein psychologisches Ziel einbaut;
- psychologisch trainiert, ohne dass die Kinder es merken;
- viele praktische Übungen einbaut;
- positive psychologische Fertigkeiten lobt;
- das Training unterbricht, wenn das gewünschte Verhalten nicht gezeigt wird;
- individuelle Lernziele setzt.

Tipps für die Eltern

Auch die Eltern können ihre Kinder auf viele Arten unterstützen und ihnen damit die Möglichkeiten geben, mentale Fertigkeiten aufzubauen:

- Denken Sie immer daran, dass Sie die Eltern und (außer in Ausnahmen) nicht die Trainer des Kindes sind.
- Fokussieren Sie sich auf das Auftreten Ihres Kindes und nicht auf die Ergebnisse. Würdigen Sie harte Arbeit und Einsatz und nicht nur Erfolg.
- Versuchen Sie Ihrem Kind gegenüber anzuerkennen, mit welchem Druck und Stress es klarkommen muss. Helfen Sie ihm, Lösungsmöglichkeiten zu finden.
- Mit Ihrem Verhalten beeinflussen Sie auch das Verhalten Ihres Kindes. Wenn Sie Ihre Angst oder Nervosität zeigen, dann überträgt sie sich auf Ihr Kind.

- Ihr Kind nimmt auch alle Gesten und Ihre Mimik wahr. Versuchen Sie, immer eine positive Körpersprache beizubehalten und alles Negative oder Nervosität vor den Augen Ihres Kindes zu verbergen.
- Alle Matches Ihres Kindes sind kleine Schritte in einem langen Lernprozess. Sie können gute Leistungen erhoffen, aber nie verlangen.
- Übertragen Sie Ihrem Kind Aufgaben und Verantwortung, um seine Selbstständigkeit zu fördern. Gewöhnen Sie Ihr Kind z. B. daran, auch ab und zu alleine zu spielen und auf sich selbst gestellt zu sein.
- Unterstützen Sie ihr Kind während eines Matches mit einem aufmunternden Lächeln oder Kopfnicken. Versuchen Sie nicht zu coachen, Ihr Kind wird lernen, die Probleme selbst zu lösen.
- Sucht Ihr Kind nach guten Punkten Bestätigung oder überprüft es nach schlechten Punkten Ihre Reaktion, bleiben Sie neutral. Besonders bei jüngeren Kindern führen entsprechende Erwiderungen dazu, dass das Kind nur noch für die Bestätigung und Hoffnung der Eltern anstatt für sich selbst spielt.
- Erklären Sie dem Kind vor einem Match, wie es sich in Situationen wie z. B. einer strittigen Entscheidung verhalten soll. Mischen Sie sich im Match nicht ein und respektieren Sie Entscheidungen von Schiedsrichtern.
- Legen Sie konkrete Verhaltensregeln für das Match und Konsequenzen für einen Verstoß fest. Tolerieren Sie auf keinen Fall schlechtes oder unsportliches Verhalten.
- Lassen Sie nach einem Match Ihre negativen Emotionen nicht am Kind aus. Sie sind dazu da, Ihr Kind emotional positiv zu unterstützen, egal, wie es bei einem Match abgeschnitten hat.
- Seien Sie zu jeder Zeit geduldig und verständnisvoll und seien Sie stolz auf das, was Ihr Kind kann, und nicht wütend über das, was es nicht kann.

11 bis 14 Jahre

Bis zum 11. oder 12. Lebensjahr wird in der Entwicklungspsychologie vom Schulkindalter gesprochen. Im Anschluss daran beginnt die Pubertät. Die Pubertät wird in die erste Phase, ca. von 11 oder 12 bis 14 Jahre, und die zweite Phase bis zum 18. Lebensjahr unterteilt. Der Altersabschnitt der ersten Phase wird meistens als Entwicklung des Spielers oder als Aufbautraining bezeichnet. Dieser Zeitabschnitt wird hauptsächlich durch die hormonellen Veränderungen beeinflusst. Nach Dreher (2015) ist die dadurch bedingte Umstrukturierung des Gehirns der Auslöser für das typische ungehemmte Verhalten der Jugendlichen. In diesem Alter spielt der Aufbau von Regulationskompetenzen eine große Rolle. Der Hauptfokus in dieser Phase liegt nach Erikson (1966) auf der Identitätssuche. Schafft man es schon in der Kindheit, ein stabiles Selbstvertrauen aufzubauen, dann können die Jugendlichen in der kritischen Phase der Pubertät ein positives Selbstbild aufbauen.

(vgl. Bühler, 2012)

Allgemeine Infos

In dieser Phase der sogenannten Pubeszenz

- entwickeln sich die kognitiven Eigenschaften weiter;
- entwickeln sich oftmals sehr große Stimmungsschwankungen;
- stehen große Veränderungen in den sozialen Beziehungen an;
- kann es sein, dass Sicherheiten verloren gehen;
- kann es sein, dass das Bewältigungspotenzial nicht ausreichend ist;
- ist die psychische Verletzlichkeit besonders groß.
- wollen die Jugendlichen anders sein;

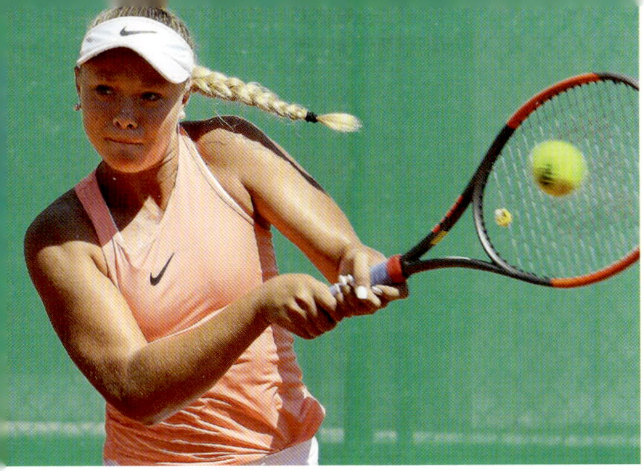

- sind die Jugendlichen oft unzufrieden mit sich selbst;
- wollen die Jugendlichen unabhängig sein;
- fangen die Jugendlichen an, Eltern, Erwachsene und Lehrer zu kritisieren;
- treten Gefühle wie Überempfindlichkeit, Aggressivität, Albernheit und/oder Lustlosigkeit häufig auf;
- sind Jugendliche oft nicht bereit zu reden.

Ziele & Tipps für das mentale Training

Im mentalen Bereich sollten mit den 11- bis 14-Jährigen die drei folgenden Hauptziele gesetzt werden:

- Ergebnis- und Prozessziele unterscheiden und setzen lernen
- Pre-Match-Routinen durchführen
- Rituale zwischen den Punkten und in anderen Pausen anwenden

Zusätzlich kann man noch weitere Ziele ins Auge fassen. Die Jugendlichen sollten

- unabhängig vom Spielstand immer 100 % Einsatz bringen;
- Spaß daran haben, etwas zu lernen und zu spielen;
- mit den unterschiedlichsten Störfaktoren umgehen;
- auch in schwierigen Situationen ein positives Denkmuster aufrechterhalten;
- unterschiedliche Visualisierungstechniken einsetzen;
- ihre Körpersprache kontrollieren und gezielt einsetzen;
- negative Selbstgespräche in positive umwandeln;
- wissen, wie sie mit Druck in einem Match umgehen;
- Atemtechniken einsetzen;
- mit Niederlagen umgehen lernen.

(vgl. Bühler, 2012)

Allgemeine Infos

- Achtung, in diesem Alter muss die biologische Entwicklung beachtet werden, sie kann sehr unterschiedlich ausgeprägt sein.
- Das kalendarische Alter entspricht nicht immer dem biologischen Alter.
- Mädchen sind gleichaltrigen Jungs oftmals ein bis zwei Jahre voraus.
- Frühentwickler haben in dieser Phase Vorteile.
- Spätentwicklern muss man immer eine Chance geben, sie können alles ohne Probleme wieder aufholen.
- Wellenförmige Leistungen sind in diesem Alter normal.
- Schulische Belastungen dürfen nie unterschätzt werden, Schule und Tennis ergeben eine Doppelbelastung für Jugendliche, die gerade im „Wandel" sind.
- Viele Gruppenerlebnisse fördern eine positive Atmosphäre.
- Aber die Individualität jedes Spielers muss beachtet werden.
- Der Spieler sollte immer zum Mitdenken angeregt werden.

(vgl. Bühler, 2012)

Tipps für den Trainer

- Bei Jugendlichen in diesem Alter ist ein differenzierter Führungsstil gefragt.

- Zu viel Autorität wird in diesem Alter oft abgelehnt und mit zu viel Freiheit können sie noch nicht umgehen.
- Die Spieler sollten immer miteinbezogen werden und Verantwortung übernehmen.
- Einfühlungsvermögen, Gesprächsbereitschaft, Konsequenz, Vorbildfunktion und eine gewisse Strenge sind angebracht.
- Es sollte immer zwischen fordern, leisten und lernen differenziert werden.
- Es sollte Verständnis für die pubertäre Phase aufgebracht und das Verhalten angepasst werden.
- Dem Spieler können klare präzise Hinweise und Hilfen angeboten werden.
- Die Glaubwürdigkeit muss erhalten bleiben, entsprechendes Handeln der Bezugsperson ist unverzichtbar.
- Schwächen bei der Bezugsperson durch unglaubwürdiges bzw. nicht konsequentes Verhalten können leicht ausgenützt werden.

(vgl. Bühler, 2012)

Allgemeine Infos

Mentaltraining auf dem Platz:

- Der Spieler soll sich für jedes Training ein psychologisches Ziel setzen.
- Der Trainer soll positive psychologische Fertigkeiten herausheben und loben.
- Der Trainer soll das Training unterbrechen, wenn das erzielte Verhalten nicht gezeigt wird.
- Es sollen individuelle Lernziele gesetzt werden.
- Es sollen Trainingsziele, Ergebnisziele und Prozessziele für Matches gesetzt werden.
- Das Sieg-Niederlagen-Verhältnis von 2 : 1 bei Matches sollte immer angestrebt werden.

15 bis 18 Jahre

In der zweiten Phase der Pubertät, die als Adoleszenz bezeichnet wird, werden die Jugendlichen mit der Zeit emotional stabiler und gefestigter als in der Pubeszenz. Allerdings sind die emotionalen und sozialen Kompetenzen noch nicht so weit entwickelt wie die Denkprozesse. Die Jugendlichen sind nun zwar fast ausgewachsen, aber emotional und sozial noch nicht gereift. Die Selbstfindung und Identitätssuche spielt immer noch eine große Rolle, aber sie ist nicht mehr so zentral wie in der vorherigen Phase. Die Gleichaltrigen nehmen nun einen sehr hohen Stellenwert ein. Viele Dinge werden in der Gruppe ausprobiert, die ein Einzelner wohl eher nicht machen würde. Den Eltern gegenüber kann es in dieser Phase zu einem ausgeprägten Freiheitsanspruch kommen und es entstehen vermehrt Konflikte.

Die Jugendlichen fangen an

- abstrakt zu denken;
- ihre Gefühle besser auszudrücken;
- Interesse für politische, soziale und moralische Themen zu entwickeln;
- kritisch, individualistisch, analytisch und gleichgültig zu werden.

(vgl. Bühler, 2012)

Allgemeine Infos

Im mentalen Bereich sollten mit den 15- bis 18-Jährigen die drei folgenden Hauptziele gesetzt werden:

- Anwenden von fortgeschrittenen Selbstkontrolltechniken
- Rituale und Routinen individualisieren
- Entwicklung eines angepassten Stress- und Erholungsmanagements

Zusätzlich kann man noch weitere Ziele ins Auge fassen:

- Übernahme von Verantwortung für eigene Ziele
- 100 % Fokus auf ihre Ziele
- Selbstständigkeit
- Intrinsische Motivation
- Anwenden von Atemtechniken

(vgl. Bühler, 2012)

Tipps für den Trainer

- Auch bei Jugendlichen in diesem Alter ist ein differenzierter Führungsstil gefragt.
- Zu viel Autorität wird oft abgelehnt und mit zu viel Freiheit können sie noch nicht umgehen.
- Die Spieler sollten immer miteinbezogen werden und Verantwortung übernehmen.
- Da die Spieler in diesem Alter ihren Charakter entwickeln, suchen sie Widerstand und Konflikte. Ein Betreuer braucht hier viel Feingefühl, da die Spieler mal Führung und mal Freiraum brauchen.
- Die Spieler dürfen Fehler machen und Betreuer sollten sie auch Fehler machen lassen.
- Einfühlungsvermögen, Gesprächsbereitschaft, Konsequenz, Vorbildfunktion und eine gewisse Strenge sind angebracht.
- Der Jugendliche braucht eine emotionale Stabilität in der Beziehung zum Trainer.
- Die größten Fortschritte in diesem Alter werden über Sozial- und Fachkompetenz erzielt.
- Die Jugendlichen sollten Verpflichtungen akzeptieren und dadurch Eigenverantwortung übernehmen.
- Die Spieler brauchen präzise, individualisierte und auf sie abgestimmte Korrektur-Anweisungen des Trainers.

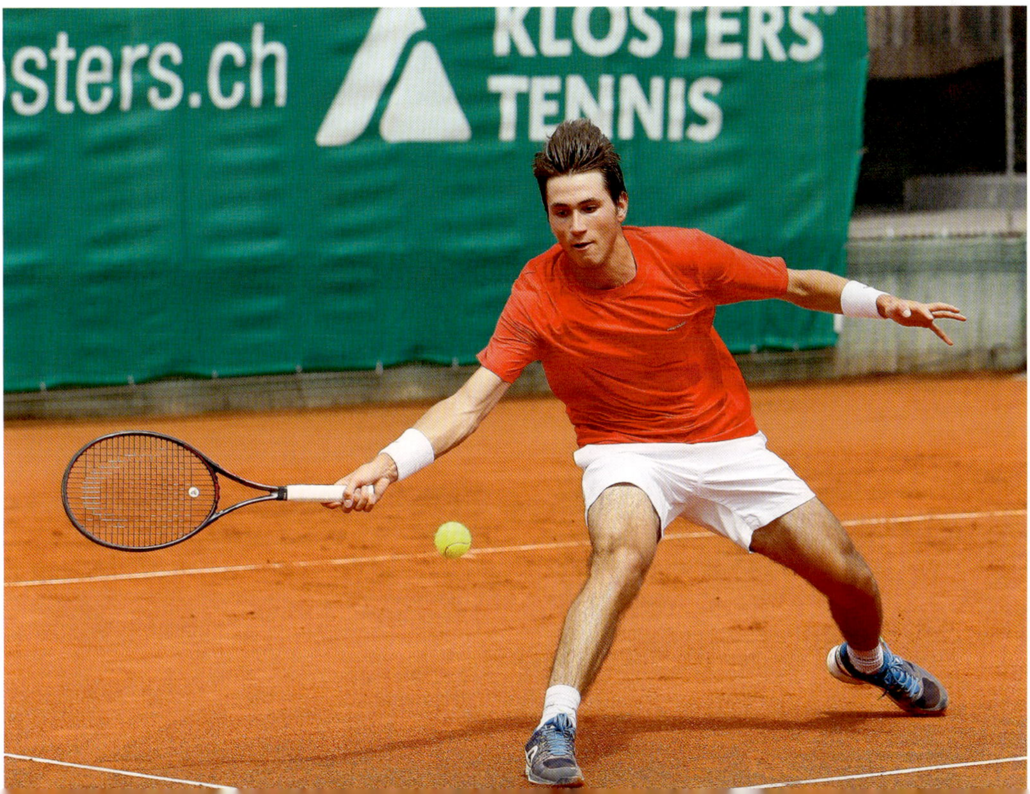

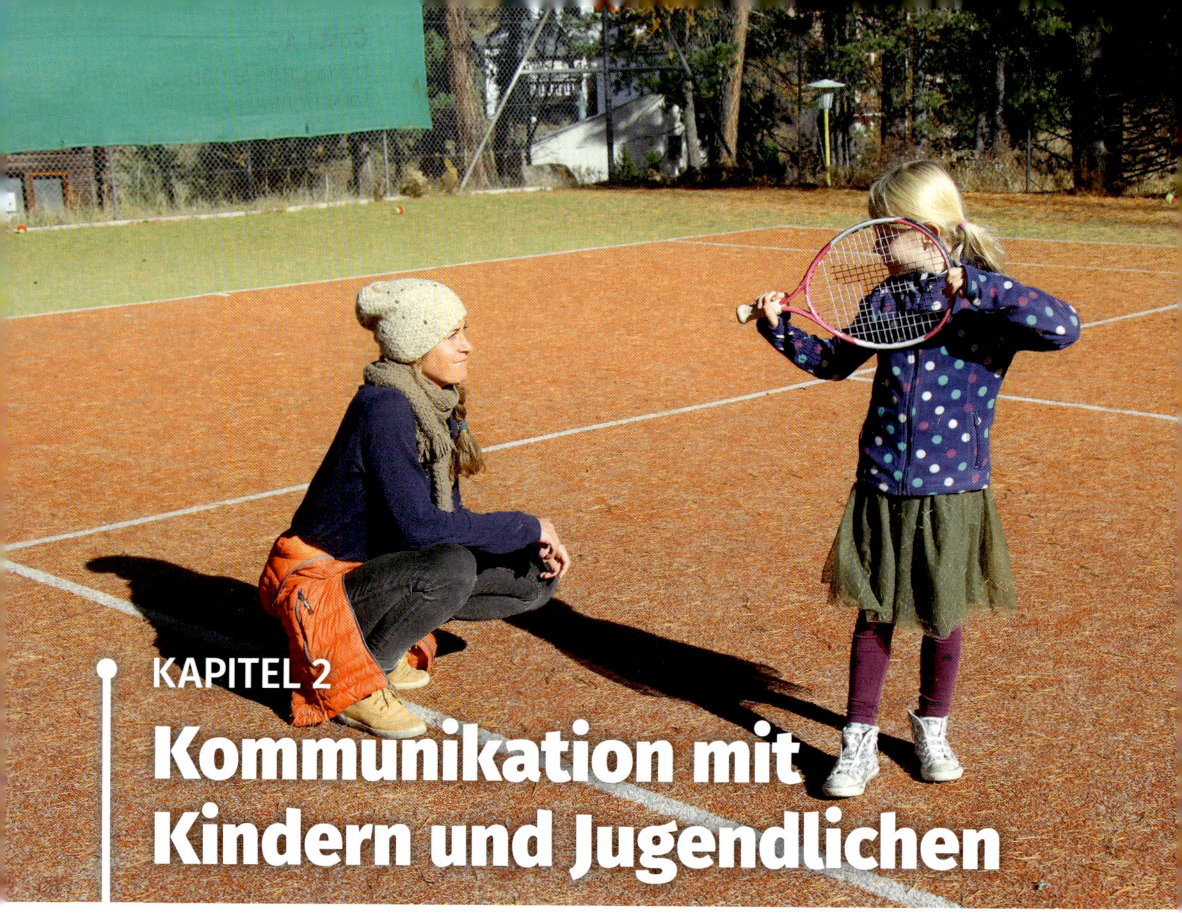

KAPITEL 2

Kommunikation mit Kindern und Jugendlichen

Kinder lernen sehr viel von Vorbildern, da sie fast alles imitieren, was ihnen vorgelebt wird. Auf diese Weise werden aber auch eingefahrene Wahrnehmungs-, Bewertungs- und Verhaltensmuster, geistige Haltungen und Vorstellungen weitergegeben, denn auch Trainer oder Eltern wiederholen automatisch alles, was sie wiederum von ihren Eltern und Trainern gelernt haben. Durch das permanente Wiederholen im Denken und Handeln können sich im Gehirn neuronale Netzwerke bilden, die so stabil sind, dass sie dem Kind ein Leben lang zur Verfügung stehen. Schaffen die Eltern zu Hause und die Trainer auf dem Tennisplatz eine offene Atmosphäre, und wird den Kindern eine Möglichkeit gegeben, Neues auszuprobieren und Fehler zu machen, ohne dass sie verurteilt werden, dann haben es die Kinder leichter, zu selbstbewussten Erwachsenen und Sportlern zu werden. Mit gezielten Veränderungen der Muster und Glaubenssätze ist es möglich, für die Kinder einen neuen bzw. ihren eigenen Weg zu bahnen. Mit gezielten Tipps und Übungen aus dem Kinder-Mentaltraining können die Kinder und Jugendlichen frühzeitig Erfahrungen machen und die Erkenntnis vermittelt bekommen, dass sie immer die Wahl haben und auch neue oder andere Wege gehen können.

Das übergeordnete Ziel von Mentaltraining mit Kindern sollte sein, sie für ihre Zukunft zu stärken. Am besten erreicht man dies, wenn die Kinder lernen, dass sie selbst einen extrem großen Einfluss auf ihr eigenes seelisches Wohlbefinden haben, indem sie ihr Denken und Handeln, ihre Gefühle und Atmung, ihre Handlungen und ihre Reaktion auf die Umwelt beeinflussen können. Mit dem Wissen, dass sie einen Einfluss darauf haben, entsteht ihre eigene Wahlfreiheit. Diese Wahlfreiheit steigert ihr Vertrauen, ihre Freude, die Zufriedenheit und Ausgeglichenheit, und es hilft ihnen dabei, Verantwortung zu übernehmen.

Bei Kindern jeden Alters gibt es Sorgen, Probleme und Befürchtungen, und spätestens in der Pubertät entstehen durch die eigene Entwicklung mehr davon. Diese Probleme sind jedoch mit Kreativität, Intuition und Selbstsicherheit einfacher und besser zu lösen. Das mentale Training kann Kindern helfen, das eigene, positive Selbstbild, das Selbstvertrauen und Selbstbewusstsein zu stärken. Sie lernen aufbauende Gedanken kennen und entwickeln eine konstruktive gedankliche Ausrichtung. Dies wirkt sich positiv auf die Entwicklung, die schulischen und sportlichen Leistungen aus.

Kinder und Jugendliche blockieren sich zum Beispiel oft, wenn sie meinen, etwas nicht zu können. Entscheidend ist, wie das Kind die Situation beurteilt und damit umgeht. Ist das Kind überzeugt, dass es sein Ziel erreichen kann, dann wird es so schnell kein Hindernis aufhalten. Glaubt es aber, dass es etwas nicht kann, weil es von außen falsche Vorstellungen und negative Erfahrungen vermittelt bekommen hat, dann wird es früher aufgeben und sein Ziel eher nicht erreichen. Der Glaube an die eigene Kraft ist unschätzbar wichtig, und durch konstruktive Gedanken werden Heranwachsende selbstbewusster und sicherer.

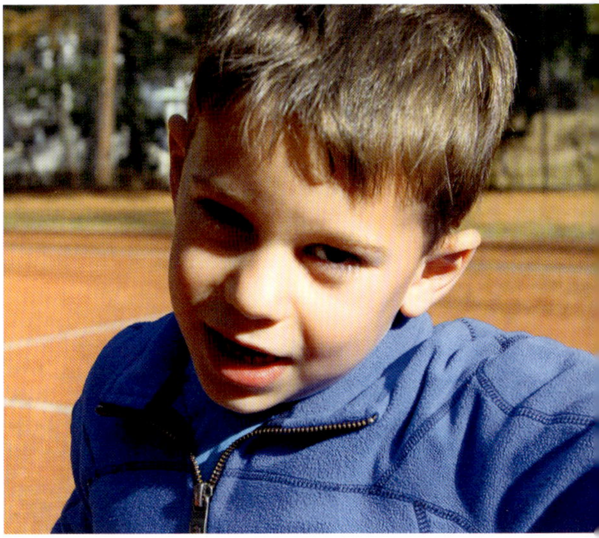

Du-Botschaften

Friedemann Schulz von Thun ist ein Kommunikationswissenschaftler, der die Psychologie der Kommunikation untersucht hat. Er hat dabei mit seinem bekannten Vier-Seiten-Modell der zwischenmenschlichen Kommunikation deutlich gemacht, dass es bei überbrachten Nachrichten vom Sender bis zum Empfänger vier Ebenen gibt, die man unterscheiden muss. Zu den vier Ebenen gehören der Sachinhalt, der wertende Beziehungsaspekt, der Selbstoffenbarungsaspekt und der Appell. Schulz von Thun hat dann das Vier-Seiten-Modell in Bezug auf den Empfänger der Nachricht und seine Gewohnheiten zu einem Vier-Ohren-Modell erweitert. Jedes der vier Ohren steht für die Deutung einer der Aspekte: das „Sach-Ohr“, das „Beziehungs-Ohr“, das „Selbstoffenbarungs-Ohr“ und das „Appell-Ohr“.

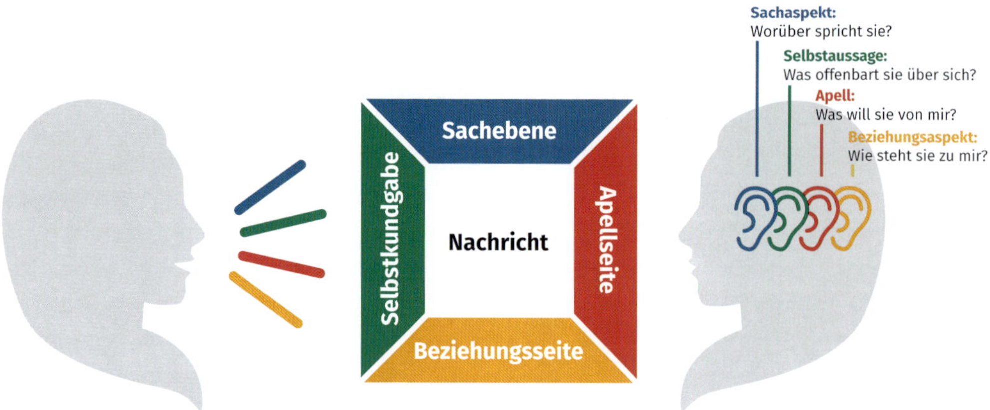

Das Vier-Seiten-Modell und das Vier-Ohren-Modell in Anlehnung an Schulz von Thun, 1981

Sachebene

Auf der Sachebene möchte der Absender der Nachricht Daten, Fakten und Sachverhalte vermitteln. Seine Aufgabe ist es, sich klar und verständlich auszudrücken, damit der Empfänger die Nachricht mit seinem Sach-Ohr auf Wahrheit, Relevanz und Hinlänglichkeit prüft.

Appell

Wer etwas Bestimmtes äußert, der möchte in der Regel auch etwas bewirken. Mit einem Appell möchte der Sender der Nachricht den Empfänger dazu bringen, etwas zu tun oder zu lassen. Dieser Versuch, auf das Verhalten Einfluss zu nehmen, kann offen oder verdeckt passieren. Bitten und Aufforderungen sind offene Nachrichten, verdecktes Einflussnehmen kann man auch als Manipulation bezeichnen. Bei jedem Appell denkt das Appell-Ohr, was genau es jetzt machen, denken und fühlen soll.

Selbstkundgabe

Bei der Selbstkundgabe geht es darum, dass jede Äußerung eine nur teilweise bewusste und beabsichtigte Selbstdarstellung und zugleich eine unbewusste und unfreiwillige Selbstenthüllung bewirkt. Eine Nachricht kann somit zu einer Deutung der Persönlichkeit des Sprechers genutzt werden. An dieser Stelle hört das Selbstoffenbarungs-Ohr darauf, was in der Nachricht enthalten ist.

Beziehung

Wie sich Sprecher und Empfänger gegenseitig einschätzen und was sie voneinander halten, kommt in der Beziehungsebene zum Ausdruck. Durch Formulierungen, Körpersprache, Tonfall kann der Sprecher Wertschätzung, Respekt, Wohlwollen, Gleichgültigkeit, Verachtung und vieles mehr deutlich machen. Jede Nachricht in der Beziehungsebene enthält eine deutliche oder verschleierte Du-Botschaft. Und je nachdem, was das Beziehungs-Ohr wahrnimmt, kann es sich beispielsweise entweder respektiert oder herabgesetzt fühlen.

Sobald ein Erwachsener einem Kind gegenüber eine direkte Du-Botschaft formuliert, wie zum Beispiel, wenn jemand sagt: „Du hast heute sehr schlecht gespielt!", dann nimmt das Kind dies als gegeben hin und denkt, es hat sehr schlecht gespielt bzw. es wird verallgemeinert und alles war schlecht, oder das Kind kombiniert: verloren = schlecht gespielt.

Diese Verallgemeinerungen werden von jungen Spielern gern übernommen, und es könnte sein, dass dieses Kind nun nach jedem verlorenen Match vom Platz kommt und sagt, dass es schlecht gespielt hat. Die Kinder hören aber ebenfalls die indirekten Du-Botschaften, die aus dem Gesagten abgeleitet werden können. Bekommt ein Kind nach einem Match zu hören: „Du hast ja schon wieder in der ersten Runde verloren!", könnte das Kind schnell kombinieren, dass eine Kritik versteckt ist, und folgern, dass mit ihm irgendetwas nicht in Ordnung ist. Kinder prägen sich solche Bemerkungen und Schlussfolgerungen ein, und sie lernen so, was sie angeblich sind. Das Selbstbewusstsein kann durch abfällige Botschaften herabgesetzt werden.

Sagen die Eltern oder ein Trainer einem Schüler beispielsweise, er sei zu faul, dann ist dies eine allgemeine Aussage, die nicht haltbar ist. Vielleicht hat das Kind sich nicht wohlgefühlt, es konnte sich aus anderen Gründen oder Unwissenheit nicht gut bewegen oder die Ausrichtung der Motivation war nicht optimal. Versuchen sich die Betreuer in das Kind hineinzuversetzen und sich zu fragen, wie sich ein Kind bei einer abwertenden Aussage wie dieser fühlen muss, dann kann sicher jeder selbst spüren, dass sich dies nicht besonders gut anfühlt. Zudem kann es sein, dass sich das Kind angegriffen fühlt und mit Widerstand und Rebellion reagiert. Allgemeine Aussagen wie diese, die oft wiederholt werden, können in das Unterbewusstsein eindringen und dort veranlassen, dass derjenige sie auch in die Realität umsetzt. Wenn alle sagen, ein Spieler sei faul, dann ist er bald auch davon überzeugt, dass er faul ist. Die Du-Botschaft „Du bist faul" kann im Laufe der Kindheit zu einem Glaubenssatz über das eigene Ich werden. Da diese Aussage als Wahrheit gilt, wird es sehr schwer für das Kind, an seinem Verhalten etwas zu ändern. Es gilt dann das Motto: Wenn man von Natur aus faul ist, dann kann man ja gar nichts daran ändern und man hat eben Pech gehabt.

Ich-Botschaften

Selbst wenn die Betreuer nur das Beste für ihre Schützlinge möchten, ist es die beste Lösung, sich möglichst von Du-Botschaften zu lösen und diese so häufig wie möglich durch ehrlich gemeinte Ich-Botschaften zu ersetzen. Ich-Botschaften fallen unter den Selbstoffenbarungsaspekt des Vier-Seiten-Modells von Schulz von Thun. Sie geben etwas von dem Innen- und Gefühlsleben der Person preis, die die Nachricht absendet. Auf diese Weise bleibt der Erwachsene mit der Aussage bei sich selbst und seinem Empfinden und beurteilt das Kind nicht. Ein lange verfolgtes Konzept in Familien und auf dem Trainingsplatz, bei dem Kindern gesagt wurde, wie schlecht sie seien und dass sie sich bessern müssen, hat ausgedient und sollte durch ein sinnvolleres ersetzt werden. Kinder haben dann nicht mit Beleidigungen zu kämpfen, und sie müssen sich nicht rechtfertigen. Sie können auf die Selbstoffenbarung der Erwachsenen eingehen, diese Sichtweise zu verstehen versuchen und so kann entweder ein normales Gespräch oder die erwünschte Handlung entstehen. Nur mit ehrlichen Ich-Botschaften können die Erwachsenen ihren Schützlingen zeigen, wie man sinnvoll mit Gefühlen umgehen kann. Durch die Ich-Botschaften können sie auch selbst lernen, wie sie zum einen ihre eigenen Gefühle zum Ausdruck bringen und zum anderen wie sie selbst den Kindern mehr Empathie entgegenbringen. Auf diese Weise spürt das Kind, dass wahres Interesse besteht, es fühlt sich angenommen und verstanden. Und dies wiederum trägt dazu bei, dass die Kinder zu Hause und in ihrem Sport aufblühen und Spaß haben.

Positive Formulierungen

Positive Formulierungen haben sich im alltäglichen Sprachgebrauch leider noch nicht bei allen Trainern und Eltern durchgesetzt. Die meisten verwenden die anscheinend einfachere negative Form mit einem „Nicht“ oder Ähnlichem im Satz, die Kinder sollen dies und jenes „nicht machen“. Das Ziel sollte sein, möglichst alle Verneinungen aus dem Sprachgebrauch zu entfernen und positiv zu formulieren. Auf diese Weise können die Bezugspersonen das Selbstwertgefühl und Selbstvertrauen der Kinder stärken. Die Kinder lernen so ebenfalls, wie sie selbst positiv formulieren, denken und handeln können.

Das Unterbewusstsein arbeitet mit inneren Vorstellungsbildern, aber Verneinungen können von diesem nicht verbildlicht werden. Aus diesem Grund entsteht ein inneres Bild von dem zu Verneinenden. Der nächste Denkschritt wäre, dieses negative Bild nicht entstehen zu lassen. Schon allein durch die Verdoppelung der Arbeitsschritte gegenüber einer positiven Formulierung ist dies alles andere als optimal. Aktiviert man ein inneres Bild, das etwas abbildet, was man gar nicht möchte, also zum Beispiel einen Doppelfehler, dann wird gerade das zu Vermeidende – der Doppelfehler – viel wahrscheinlicher in der wirklichen Durchführung. Anstatt zu formulieren, was man nicht möchte, ist es wesentlich logischer, das zu denken und zu sagen, was man wirklich erreichen will. An die Stelle von „Triff die Vorhand nicht immer so spät!“ – und diesen Fehler womöglich damit zu provozieren, sollte man bewusst sagen: „Triff die nächste Vorhand früher!“ Dadurch kann ein Kind sich besser vorstellen, wie es den Ball spielen soll. Alle verneinenden Wörter wie „keine, ohne, nie, nicht, nicht mehr“ oder ähnliche sollten vermieden werden.

Tipps für Eltern und Trainer

- Seien Sie Vorbild und leben Sie den Kindern das vor, was Sie ihnen vermitteln wollen.
- Schaffen Sie zu Hause und auf dem Tennisplatz eine offene Atmosphäre, die es den Kindern erlaubt, Neues auszuprobieren und Fehler zu machen, ohne dass sie verurteilt werden.
- Verändern Sie Ihre eigenen Muster und Glaubenssätze gezielt zum Positiven.
- Helfen Sie Ihren Schützlingen, an sich zu glauben, indem Sie sie in den Dingen bestärken, die sie besonders gut können.
- Setzen Sie sich als Ziel, möglichst viele Du-Botschaften zu vermeiden.
- Vermeiden Sie ebenfalls, als Erwachsene untereinander negativ über Ihre Kinder zu reden, wenn sie dabei sind.
- Wollen Sie mit oder über Ihre Kinder reden, dann seien Sie sich im Klaren darüber, was Sie sagen und vermitteln wollen.
- Sprechen Sie aus, was Ihnen an Ihrem Kind/Schützling gefällt, und teilen Sie es anderen mit, wenn sie in Hörweite sind.
- Um sich negative Botschaften selbst abzugewöhnen, sollte man sich immer fragen, ob die Aussage wirklich ganz sicher und allgemeingültig wahr ist.
- Durch die Ich-Botschaften können Sie auch selbst lernen, wie Sie Ihre eigenen Gefühle zum Ausdruck bringen.
- Durch die Ich-Botschaften können Sie selbst den Kindern mehr Empathie entgegenbringen.
- Entfernen Sie möglichst alle Verneinungen wie „keine, ohne, nie, nicht, nicht mehr“ oder ähnliche aus dem Sprachgebrauch und formulieren sie Ihre Sätze positiv.
- Durch positive Formulierungen lernen Kinder, wie sie selbst positiv formulieren, denken und handeln können.
- Sie stärken so das Selbstwertgefühl und Selbstvertrauen der Kinder.

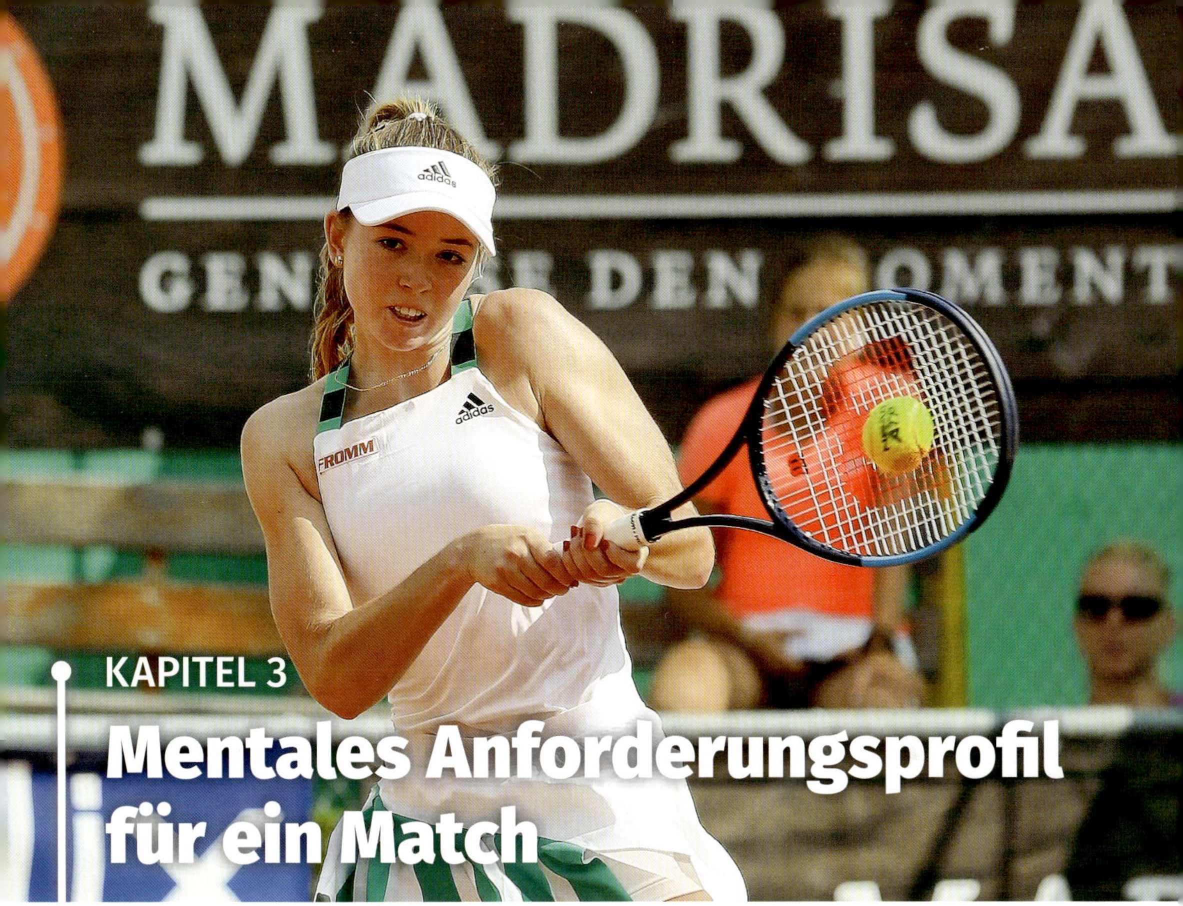

KAPITEL 3

Mentales Anforderungsprofil für ein Match

Bevor man sich mit mentalen Tipps für Tennisspieler auseinandersetzt, sollte man sich zunächst mit den Merkmalen der jeweiligen Altersgruppe (siehe Kapitel 1) und dann mit dem psychologischen Beanspruchungsprofil der sehr speziellen Sportart Tennis beschäftigen. Neben den hohen technischen, koordinativen, konditionellen und taktischen Anforderungen spielt dieses Anforderungsprofil eine enorm große Rolle für die mentale Leistungsfähigkeit und die mentale Bereitschaft.

Zu allererst steht einmal die Spielidee im Vordergrund. Im Tennis gibt es immer eine direkte Auseinandersetzung mit dem Gegner. Der Gegner kann alle Aktionen außer eine – den eigenen Aufschlag – beeinflussen. Der Spieler selbst kann den Gegner ebenfalls in allen Aktionen außer dessen Aufschlag beeinflussen. Beide Spieler möchten möglichst viele Punkte gewinnen, den Gegner zu Fehlern verleiten und eigene Fehler vermeiden. Das Spielfeld wird nicht nur durch Linien begrenzt, es gilt auch noch ein Hindernis – das Netz – zu überwinden. Es gibt Dutzende verschiedene Beläge, Beleuchtungen und Ballarten, es wird in der Halle und draußen gespielt. Zu den Spielregeln kommt eine Zählweise, die es beiden Spielern ermöglicht, zu jedem Zeitpunkt wieder ins Match zurückzukommen.

Die Belastung des Spielers durch die Spielstruktur im Tennis ist intervallförmig, wobei die Dauer der Punkte, Spiele, Sätze und Matches immer unterschiedlich ist. Ein Tennisspieler weiß nie, ob er ein Match in 30 Minuten oder drei Stunden beenden kann. Die Pausen zwischen den Punkten, Spielen und Sätzen sind dagegen festgelegt, und der Spieler befindet sich in einem stetigen Wechsel zwischen Ballwechseln und Spielpausen. Die Spielpausen dauern zwischen zwei Punkten grundsätzlich 20 oder 25 Sekunden und bei einem Seitenwechsel 90 Sekunden. Zwischen zwei Sätzen gibt es eine Pause von 120 Sekunden, und für alle anderen Unterbrechungen wie medizinische Pausen, Einspielen nach Regenpausen etc. gibt es ebenfalls genau festgelegte Zeiten.

Nach Craig O'Shannessy (vgl. www.braingame-tennis.com) wird die Ballwechseldauer im Tennis in drei unterschiedliche Kategorien eingeteilt, die abhängig von der Anzahl der Schläge sind. Alle Schläge im Match kann man nach O'Shanessy in die folgenden Prozentzahlen einteilen:

- 0 bis 4 Schläge = 70 %
- 5 bis 8 Schläge = 20 %
- Mehr als 9 Schläge = 10 %

Zu den ersten vier Schlägen gehören der Aufschlag, der Return und die beiden ersten Schläge von jedem Spieler. O'Shanessy betont, dass diese ersten vier Schläge leider häufig zu wenig trainiert werden, sie aber den Ausschlag dafür geben, ob man ein Match gewinnt oder verliert. Für den Tennisspieler bedeutet dies, dass er im Training und bei der taktischen Überlegung und der Einstellung auf Matches auf diese ersten vier Schläge achten sollte. Zudem spielt die Pausengestaltung der intervallförmigen Belastung von Punkten und Pausen eine sehr große Rolle, um die physische und psychische Leistungsfähigkeit aufrechtzuerhalten.

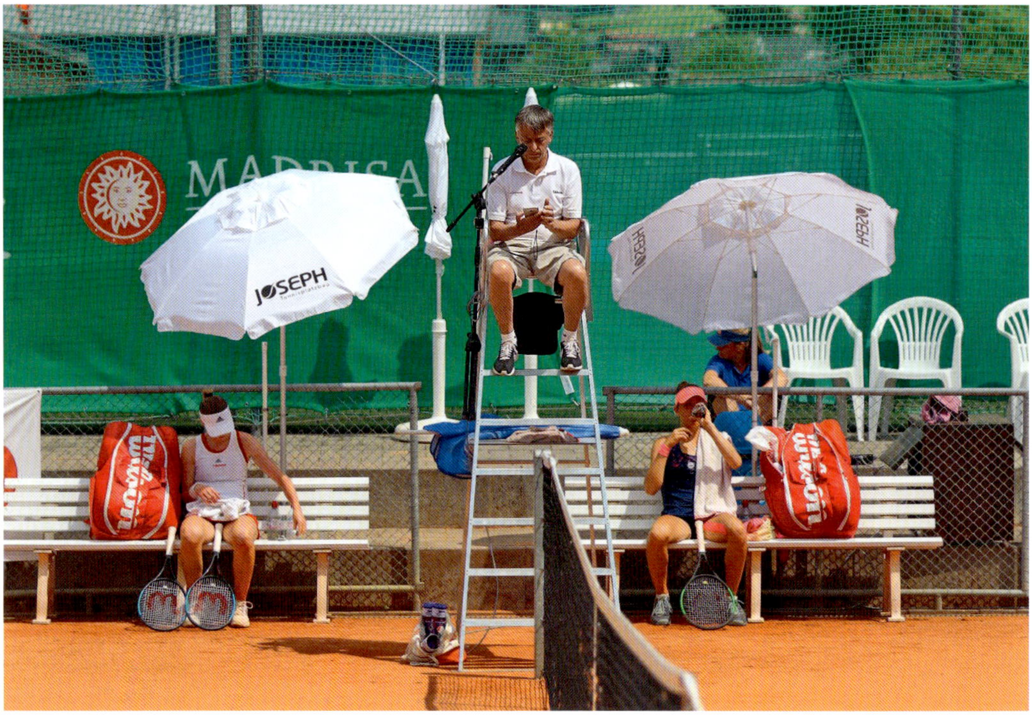

In den Spielpausen und den Ballwechseln kann es zusätzlich zu den vielen technischen, konditionellen und taktischen Elementen noch unzählige weitere mentale Stressoren für einen Spieler geben. Diese betreffen die persönlichkeitsspezifischen Merkmale, wie zum Beispiel die Wettkampfstabilität oder Wettkampflabilität, oder sportartspezifische Stressoren, wie kritische Situationen oder wechselnde Bedingungen. Die unzähligen verschiedenen Situationen, denen ein Spieler ausgesetzt sein kann, sind jedoch stark abhängig von der subjektiven Einschätzung des Spielers. Ist dieser sehr labil und empfindlich in Wettkampfphasen, dann wird er die kleinste Störung als Bedrohung bzw. Stress empfinden und negativ darauf reagieren. Ein anderer Athlet mit einer größeren Stressresistenz empfindet dieselbe Situation vielleicht als Ansporn und erbringt eine noch bessere Leistung.

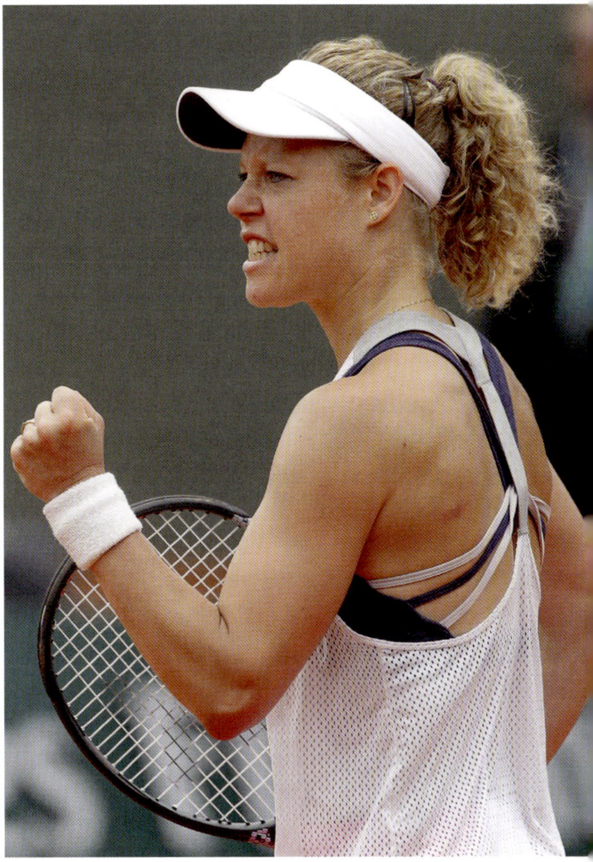

Profispielerin Laura Siegemund sieht die mentalen Herausforderungen folgendermaßen: „Eine der Erfahrungen, die ich als Profispielerin im Laufe der Jahre auf der Tour gesammelt habe, ist: Kein Match ist wie das andere, und jeden Tag sieht man sich auf dem Platz mit unterschiedlichen psychisch anspruchsvollen Situationen konfrontiert. Die Liste mentaler Herausforderungen ist nahezu endlos …" Sie betont zudem, dass man unter Druck nur Höchstleistungen bringen kann, wenn man eine gewisse Form von Resilienz gegenüber Störreizen und Schwierigkeiten, die während eines Matches auftreten, aufbringen kann. Unter der allgemeinen psychischen Widerstandsfähigkeit versteht sie, dass man als Spieler in der Lage sein muss, mit diesen kleinen oder großen Herausforderungen unterschiedlichster Art konstruktiv umzugehen und ihnen nicht die Möglichkeit zu geben, das Spiel nachhaltig negativ zu beeinflussen (Siegemund, 2018).

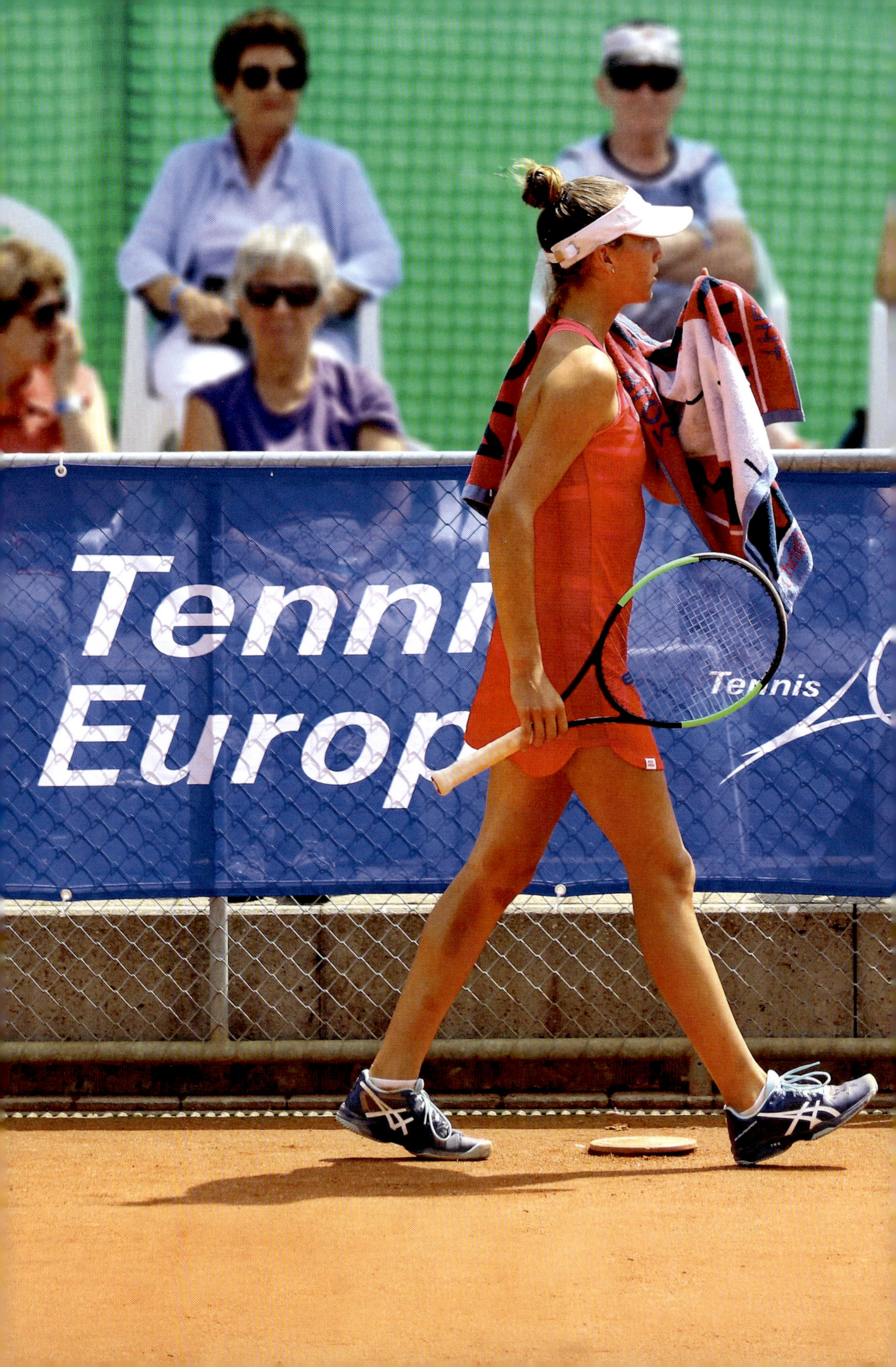
Tenni
Europ
Tennis

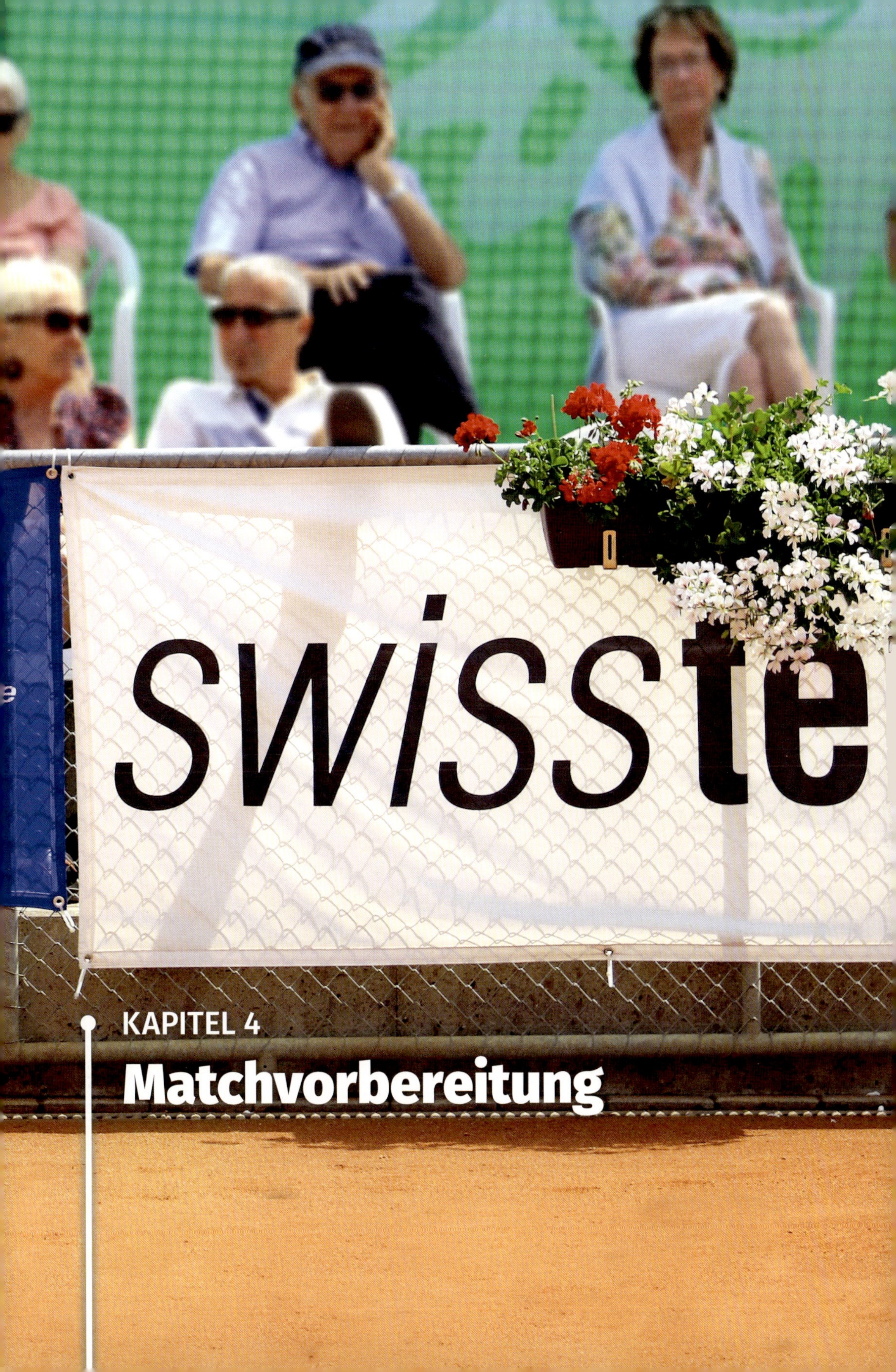

KAPITEL 4

Matchvorbereitung

Einstellung auf innere und äußere Umstände

Heutzutage wissen die meisten Tennisspieler, dass sie sich vor einem Match gut aufwärmen und einschlagen müssen, um auf dem Platz bessere Leistungen erbringen zu können. Diese körperliche und tennisspezifische Vorbereitung kann man jedoch optimieren, indem man sich auch mental vorbereitet und die richtige Einstellung hat. Gerade in der Zeitspanne vor einem Match nimmt die psychische Belastung eines Tennisspielers permanent zu. Viele junge Spieler steigern sich vor einem Match in einen negativen Zustand hinein, da sie sich zu viele Gründe für ihren möglichen Misserfolg durch den Kopf gehen lassen (Emotionen wie Wut oder Angst, vergangene Misserfolge, schlechtes Wetter, schlechte Auslosung etc.). Da diese negativen Gedanken und Vorstellungen stark das Verhalten beeinflussen, wird der Spieler verunsichert und nervös, er kann auf dem Platz nicht mehr frei aufspielen. Eine Grundvoraussetzung für den Erfolg ist jedoch, sich vor dem Match in einen guten Zustand zu bringen. Das ist nur möglich, wenn man nicht an negative Dinge denkt oder die Gedanken von negativen wieder auf die positiven Dinge lenken kann. In einen guten Zustand kann man sich zum Beispiel versetzen, indem man sich an gute Matches erinnert und wenn man sich positive Dinge vorstellt, die eine positive Einstellung zu sich selbst und der eigenen Leistung hervorbringen.

Aus diesem Grund ist es empfehlenswert, dass die Spieler sich selbst gedanklich und gefühlsmäßig vorbereiten, um Erregungszustände oder Ablenkungen in den Griff zu bekommen, oder dass die Betreuer ihnen die entsprechenden Tipps geben. In der Vorbereitungsphase auf ein Match spielt die Einstellung auf die inneren und äußeren Umstände eine sehr wichtige Rolle. Damit ist gemeint, dass Tennisspieler ihre Konzentration oder Aufmerksamkeit bewusst auf bestimmte Dinge lenken sollten, um ihre Leistungsfähigkeit zu verbessern.

Unter der inneren Einstellung wird die gedankliche Haltung verstanden, die auch das Verhalten vor dem Match lenkt. Die richtige Einstellung, bevor man auf den Platz geht, ist ein elementarer Erfolgsfaktor. Bei den äußeren Bedingungen dreht sich alles um die Umstände, unter denen das Match bzw. das Turnier stattfindet, sie können nicht vom Spieler beeinflusst werden. Ist es draußen kalt und windig, dann haben alle, die in dem Moment spielen müssen, die gleichen äußeren Verhältnisse.

Grundsätzlich ist nicht der Wind oder irgendetwas anderes daran schuld, wie ein Match ausgeht, sondern die Einstellung des Spielers zu den Umständen, unter denen er seine Leistung bringen muss. Schafft ein Spieler es, sich besser auf schwierige oder ungewöhnliche äußere Umstände einzustellen und dieses spielerisch umzusetzen, wird er in den entscheidenden Situationen einen Vorteil gegenüber seinen Gegnern haben. Geht er aber einfach kopflos auf den Platz, ohne darauf zu achten, was um ihn herum passiert, verliert er nicht wegen der herrschenden Umstände, sondern weil er nicht mit ihnen umgehen konnte.

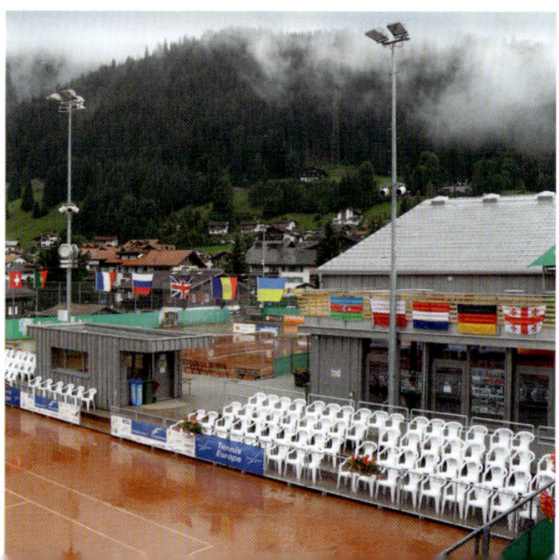

Aber auch die unzähligen verschiedenen kritischen Situationen, denen ein Spieler auf dem Platz ausgesetzt sein kann, sind in ihrer Beurteilung stark abhängig von der subjektiven Einschätzung. Gerade junge und unerfahrene Spieler sind oft noch sehr labil und empfindlich bei engen Spielständen. Sie empfinden die kleinste Störung als Bedrohung oder Stress und reagieren negativ darauf. Ist ein Spieler jedoch mental darauf vorbereitet, dass es Störungen gibt, und hat er für die Situationen schon Lösungsmöglichkeiten ausgearbeitet, dann wird er nicht hilflos dastehen, sondern kann positiv und aktiv reagieren.

Die aktuelle Einstellung ist nach Baumann (2011) an wahrnehmbare Situationen und Aufgaben geknüpft, die eine Reaktionsbereitschaft schaffen, genau so und nicht anders zu handeln. Einstellungen sind zwar umso wirksamer, je länger sie bestehen, aber dann wird es auch schwieriger, sie wieder zu verändern. Für Trainer und Spieler ist es aus diesem Grunde sehr wichtig, sich zwar auf kommende Ereignisse wie ein Turnier einzustellen, aber genug innere Flexibilität zu behalten, sodass bei einer Änderung der Aufgabe oder z. B. der äußeren Bedingungen immer Anpassungen möglich sind. Stellt sich ein Spieler über einen langen Zeitraum sehr gut auf ein wichtiges Turnier ein, das unter bestimmten Bedingungen stattfinden sollte, kann er große Schwierigkeiten haben, wenn dieses nun auf den nächsten Tag, eine andere Anlage oder aus sonstigen Gründen verändert oder verschoben wird. Bei einem Sport wie Tennis muss man immer mit allem rechnen und flexibel bleiben. Kurzfristige Einstellungen sind dagegen viel einfacher zu verändern. Wenn sich ein Spieler auf das nächste Match einstellt und äußere Umstände verhindern die Durchführung des Matches, dann ist die Umstellung auf neue Bedingungen wesentlich einfacher.

Tipps für Spieler

- Akzeptiere die vorherrschenden äußeren Bedingungen, du kannst sie eh nicht ändern, sondern du solltest sie für dich ausnutzen.
- Überlege dir genau, welche Bedingungen vorherrschen und was diese für dein Spiel bedeuten.
- Am besten erstellst du eine Tabelle, auf der einen Seite stehen alle aktuellen Bedingungen und auf der anderen Seite die Konsequenzen für dein Spiel.
- Nutze die Bedingungen für dich und versuche besser damit umzugehen als dein Gegner.
- Erstelle dir ebenfalls eine Tabelle zu den inneren Einflüssen, die dein Spiel beeinträchtigen könnten.
- Auf der einen Seite kannst du alle störenden Faktoren auflisten und auf der anderen Seite die Lösung dazu.
- Versuche alle negativen Gedanken sofort zu erkennen und in positive umzuformulieren.
- Falls dir selbst keine Lösung einfällt, frage deine Eltern oder bitte deinen Trainer um Rat.
- Die Übung mit der Problembox kann dir helfen, deine Probleme für den Moment ruhen zu lassen, damit du dich auf dein Tennis konzentrieren kannst. Nach dem Match kannst du dich dann wieder damit auseinandersetzen.

Ballinas Tricks für den Umgang mit äusseren und inneren Umständen

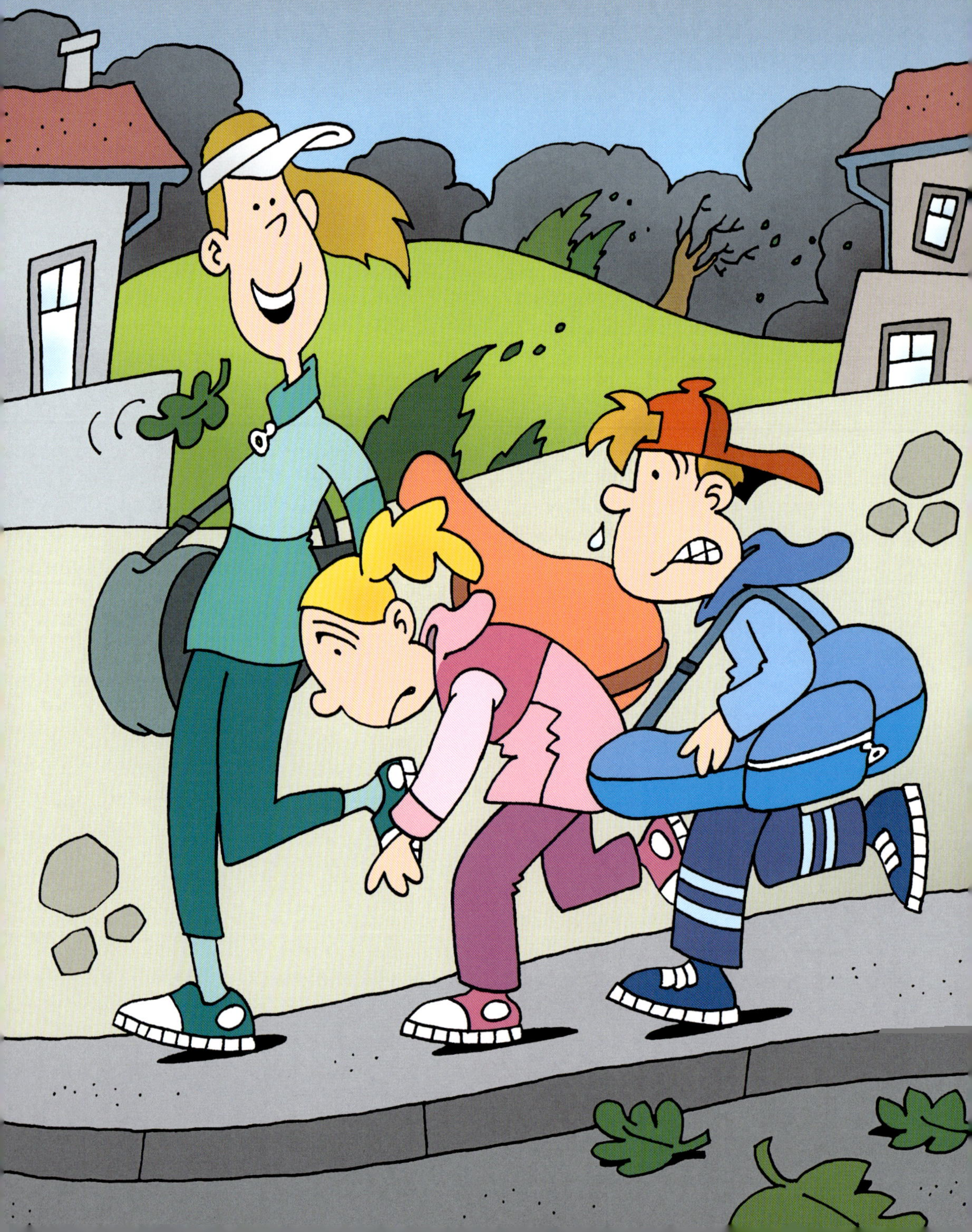

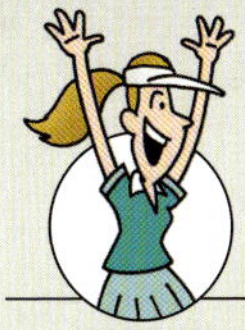

Ballina

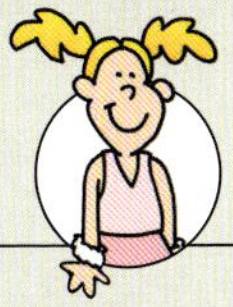

Mona Mutig

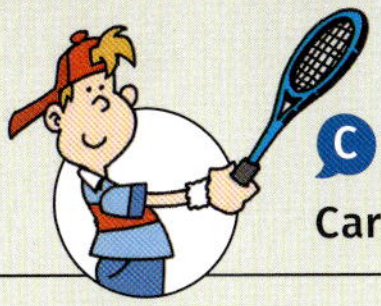

Carlos Cool

Ballina trifft Carlos Cool und Mona Mutig auf dem Weg zum Tennisplatz. Es ist windig und kalt draußen. Carlos zittert vor Kälte und Mona lässt den Kopf hängen. Sie ist in Gedanken immer noch bei ihrer schlechten Note, die sie heute in der Schule bekommen hat.

B Hallo, Carlos. Hallo, Mona. Bald geht es auf den Platz. Habt ihr euch gut mental auf das Match vorbereitet? Seid ihr denn in einem guten Zustand?

C Also, Ballina, ich denke, heute wird das nichts. Es ist so windig und kalt draußen, da spiele ich sicher keine Kugel ins Feld.

M Und ich habe heute in der Schule eine schlechte Note geschrieben, was soll ich nur meiner Mutter sagen? Ich kann momentan an nichts anderes denken.

B Ach, ihr beiden, das hört sich nicht gut an. Aber wenn ihr möchtet, dann kann ich euch ein paar Tricks verraten.

C **M** Ja, bitte, Ballina! Verrate uns deine Tricks. Wir sind sehr gespannt.

B Fangen wir am besten mit der Vorbereitung an. Bei der Kälte und dem Wind müsst ihr euch natürlich zunächst sehr gut aufwärmen. Und wenn ihr euch danach in einen guten Zustand versetzen möchtet, dann könnt ihr euch zum Beispiel an einen Moment im Training oder in einem Match erinnern, in dem ihr euch super gefühlt und sehr gut gespielt habt. Schaut euch selbst an, als wärt ihr im Fernsehen. Beobachtet ganz genau, wie eure Körpersprache und euer Gesicht ausgesehen haben. Was habt ihr ausgestrahlt? Kampfgeist, volle Konzentration, Spaß am Tennis oder vielleicht noch etwas anderes? Versucht, die Situation im Kopf noch einmal genauso zu erleben. Was habt ihr euch damals gesagt? Was habt ihr gedacht? Diese ganzen Überlegungen könnt ihr euch auch beim Aufwärmen durch den Kopf gehen lassen. Und zum Schluss solltet ihr noch eine für euch typische Handbewegung machen. Das ist dann sozusagen der Startschuss.

C Also ich glaube, ich weiß jetzt, wie ich mich in einen guten Zustand versetzen kann. Und ich werde auf jeden Fall eine Faust machen und mir dreimal auf die Brust klopfen. Aber was ist mit dem Wind? Wenn ich auf dem Platz bin, vermasselt der mir wieder alles.

B Also, was denkst du, bläst der Wind nur auf deiner Seite oder auch auf der vom Gegner? Ich bin mir sehr sicher, dein Gegner wird auch mit dem Wind kämpfen. Versuche den Wind zu deinem Vorteil zu nutzen. Du kannst dir einen Spickzettel erstellen, auf dem steht, wie du mit dem und gegen den Wind spielen möchtest. Wenn du besser mit dem Wind umgehen kannst als dein Gegner, dann bist du am Ende der Sieger.

C Oh ja, Ballina, das werde ich ganz bestimmt machen.

M Ich habe auch schon einen guten Plan, wie ich in einen guten Zustand komme. Ich werde mir immer auf den Oberschenkel klatschen und „Los geht's!" rufen. Und was mache ich, wenn ich an die schlechte Note oder meine Mutter denken muss?

B Kennst du den Trick mit der Problembox? Am besten schreibst du dein Problem auf und steckst es während des Matches in eine Box oder in deine Tasche. Damit ist das Problem für eine Weile aus der Welt geschafft. Nach dem Match kannst du das Problem dann wieder aus der Box herausnehmen und dir überlegen, wie du es lösen kannst. Am besten besprichst du mit deiner Mutter alles in Ruhe. Ich bin mir sicher, sie wird Verständnis haben.

M Oh ja, das werde ich. Vielen Dank. Jetzt bin ich wirklich voll motiviert.

B Prima, genauso soll es sein. Ihr strahlt beide schon einen richtig positiven Kampfgeist aus.

Übungen

Problembox

5-10, 11-14, 15-18 Jahre

Der Spieler schreibt die Probleme auf einen Zettel, die ihn gerade beschäftigen, und alles, was die Stimmung negativ beeinflussen und beim Match ablenken könnte. Dann steckt er seinen Zettel gefaltet in eine selbst gebastelte Problembox. Auch die Tennistasche kann die Funktion der Problembox übernehmen. Ältere Spieler können diese Situation visualisieren. Sie stellen sich vor, wie sie das Problem auf einen Zettel schreiben und den Zettel in die Box stecken. Sobald das Match beendet ist, soll der Zettel wirklich oder in der Vorstellung herausgeholt werden. Nun kann der Spieler sich mit der Lösung des Problems beschäftigen.

Match mit wechselnden Umständen

5-10, 11-14, 15-18 Jahre

Es wird ein Trainingsmatch unter bewusst schwierigen Umständen gespielt. Bei Regen, Wind, Kälte, mit Lärm, neben einer Baustelle, Rasenmäher oder mit einem laufenden Radio. Als Variation können bei einem bestimmten Spielstand die Bälle gegen neue oder alte, nasse Bälle ausgetauscht werden oder es wird der Platz gewechselt. Hier kann von Sand- auf Hartplatz, von der Halle nach draußen oder umgekehrt gewechselt werden.

Innere und äußere Umstände

11-14, 15-18 Jahre

Der Spieler soll sich zwei Blätter nehmen und auf jedem davon eine Tabelle mit jeweils zwei Spalten erstellen. Auf einem Blatt ist die Tabelle für die inneren und auf dem anderen eine für die äußeren Umstände. In der linken Spalte zählt er dann alle inneren bzw. äußeren Bedingungen auf, die beim nächsten Match auftreten könnten. In die rechte Spalte schreibt er die Lösungsmöglichkeiten, wie er in der Situation handeln und denken wird. Der Spieler kann diese Lösungsmöglichkeiten auch zusammen mit seinen Eltern oder dem Trainer erarbeiten. Den Zettel mit den Lösungsmöglichkeiten kann er in seine Tennistasche stecken und ihn bei Bedarf herausholen und nachlesen.

Die Telefonzelle

11-14, 15-18 Jahre

Der Spieler soll sich eine Telefonzelle vorstellen, in die er sich gedanklich hineinversetzt. Auf diese Weise kann der Spieler störende Außeneinflüsse von sich fernhalten. Er befindet sich in einem abgeschotteten Raum und Störungen von außen können nur durch die Scheiben gefiltert an ihn herankommen. Der Spieler ist und bleibt mit seinen Gedanken für sich und bei sich. Auf der anderen Seite aber kann er durch die Scheiben Eindrücke von außen, wie die Sonneneinstrahlung oder Wind und Regen, wahrnehmen und diese für den nächsten Punkt berücksichtigen. Er kann sich bei dem nächsten Aufschlag zum Beispiel die Affirmation (siehe Kapitel 5) vergegenwärtigen: „Ich bin in meiner Telefonzelle für mich. Ich habe einen guten Aufschlag. Der Wind kommt von hinten, also werde ich den Ball weiter nach hinten werfen."

Gedanken und Gefühle vor einem Match

15-18 Jahre

Vor einem Match ist es wichtig, dass der Spieler abschalten und sich auf die wesentlichen Dinge konzentrieren kann. Um störende Gedanken und Gefühle in den Griff zu bekommen, gibt es die folgenden Möglichkeiten. Dieser Text kann dem Spieler vorgelesen werden oder er kann ihn selbst lesen.

Übungsform 1:

- Setze dich hin und schließe deine Augen.
- Atme tief ein und aus und versuche in dich hineinzuschauen.
- Werde dir deiner Gedanken und Gefühle bewusst, die dich ablenken oder beeinflussen könnten.
- Suche eine Möglichkeit, diese Gedanken so zu kontrollieren, dass sie dich beim Match nicht beeinflussen.

Übungsform 2:

- Betrachte dich selbst als zwei Personen.
- Diese beiden Personen sollen miteinander reden.
- Versprich deinem anderen Selbst, dass ihr euch später zusammen um die Probleme kümmert.
- Du möchtest erst einmal das Match spielen und brauchst einen freien Kopf dafür.
- Alle anderen Dinge müssen warten, bis ausreichend Zeit dafür ist.

Übungsform 3:

- Identifiziere das Problem und rede mit einer vertrauensvollen Person darüber.
- Nach dem Gespräch sollte das Thema abgehakt sein, damit du einen freien Kopf für das Match hast.

Die Kraft meiner Hand

11-14, 15-18 Jahre

Bei schweren äußeren Bedingungen oder Problemen kann es schon mal sein, dass ein Spieler ein Motivationsloch hat. Um in so einer Situation so schnell wie möglich wieder zurück auf die Beine zu kommen, kann ein Spieler sich im Vorfeld seine wichtigsten Motivationsstützen bewusst machen.

Der Spieler legt seine Hand auf ein Stück Papier und malt die Umrisse mit einem Stift nach. Danach schreibt er die fünf wichtigsten Dinge neben oder in die einzelnen Finger, die ihn für sein Ziel motivieren. Das können Slogans, Bilder, Personen oder andere Dinge sein, die für ihn von Bedeutung sind. Falls eines der Dinge besonders wichtig ist, kann er auf dem Finger noch einen Ring ergänzen. Diese fünf Motivationsstützen sollte der Spieler sich verinnerlichen und auswendig lernen, damit er sie griffbereit hat, wenn er sie braucht. Zusätzlich kann er sich das Bild der Hand in die Tennistasche stecken oder an einem für ihn wichtigen Ort aufhängen. Falls er mal eine Krise hat, kann ihn das Bild daran erinnern, was ihn antreibt und ihm Motivation und Unterstützung geben.

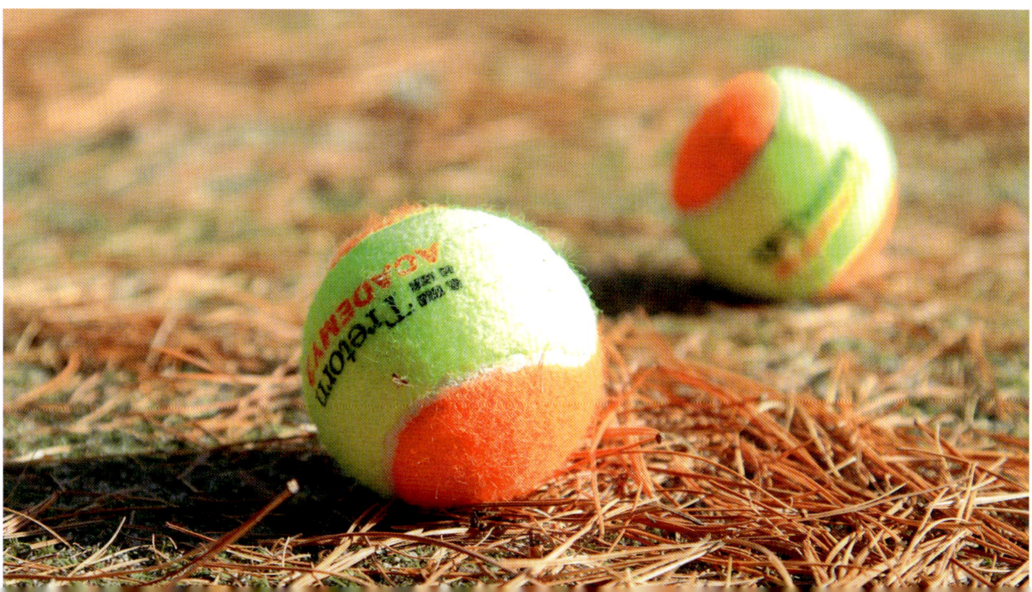

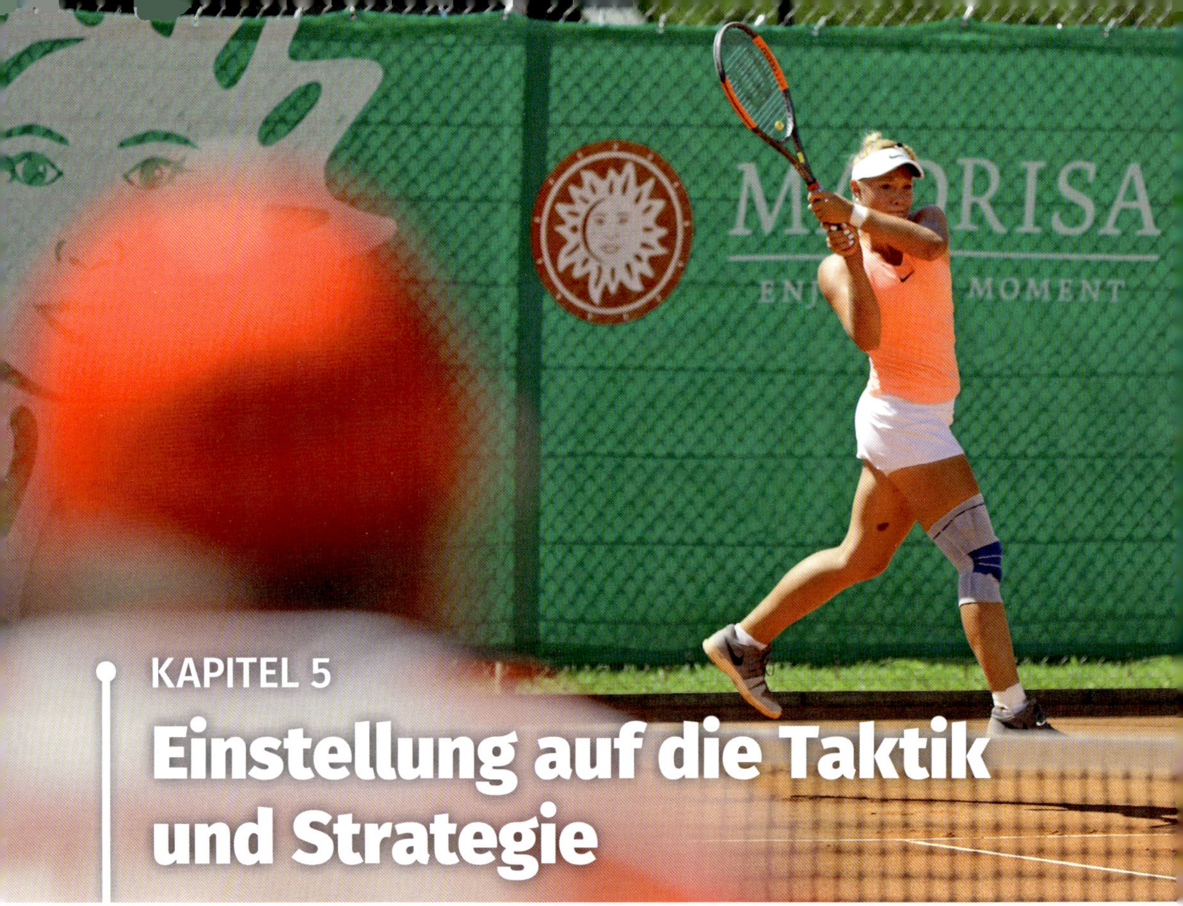

KAPITEL 5

Einstellung auf die Taktik und Strategie

Taktik und Strategie sind zwei Begriffe, die im Tennis sehr häufig verwechselt werden. Jeder Tennisspieler, der Turniere spielt, sollte jedoch den Unterschied kennen. Auch die Eltern sollten sich mit den Hintergründen der Taktik und Strategie beschäftigen, damit sie „eine Sprache" mit dem Trainer und ihren Schützlingen sprechen und es dort keine Missverständnisse gibt. Grundsätzlich ist es aber die Aufgabe des Trainers, diese Dinge dem Spieler zu erklären, zu trainieren, ihm zu helfen und zu zeigen, wie man sich mental richtig auf seine eigene Taktik und Strategie einstellt.

Unter Taktik wird allgemein der sinnvolle Einsatz eines Schlages in der gerade herrschenden Situation verstanden, der die größte Chance auf Erfolg verspricht. Diesem Einsatz gehen Denkprozesse voraus, die aufgrund der Wahrnehmung, Beurteilung und Entscheidung des Spielers in der Situation zu einer erfolgreichen Handlung führen sollen. Je nachdem, wie viel Zeit der Spieler bei diesen Entscheidungen hat, handelt es sich um intuitives, operatives oder strategisches Denken. Die taktische Gestaltung des Spieles hängt sowohl von den psychischen, physischen, konditionellen Voraussetzungen als auch vom Gegner und den äußeren Spielbedingungen ab. Die Taktik bezieht sich also auf einzelne Handlungen, sie ist situationsabhängig.

Die Strategie ist dagegen der Spielplan für ein Match. Sie gibt die Richtung für das ganze Match oder länger andauernde Abschnitte des Matches an. Eine Strategie beschreibt für den Spieler einen systematischen Weg zum Sieg. Für strategische Überlegungen hat man auf dem Platz immer genug Zeit, wohingegen taktische Denkprozesse oft unter Zeitdruck stattfinden, da sie überwiegend im Ballwechsel passieren.

Vor einem Match sollte sich jeder Spieler mit seinen eigenen Stärken und Schwächen auseinandersetzen. Diese können auch abhängig von den inneren und äußeren Bedingungen sein. Ist der Gegner bekannt, sollte vor einem Match genau überlegt werden, wo die Stärken und Schwächen des Gegners liegen. Ist der Gegner nicht bekannt, dann sollte das Ziel in den ersten Spielen sein, seine Stärken und Schwächen herauszufinden.

Um die individuelle Taktik richtig auszurichten, muss ein Spieler als Erstes seine technischen, konditionellen und mentalen Fähigkeiten bzw. seine Stärken und Schwächen kennen. An dieser Stelle sollten auch schon die etwas jüngeren Spieler von ihren Trainern die entsprechenden (und sehr einfach gehaltenen) Informationen zu den vier elementaren (grundlegenden) taktischen Zielen bekommen. Die älteren und besseren Spieler (abhängig von der Spielstärke) sollten sich mit den vier elementaren und den drei erweiterten Zielen auseinandersetzen und sich dazu die nachstehenden Fragen stellen. Der Umsetzung der vier elementaren und drei erweiterten taktischen Ziele gehen vier Prozesse voraus, die zu der besten Lösung der Situation führen sollen. Die ersten drei Prozesse wahrnehmen, beurteilen und entscheiden spielen sich im Kopf ab. Das Resultat daraus ist die Handlung, die technische Durchführung der taktischen Entscheidung.

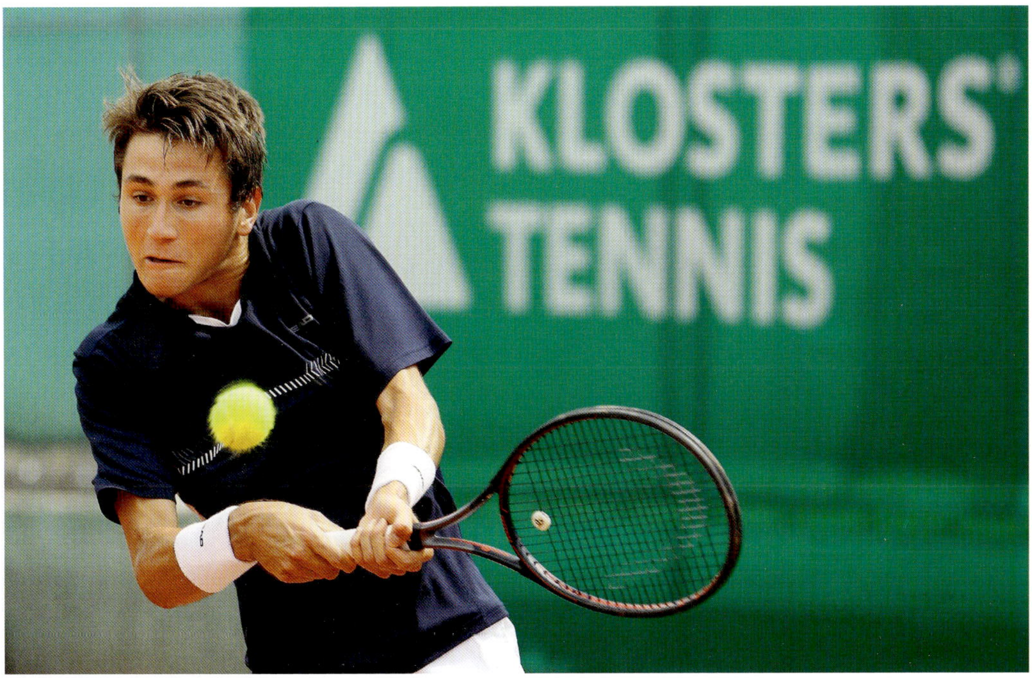

Allgemeine Infos

Vier elementare taktische Ziele:

1. Eigene Punkte erzielen

a. Mit welchen Schlägen mache ich die meisten Punkte?

b. In welchen Situationen mache ich am meisten Punkte?

c. Wie kann ich meine Stärken gegen die Schwächen meines Gegners einsetzen?

2. Eigene Fehler vermeiden

a. Mit welchen Schlägen mache ich die meisten Fehler?

b. In welchen Situationen mache ich am meisten Fehler?

c. Wie kann ich vermeiden, dass mein Gegner mitbekommt, wo meine Schwächen sind bzw. dass mir mein Gegner auf meine Schwäche spielt?

3. Den Gegner zu Fehlern zwingen

a. Mit welchen Schlägen macht mein Gegner die meisten Fehler?

b. In welchen Situationen macht mein Gegner die meisten Fehler?

c. Wie kann ich mit meinen Stärken den Gegner zu Fehlern zwingen?

4. Punkte des Gegners vermeiden

a. Mit welchen Schlägen macht mein Gegner die meisten Punkte?

b. In welchen Situationen macht mein Gegner die meisten Punkte?

c. Wie kann ich vermeiden, dass mein Gegner Punkte macht?

Drei erweiterte taktische Ziele:

1. Raumdruck

a. Wie kann ich meinen Gegner unter Raumdruck setzen?

b. Wie kann ich den Raum für den Gegner groß oder klein machen?

c. Macht mein Gegner mehr Fehler aus dem Lauf oder wenn er Bälle in den Körper bekommt?

d. Kommt mein Gegner schnell oder langsam aus der Ecke?

e. Bewegt mein Gegner sich gut nach rechts und links, nach vorne und hinten?

2. Zeitdruck

a. Wie kann ich meinen Gegner unter Zeitdruck setzen?

b. Nehme ich die Bälle im Aufsteigen oder lasse ich sie fallen?

c. Gehe ich bei kurzen Bällen früh genug in den Platz hinein?

d. Kürze ich den Winkel zum Ball ab?

e. Rücke ich auf, um Bälle aus der Luft zu nehmen, oder lasse ich sie aufkommen?

3. Präzisionsdruck

a. Wie kann ich meinen Gegner unter Präzisionsdruck setzen?

b. Habe ich eine gute Länge in meinen Schlägen?

c. Platziere ich die Bälle präzise in die Ecken?

d. Nutze ich die Winkel über die Seitenlinie?

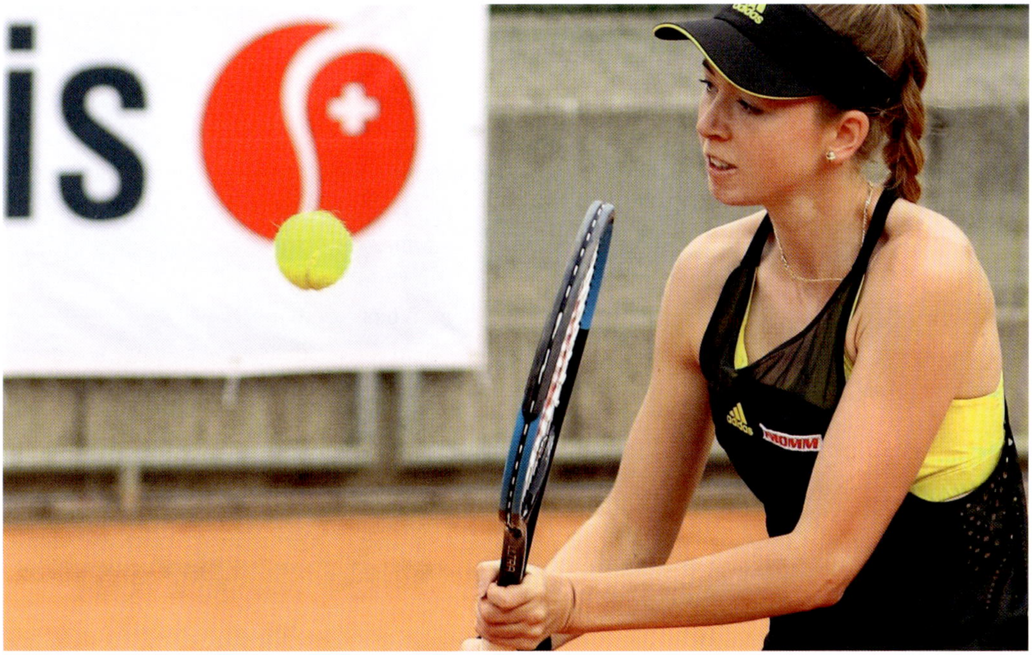

Tipps für Spieler

- Spiele das, was du am besten kannst, mit den Mitteln, die du hast.
- Mache im Match keine Experimente mit Schlägen, die du nicht beherrschst.
- Wähle immer den Schlag, der dir die größte Erfolgswahrscheinlichkeit bietet.
- Baue dein Spiel über deine Stärken auf.
- Vermeide eigene Fehler.
- Vermeide die Stärken deines Gegners.
- Versuche deinen Gegner zu Fehlern zu zwingen.
- Behalte deine Taktik bei, solange sie erfolgreich ist.
- Sei aufmerksam und beobachte, wie dein Gegner auf verschiedene Schläge, Situationen und Spielzüge reagiert.
- Sei bereit, deine Taktik zu ändern, wenn sie dir keinen Erfolg mehr bringt.
- Bestimme das Spiel selbst und lass dir nicht das deines Gegners aufzwingen.
- Sei immer geduldig, konzentriert und konsequent.
- Behalte deinen persönlichen Rhythmus bei, lasse dich vom Gegner weder hetzen noch aufhalten.
- Beachte die äußeren Faktoren und passe dein Spiel entsprechend an.
- Sei mutig, glaube an dich und vertraue deinen Stärken.

Ballinas Tricks für Strategie und Taktik

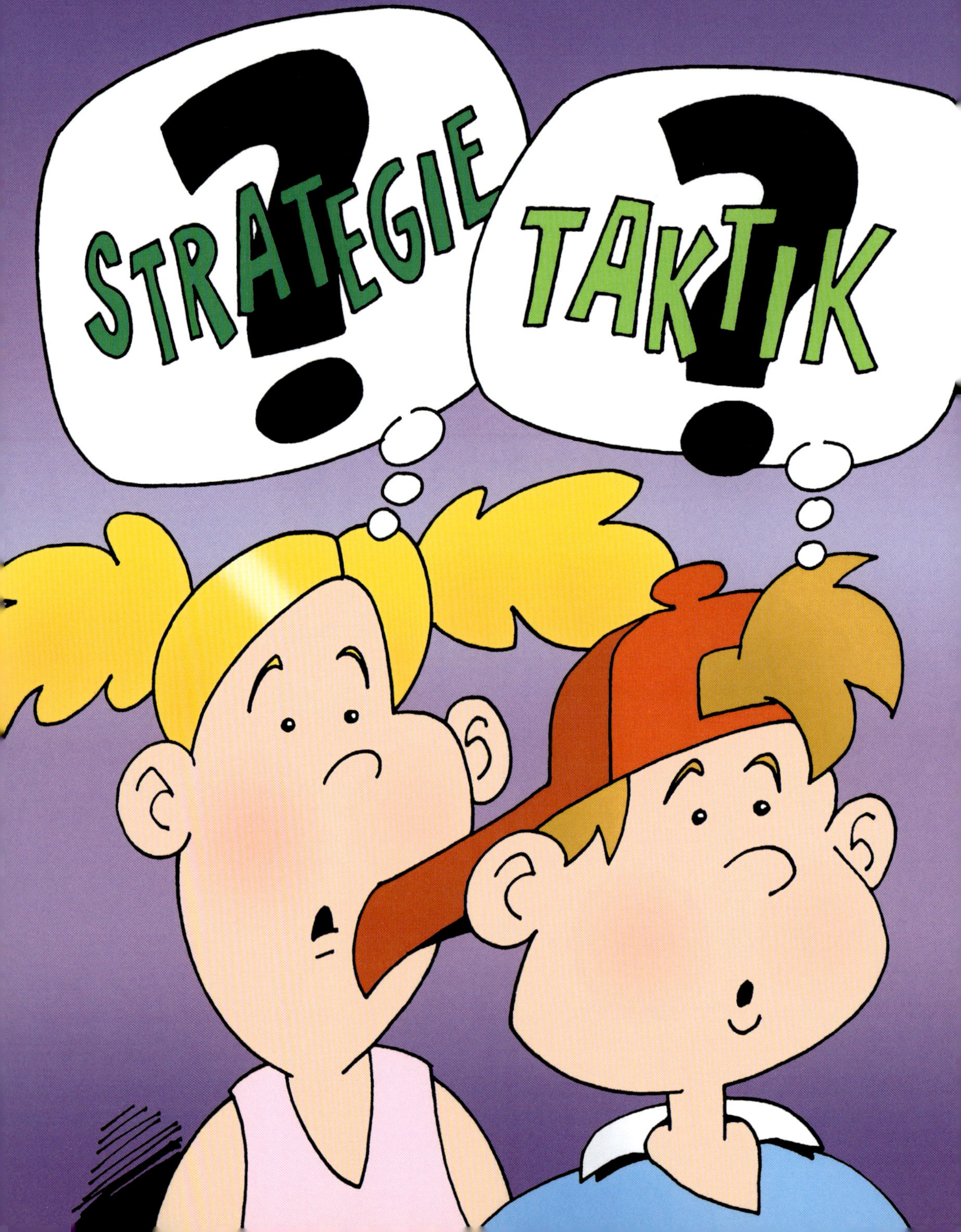

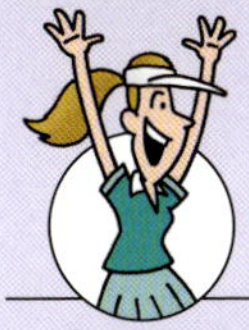

B Ballina

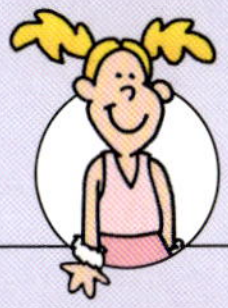

M Mona Mutig

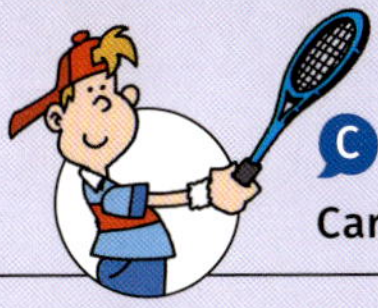

C Carlos Cool

Mona Mutig und Carlos Cool sitzen auf der Terrasse der Tennisanlage, als Ballina eintrifft.

B Hallo, ihr beiden! Habt ihr heute ein Match?
M Hallo, Ballina! Ja, ich muss in der dritten Runde spielen.
C Hallihallo! Und ich bin in der zweiten Runde dran. Wir haben uns eben eingespielt. Jetzt fängt gleich die erste Runde an, da haben wir noch genug Zeit, uns auf das Match vorzubereiten.
B Toll, dass ihr euch schon eingespielt habt. Und habt ihr euch denn schon eine gute Strategie und Taktik für das Match überlegt?

Mona und Carlos schauen sehr erstaunt zu Ballina. Mona hat davon noch nie etwas gehört, Carlos hat schon mal etwas von Taktik und Strategie gehört, er hat aber wieder vergessen, was das genau bedeutet.

M Strategie? Nein, das habe ich noch nie gehört. Was ist das?
C Taktik? Hmm, das kommt mir irgendwie bekannt vor, aber ich weiß es nicht mehr genau. Kannst du uns das bitte mal genauer erklären?
B Ja, sehr gern. Also bei der Strategie versucht ihr euch mit dem, was ihr vorhabt für das Match, einen Plan zu erstellen, es ist sozusagen der Spielplan. Für diese Überlegungen habt ihr immer ausreichend Zeit, so wie jetzt. Bei der Taktik geht es um die Schlagwahl in einer Situation. Das heißt, während des Ballwechsels solltet ihr den Schlag wählen, der die größte Chance bietet, den Punkt zu gewinnen. Diese Überlegungen finden meistens unter Zeitdruck statt.
M Also, mein Plan ist, zu rennen und zu kämpfen und jeden Ball reinzuspielen. Meine größte Stärke sind meine schnellen Beine. Da ich eher klein bin und nicht so viel Kraft habe, kann ich auch die Bälle nicht so gut beschleunigen. Aber bei kurzen Bällen gehe ich dann doch gerne drauf.
B Dann bist du eher eine defensive Spielerin. Kennst du denn die Merkmale einer defensiven Spielerin?
M Na klar, also eine defensive Spielerin steht eher weiter hinter der Linie und wartet ab und spielt die Bälle geduldig rein.
B Prima, das ist ein guter Plan.
C Und ich werde aggressiv sein und möglichst früh an die Bälle rangehen. Ich mache gern Druck mit der Vorhand. Sobald mein Gegner kurz wird, greife ich an und gehe ans Netz.
B Toll, Carlos, das bedeutet, du bist ein offensiver Spieler, der gerne den Punkt am Netz abschließt. Kennst du denn auch die anderen Merkmale eines offensiven Spielers?
C Ich denke, offensive Spieler stehen eher dicht an der Linie, sie versuchen möglichst die Initiative zu ergreifen, den Ball früh zu nehmen und den Gegner unter Druck zu setzen. Und ich versuche jede Möglichkeit bei kurzen Bällen zu nutzen und anzugreifen.
B Das hört sich doch schon mal gut an. Und im Ballwechsel versucht ihr dann möglichst eure Stärken und die Schwächen des Gegners zu nutzen. Ihr solltet aufmerksam sein und beobachten, womit ihr die meisten Punkte gewinnt und wie euer Gegner auf bestimmte Spielzüge reagiert. Und dann solltet ihr natürlich auch schauen, womit euer Gegner die meisten Punkte gewinnt und verliert. Die Stärken solltet ihr vermeiden und die Schwächen ausnutzen.
C Ja, Ballina, das mache ich, danke.
M Ich auch. Danke.
B Und noch ein Tipp: Falls ihr mal die wichtigsten Punkte der Taktik vergesst, könnt ihr sie euch auf einen Zettel schreiben und ihn beim Seitenwechsel herausholen.

Übungen

Stärken finden

5-10 Jahre

Um herauszufinden, welche Stärken und Schwächen die jungen Spieler haben, sollen sie mit dem Trainer oder den Eltern zusammen eine Tabelle mit drei Spalten erstellen. In der linken Spalte ist ein ★, in der mittleren sind zwei ★★ und in der rechten Spalte sind drei ★★★. Nun besprechen sie, was der Spieler gut, sehr gut und besonders gut kann, und schreiben diese Eigenschaften in die Tabelle. Der Betreuer soll anleiten, aber den Spieler nicht in seiner Bewertung beeinflussen.

Ampelsystem

5-10 Jahre

Beim Ampelsystem sollen die Spieler zwischen roten, orangen und grünen Spielsituationen unterscheiden und dementsprechend handeln. In der roten Situation sind sie in der Defensive. Hier sollen sie den Ball kontrolliert und lang spielen, um sich aus der Defensive zu befreien und dem Gegner keine Möglichkeit geben anzugreifen. In der orangen Position sind sie neutral, das heißt, sie können aggressiv von der Grundlinie spielen und den Punkt vorbereiten. Sobald der Ball in einer grünen Spielsituation ist, können sie den Punkt abschließen oder angreifen.

Stärken-Schwäche-Analyse

11-14, 15-18 Jahre

Zu einer gezielten Matchvorbereitung gehört die Stärken- und Schwächen-Analyse des Spielers und des Gegners. Dabei soll der Spieler sich über die folgenden Dinge klar werden. Es ist sehr zu empfehlen, diese Analyse schriftlich durchzuführen, damit sie später für die Matchanalyse mit einbezogen werden kann.

- Welches sind deine größten Stärken?
- Wie wirst du sie heute einsetzen?
- Welches sind die Schwächen deines Gegners?
- Wie wirst du sie heute ausnutzen?
- Welches sind deine Schwächen?
- Wie wirst du sie vor deinem Gegner verbergen?
- Welches sind die Stärken deines Gegners?
- Wie wirst du sie heute meiden?
- Welche Taktik verfolgst du im Match heute?
- Was machst du, wenn das nicht funktioniert?
- Wie wirst du deinen Gegner heute unter Raumdruck setzen?
- Wie wirst du deinen Gegner unter Zeitdruck setzen?
- Wie wirst du deinen Gegner unter Präzisionsdruck setzen?

➜ Setze dir aus dieser Analyse deinen Spielplan bzw. die Strategie zusammen.

Zielsetzung Taktik und Strategie

11-14, 15-18 Jahre

Der Spieler soll sich anhand der eigenen Stärken- und Schwächen-Analyse und der des Gegners eine Strategie und Taktik für das Match zusammenstellen. Er kann die oben stehenden Fragen als Hilfestellung nehmen. Das Ziel sollte immer sein, mit den eigenen Stärken die Schwächen des Gegners zu bearbeiten und möglichst die Stärken des Gegners und eigene Schwächen zu vermeiden. Allerdings muss er beim Match laufend überprüfen, ob dieser Plan aufgeht oder angepasst werden muss. Er kann sich auch einen Spickzettel mit den wichtigsten handlungsorientierten Zielen für das Match in seine Tasche stecken und beim Seitenwechsel lesen. Das machen sogar Topspieler wie Andy Murray.

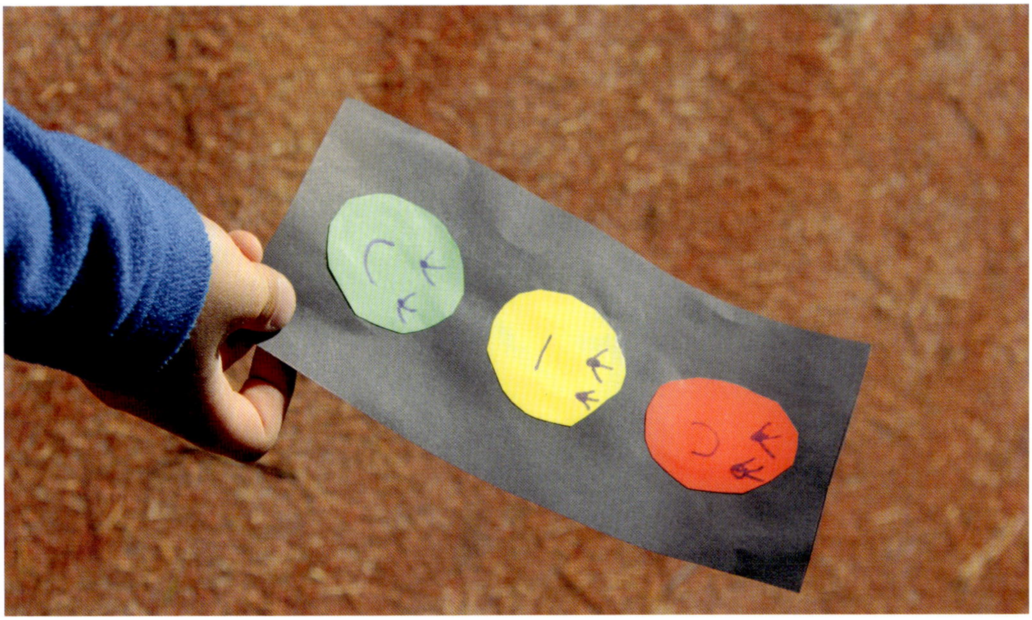

Spielertypen

11-14, 15-18 Jahre

Viele Spieler wissen nicht genau, was sie selbst für ein Spielertyp sind oder was genau ihr Gegner ist und wie man denn nun gegen so einen Gegner spielen sollte. Um die typischsten Merkmale herauszufinden, können die Spieler zusammen mit dem Trainer die folgende Übung durchführen. Jeder nimmt sich ca. drei bis fünf Zettel und fügt eine Tabelle mit zwei Spalten hinzu. Als Überschrift kommt der Name des Spielertypen, also z. B. aggressiver Grundlinienspieler. In der linken Spalte sollen alle typischen Merkmale des aggressiven Grundlinienspielers aufgeführt werden. In die rechten Spalte kommt die Spielweise gegen diesen Spielertyp bzw. was man machen kann, um seine Stärken zu eliminieren. (Als Hilfe für diese Übung können die Karten von My-Pocket-Coach Tennis Taktik genommen werden, www.neuersportverlag.de). Am Schluss werden von allen die Merkmale und Lösungsmöglichkeiten gesammelt. Nun kann sich auch jeder zuordnen und gewisse Eigenschaften trainieren.

Mindmap

15-18 Jahre

Der Spieler soll sich alleine oder zusammen mit dem Trainer ein Mindmap erstellen. Zu Beginn schreibt er seine Stärken als Überschriften oben auf den Zettel. Dann führt er dieses Mindmap immer weiter, wie und in welchen Situationen er seine Stärken einsetzen kann. So kommt er von seinen Stärken zu seiner Taktik oder bevorzugten Spielzügen. Diese kann er dann auch vertieft trainieren.

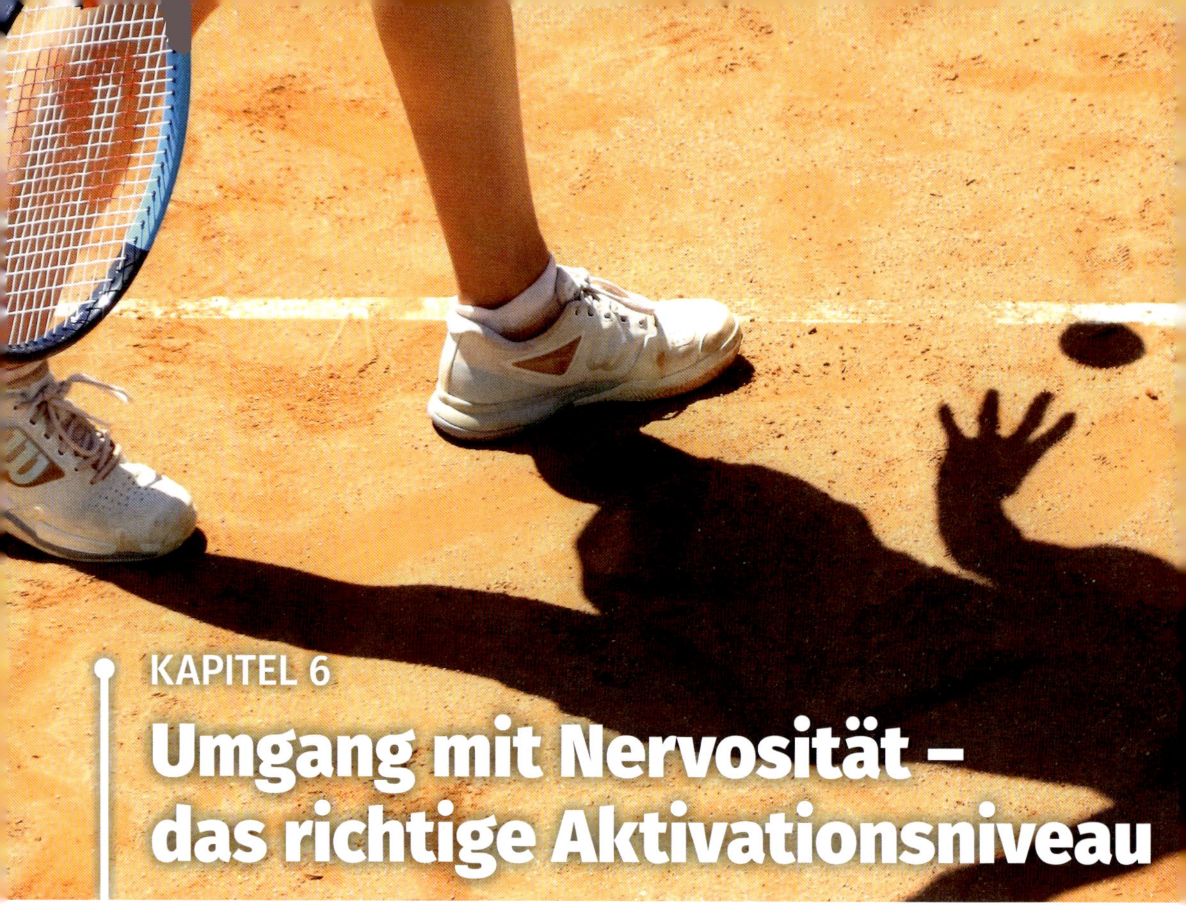

KAPITEL 6

Umgang mit Nervosität – das richtige Aktivationsniveau

Das richtige Aktivationsniveau ist die Voraussetzung dafür, dass ein Sportler in verschiedenen Situationen angemessen handeln kann. Er braucht dafür ein optimales physisches und psychisches Erregungsniveau. Dieses Erregungsniveau muss zu der Tätigkeit passen, die er gerade ausführen möchte. Ein Spieler, der sehr nervös und übererregt auf den Platz geht, wird dort sehr wahrscheinlich panisch und hektisch agieren, was zu einem fehlerhaften Spiel führt. Er bekommt von dem Geschehen um ihn herum nur noch wenig mit, weil er gar nicht mehr klar denken kann. Ohne klare Gedanken wird er nicht in der Lage sein, ein taktisches Konzept zu verfolgen, weiterhin viele Fehler machen und sich mehr und mehr ärgern und verkrampfen. Das Aktivationsniveau dieses Spielers ist viel zu hoch. Geht ein Spieler im Gegensatz dazu zu ruhig oder zu entspannt auf den Platz, kann er auch keine gute Leistung erbringen, weil er sicherlich nicht spritzig und wach genug ist. Alle Handlungen finden auf einem niedrigen Niveau statt und können deshalb auch nicht optimal koordiniert und effizient ausgeführt werden. Das Aktivationsniveau dieses Spielers ist viel zu niedrig.

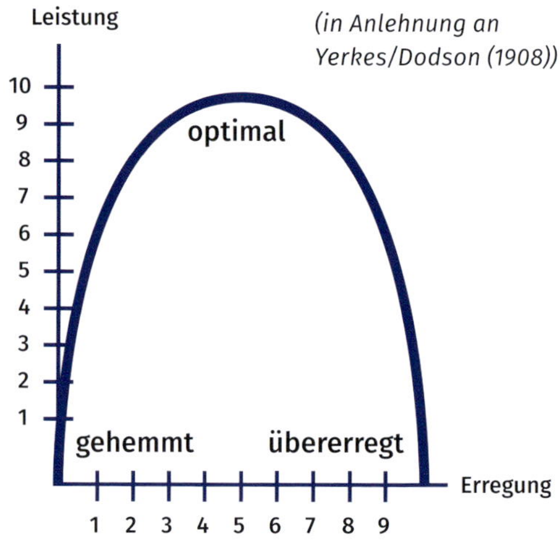

(in Anlehnung an Yerkes/Dodson (1908))

Allgemeine Infos

Psychische Prozesse beim Tennisspieler

	Aktivierungsniveau zu niedrig (1-3)	Optimal (4-6)	Aktivierungsniveau zu hoch (7-9)
Physiologische Prozesse	Träge, gehemmte, blockierte Bewegungen	Alle physiologischen Prozesse funktionieren optimal	Starke Erregung, erhöhter Puls, Schwitzen, Harndrang, Zittern
Gefühle, Emotionen	Schlapp, träge, gelangweilt, verkrampft, blockiert, ängstlich, apathisch, keine Wettkampflust, langsam, müde etc.	Leichte Erregung/ Nervosität, etwas ungeduldige Erwartung des Turniers, erwartungsfreudig, fokussiert, energiegeladen	Starke Nervosität, unkontrollierte Handlungen, hektisch, vergesslich, zerstreut, unsicher, grundlos beschäftigt, kopflos
Handlungen	Kein Kampf, aufgeben, alle Handlungen finden auf niedrigem Niveau statt	Strukturierte Handlungen, taktischer Plan, klare Orientierung, Selbstbeherrschung	Keine taktische Linie, wirkt körperlich überfordert, alle Handlungen sind unkontrolliert, kopflos, stark verkrampft

(in Anlehnung an Eberspächer (1995))

Unter dem Aktivationsniveau versteht man also den inneren Erregungszustand eines Spielers. Das Modell von Yerkes-Dodson besagt, dass es für die Bewältigung von verschiedenen Anforderungen jeweils ein optimales Aktivationsniveau gibt. Je nach Schwierigkeitsgrad der zu bewältigenden Aufgabe kommt es mit der Zunahme der Aktivierung bis zu einem gewissen Punkt, dem Aktivierungsoptimum, der oft auch der ideale Leistungszustand genannt wird, zu einer Leistungssteigerung. Übersteigt die Aktivierung das personenabhängige und sportartspezifische optimale Niveau, fällt die Leistungsfähigkeit wieder ab. Bei feinmotorischen Bewegungen, die eine geringe Kraftleistung benötigen, ist das Aktivierungsoptimum niedriger als bei Bewegungen, die einen hohen Kraft- oder Schnellkraftanteil haben.

Anhand des Schaubildes und der Tabelle mit den psychischen Prozessen des Vorstartzustandes kann man deutlich sehen, dass eine zu hohe oder eine zu niedrige Erregung den Sportler in seiner Leistungsfähigkeit stark beeinflusst. Die Kunst für jeden Spieler besteht darin, zu erkennen, wann er in welchem Zustand ist, um Gegenmaßnahmen ergreifen zu können. Ohne das richtige psychische und physische Erregungsniveau ist kein Tennisspieler in der Lage, später auf dem Platz ange-

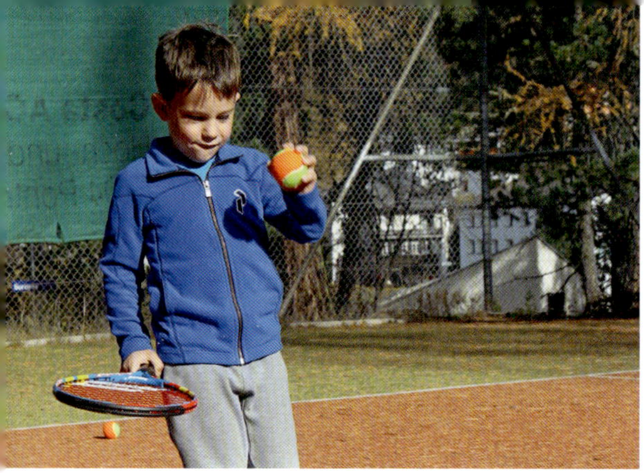

messen zu handeln. Für einen Spieler ist es also besonders wichtig, das eigene Aktivationsniveau zu erkennen, um dieses so zu regulieren, dass er sich selbst in einen möglichst optimalen Zustand versetzen kann.

Allgemeine Infos

Die Aktivationsregulation hat zwei Zielrichtungen:

1. Entspannung

Wenn ein Spieler übererregt ist und sein Aktivationsniveau heruntersetzen muss, sollte er Entspannung anstreben. Maßnahmen, die man vor dem Match und auf dem Platz durchführen kann, sind unter anderem die progressive Muskelentspannung und spezielle Atemübungen. Das Aktivationsniveau lässt sich nach Eberspächer (1995) über die Veränderung der folgenden drei Bereiche regulieren:

- **Verhalten:**
  - Der Spieler sollte sich langsam oder gar nicht bewegen.
  - Muskeltonus herabsetzen.
  - Die Muskelspannung (Tonus) kann beispielsweise über die Konzentration auf langsames Ausatmen verringert werden.
- **Umwelt:**
  - Der Spieler sollte einen reizarmen und ruhigen Ort aufsuchen.
  - Er kann ruhige Musik hören.
- **Wahrnehmung:**
  - Der Spieler sollte sich auf Ruhe einstellen.
  - Er sollte sich entspannen.
  - Er kann ein angenehmes Befinden über Selbstgespräche herstellen.

2. Aktivierung

Ist ein Spieler vor oder bei einem Match zu ruhig, sollte das Ziel sein, seine Aktivität zu steigern. Dies kann er über schnelle physische Bewegungen, die Atmung oder anspornende Selbstgespräche erreichen. Im Gegensatz zur Relaxation gibt es im Bereich der Mobilisationstechniken kaum standardisierte Maßnahmen. Jeder Spieler ist darauf angewiesen, sich seine Methode für die Mobilisation zu erarbeiten und zusammenzustellen. Für die Mobilisation nach Eberspächer (1995) gilt es wieder die folgenden drei Bereiche zu regulieren:

- **Verhalten:**
  - Schnelle und schwunghafte Bewegungen
  - Muskelspannung aufbauen, z.B. durch isometrische Anspannungsübungen
  - Konzentration auf ein aktives Einatmen
- **Umwelt:**
  - Der Spieler sollte ein reizvolles und anregendes Umfeld aufsuchen.
  - Er kann schnelle und aktivierende Musik hören.
- **Wahrnehmung:**
  - Der Spieler muss sich auf Herausforderungen einstellen.
  - Er sollte mit Selbstgesprächen seine Motivation anregen und sich pushen.

Tipps für Spieler

Fragen zum optimalen Aktivierungsniveau

Um herauszufinden, ob du vor und bei einem Match ein optimales Aktivationsniveau erreichst, kannst du dir selbst die folgenden Fragen stellen:

- Laufen vor einem Match alle deine physiologischen Prozesse normal ab?
- Bist du vor einem Match leicht erregt?
- Freust dich auf das Match?
- Bist du etwas ungeduldig vor einem Match?
- Fühlst du dich vor einem Match energiegeladen?
- Kannst du dich bei einem Match sehr gut beherrschen?
- Verfolgst du im Match einen klaren taktischen Plan?
- Kannst du im Match dein ganzes Können anbringen?
- Fühlst du dich im Match spritzig?

Wenn du die Mehrheit dieser Fragen mit JA beantwortet hast, dann erreichst du vor und bei einem Match das optimale Erregungsniveau.

➔ Bravo – weiter so!

Fragen zu einem zu hohen Aktivationsniveau

Um herauszufinden, ob du vor und bei einem Match ein zu hohes Erregungsniveau erreichst, kannst du dir die folgenden Fragen stellen:

- Laufen vor einem Wettkampf deine physiologischen Prozesse verändert ab, hast du einen stark erhöhten Puls, Schweißausbrüche, Gliederzittern oder häufigen Harndrang?
- Bist du vor einem Wettkampf sehr nervös?
- Bist du vor einem Wettkampf sehr zerstreut oder vergesslich?
- Sind deine Handlungen vor einem Wettkampf unkontrolliert?
- Beschäftigst du dich vor einem Wettkampf grundlos mit vielen Dingen?
- Bist du bei einem Wettkampf kopflos und ohne taktisches Konzept?
- Handelst du bei einem Wettkampf hektisch und unkontrolliert?
- Bist du bei einem Wettkampf unbeherrscht?
- Verlierst du bei einem Wettkampf schnell die Geduld?
- Lässt du dich bei einem Wettkampf schnell ablenken?

Wenn du die Mehrheit dieser Fragen mit JA beantwortet hast, dann bist du vor und bei Wettkämpfen übererregt.

➔ Du solltest dich mit verschiedenen Entspannungsmethoden auseinandersetzen und lernen, wie du dein Erregungsniveau verringern kannst.

Fragen zu einem zu niedrigen Aktivationsniveau

Um herauszufinden, ob du vor und bei einem Wettkampf ein zu niedriges Erregungsniveau hast, kannst du dir die folgenden Fragen stellen:

- Bist du vor einem Wettkampf oft sehr müde?
- Fühlst du dich vor einem Wettkampf schlapp und energielos?
- Sind deine Handlungen vor einem Wettkampf langsam und gehemmt?
- Bist du vor einem Wettkampf ängstlich?
- Würdest du vor einem Wettkampf oft am liebsten alles absagen und nicht antreten?
- Sind deine Handlungen bei einem Wettkampf blockiert und langsam?
- Fällt es dir schwer, deine Kräfte zu mobilisieren und dich gut zu bewegen?
- Bist du bei einem Wettkampf kraft- und energielos?
- Bist du bei einem Wettkampf schnell demotiviert?
- Verlierst du bei einem Wettkampf schnell deinen Kampfgeist?
- Lässt du dich bei einem Wettkampf schnell ablenken?

Wenn du die Mehrheit dieser Fragen mit JA beantwortet hast, dann hast du vor und bei Wettkämpfen ein zu niedriges Erregungsniveau.

➔ Du solltest dich mit verschiedenen Aktivierungsmethoden auseinandersetzen und lernen, wie du dein Erregungsniveau erhöhen kannst.

Ballinas Tricks für den Umgang mit Nervosität

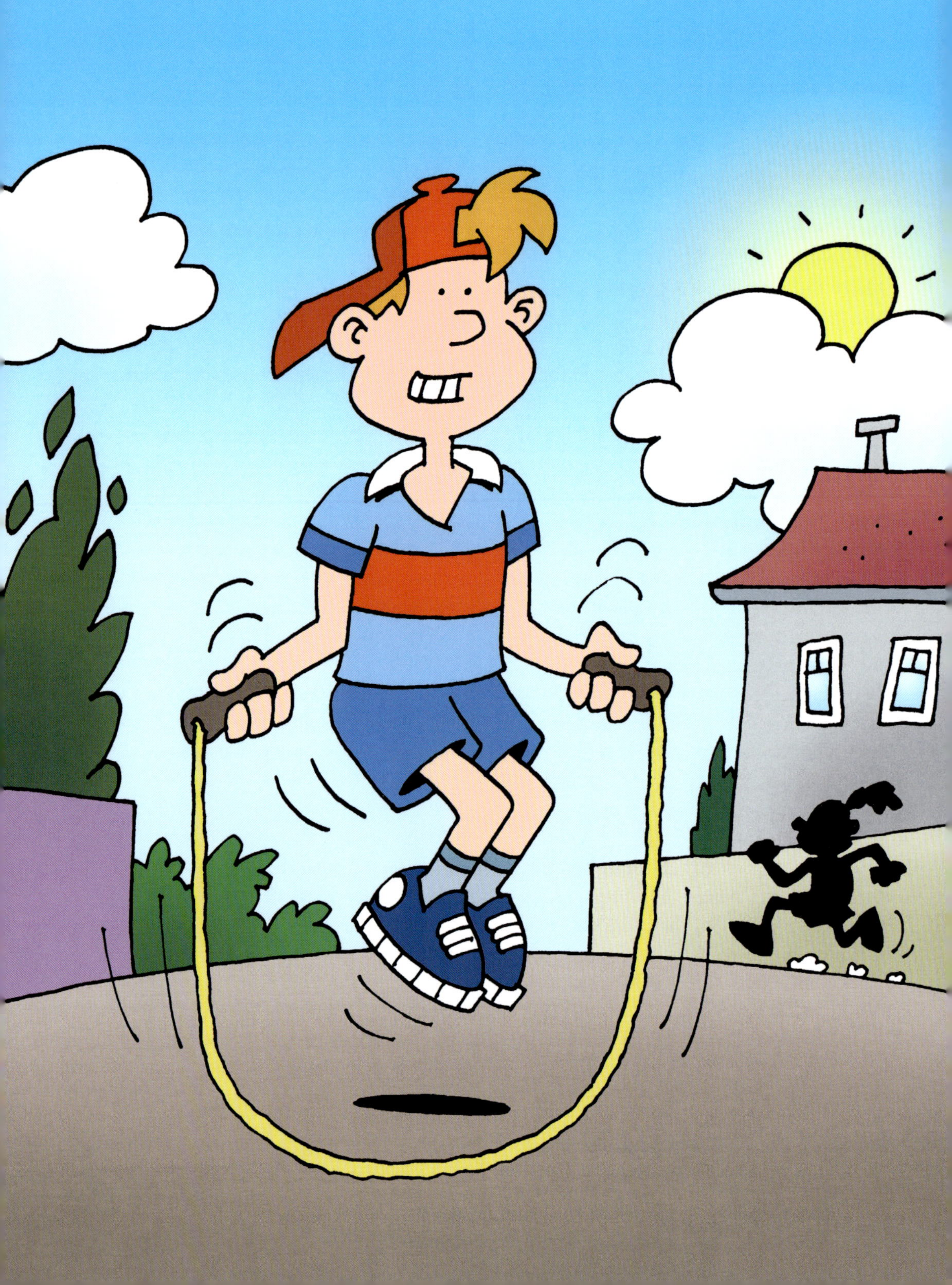

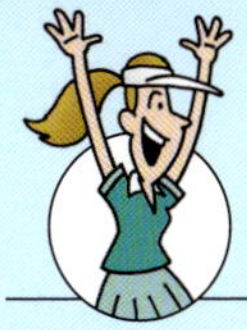

B Ballina

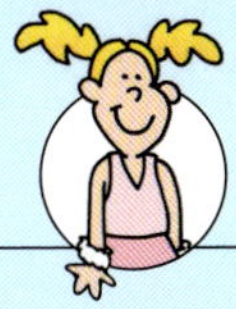

M Mona Mutig

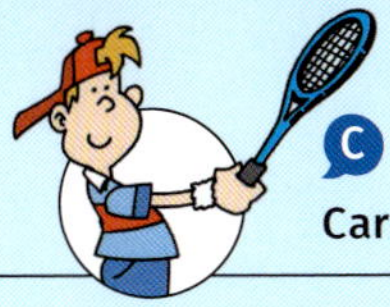

C Carlos Cool

Ballina trifft Carlos und Mona vor dem Tennisplatz beim Aufwärmen. Carlos sieht sehr nervös aus, er ist sehr aufgekratzt, zappelig und muss permanent auf die Toilette rennen. Mona dagegen schleicht vor dem Platz umher, als ob ihre Füße aus Blei wären. Sie ist bleich und bekommt kaum einen Ton heraus.

B Hallo, ihr beiden! Müsst ihr gleich spielen?

M Hallo, Ballina, ja, gleich geht es los. Auf meinem Platz steht es jetzt 3 : 1 im zweiten Satz, und danach bin ich dran.

C Und auf meinem Platz läuft der dritte Satz.

B Und, wie fühlt ihr euch?

C Ich bin schon total nervös. Ich muss alle fünf Minuten auf Toilette, mein Puls rast und ich schwitze, obwohl ich noch gar nichts gemacht habe. Puh!

B Oje, hast du das schon öfter erlebt?

C Ja, Ballina, es ist schrecklich. Wenn ich so nervös auf den Platz gehe, treffe ich meistens keine Kugel. Ich bin so hektisch, dass ich kaum einen Schlag richtig ausführen kann. Und ich kann überhaupt nicht klar denken. Tausend Sachen, die ich machen möchte, rasen durch meinen Kopf.

M Also das ist ja ein Ding! Bei mir ist es genau umgekehrt.

B Was passiert denn bei dir genau?

M Ich fühle mich vor einem Match meistens sehr schlapp. Gehe ich dann auf den Platz, bin ich voll blockiert, wie gelähmt. Ich komme überhaupt nicht in Fahrt, und dadurch stehe ich immer schlecht zum Ball. Und meine Schläge sind total eckig, ich würde so gerne mal wieder locker durchschwingen, wie im Training.

B Ach, ihr beiden, das hört sich nicht gut an. Aber ich kann euch ein paar Tricks verraten, mit denen ihr eure Nervosität in den Griff bekommen könnt. Immerhin haben wir noch eine Weile, bis ihr auf den Platz müsst.

C Oh, Ballina, das wäre toll.

B Als Erstes einmal ist das, was ihr erlebt, total normal. In irgendeiner Form ist jeder Spieler vor einem Match nervös. Das ist sogar sehr wichtig für die Leistungsfähigkeit. Es zeigt, dass euch das Match etwas bedeutet und nicht egal ist.

M Da bin ich aber froh. Ich dachte schon, dass mit mir etwas nicht stimmt.

B Nein, mit euch ist alles in Ordnung. Es zeigt lediglich, dass ihr beide etwas zu nervös seid. Bei dir, Mona, verursacht die Nervosität, dass du blockiert bist. Das bedeutet, dass du dich vor und bei einem Match mehr aktivieren musst. Das kannst du mit hüpfen, rennen oder atmen erreichen. Und du, Carlos, du bist durch die Nervosität einfach zu übererregt und hektisch. Du müsstest dich entspannen und beruhigen.

C Wie kann ich das denn schaffen?

B Zum Beispiel, indem du langsam und tief einatmest und bis 4 zählst und das Gleiche beim Ausatmen machst.

C Das werde ich gleich probieren.

B Denkt dran, ihr beiden, ein gesundes Maß an Nervosität ist wichtig. Ihr solltet nur nicht zu übererregt oder zu wenig erregt sein. Am besten kontrolliert ihr vor und während eines Matches permanent, in welchem Zustand ihr euch befindet. Merkt ihr, dass ihr zu hektisch oder zu blockiert seid, dann müsst ihr Gegenmaßnahmen einleiten.

M Danke, Ballina. Ich werde mich ab jetzt immer aktivieren, wenn ich merke, dass ich blockiert oder verkrampft bin.

C Und ich versuche total cool und entspannt zu bleiben.

B Dann wünsche ich euch beiden viel Erfolg.

Übungen

Fauchen wie ein Tiger

5-10 Jahre

Bei sehr jungen Spielern kann der Trainer oder ein Elternteil den Text vorlesen, etwas ältere können ihn selbst lesen. Mit dieser Übung können sich blockierte Spieler über die Atmung aktivieren.

Hast du schon einmal einen Tiger fauchen sehen? Wenn du auf dem Platz stehst und du total blockiert, müde oder verkrampft bist und dich kaum bewegen kannst, dann tu so, als ob du ein wütender Tiger bist, der gleich losspringt. Atme ganz tief durch die Nase ein, und beim Ausatmen reißt du deinen Mund ganz weit auf und presst den Atem mit einem lauten Zischgeräusch oder Fauchen schnell hinaus. Beim nächsten Mal presst du deine großen Zähne leicht aufeinander und bläst die Atemluft zwischen deinen Zähnen hindurch. Stell dir vor, wie deine Augen blitzen. Atme noch einmal tief ein und presse die Luft durch deine Zähne. Spüre, wie die Kraft des Tigers in dir wächst. Du bist so mutig und stark wie ein Tiger, der es mit jedem Gegner aufnimmt. Du kannst dabei auch hin- und herhüpfen wie ein Tiger, der gleich losspringen möchte. Wiederhole dies so oft, wie es dir die Zeit auf dem Platz erlaubt. Bevor du den nächsten Punkt spielst, atme ein paarmal ganz ruhig ein und aus, dann führe wie gewohnt dein Ritual durch. Du bist nun wieder der Tennisspieler auf dem Platz, aber die Kraft des Tigers bleibt in dir.

Atmen und bewegen wie eine Schildkröte

5-10 Jahre

Bei sehr jungen Spielern kann der Trainer oder ein Elternteil den Text vorlesen, etwas ältere können ihn selbst lesen. Mit dieser Übung können sich übererregte Spieler über die Atmung beruhigen.

Hast du schon einmal eine Schildkröte kriechen sehen? Wenn du auf dem Platz stehst und du total übererregt und hektisch bist, dann tu so, als ob du eine Schildkröte bist, die langsam über den Platz kriecht. Stell dir vor, wie sich die Schildkröte mit ihren vier Beinen langsam nach vorne bewegt, dabei schaut der Kopf mit den großen Augen wachsam nach vorne, sie hat ihr Ziel genau vor Augen. Jetzt atme ganz tief und langsam durch die Nase ein, zähle dabei vier Schritte der Schildkröte, und beim langsamen Ausatmen zählst du wieder vier Schritte. Stell dir vor, wie auch du mit deinen großen Augen wachsam über den Platz schaust. Überlege dir genau, was du als Nächstes tun wirst, was ist dein Ziel beim nächsten Punkt. Spüre, wie du immer ruhiger wirst, genau wie diese Schildkröte. Bevor du den nächsten Punkt spielst, führe dein Ritual wie gewohnt durch. Jetzt bist du wieder der Spieler auf dem Platz, aber die Ruhe und Zielstrebigkeit der Schildkröte bleibt in dir.

Körperhaltung/Körpersprache

11-14 Jahre

Die Spieler sollen sich gerade hinstellen und sich dann vornüberbeugen bzw. hängen lassen, sodass die Schultern nach vorne und die Hände in Richtung des Bodens zeigen. Dann sollen sie sagen: „Mir geht es super!“ Jeder Spieler soll in sich hineinfühlen, ob der Satz auch wirklich zu seinem Gefühl passt. Dann sollen sich alle auf die Fußspitzen stellen, die Arme in den Himmel strecken, nach oben schauen und rufen: „Mir geht es schlecht!“ Anschließend sollte der Trainer fragen, ob die gesprochenen Worte zu der Körpersprache passen. In der Regel kann sich ein Mensch nicht gut fühlen, wenn er auf den Boden schaut und eine schlechte Haltung einnimmt. Sobald er aufgerichtet ist und eine gute Körperhaltung hat, nach oben schaut und sogar die Arme hochnimmt, dann fühlt er sich sofort besser. Im Anschluss an die Besprechung können alle die Übung noch einmal durchführen, aber dann richtig herum.

Aktivieren und entspannen über die Atmung

11-14, 15-18 Jahre

Es werden Atemübungen zur Aktivierung und Entspannung durchgeführt. Der Spieler soll sich eine Tabelle erstellen und seine Ergebnisse jeweils nach der Pulsmessung eintragen. Die Übungen sollten abwechselnd mehrmals hintereinander durchgeführt werden.

1. Aktivieren:

- 30 (60 oder 90) Sekunden
- schnell durch Nase einatmen und durch Mund auspressen
- direkt im Anschluss den Puls messen und aufschreiben

2. Entspannen:

- 30 (60 oder 90) Sekunden
- tief durch Nase einatmen und bis 4 zählen, dann langsam durch den Mund ausatmen und bis 6 zählen
- direkt im Anschluss Puls messen und aufschreiben

Aktivieren und Entspannen

15-18 Jahre

Der Spieler soll sich eine Tabelle mit zwei Spalten erstellen. Auf der linken Seite schreibt er die Maßnahmen auf, die ihn am besten aktivieren, wenn er ein zu niedriges Aktivationsniveau hat (z. B. schnelle physische Bewegungen, die Atmung oder anspornende Selbstgespräche). Auf die rechte Seite soll er die Maßnahmen schreiben, die ihn bei einem zu hohen Aktivationsniveau entspannen können (z. B. progressive Muskelentspannung und spezielle Atemübungen, entspannende Musik hören).

Progressive Muskelentspannung: Kurzprogramm

11-14, 15-18 Jahre

Bei der progressiven Muskelentspannung werden Muskelgruppen im Wechsel angespannt und entspannt. Auf diese Weise lernt der Spieler körpereigene Entspannungs- und Spannungszustände besser kennen. Das Kurzprogramm konzentriert sich auf vier Körperregionen und dauert ca. zehn Minuten. Diese Übung sollten 30-60 Minuten vor dem Training oder Match durchgeführt werden. Anschließend sollte der Körper aktiviert und ausreichend auf die kommende Belastung vorbereitet werden.

Achte auf die folgenden Dinge:

- Lege oder setze dich bequem und locker hin.
- Atme ruhig und gleichmäßig.
- Konzentriere dich voll auf die jeweilige Muskelgruppe.
- Halte die Spannung für ca. 5 Sekunden.
- Entspanne danach für ca. 15 Sekunden.
- Beachte jeweils den Spannungszustand in der Muskulatur und den Kontrast zur Entspannung.
- Schließe nun deine Augen und konzentriere dich voll auf deinen Körper.
- Spanne beide Hände, die Unter- und Oberarme an – beachte die Spannung.
- Lockere die Hände, Unter- und Oberarme – nimm den Kontrast und die Entspannung wahr.
- Spanne die Gesichts- und Nackenmuskulatur an – beachte die Spannung.
- Lockere die Gesichts- und Nackenmuskulatur – nimm den Kontrast und die Entspannung wahr.
- Spanne deine Brust-, Schulter-, Rücken- und Bauchmuskeln an, hole tief Luft, halte die Luft an und ziehe die Schultern nach hinten– beachte die Spannung.
- Lockere deine Brust-, Schulter-, Rücken- und Bauchmuskeln, atme tief ein und aus – nimm den Kontrast und die Entspannung wahr.
- Spanne beide Füße, Unter- und Oberschenkel an – beachte die Spannung.
- Lockere beide Füße, Unter- und Oberschenkel– nimm den Kontrast und die Entspannung wahr.

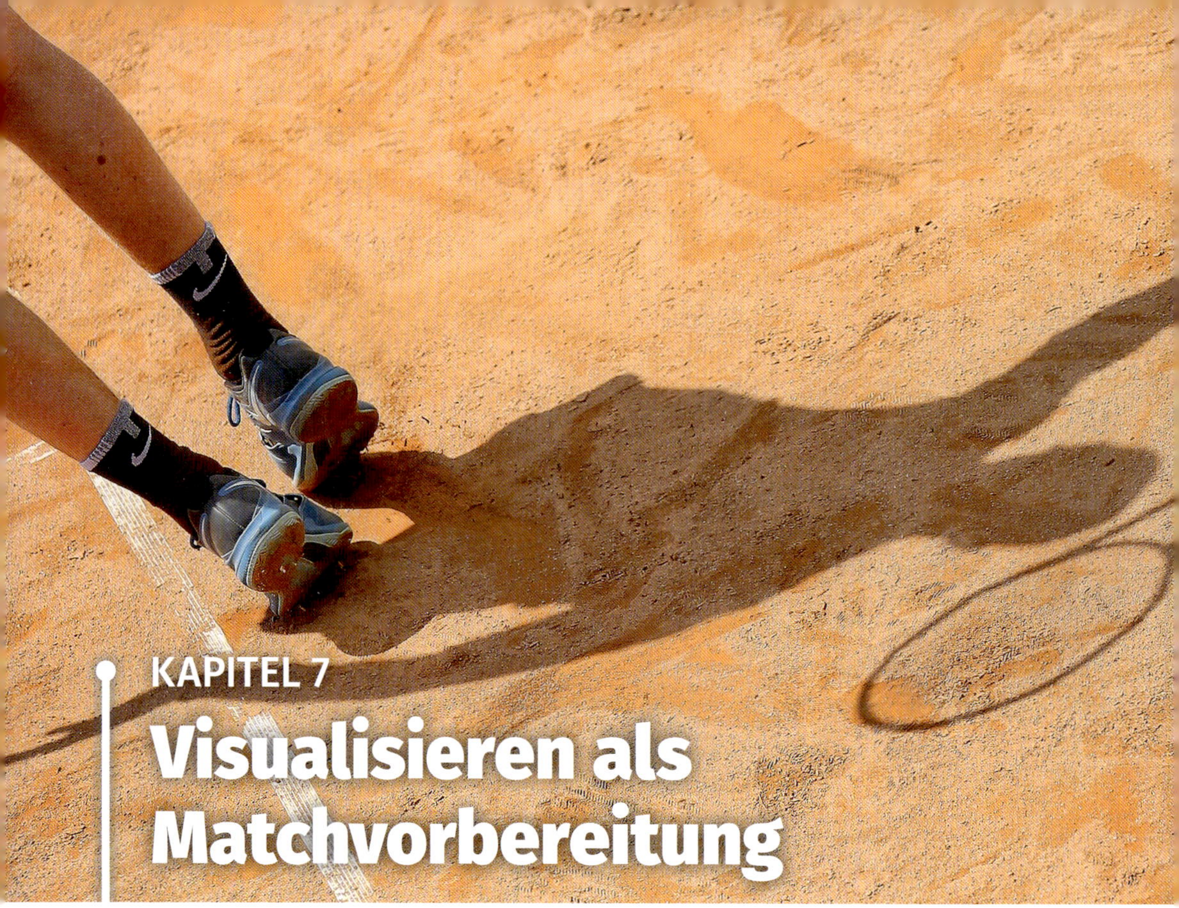

KAPITEL 7

Visualisieren als Matchvorbereitung

Als Sportler ist es wichtig, neben der angeborenen Fähigkeit, in Bildern zu denken, die Fertigkeit zu erlernen und anzuwenden, sich bewusst klare Vorstellungen vor Augen zu rufen. Diese Vorstellungen können einen starken Einfluss auf das Befinden, Verhalten und die Leistung haben. Beim Visualisieren kann man sich Bilder, Situationen und Aktionen in Gedanken vorstellen. Man sieht sich dabei selbst wie in einem Film und kann das, was dort gerade passiert, bewusst lenken, um ein angestrebtes Ziel zu erreichen. Wie jede andere Technik des Tennisspielens kann man Visualisieren erlernen. Durch regelmäßiges Üben und Anwenden ist es möglich, damit die Leistungsfähigkeit in verschiedenen Bereichen auf dem Platz zu verbessern. Diese mentale Trainingsform beruht aber nicht nur auf dem bildlichen Vorstellungsvermögen, sondern schließt auch die anderen Sinne mit ein. Visualisiert man zum Beispiel einen Schlag, dann sollte man zu den geistigen Bildern auch noch hören und fühlen, wie man sich dabei bewegt. Je intensiver ein Spieler sich in diese Bewegung hineinfühlen und denken kann, umso besser wird er es bei der tatsächlichen Ausführung auf dem Platz nachvollziehen können. Bei den meisten Visualisierungen spielt das Fühlen bzw. Spüren einer Bewegung eine entscheidende Rolle. Für junge Sportler gibt es drei Gründe, warum das Erlernen von Visualisierungstechniken so wichtig und wirkungsvoll ist.

Allgemeine Infos

Drei wichtige Gründe für das Visualisieren

1. Man kann Einfluss auf die Körperfunktionen nehmen

Mit der Visualisierung einer körperlichen Handlung, eines Vorgangs, Zustandes oder von Gefühlen kann man seinen Körper beeinflussen. Stellt man sich beispielsweise vor, wie man eine Bewegung ausführt, dann reagieren die entsprechenden Muskelgruppen ganz minimal auf die vorgestellte Bewegung, weil die Signale des Gehirns über das Nervensystem an die Muskeln weitergehen. Schon allein durch das Visualisieren von Anspannung und Entspannung bestimmter Muskelgruppen kann man lernen, die Muskeln zu koordinieren, ohne sie in Wirklichkeit anzuspannen oder zu entspannen.

2. Man kann Lernprozesse beschleunigen

Die Koordination, auch definiert als Zusammenspiel von Gehirn und Muskulatur, steuert jede Bewegung, die ein Mensch macht, auch wenn sie noch so klein ist. Der Grund für die zahlreichen Trainingsstunden und die unendlich vielen Wiederholungen von Schlägen auf dem Tennisplatz liegt darin, dem Gehirn so genau und deutlich wie möglich zu sagen, wie die vielen verschiedenen Bewegungen richtig ausgeführt werden sollen. Im Gehirn findet dann das Lernen neuer Fertigkeiten oder das Abgewöhnen schlechter Angewohnheiten statt. Nur wenn man eine bestimmte Bewegung immer wieder trainiert und dadurch jedes Mal Signale von den Muskeln an das Gehirn gesendet werden, können sie dort Nervenbahnen ausbauen und verbreitern. Demzufolge werden bestimmte Verbindungen im Gehirn deutlich markiert, die ankommenden Signale werden schneller übertragen und die Bewegungen besser koordiniert. Lässt man also eine bestimmte Bewegung immer wieder im Kopf ablaufen, kann man damit den Lernprozess verkürzen und das körperliche Training unterstützen.

3. Man kann eine dem Körper verständliche Sprache sprechen

Um dem Körper Anweisungen zu geben, muss man das in der Sprache tun, die der Körper am besten versteht. Und diese Sprache besteht aus einer Kombination der verschiedenen Sinneseindrücke Fühlen, Sehen, Riechen und Hören, weil sie bei allen Bewegungen eine Rolle spielen.

Bei jedem kommt es allerdings auch einmal vor, dass bestimmte Bilder von schlechten Erfahrungen oder Ereignissen im Kopf herumspuken und sich nur schwer abschalten lassen. Negative Vorstellungen sollten von Anfang an vermieden und, wenn sie vorkommen, schnellstmöglich in positive umgewandelt werden, denn sie können sich zu real erscheinenden Wachträumen entwickeln. Je länger und kräftiger sich die negativen Bilder in das Gedächtnis einprägen, umso schwieriger wird es, sie wieder loszuwerden. Das mentale Üben oder Visualisieren kann außerdem dabei helfen, die bildhaften Vorstellungen der körperlichen Leistung so zu steuern, dass sie einen positiven Einfluss auf den Spieler selbst haben.

Das Preplay, zu verstehen als das Visualisieren vor dem Match, wird von Tennisspielern wahrscheinlich am häufigsten verwendet, auch wenn sich die meisten dessen nicht bewusst sind und es ungeplant durchführen. Das mentale Durchgehen eines bevorstehenden Matches geschieht meist kurz vor dem Betreten des Platzes. Die Visualisierung ist kurz, sehr konzentriert und auf das Wesentliche der bevorstehenden Aktion beschränkt.

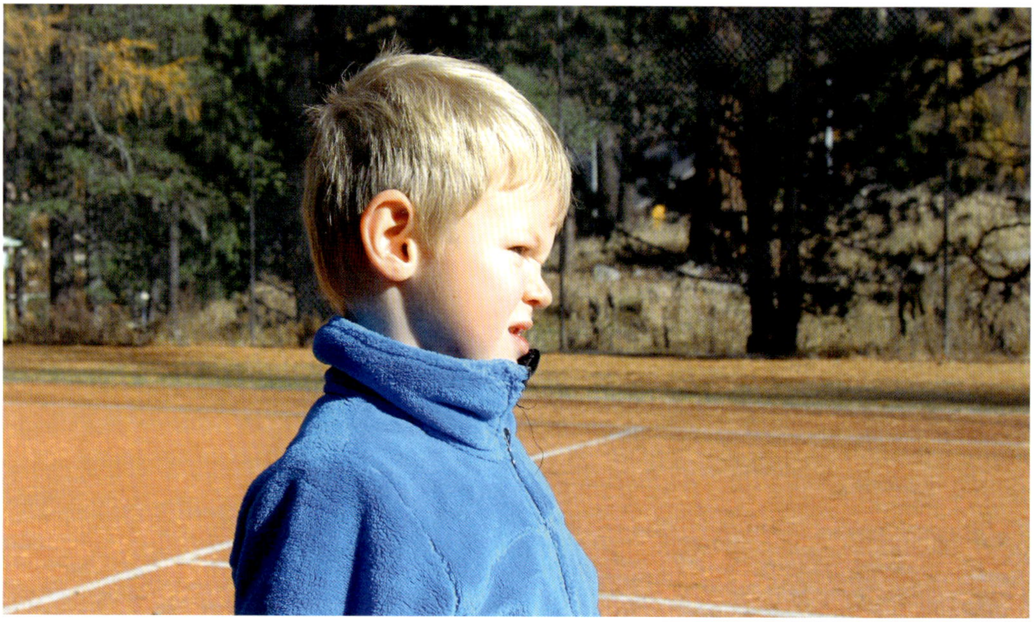

Man kann das mentale Durchlaufen eines Matches auch mit dem Vorbereiten eines Motors vergleichen. Damit der Motor richtig funktionieren kann, muss man erst einmal den Zündschlüssel einstecken und den Motor warmlaufen lassen. Der Körper braucht eine ähnliche Zuwendung. Spaziert man vor dem Spiel einfach nur in der Gegend herum, unterhält man sich mit anderen Leuten oder ist man mit ganz anderen Dingen beschäftigt, die nichts mit dem Match zu tun haben, dann braucht man erst einmal eine Übergangsperiode, in der man sich wieder sammeln und auf das Tennisspielen einstellen kann. Die beste Möglichkeit dafür ist das Visualisieren bestimmter Bewegungen oder Schläge, kurz bevor man sie braucht. Dadurch erarbeitet man sich einen perfekten Übergang und die richtige Einstellung auf die sportliche Leistung.

Selbst wenn ein Tennisspieler es nicht schafft, vor dem Match alle ablenkenden Faktoren von sich zu schieben, sollte er auf jeden Fall vor dem Betreten des Platzes kurz das durchdenken, was vor ihm liegt. An dieser Stelle darf kein Spieler die Tatsache vergessen, dass alle Bewegungen über sein Nervensystem kontrolliert werden. Das bedeutet, der Körper kann nur das ausführen, was man ihm über die Nerven mitteilt. Visualisiert der Spieler gezielt genau die Dinge, die er später ausführen möchte, dann kann der Körper das abstrakte Denken auf die Handlungen selbst überleiten. Auch hier sollte jeder versuchen, sich die Bewegungen mit möglichst allen Sinnen vorzustellen. Das Visualisieren der bevorstehenden Aufgabe oder Bewegung eignet sich am besten für Techniken oder Taktiken, die immer gleich ablaufen. Man nennt sie geschlossene Fertigkeiten. Eine geschlossene Fertigkeit beim Tennis ist beispielsweise der Aufschlag. Ein gerade noch zu erreichender Volley beim Tennis zählt zu einer halb-offenen Fertigkeit. Beim Tennis kommt es besonders darauf an, den Übergang zwischen der Einzelleistung, also dem Aufschlag, und der Interaktion bzw. dem Ballwechsel, herzustellen. Dieser Übergang ist sehr gut durch ein kurzes Visualisieren zu erreichen.

Allgemeine Infos

Tipps zum Visualisieren

1. Entspannung

Möchte man etwas Neues lernen oder etwas Altes üben, dann sollte man sich zu Beginn entspannen. Man macht schneller Fortschritte, wenn man zwischen den einzelnen Übungen Pausen zur Entspannung einlegt. Der Dialog zwischen Gehirn und Körper ist besonders für Störungen von außen anfällig. Ist ein Athlet angespannt, dann funktioniert die Kommunikation zwischen Gehirn und Muskulatur nicht optimal.

2. Aufmerksamkeit

Um erfolgreich zu visualisieren, sollte man entspannt und konzentriert sein. Nur wer konzentriert ist, kann Bilder klar und deutlich visualisieren. Auf diese Weise erhält man mehr Informationen über die Aspekte der Leistung, die man sich gerade vorstellen möchte. Es ist wichtig, dass jeder Athlet seine eigenen Grenzen der Konzentrationsfähigkeit feststellt und dass keiner zu viel von sich verlangt. Es ist zu empfehlen, alle zwei, drei, fünf oder zehn Minuten Entspannung und Visualisierung abzuwechseln. Sobald man feststellt, dass die Konzentration abnimmt, sollte die Übung beendet und beim nächsten Mal kürzer durchgeführt werden.

3. Sitzen

Bei allen Übungen ist es zu empfehlen, im Sitzen zu visualisieren. Im Liegen besteht eine größere Gefahr, dass die Gedanken abschweifen, die Konzentration nachlässt oder man sogar einschläft. Einige Formen des Visualisierens, wie das Realplay, werden im Stehen oder Sitzen auf dem Platz durchgeführt.

4. Gegenwartsform

Wenn man Visualisierungen innerlich mit Worten beschreibt, sollte man immer die Gegenwartsform verwenden. Auf diese Weise werden die vorgestellten und empfundenen Bilder und Empfindungen anschaulicher.

5. Realistische Zielsetzung

Die Ziele, die man sich als Sportler setzt, sollten herausfordernd, aber immer erreichbar sein, ansonsten macht das Visualisieren eines Ziels keinen Sinn. Wenn man sich vorstellt, eine Spitzenleistung zu vollbringen, muss diese Leistung im Rahmen der realistischen Möglichkeiten liegen.

6. Genaue Zielsetzung

Alle Ziele, die man sich als Spieler setzt, sollten übereinstimmen oder sich ergänzen. Möchte ein Spieler an einem bestimmten Schlag arbeiten, ist es sinnvoll, dies mit allen Details zu tun. Je besser er sich den Schlag vorstellen kann, umso effektiver wird die Visualisierung und dementsprechend das Resultat sein.

7. Alle Sinne einschließen

Beim Visualisieren sollte man dem Seh-, Hör- und Gefühlsvermögen besondere Beachtung schenken. Grundsätzlich ist bei jedem Menschen einer der Sinne besonders deutlich ausgeprägt. Hier ist es von Bedeutung herauszufinden, welcher Sinn eine dominante Funktion hat. Als Spieler sollte man versuchen, sich die Schläge mit allen Sinnen bis ins kleinste Detail vorzustellen. Je realistischer man die Situation visualisieren kann und je mehr Sinne aktiviert werden, umso deutlicher sind die Signale an das Nervensystem. Dadurch bereitet man das Nervensystem vor, während des wirklichen Schlages effektiver zu arbeiten.

8. Von außen nach innen und von innen nach außen visualisieren

Beim Visualisieren gibt es zwei Vorgehensweisen zur Auswahl. Man kann sich selbst von außen sehen oder von innen etwas fühlen, um nach außen hin zu agieren. Beides kann zum erwünschten Erfolg führen. Fällt es einem Athleten leichter, sich selbst von außen zu betrachten, dann sind seine Sinneswahrnehmungen wahrscheinlich eher visuell orientiert. Ist es für ihn angenehmer, sich in eine Lage einzufühlen und sie von innen nach außen wahrzunehmen, dann ist er mehr kinästhetisch veranlagt. Es ist am besten, wenn man beim Visualisieren die Sinneseindrücke verwendet, die sich als Erstes einstellen. Fällt das Visualisieren nach einer Weile leichter, dann kann man die andere Variante hinzunehmen. Ist ein Sportler eher visuell veranlagt, ist es sehr wichtig, dass er nach einer Weile das „Hineinfühlen" in eine Situation mittrainiert, damit er sein Nervensystem optimal beeinflusst. Alles, was man im Sport tut, ist letztendlich eine körperliche, kinästhetische und kinetische Aktivität, und das Hineinfühlen bei Übungen kommt dieser Aktivität am nächsten.

9. Tempo

Will man seine Leistung durch Visualisationsübungen verbessern, ist es ratsam, eine bestimmte Bewegungsfolge mit derselben Geschwindigkeit wie beim tatsächlichen körperlichen Training ablaufen zu lassen. Die realen Bedingungen wie die Geschwindigkeit der Bewegung, vorhandene Objekte, Farben oder Wetterbedingungen sollten, so gut es geht, nachempfunden werden.

Nur in zwei Situationen ist es zu empfehlen, die Bewegungen verlangsamt durchzuführen: zum einen wenn es sich um einen neuen Trainingsschwerpunkt oder eine neue Bewegung handelt. An dieser Stelle sollten Trainer und Spieler zusammen die korrekte Bewegungsabfolge festlegen. Der Spieler geht zunächst den Ablauf langsam im Kopf durch, um ein gutes Gefühl für die neue Bewegung zu bekommen. Fühlt er sich dabei wohl, kann er sie in der normalen Geschwindigkeit ausführen.

Die zweite Situation ergibt sich, wenn der Athlet eine bestehende Technik verändern oder sich eine schlechte Angewohnheit abgewöhnen soll. Geht er langsamer vor, kann er besser erkennen, wo seine Fehler liegen oder was vielleicht nicht ganz genau stimmt. Lässt er die Bewegungsfolge langsam vor seinem geistigen Auge ablaufen und zerlegt sie dann in Einzelteile, kann er die Abschnitte herausfiltern, die eine gute Leistung verhindern, und sie durch die richtigen ersetzen. Anschließend muss er die einzelnen Teile wieder zusammenfügen und die ganze Bewegung in der normalen Geschwindigkeit im Kopf durchgehen.

10. Regelmäßigkeit

Es ist besser, man übt kurz und regelmäßig anstatt unregelmäßig und lang. Am Anfang des Visualisierungstrainings ist es empfehlenswert, mit fünf bis zehn Minuten pro Tag und fünf bis sechs Tagen in der Woche zu starten. Kurze und häufige Visualisierungsprogramme sind weitaus wirkungsvoller als wenige lange. In den ersten Tagen reicht es schon, mit einer Visualisierung von einer Minute anzufangen, sich dann 30 Sekunden mit tiefem Ein- und Ausatmen zu entspannen, um danach wieder eine Minute zu visualisieren. Das Ganze sollte man vier- bis fünfmal wiederholen.

11. Freude

Das mentale Training sollte den Athleten Freude bereiten, und es macht nur Sinn, wenn sie sich dabei wohlfühlen und überzeugt sind, dass es hilft. Auf keinen Fall darf es langweilig, zwanghaft, belastend oder frustrierend sein, die Übungen durchzuführen. Ist dies der Fall, sollte man die Aufgaben abbrechen und lieber etwas anderes machen. Sollten bei den Athleten durch die Übungen negative Gedanken, Frust oder Angstgefühle auftreten, ist es auch sinnvoll, das Programm abzubrechen oder zu verschieben. Alles Negative im Kopf kann auf die reale Situation einen großen Einfluss haben und die sportliche Leistung beeinträchtigen.

Tipps für Spieler

- Vorstellungen in deinem Kopf können einen starken Einfluss auf dein Befinden, Verhalten und die Leistung haben.
- Beim Visualisieren kannst du dir Bilder, Situationen und Aktionen in Gedanken vorstellen.
- Beim Visualisieren siehst du dich selbst wie in einem Film und kannst das, was dort gerade passiert, bewusst lenken, um ein Ziel zu erreichen.
- Durch regelmäßiges Üben und Anwenden kannst du deine Leistungsfähigkeit in verschiedenen Bereichen auf dem Platz verbessern.
- Je intensiver du dich in eine vorgestellte Bewegung hineinfühlen und denken kannst, umso besser wirst du sie bei der tatsächlichen Ausführung auf dem Platz nachvollziehen können.
- Mit Visualisierungen kannst du
  - Einfluss auf deine Körperfunktionen nehmen;
  - Lernprozesse beschleunigen;
  - eine Sprache sprechen, die dein Körper versteht.
- Das Preplay ist das mentale Durchgehen eines bevorstehenden Matches, und dies geschieht meist kurz vor dem Betreten des Platzes.
- Die Visualisierung des Preplays ist kurz, sehr konzentriert und auf das Wesentliche der bevorstehenden Aktion beschränkt.
- Stelle dir Bewegungen immer mit allen Sinnen vor.
- Das Visualisieren der bevorstehenden Aufgabe oder Bewegung eignet sich am besten für Techniken oder Taktiken, die immer gleich ablaufen.

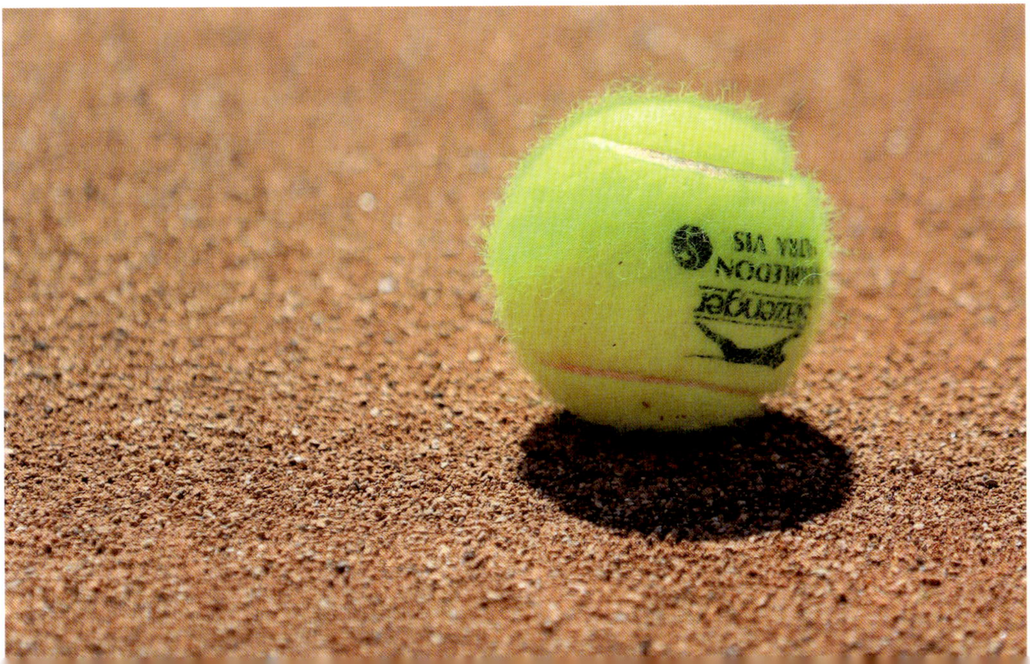

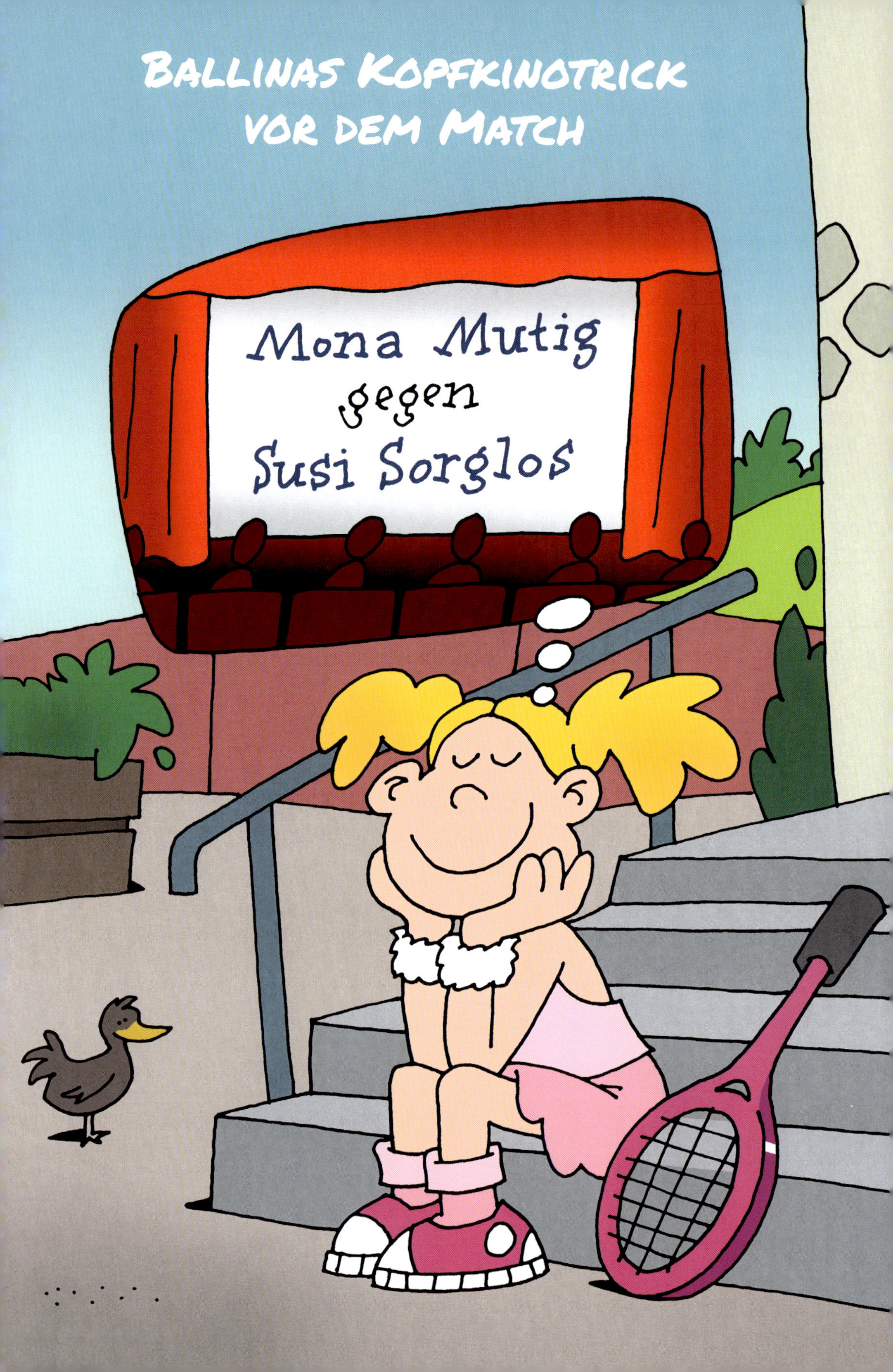
Ballinas Kopfkinotrick
vor dem Match
Mona Mutig
gegen
Susi Sorglos

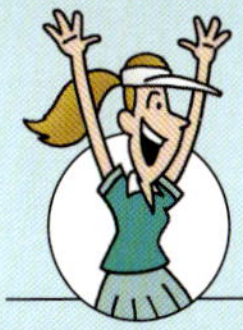

B Ballina

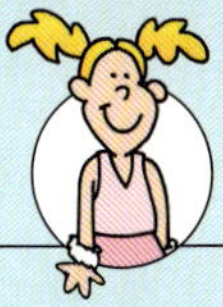

M Mona Mutig

Mona Mutig läuft vor ihrem Match über die Anlage und trifft viele Leute, die sie kennt. Andere Spielerinnen, Eltern, Freunde. Alle wollen mit ihr reden und kommentieren ihr bevorstehendes Match. Dann sieht sie Ballina vor dem Spielplan stehen, Mona Mutig spielt heute das zweite Match auf Platz 3 gegen Susi Sorglos.

M Hallo, Ballina. Schön, dich zu sehen. Kommst du mein Match anschauen?

B Hallo, Mona, ja, ich wollte dir zuschauen. Ich sehe auf dem Spielplan, dass du gegen Susi Sorglos spielst. Wie fühlst du dich denn? Hast du dir konkret etwas für das Match vorgenommen, wie du gegen Susi spielen wirst?

M Ich weiß nicht genau, ich bin total damit beschäftigt, allen Leuten Hallo zu sagen, die hier auf der Anlage herumlaufen. Es ist so toll, wen man alles trifft. Nur leider hat auch jeder etwas zu meinem nächsten Match zu sagen. Manche sagen, das schaffe ich locker, andere sagen, dass das ein spannendes Match werden könnte, ich bin schon total durcheinander.

B Also, Mona, ich denke, nun ist es an der Zeit, dass du dich etwas zurückziehst und auf dein Match vorbereitest.

M Was denkst du denn, was ich tun sollte? Ich habe mich schon eingespielt, und jetzt warte ich einfach darauf, dass der Platz vor mir fertig wird.

B Am besten nutzt du die Zeit, in der du wartest, sinnvoll für dich und das bevorstehende Match. Sonst gehst du nachher auf den Platz und verbrauchst wertvolle Zeit, um dich zu sammeln und in das Match zu finden. Du solltest dich vorher schon mit dem Match auseinandersetzen. Kennst du schon den Kopfkinotrick?

M Nein, aber es hört sich toll an. Wie geht denn das?

B Am besten suchst du dir einen ruhigen Platz und setzt dich dort gemütlich hin. Dann schließt du deine Augen und stellst dir vor, du sitzt im Kino. Der Vorhang geht auf und der Film beginnt. Als Erstes gibt es einen Vorspann, Mona Mutig gegen Susi Sorglos auf Platz 3. Die zwei Hauptdarstellerinnen kommen auf den Platz und fangen an sich einzuspielen. Dann geht das Match los. In deinem Kopfkino kannst du festlegen, wie du spielen wirst, wie du dich bewegst und auf welche Handlungen du besonders achten solltest. Schließe dabei so viele Sinne wie möglich ein. Konzentriere dich auf die wesentlichen Dinge des Matches. Wenn du meinst, dass du alles durchgegangen bist, dann schließe den Vorhang und gehe aus dem Kino heraus. Dann kannst du deine Sachen packen und los geht es auf den Platz.

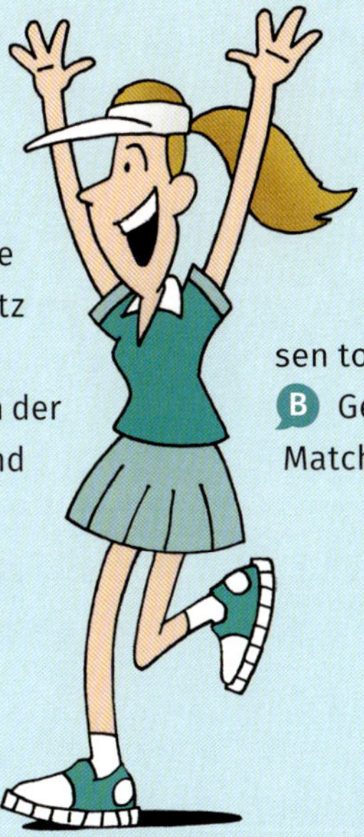

M Du hast recht, Ballina, ich sollte mich wirklich besser auf mein Match vorbereiten. Ich werde jetzt eine ruhige Ecke suchen und ins Kopfkino gehen. Vielen Dank für diesen tollen Trick.

B Gern geschehen. Ich freue mich auf das Match und werde dir zuschauen.

Übungen

Tiereigenschaft

5-10 Jahre

Die Spieler sollen sich vor dem Training überlegen, welches Tier mit welchen Eigenschaften sie heute sein möchten. Sie sollen versuchen, das ganze Training lang dieses Tier zu verkörpern. Nach dem Training fragt der Trainer, ob sie es geschafft haben, das ganze Training lang dieses Tier mit seinen Eigenschaften zu sein, oder was hätte besser sein können. Hier ein paar Beispiele. Es kann sich aber auch jeder sein Lieblingstier aussuchen und mit bestimmten Eigenschaften ausstatten.

Tiger: Ein Tiger ist stark und mutig, er ist sehr aggressiv und rennt auch gerne ans Netz, um dort die Leckerbissen-Volleys abzufangen.

Eule: Eulen sind sehr schlau und weise. Sie lassen sich durch nichts aus der Ruhe bringen und wählen mit Bedacht die richtige Strategie, um den Gegner zu schlagen.

Katze: Die Katze ist sehr schnell und rennt nach jedem Ball, sie ist sehr verspielt und variantenreich.

Lämmchen: Lämmchen sind sehr vorsichtig, aber sie machen nie Fehler, sie lieben lange Ballwechsel, erlaufen jeden Ball und machen den Gegner mürbe.

Kopfkino

11-14, 15-18 Jahre

Bei sehr jungen Spielern kann der Trainer oder ein Elternteil den Text vorlesen, etwas ältere können ihn selbst lesen. Mit diesem Kopfkino können sich die Spieler mental auf ein Match vorbereiten.

Am besten suchst du dir einen ruhigen Platz und setzt dich dort gemütlich hin. Dann schließt du deine Augen. Stell dir vor, du sitzt im Kino. Der Film über das Tennismatch beginnt. Die zwei Hauptdarsteller kommen auf den Platz und fangen an sich einzuspielen. Du und dein Gegner sind diese Hauptdarsteller. Dann geht das Match los. In deinem Kopfkino kannst du festlegen, wie du spielen wirst und welche Bewegungen du ausführen wirst. Schließe dabei so viele Sinne wie möglich ein. Du kannst förmlich spüren, wie aktiv du dich bewegst und wie deine Füße auf dem Platz tänzeln. Du riechst den besonderen Geruch des Sandplatzes (oder im Winter der Halle). Konzentriere dich dann auf die wesentlichen Dinge des Matches. Welchen Plan hast du für das Match? Welche Stärken und Schwächen hat dein Gegner? Welche Stärken und Schwächen hast du? Wie wirst du diese jeweils einsetzen? Wenn du meinst, dass du alles durchgegangen bist, dann schließe den Vorhang und gehe aus dem Kino heraus. Dann nimm deine Sachen, und los geht es auf den Platz.

Das Renn-Tier

11-14, 15-18 Jahre

Die Spieler sollen sich als Erstes an ihr letztes Turniermatch erinnern. Sie sollen sich in die Situation zurückversetzen und den eigenen Zustand mit einer Tier-Metapher beschreiben, die ihr Körpergefühl und ihre Einstellung zu dem Zeitpunkt am besten wiedergibt. Das kann etwas Positives oder Negatives sein, wie „ich war so aggressiv wie ein Tiger“ oder „ich war so scheu wie ein Reh“. Diese Vorstellungen werden mit dem Trainer oder den Eltern zusammen gesammelt. Danach sollen die Spieler überlegen, ob dieses Tier hilfreich war oder ob sie lieber ein anderes Tier gewesen wären und welches Tier oder welche Eigenschaft in der Zukunft optimal für sie und ihre Leistungsfähigkeit wäre. Jeder Spieler soll sich nun sein eigenes Renn-Tier mit einer Eigenschaft als Erinnerungsanker für Matches aussuchen und versuchen, sich in dieses Tier bzw. den Gefühlszustand hineinzuversetzen. Das Ziel ist, dass sie sich in kritischen Situationen im Match an ihr Renn-Tier, seine positiven Eigenschaften und das damit verbundene Gefühl erinnern können. Um die Erinnerung zu erleichtern, können die Spieler sich auch ein Bild von ihrem Renn-Tier in die Tennis- oder Hosentasche stecken.

Preplay vor dem Match

15-18 Jahre

Der Trainer oder Betreuer kann den Text vor dem Match vorlesen. Nach einer Weile kann der Spieler die Übung selbstständig durchführen.

Atme als Erstes einmal tief ein, und beim Ausatmen lässt du die ganze Spannung von dir abfallen. Du kannst dir vorstellen, dass du ein schweres Gewicht von deinen Schultern wegnimmst. Wenn du magst, kannst du jetzt deine Augen schließen, du musst es aber nicht. Stelle dir nun mit allen Sinnen vor, wie es sich anfühlt, wenn du auf den Platz gehst und dein nächstes Match spielst. Welche Schläge wirst du ausführen? Wie wirst du dich bewegen? Wie ist deine Körpersprache auf dem Platz? Am besten ist es, wenn du bei dieser Visualisierung sofort deinen inneren Standpunkt einnimmst. Stell dir vor, dass die Bälle, die du schlägst, genau dort landen, wo du sie hinspielen möchtest. Stelle dir die dazugehörende Bewegung deines Armes, der Beine und der Füße vor. Atme am Ende der Visualisierung noch einmal tief durch und stelle dich auf deine Umgebung ein. Wenn du fertig bist, öffne langsam deine Augen, bewege dich erst langsam und dann mehr, und zum Abschluss aktiviere dich, damit du fit und frisch auf den Platz gehen kannst.

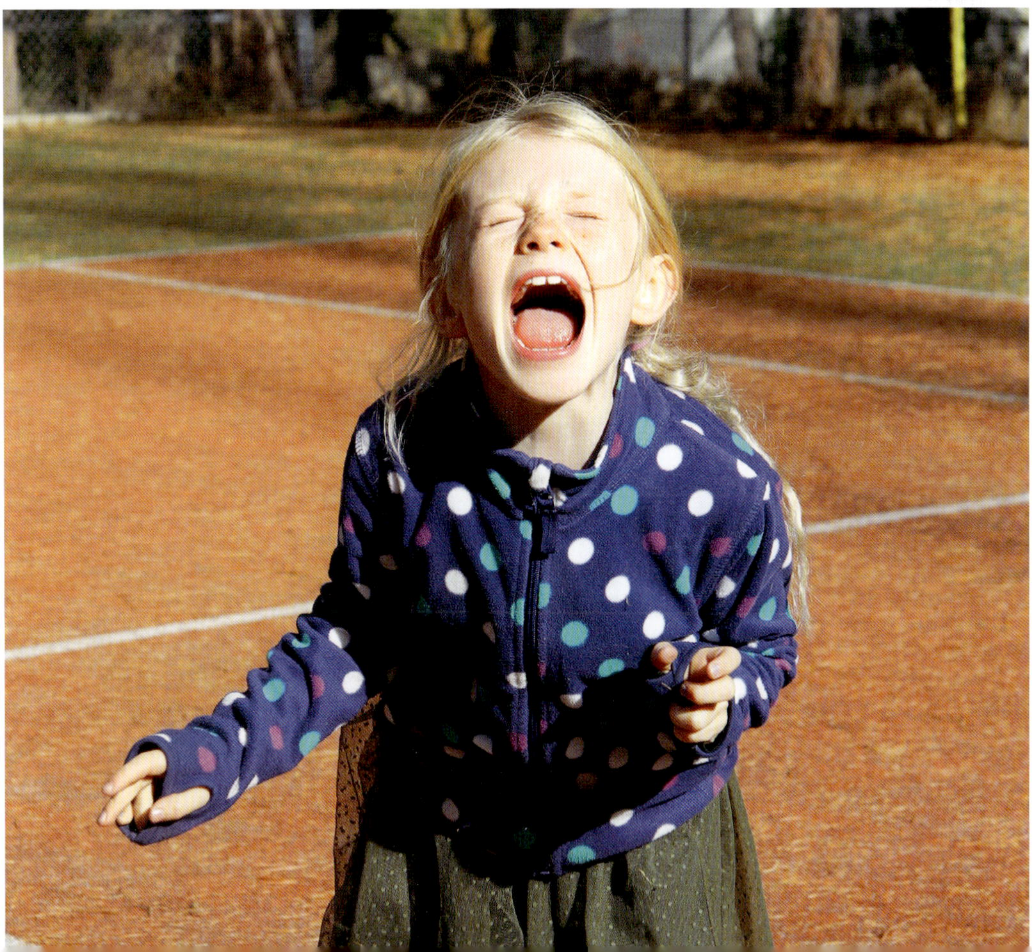

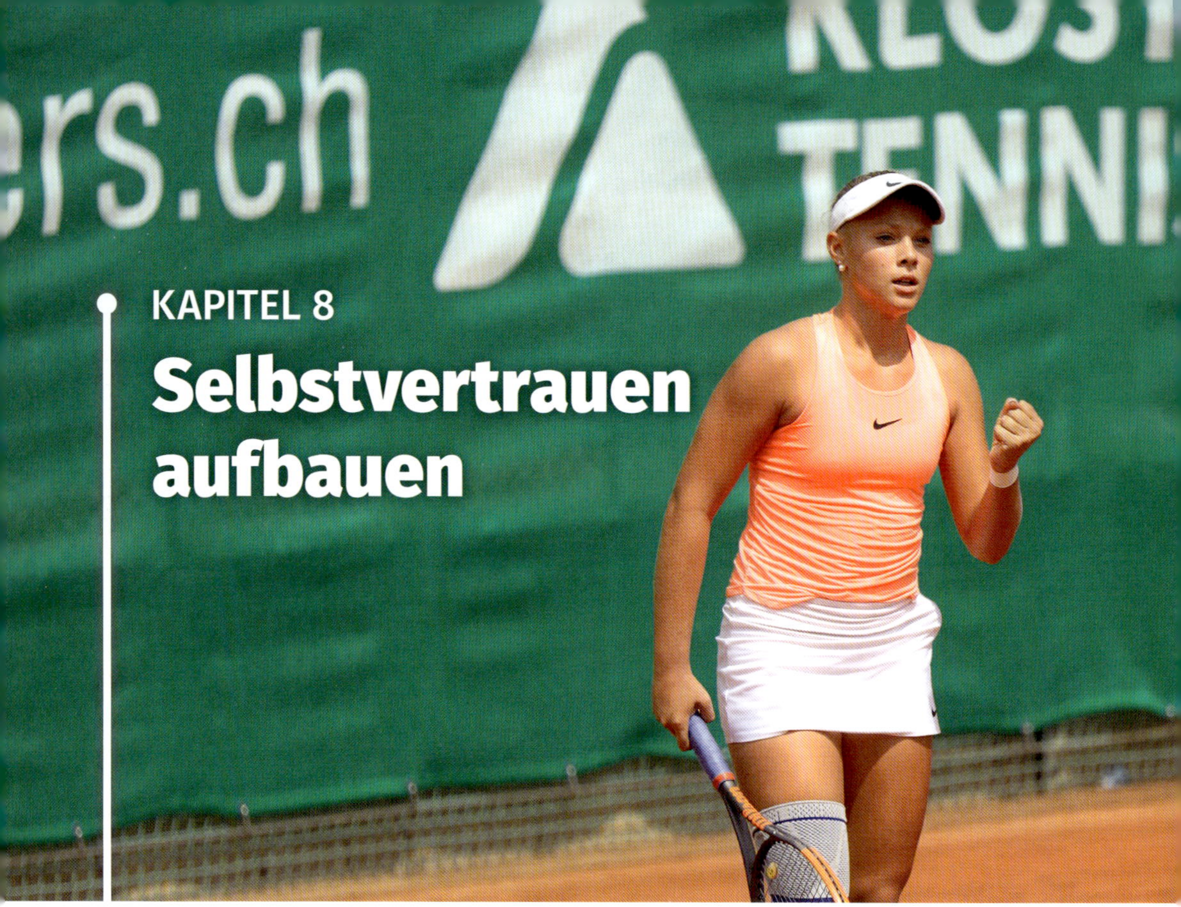

KAPITEL 8

Selbstvertrauen aufbauen

Viele junge Sportler zweifeln gerade dann an ihren eigenen Fähigkeiten, wenn sie eigentlich am meisten Selbstvertrauen brauchen – und zwar bei Turnieren. Sie haben Angst, sind sehr nervös, führen negative Selbstgespräche und vergleichen sich oft mit der Konkurrenz. Das alles führt zu Selbstzweifeln und innerer Unsicherheit. Selbstvertrauen wird zum größten Teil durch Erfolgserlebnisse in Training und Wettkampf aufgebaut. Nach Bandura (1997) werden aber nicht nur die Wettkampfresultate, sondern auch andere erreichte Ziele als Erfolge gewertet. Das bedeutet, dass man auch schon bei jungen Spielern mit einer altersgerechten Zielsetzung arbeiten sollte. Laut Bandura (1997) sind die vier stärksten Quellen für den Aufbau von Selbstvertrauen das Meistern von schwierigen Situationen dessen Resultate Erfolgserlebnisse sind, das Beobachten von Modellen, die soziale Unterstützung z. B. durch Lob und Aufmunterung und physiologische Reaktionen wie die Vermeidung von Stress. Bei der Zielsetzung sollte man darauf achten, dass sie in Leistungs- und Prozessziele, kurz-, mittel- und langfristige Ziele, Minimal-, Normal- und Maximalziele unterteilt werden.

Tennisspieler mit einem hohen Selbstvertrauen sind in der Lage, zwischen Leistung und Person zu unterscheiden. Sie wissen, dass eine Leistung etwas Instabiles ist. Ein Tennisspieler kann gewinnen und er kann verlieren, beides gehört beim Sport dazu. Bei Sportlern aber, die ihr Selbstbild hauptsächlich von ihren Leistungen abhängig machen, wird die Stimmungslage zu einem unkontrollierbaren Spielball. Das Ziel eines jeden Spielers sollte es sein, sein Selbstvertrauen möglichst unabhängig von negativen

Leistungsschwankungen zu festigen. Selbstvertrauen aktiviert den Spieler in positiver Weise und lässt ihn in Stresssituationen und unter hohen Belastungen ruhig und gelassen handeln. Er kann sich besser konzentrieren, die Gedanken sind frei und können sich voll auf ihre Aufgabe richten. Ein Spieler, der ein gesundes Selbstvertrauen hat, erwartet auch nicht, dass er immer gewinnt. Das Wesentliche für ihn ist, dass er sein Leistungspotenzial voll einsetzen kann. Falls er Fehler macht, die beim Tennis immer dazugehören, oder falsche Entscheidungen trifft, dann hilft ihm sein Selbstvertrauen, wieder zurück auf die richtige Spur zu kommen (Baumann, 2011).

Spieler mit zu niedrigem Selbstvertrauen bringen oft im Training starke Leistungen, aber unter dem Druck des Wettkampfes oder wenn beispielsweise der Gegner stark aufspielt, dann verlieren sie schnell ihr eigenes Selbstvertrauen. Zu niedriges Selbstvertrauen untergräbt die eigene Leistungsfähigkeit. Diese Spieler neigen sehr schnell dazu, zu resignieren oder pessimistisch zu denken. Spieler mit einem niedrigen Selbstvertrauen denken mehr über ihre Schwächen als über ihre Stärken nach. Es gibt aber auch Spieler, die ein überzogenes, d. h. viel zu hohes Maß an Selbstvertrauen haben. Sie schätzen ihre Leistungsfähigkeit viel höher ein, als sie in Wirklichkeit ist. Sie bereiten sich meistens nicht optimal auf Wettkämpfe vor, da sie es nicht für nötig halten. Zu hohes Selbstvertrauen äußert sich des Öfteren in arrogantem Verhalten, womit die Spieler aber auch zum Teil Selbstzweifel überdecken. Nur ein realistisches Bild von den eigenen Fähigkeiten kann so einen Spieler vor einer überzogenen Selbstbeurteilung bewahren. Das Selbstvertrauen ist auch eng mit dem Selbstwertgefühl verbunden. Ist das Selbstwertgefühl hoch, dann kann es als seelischer Puffer dienen.

Für den Erfolg im Match ist eine gute Vorbereitung die Grundvoraussetzung, aber umsetzen lässt sich auch die beste Vorbereitung nur, wenn ein Spieler dem vertraut, was er kann, und er selbstbewusst auf dem Platz aufspielt. In der Psychologie wurde laut Engbert (2011) nachgewiesen, dass Selbstbewusstsein nicht nur eine Sache des Talents ist. Wie beim Konzentrations- und Vorstellungstraining kommt man auch beim Selbstbewusstsein nur mit viel Übung zum Erfolg.

Tipps für Spieler

- Unterscheide immer zwischen dir als Person und deinen Leistungen.
- Setze für dich selbst die richtigen Ansprüche.
- Setze dir Ziele, die du tatsächlich erreichen kannst.
- Alle Ziele sollten konkret formuliert und nicht allgemein sein, wie z. B. dein „Bestes“ geben ist zu allgemein.
- Geeignete Formulierungen für eine freie und offensive Denkweise sind: ich werde, ich kann, ich werde, ich traue mich ...
- Schaue nicht zu weit in die Zukunft, kurzfristige Ziele
  - geben dir Gelegenheit, schneller zum Erfolg zu kommen;
  - bauen dein Selbstvertrauen schneller auf;
  - konzentrieren deine ganze Anstrengung;
  - geben dir eine konkrete Richtung.
- Selbstvertrauen ist direkt mit Erfolgserlebnissen gekoppelt, d. h. je mehr Erfolgserlebnisse du hast, umso mehr Selbstvertrauen kannst du aufbauen.
- Sieh auch den Erfolg in deinen Niederlagen.
  - Verlieren bedeutet nicht versagen.
  - Aus einer Niederlage lernst du mehr als aus einem Sieg.
  - Auch bei einer Niederlage kannst du gesteckte Ziele erreichen.
- Versuche unter Druck ruhig und gelassen zu agieren.

Ballinas Tricks für mehr Selbstvertrauen

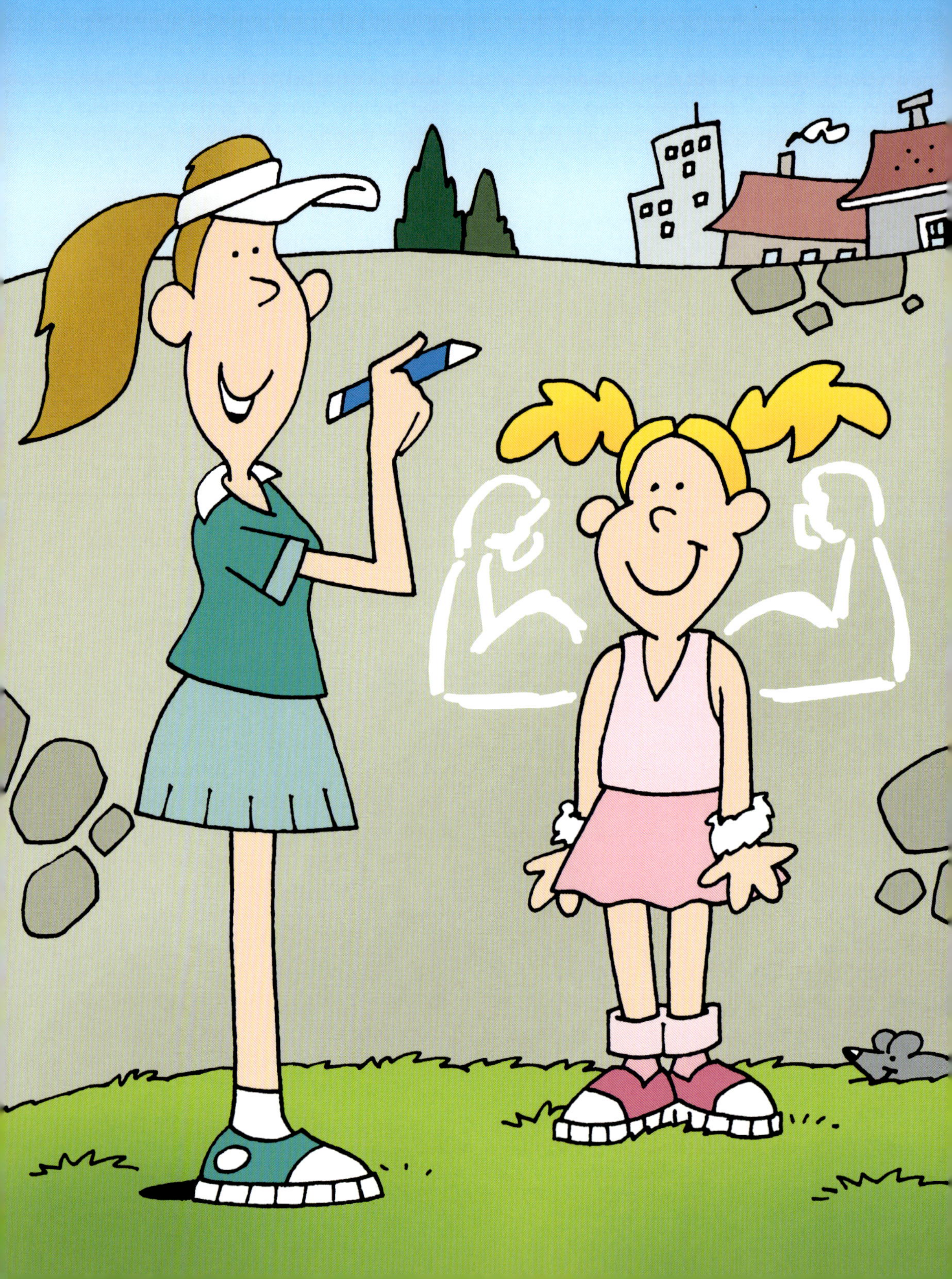

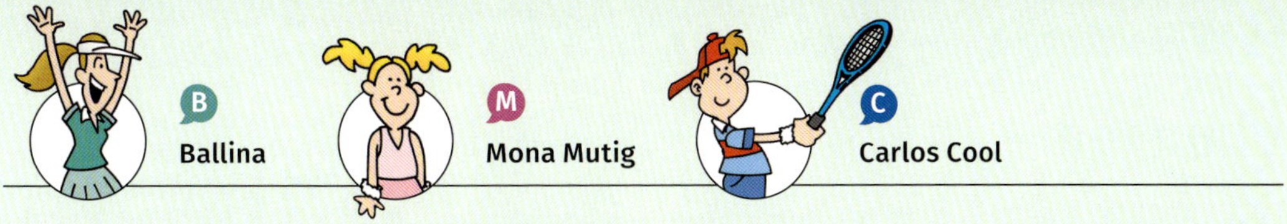

Carlos Cool und Mona Mutig sitzen auf dem Platz auf der Bank. Sie haben sich gerade eingespielt. Ballina hat sich das Training angesehen und kommt nun auf den Platz, um mit den beiden zu sprechen.

B Hallo, ihr beiden. Wie geht es euch? Habt ihr euch gut auf das nächste Match vorbereitet?

M Hallo, Ballina, ach, mir geht es nicht so gut. Ich habe zwar super trainiert, aber wenn ich jetzt auf den Platz gehe, wird im Match bestimmt wieder alles schiefgehen. Weißt du, der Aufschlag ist einfach meine Schwäche, und der wird mich bestimmt wieder das Match kosten.

C Hallo, Ballina, mir geht es super. Aber ich schaue mal, ob es mir nach dem Match auch immer noch super geht. Solange ich gewinne, geht es mir immer gut, aber wenn ich verliere, dann geht es mir bestimmt ganz schlecht.

B Ach, ihr beiden, das hört sich nicht gut an. Ihr solltet mehr Selbstvertrauen haben.

M **C** Mehr Selbstvertrauen? Das hört sich ja gut an, was bedeutet das und wie bekommen wir mehr Selbstvertrauen?

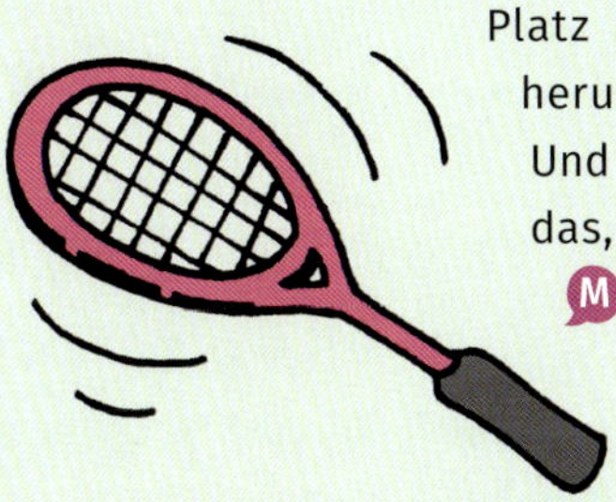

B Also, Selbstvertrauen bedeutet, dass ihr an das glaubt, was ihr könnt. Und das bekommt ihr, wenn ihr euch Ziele setzt und sie erreicht und dadurch Erfolgserlebnisse habt. Es gibt euch auch Selbstvertrauen, wenn ihr schwierige Situationen erfolgreich löst. Ihr solltet euch auf das konzentrieren, was ihr besonders gut könnt – eure Stärken. Was sind denn eure Stärken?

M Meine Vorhand ist superschnell, und meine Rückhand sehr sicher, sie ist eine Bank. Und natürlich kämpfe ich um jeden Punkt, ich bin sehr schnell und bekomme jeden Ball.

C Ich habe einen sehr guten Aufschlag. Der erste ist sehr schnell, aber ich kann auch sehr gut mit Drall servieren und dann mit der Vorhand Druck machen. Am liebsten umlaufe ich meine Rückhand, aber mein Slice ist auch gefürchtet. Und ich mache die Punkte gerne am Netz zu.

B Das hört sich doch sehr gut an. Wisst ihr, wenn ihr ein Match spielt, dann solltet ihr mit euren Stärken arbeiten und versuchen, damit die Schwächen des Gegners zu bearbeiten.
Und eine Sache noch: Ihr solltet euer Befinden nicht abhängig von eurer Leistung auf dem Tennisplatz machen. Eine sportliche Leistung ist unabhängig von euch als Person. Wenn ihr euch gut fühlt, dann werdet ihr auch auf dem Platz besser spielen, und nicht andersherum.
Und nun geht auf den Platz und glaubt an das, was ihr könnt!

M Danke, Ballina. Das werde ich.

C Vielen Dank, Ballina. Ich fühle mich jetzt viel besser.

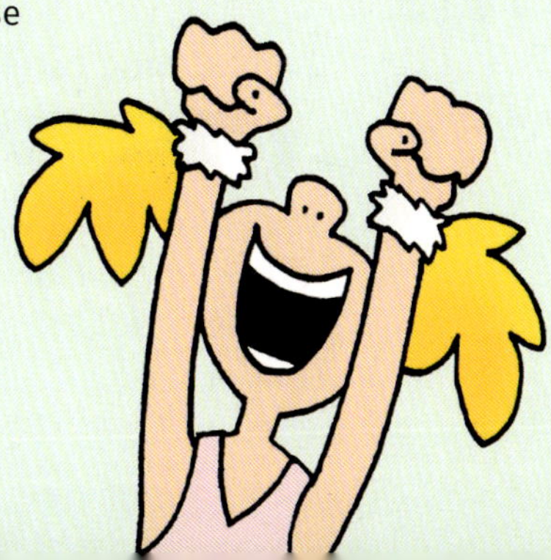

Übungen

Ballspiel

5-10 Jahre

Alle Spieler stehen im Kreis und werfen sich gegenseitig einen Tennisball zu, der mit einer Hand gefangen werden muss. Bevor ein Spieler den Ball zu einem anderen wirft, muss er eine positive Aussage über sich selbst machen, etwas wie: „ich bin mutig“, „ich liebe Punkte spielen“. Sobald jemand den Ball ein zweites Mal fängt, muss er seine erste Aussage wiederholen und noch eine zweite ergänzen. Beim dritten Mal kommt eine dritte dazu etc. Wer einen Ball nicht fängt oder fallen lässt, muss zwei Stärken von sich sagen.

Der Trainer kann das Spiel zeitlich begrenzen oder die Anzahl der Aussagen/Stärken festlegen. Optimal wäre es, die Aussagen mit der Zeit zu steigern.

Ergebnisziele und Prozessziele

11-14, 15-18 Jahre

Die Spieler sollen sich im Training, für das nächste Trainingsmatch oder Turniermatch Ergebnisziele und Prozessziele setzen.

a) Sie können sich im Training Ziele zu den Quoten einzelner Schläge setzen oder es werden Tests, wie zum Beispiel der Aufschlagtest (siehe Aufschlagtest im Buch *Psychologisch orientiertes Tennistraining* (2008) von Nina Nittinger) oder der 5-Minutentest (fünf Minuten auf eine Zielfläche spielen und die Treffer zählen) durchgeführt. Jeder Trainer kann hier auch eigene Tests erstellen, die regelmäßig durchgeführt werden. Nach den Ergebniszielen sollen sich die Spieler überlegen und aufschreiben, wie sie es schaffen werden bzw. was sie machen müssen, um ihre Ergebnisziele zu erreichen.

b) Ein Ergebnisziel für ein Trainingsmatch kann zum einen eine Quote (70 % erste Aufschläge), zum anderen aber auch ein Ergebnis für das Match sein: Gegen einen deutlich schwächeren Gegner maximal vier Spiele abzugeben. Auf diese Weise wird vom Spieler maximale Motivation und Aufmerksamkeit gefordert.

c) Ein Ergebnisziel für ein Turniermatch kann ebenfalls eine Quote (70 % erste Aufschläge), aber auch ein Ergebnis für das Match sein: Gegen einen deutlich schwächeren Gegner maximal vier Spiele abzugeben. Bei solchen Zielen ist jedoch Vorsicht geboten, dass der Spieler nicht zu sehr unter Druck gerät.

SMART-Zielsetzung

15-18 Jahre

Die Spieler sollen sich Ziele für einen bestimmten Zeitraum (entweder kurz-, mittel- oder langfristig) setzen. Dann sollen sie sich zu jedem Ziel die folgenden Fragen stellen und gegebenenfalls das Ziel anpassen:

S (Spezifisch) → Ist mein Ziel spezifisch, eindeutig und präzise formuliert?

M (Messbar) → Ist mein Ziel messbar? Woran merke ich, dass ich mein Ziel erreicht habe?

A (Aktionsorientiert & attraktiv) → Ist mein Ziel aktionsorientiert und positiv formuliert? Wird es mir Freude bereiten, das Ziel zu verfolgen?

R (Realistisch) → Ist mein Ziel hochgesteckt, aber noch realistisch zu erreichen, sodass ich voll motiviert bin, es zu erreichen, oder ist es zu hoch oder zu niedrig gelegt?

T (Terminiert) → Habe ich für jedes Ziel einen Termin festgelegt, bis wann es erreicht werden soll?

Zielsetzung für eine Trainingseinheit

11-14, 15-18 Jahre

Die Spieler sollen sich für jedes Training Ziele setzen, um von Anfang an bis zum Ende mit maximaler Qualität zu trainieren. Es ist wichtig, dass man nicht nur trainiert, um zu trainieren, sondern weil man wirklich etwas verbessern oder erreichen möchte. Die Ziele müssen am Ende des Trainings immer überprüft werden.

a. Der Trainer erklärt das Thema des Trainings. Anhand der Schwerpunkte soll jeder Spieler drei Ziele für die folgende Trainingseinheit festlegen:
   - physisch
   - technisch/taktisch
   - mental
b. Die Karten mit den Zielen werden an ein Brett oder die Wand gehängt.
c. Die Ziele werden am Schluss des Trainings in der Besprechung überprüft:
   - Wurde ein Ziel erreicht, kann sich der Spieler im nächsten Training ein neues Ziel setzen.
   - Wurde ein Ziel nicht erreicht, soll analysiert werden, warum nicht, der Spieler kann sich am nächsten Tag das gleiche Ziel noch einmal setzen, es abändern oder vereinfachen.

Brainstorming Zielsetzung

11-14, 15-18 Jahre

Jeder Spieler bekommt drei Blätter für seine Zielsetzung. Das erste ist für die kurzfristige (vier Wochen), das zweite für die mittelfristige (sechs bis zwölf Monate) und das dritte für die langfristige (ein bis drei Jahre) Zielsetzung. Jetzt soll jeder Spieler pro Blatt (in fünf oder zehn Minuten) so viele Ziele aufschreiben, wie ihm einfallen. Das kann auf dem Platz, vor oder nach dem Training oder als Hausaufgabe stattfinden.

Sobald die Zeit um ist, werden die Ziele in eine Tabelle und in Ergebnisziele und Prozessziele unterteilt und nach Wichtigkeit sortiert (in 1., 2., 3. etc.). Auch sollten sich die Spieler im Anschluss die SMART-Fragen stellen und konkrete Daten festlegen. Nach dem Ablauf der Frist sollten die Ziele überprüft und analysiert werden.

Eine Box voller Selbstvertraueng

5-10, 11-14 Jahre

Jeder Spieler braucht eine Schachtel oder einen Karton und ein paar alte Tennismagazine, eine Schere und Klebstoff. Die erste Aufgabe ist es, die eigene Selbstvertrauensbox selbst zu gestalten. Man kann Bilder von seinen Lieblingsspielern ausschneiden, die sie bei bestimmten Schlägen oder Eigenschaften wie z. B. in tiefer Konzentration zeigen. Es können auch Bilder von den eigenen Images oder Symbolen sein, die mit gewissen Eigenschaften verbunden werden. Wer einen Stein als Symbol für Ruhe und Kraft benutzt, könnte auf die Innenseite des Deckels das Bild von einem Stein kleben und darunter noch einen Text, wie: „Wenn es eng wird, bin ich so ruhig und standhaft wie ein Stein." Dann benötigt jeder Spieler noch Karteikarten oder klein geschnittenes Papier.

Nach jedem Training und Match sollen die Spieler nun aufschreiben, was sie heute gut gemacht haben, und diese Zettel in die Box stecken. Sie sollen für jede Sache, die sie gut gemacht haben, einen eigenen Zettel benutzen.

Falls ein Spieler z. B. Schwierigkeiten damit hat, seine eigenen Stärken zu benennen, kann er nach einiger Zeit die Zettel aus der Box sortieren. Die Dinge, die er am häufigsten gut gemacht hat, zählen sicherlich zu seinen Stärken.

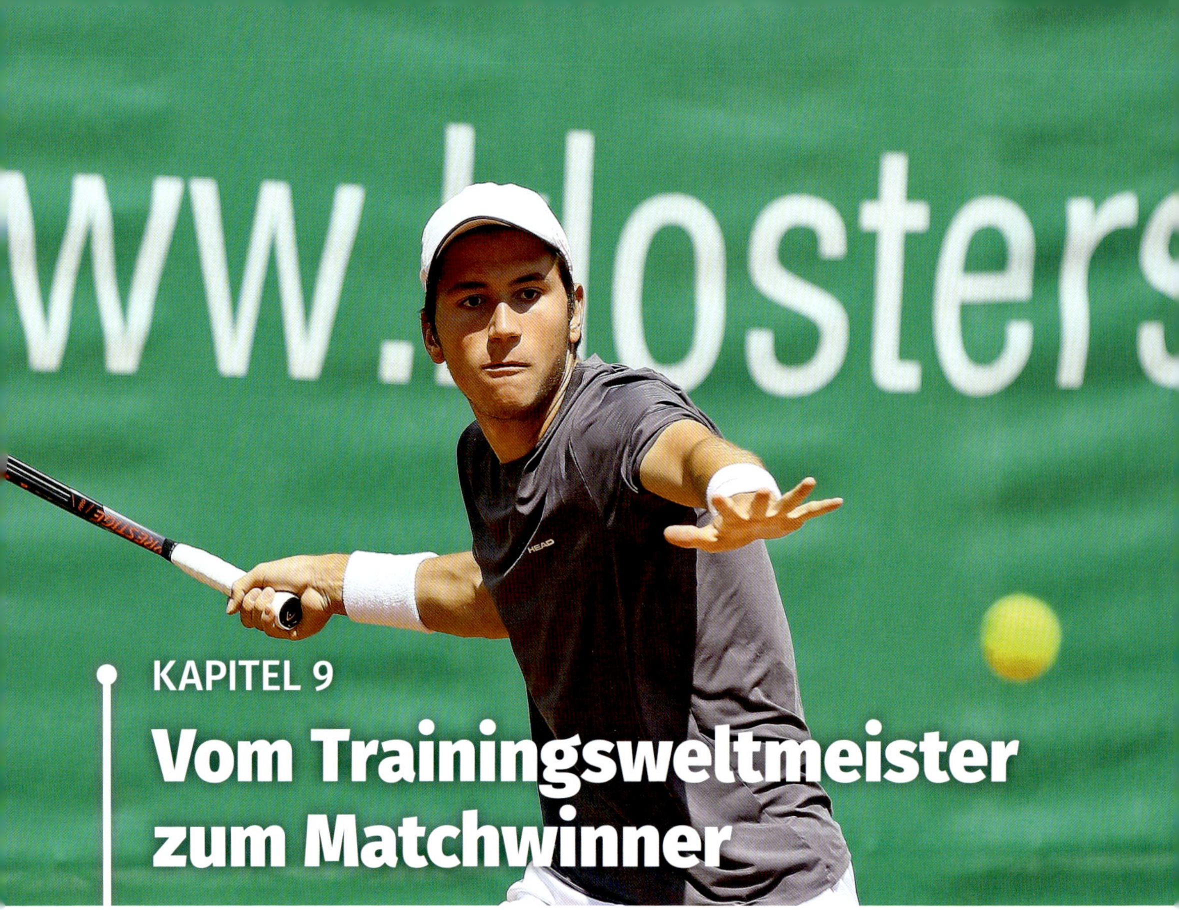

KAPITEL 9

Vom Trainingsweltmeister zum Matchwinner

Als Trainingsweltmeister werden Spieler bezeichnet, die im Training sehr gute Leistungen erbringen, diese aber im Match nicht zeigen können. Sie verlieren in Matchsituationen zwar nicht ihre körperlichen, technischen und taktischen Leistungsvoraussetzungen, aber laut Eberspächer (1995) die Überzeugung von deren Wirksamkeit. Er betont, dass sich die Wichtigkeit der Selbstwirksamkeitsüberzeugung dann zeigt, sobald ein Spieler sich von der Trainings- auf die Wettkampfatmosphäre umstellen muss. Für den Spieler ist es also besonders wichtig, dass er die Überzeugung von der Wirksamkeit seines eigenen Handelns auch in schwierigen Situationen einübt. In Untersuchungen dazu konnte Bandura (1997) aufzeigen, dass das Handeln von Personen vor allem von den Kompetenz-Erwartungen beeinflusst wird. Hinsichtlich der Wirksamkeit des eigenen Handelns bestimmen positive und/oder negative Erwartungen darüber, ob unter Stress eine Handlung eingeleitet wird, wie viel sich der Sportler anstrengt und wie lange die Anstrengung aufrechterhalten wird. Abhängig von dem Anspruch des Sportlers und inwieweit dieser von der Wirksamkeit überzeugt ist, ist der Einfluss der Kompetenz-Erwartung. Es besteht zudem ein wechselseitiger Zusammenhang zwischen der konkreten Anforderungssituation, die vom Spieler subjektiv wahrgenommen wird, und den Erwartungen. Motivation und Stabilität sind nur dann gegeben, wenn der Spieler selbstbewusst und sicher davon überzeugt ist, dass er es schaffen kann.

Ein anderes Problem entsteht, wenn sich Spieler und Trainer im Training zu viel auf Bewegungen und Abläufe fokussieren, die noch nicht so gut funktionieren. Grundsätzlich muss das auch sein, da es um die technische Verbesserung geht. Jedoch sollte man immer darauf achten, dass die Spieler nicht ihr Selbstvertrauen verlieren und ihre Stärken vergessen oder vernachlässigen. Auch bei Matches liegt der Fokus oft nur auf den negativen Dingen, denn die Spieler und Trainer erinnern und analysieren meistens nur das, was nicht funktioniert hat. Hier sollten auch immer die Sachen benannt werden, die ein Spieler gut gemacht hat. Im Training und bei Turnieren sollten die Spieler sich auf die eigenen Stärken konzentrieren und an diese immer wieder vom Trainer und den Eltern erinnert werden. Der häufigste Grund, warum Spieler im Training psychisch nicht besonders beansprucht werden, ist ein ungezieltes und unsystematisches Training. Gibt der Trainer vor einer Übung keine klaren Zielvorgaben ab, dann weiß der Spieler nie, ob er nun ein Ziel erreicht hat oder nicht. Er hat weniger Misserfolge, aber auch weniger Erfolgserlebnisse. Das ist auch ein Grund, warum so viele Tennisspieler in Matches versagen. Sie haben keine Chance, Erfolg und Versagen im Training zu erleben und sich damit auseinanderzusetzen. Sie lernen nicht, mit dem Risiko oder der Angst vor Misserfolg konfrontiert zu werden und entsprechende Gegenmaßnahmen durchzuführen. Aber gerade diese Erlebnisse sind die entscheidende Basis, um das Selbstvertrauen aufzubauen. Den Umgang mit psychischer Beanspruchung, Erfolg und Misserfolg kann ein Spieler nur dann lernen, wenn er sich im Training als Erstes ein Ziel setzt und dann handelt. Durch Prognosetraining können die Spieler und Trainer zum Beispiel lernen, wie man durch selbstgestellte Anforderungen mit psychischer Beanspruchung, Erfolg und Misserfolg umgeht. Denn nach einem Prognosetraining lässt sich leicht feststellen, ob die Prognose erreicht wurde oder nicht. Danach ist des Weiteren zu prüfen, ob die Prognose realistisch oder unrealistisch war, woran es gelegen hat, wenn der Spieler sie nicht erreicht oder übertroffen hat.

Ein weiteres Problem, warum sich Trainingssituationen entscheidend von Matches unterscheiden, ist, dass Spieler im Training etwas, was nicht geklappt hat, immer beliebig wiederholen können. In einem Match ist der Punkt weg. Es gilt das Prinzip der Nichtwiederholbarkeit. Das Wissen über die Nichtwiederholbarkeit erhöht im Wettkampf die psychische Beanspruchung. Aus diesem Grund ist das Training der Nichtwiederholbarkeit sehr wichtig.

Tipps für Spieler

- Um ein wettkampfstabiler Spieler zu werden, musst du eine tiefgreifende Überzeugung von deinen eigenen Fähigkeiten und Fertigkeiten haben.
- Diese Überzeugung, dass deine motorischen, technischen und taktischen Voraussetzungen unter allen denkbaren schwierigen Bedingungen realisierbar sind, kannst du nur im Training aufbauen.
- Je öfter du im Training die Sicherheit erlebst, dass deine Handlungen unter Stress stabil sind, umso überzeugter kannst du in ein ernstes Match gehen.
- Simuliere möglichst viele Wettkampfsituationen im Training.
- Versuche bei einem Turnier selbst- oder fremdgestellte Anforderungen angemessen einzuschätzen.
- Traue dir Leistungen zum angeforderten Zeitpunkt zu.
- Erbringe 100 % Anstrengungsbereitschaft und erhalte sie auch in schwierigen Situationen aufrecht.
- Vertraue auf deine Stärken und gib dir positive unterstützende Selbstanweisungen.
- Lerne, mit dem Risiko des Misserfolges umzugehen, und versuche dein Selbstvertrauen aufzubauen.

Ballinas Tricks für Trainingsweltmeister, die Matchwinner werden wollen

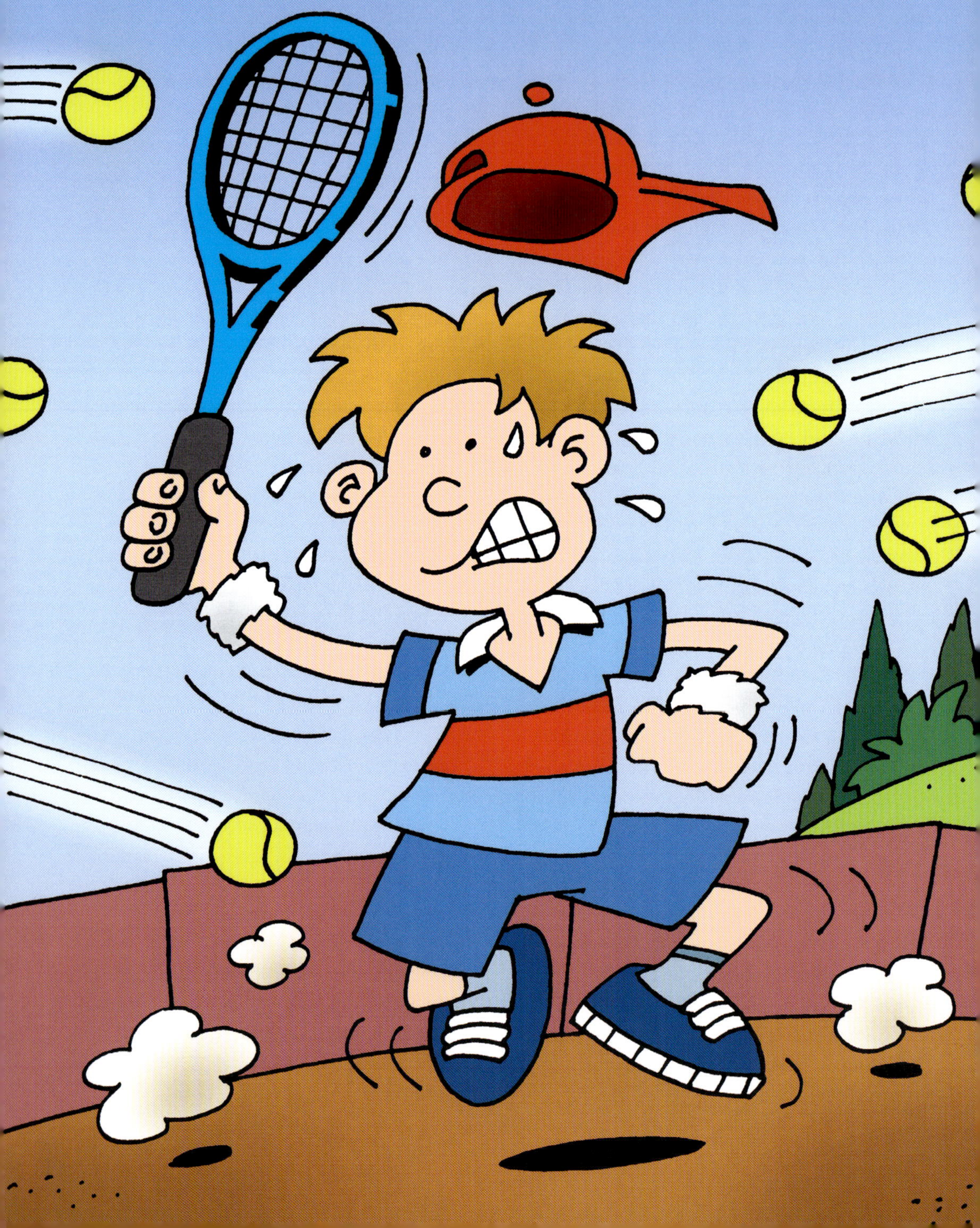

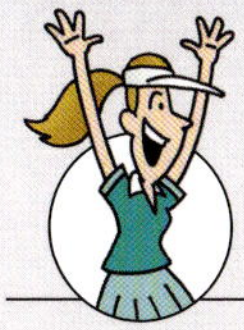

B Ballina

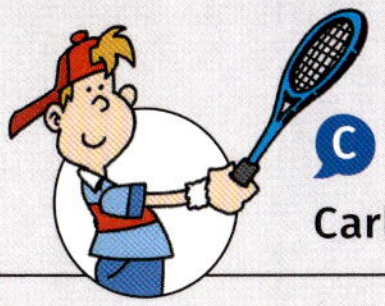

C Carlos Cool

Ballina schaut Carlos beim Training zu. Er kämpft wie ein Löwe und spielt fantastisches Tennis. Auch seine Ausstrahlung ist ganz anders, als Ballina es von ihm bei Matches kennt.

B Hallo, Carlos, du bist sehr fleißig auf dem Trainingsplatz, und wie ich sehe, bist du in Topform.

C Hallo, Ballina, ja, ich habe morgen ein Turnier und ich habe mich super vorbereitet.

B Ich habe gesehen, dass du wirklich gut gespielt hast.

C Ja, das habe ich. Im Training habe ich die ganze Woche sensationell gespielt. Aber weißt du, Ballina, immer wenn ich Match spiele, dann klappt einfach nichts mehr. Und wenn es dann nicht läuft, ärgere ich mich so sehr und denke, es bringt gar nichts, dass ich mich so anstrenge. Ich weiß auch nicht, woran das liegt. Und dabei habe ich so viel an meinen Schwächen gearbeitet, damit sie im Match standhalten.

B Wie ich sehe, hast du Mühe, deine guten Leistungen vom Training im Match zu zeigen. Darf ich dir dazu ein paar Tipps geben?

C Oh ja, bitte, die könnte ich gut gebrauchen.

B Wenn du im Match genauso spielen möchtest wie im Training, dann musst du im Training zwei Sachen beachten. Als Erstes solltest du auch deine Stärken trainieren und dich nicht nur auf deine Schwächen konzentrieren. Das wird dir mehr Vertrauen bringen, und du kannst Matches nur mit deinen Stärken gewinnen. Als Zweites musst du natürlich deine Stärken und deine nicht ganz so starken Seiten unter Druck einsetzen können. Das bedeutet, du solltest im Training viele Wettkampfsituationen mit Druck simulieren und diesen standhalten. Also, wenn du spürst, dass es im Training unangenehm wird, dann sind das genau die Situationen, die du trainieren solltest.

C Aber ich muss doch an meiner Technik arbeiten, um die schwachen Schläge zu verbessern?

B Das solltest du in wettkampffreien Zeiten machen. Vor einem Turnier ist es wichtiger, den Wettkampf zu trainieren, viele Punkte zu spielen und sich auf die eigenen Stärken zu fokussieren.

C Und wie schaffe ich das?

B Vertraue auf das, was du kannst. Und sei bereit, dich auch im Match zu jeder Zeit 100 % einzusetzen, gerade wenn es mal nicht so läuft. Und denke immer daran, Tennis ist ein Spiel, bei dem nicht immer alles nach deinen Vorstellungen läuft, bei dem du Fehler machen wirst und auch verlieren kannst. Das gehört dazu, sonst wäre es ja kein Spiel. Aber du solltest immer alles geben, denn es ist immer alles möglich. Du kannst dich bei jedem Match zurückkämpfen und jeden Spielstand umkehren. Letztendlich trainierst du ja nicht, um im Training toll zu spielen. Sondern um im Match bessere Leistungen zu erbringen.

C Danke, Ballina. Ich werde deine Ratschläge beherzigen. Ich denke, mit diesen Tipps werde ich morgen ganz anders an das Match herangehen und mich viel besser und zuversichtlicher fühlen.

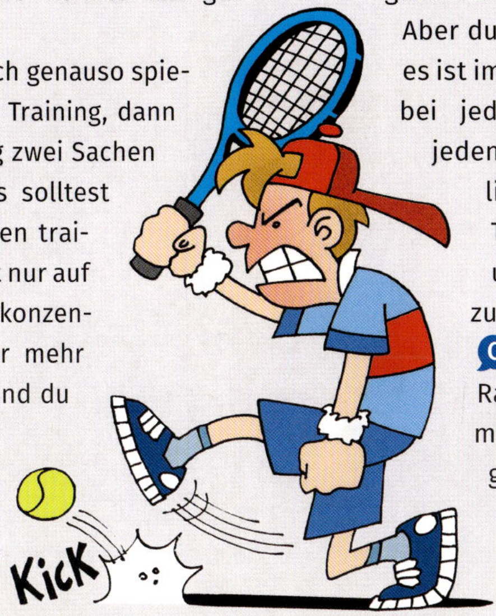

Übungen

Zielbild

5-10 Jahre

Jeder Spieler bekommt die Hausaufgabe, sein großes Ziel im Tennis aufzuzeichnen. Dabei kann er sich selbst aussuchen, wie er seine Zukunft im Tennis darstellen möchte. Der Kreativität sind hier keine Grenzen gesetzt. Die Zeichnung soll dann beim nächsten Training mitgebracht werden. Nachdem Trainer und Schüler sich die Zeichnung gemeinsam angeschaut haben, sollte der Spieler sie sich sichtbar neben das Bett hängen.

Prognosetraining Mini

5-10 Jahre

Der Trainer stellt eine Aufgabe, z. B. zehnmal eine Vorhand in ein Zielfeld zu spielen. Nun soll sich der Spieler einschätzen, wie oft er trifft. Zum Schluss wird geschaut, ob der Spieler sein Ziel erreicht hat oder nicht. Hat er ein Ziel nicht erreicht, dann wird die Ursache gesucht bzw. es wird festgelegt, was der Spieler hätte machen müssen, um sein Ziel zu erreichen.

Würfelmatch

5-10, 11-14, 15-18 Jahre

Es wird ein Trainingsmatch gespielt und gewählt, wer Aufschlag hat. Dann werden sechs Punkte gespielt, die Spieler müssen sich merken, wer welche Punkte gewonnen hat. Im Anschluss wird gewürfelt. Zeigt die Augenzahl z. B. die Zwei, dann hat derjenige das Game gewonnen, der den zweiten Punkt gewonnen hat. Diese Übung soll aufzeigen, dass jeder einzelne Punkt wichtig ist.

Prognosetraining Maxi

11-14, 15-18 Jahre

Der Trainer stellt eine Aufgabe, z. B. zehn erste Aufschläge in ein bestimmtes Zielfeld zu spielen. Nun soll sich der Spieler einschätzen, wie oft er trifft. Es wird zudem ein Handlungsziel festgelegt, wie der Spieler dieses Ziel erreichen möchte. Alle Ziele werden schriftlich festgehalten. Nach der Hälfte wird geschaut, wie der Spieler die aktuelle Situation sieht und ob das Ziel eventuell angepasst werden muss. Zum Schluss wird analysiert, ob der Spieler sein Ziel erreicht hat oder nicht. Falls nicht, wird die Ursache gesucht bzw. was hätte der Spieler machen müssen, um sein Ziel zu erreichen. Durch das offene Prognosetraining kann diese Übung verschärft werden. Dabei wird die Prognose nicht nur zwischen dem Trainer und Spieler, sondern auch in der Trainingsgruppe veröffentlicht.

Training der Nichtwiederholbarkeit

11-14, 15-18 Jahre

Der Trainer fixiert einen Zeitpunkt für das Einmaligkeits- oder Nichtwiederholbarkeitstraining. In einer Trainingsserie (oder am Ende einer Übung) bekommt er plötzlich einen entscheidenden Ball. Es ist ein Ball, den der Spieler unbedingt verwandeln muss. Dieser Ball kann Breakball, Matchball, Satzball oder ähnlich genannt werden. Nach diesem entscheidenden Ball kann der Trainer den Spieler die positiven oder negativen Konsequenzen spüren lassen. So kann man zum Beispiel beim Einsatz eines Breakballes in einer Übung den Spieler, der diesen verschlägt, aussetzen lassen, bis die Übung fertig ist. Oder falls man einen Matchball am Ende einer Übung einsetzt, bekommen die Gewinner des Matchballes eine kleine Belohnung.

Golden Point

5-10, 11-14, 15-18 Jahre

Es wird ein Match gespielt. Sobald ein Spieler 40 : 0, 40 : 15 oder 40 : 30 in einem Spiel führt, muss er dies mit dem nächsten Punkt zumachen. Verliert er den Punkt, geht das Spiel an den Gegner. Der Fokus in diesem Spiel liegt darauf, diese einmalige Chance zu nutzen.

Fantasiereise zum Ziel

11-14, 15-18 Jahre

Diesen Text kann jemand anders vorlesen, er kann aufgenommen und gehört werden oder der Spieler liest ihn selbst und führt dann die Visualisierung durch.

Wenn du dir ein Ziel genau vorstellst, dann kannst du es viel leichter erreichen. Überlege dir jetzt kurz, was dein nächstes persönliches Ziel ist. Was willst du als Nächstes erreichen? Setze oder lege dich bequem hin und schließe deine Augen. Dein Atem geht ganz ruhig durch die Nase ein und den Mund wieder heraus. Stell dir eine große, grüne Wiese vor, auf der ein riesengroßer Baum steht, der viele starke Äste hat. Gehe auf den Baum zu und lege deine Hände auf den Stamm und versuche, die Kraft des Baumes zu spüren. Setze dich unter den Baum und lehne dich mit dem Rücken gegen den Baumstamm. Du kannst das Rascheln der Blätter im Wind hören und dabei kannst du dich komplett entspannen. Denke jetzt an dein Ziel. Beobachte dich selbst auf dem Weg zu deinem Ziel. Du gehst einen Schritt nach dem anderen und machst genau das, was wichtig ist, um dieses Ziel zu erreichen.

Du weißt, dass du alle Fähigkeiten hast, um dieses Ziel zu erreichen. Achte genau darauf, wie du dich bewegst, was du tust, wie du dich fühlst und was du sagst. Das Ziel kommt immer näher, und endlich bist du genau dort, wo du hinwolltest. Stell dir nun vor, wie es aussieht, wenn du dein Ziel erreicht hast, wie du dich fühlst, wie du aussiehst und was du dann tust. Halte dieses Bild eine Weile vor deinen Augen fest. Dann spürst du wieder, dass du unter dem Baum sitzt und dass dir dieser Baum viel Kraft gegeben und geholfen hat, dein Ziel zu erreichen. Jetzt kannst du langsam aufstehen. Du bist glücklich, weil du weißt, dass du dein Ziel erreichen kannst, und weil du weißt, wie gut es sich anfühlt, wenn man ein Ziel erreicht hat. Langsam kannst du in deinem eigenen Tempo wieder in den Raum zurückkehren, atme tief ein und aus, spüre den Boden unter deinen Füßen, bewege und strecke dich, öffne deine Augen und fühle dich stark und frisch.

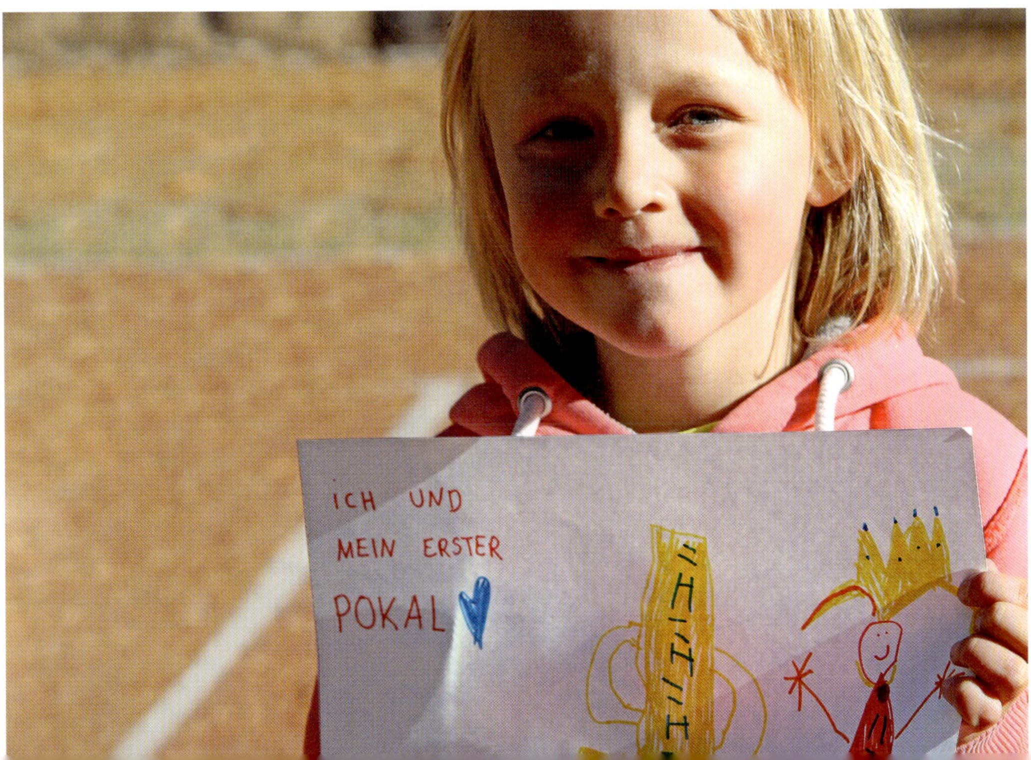

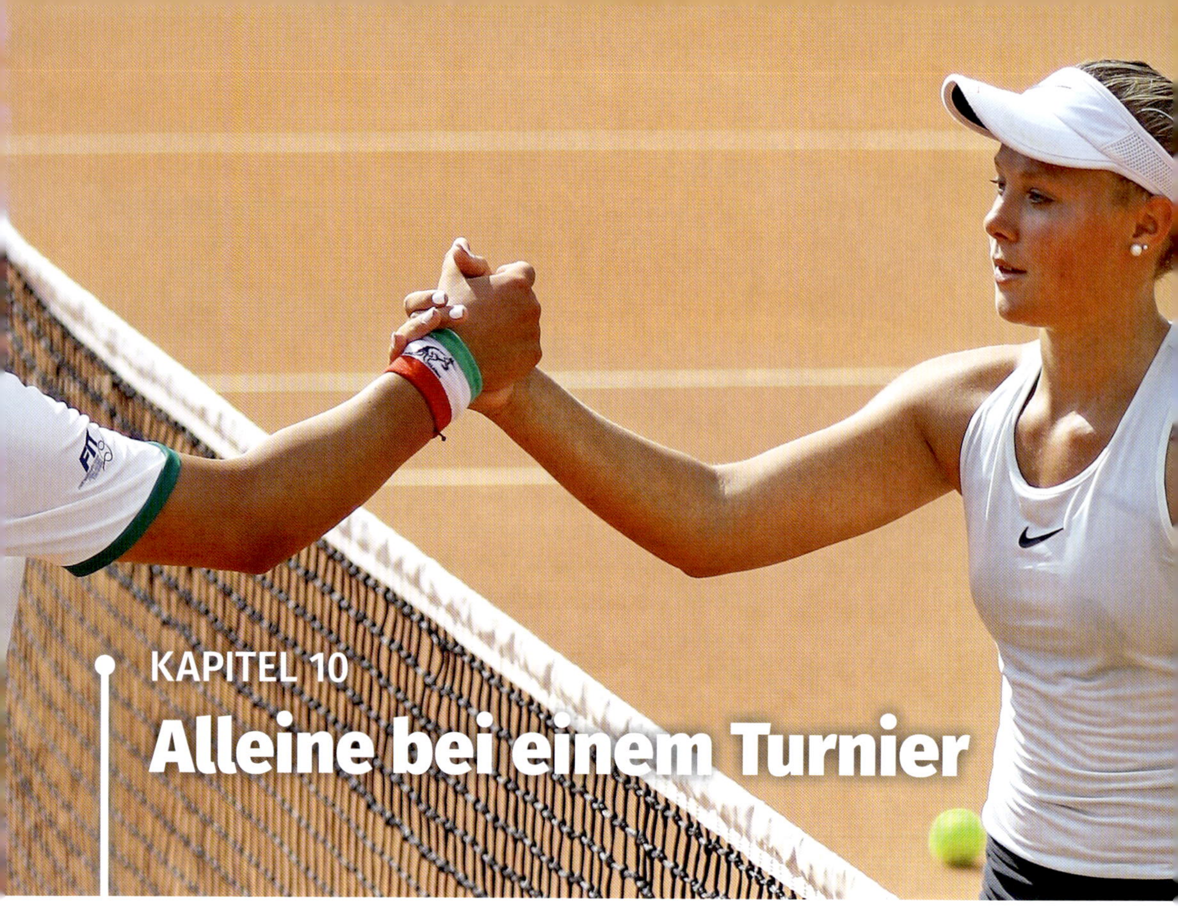

KAPITEL 10

Alleine bei einem Turnier

Selbstmanagement

Gerade bei Turnieren, die am Wochenende stattfinden, gehört es zum Normalfall, dass die Spieler entweder mit ihren Eltern oder alleine reisen. Ab und zu und mit zunehmender Spielstärke kann es sein, dass die Trainer ihre Spieler zu den Turnieren begleiten. Ein richtiger Coach, der den Spieler permanent begleitet, so wie es auf der Profitour zu sehen ist, gibt es im Juniorentennis nur selten. Wenn die Eltern dabei sind, können sie ihren Kindern bestenfalls emotionale Unterstützung und ein paar Tipps geben. Nur in den seltensten Fällen sind die Eltern auch die Trainer ihrer Kinder. Die Spieler im Juniorentennis sind also die meiste Zeit auf sich selbst gestellt und müssen fast alle Anforderungen, mit denen sie konfrontiert werden, selbst lösen. Eltern sollten, auch wenn sie dabei sind, den Kindern möglichst viele Aufgaben überlassen, um ihre Selbstständigkeit zu fördern.

Der Begriff Selbstmanagement bezeichnet nach Baumeister (2004) die Kompetenz, die eigene persönliche und berufliche Entwicklung unabhängig von äußeren Einflüssen zu gestalten. Zur Gestaltung gehören Teilkompetenzen wie die selbstständige Motivation, Zielsetzung, Planung, Zeitmanagement, Organisation, Lernfähigkeit und eine Erfolgskontrolle. Für einen Tennisspieler bedeutet das, diese Teilkompetenzen in der Vorbereitungs- und Nachbereitungsphase eines Turniers bzw. eines Matches einzusetzen. Vor einem Match sollte sich der Spieler mit den Bedingungen vertraut machen, er muss wissen, wann er wo sein muss, sich anmelden, die Anlage kennenlernen, den Spielplan studieren, evtl. auf den Matchplätzen mit

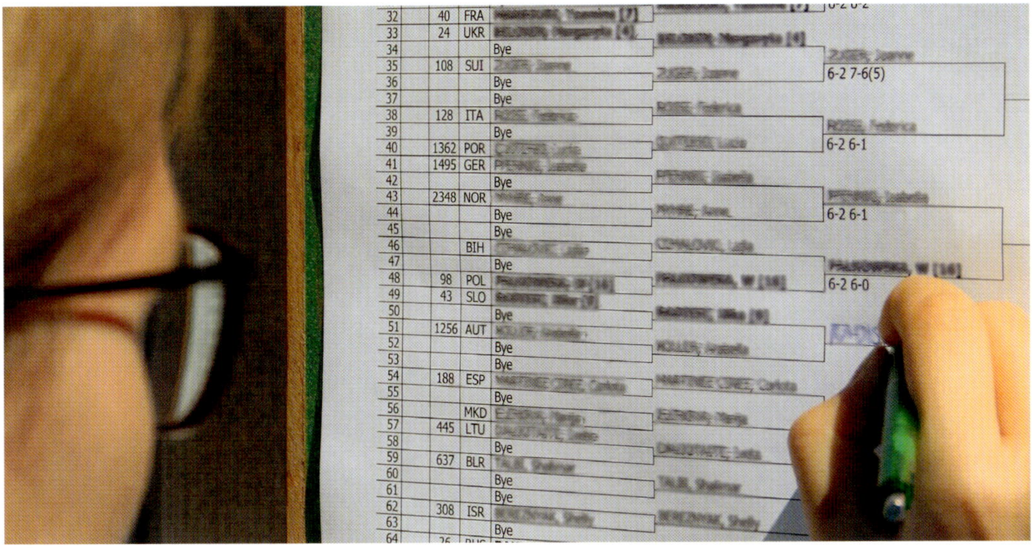

den Turnierbällen trainieren etc. Für die Motivation ist es wichtig, dass sich die Spieler vor dem Turnier bzw. vor einem Match selbstständig sinnvolle und realistische Handlungs- und eventuell Ergebnisziele (in Ausnahmen, zum Beispiel gegen einen wesentlich schwächeren Gegner, um die Konzentration aufrechtzuerhalten) setzen. Nach einem gewonnenen Match gilt es, das Match nachzubereiten, die Pause bis zum nächsten Spiel effizient zu nutzen und das nächste Match wieder vorzubereiten. Wenn man verloren hat, ist das Turnier beendet, und es sollte mit einer Fortschritts- und Zielkontrolle nachbearbeitet werden.

Alleine zu einem Turnier zu reisen, ist für jeden Spieler eine gute Gelegenheit zu lernen, selbstständig und autonom zu werden und die Verantwortung für seinen Sport und seine Leistung selbst zu übernehmen. Die Übernahme von Verantwortung gibt einem Spieler die Möglichkeit, sich persönlich weiterzuentwickeln und zu reifen. Um diese Selbstständigkeit zu fördern, sollten Eltern und Trainer ihre Kinder ab einem bestimmten Alter auch gelegentlich alleine zu Turnieren schicken.

Selbstcoaching

Beim Coaching richten sich die Aufgaben eines Coaches vor allem darauf, die optimale Leistungsfähigkeit seines Spielers zu entfalten (Baumann, 2011). Nach Bass (2008) soll der Coach anleiten und Rückmeldungen zu spezifischem Wissen von Fertigkeiten und Fähigkeiten für eine bestimmte Aufgabe geben. Unter Selbstcoaching wird das Training an sich selbst verstanden. Ist ein Spieler nun alleine bei einem Turnier, wäre es optimal, wenn er versucht, sein eigener Coach zu sein. Ein gezieltes Selbstcoaching gibt ihm die Möglichkeit zur Weiterentwicklung und Veränderung und bedeutet für ihn letztendlich die Selbstbestimmung über seine sportliche Entwicklung. Der Spieler muss sich selbst anleiten, er muss wissen, was er in welcher Situation zu tun hat oder wie er Lösungen für Probleme finden und diese anwenden kann. Dabei muss er seinen Willen nutzen, um ausdauernd und zielorientiert zu sein, er muss hart dafür arbeiten und sehr diszipliniert sein, um konsequent zu bleiben und Veränderungen im Handeln oder in seiner Denkweise durchzuführen. Dies kann er am besten durch Selbstgespräche erreichen. Der innere und möglichst positive Dialog kann den Spieler zur Eigeninitiative und Kontrolle seines Handelns aktivieren, wodurch er die Situation besser in den Griff bekommt. In Selbstgesprächen kann man die Pläne für sein eigenes Handeln formulieren, seine Gedanken ordnen oder das eigene Handeln kommentieren. Nach Eberspächer (1995) hängt die Intensität eines Selbstgesprächs von den erlebten Beanspruchungen ab. Das bedeutet, je schwieriger die Situation ist oder je härter die Beanspruchung, umso intensiver wird das Selbstgespräch. Es ist aber bewiesen (Mahoney, Avener, 1975), dass die Selbstgespräche eine enorme Bedeutung auf die eigene Leistungsfähigkeit haben. Eine negative Wende der Leistungsfähigkeit beginnt zuerst im Kopf. Extrem beanspruchte Sportler, die es jedoch schaffen, sich in schwierigen Situationen anzufeuern und ihre Selbstgespräche zu regulieren, schaffen es meistens, ihre Erfolgszuversicht aufrechtzuerhalten (Baumann, 2011).

Zusätzlich zu den Selbstgesprächen gibt es noch viele Bereiche, in denen der Spieler sich selbst coachen kann. Alleine zu einem Turnier zu reisen bedeutet, dass die Motivation und die innere Einstellung essentiell sind, um den Widrigkeiten zu trotzen und gute Leistungen erbringen zu können. Neben der Einstellung auf innere und äußere Bedingungen gehört vor dem Match auch die Einstellung auf die Taktik und Strategie. Ein Spieler sollte sich eine Strategie, d. h. einen Matchplan erstellen und seine Taktik individuell ausrichten. Der Plan sollte jedoch immer so flexibel sein, dass er während des Matches umgestellt oder angepasst werden kann. Solange der Plan funktioniert, sollte er konsequent befolgt und umgesetzt werden. Mit Techniken wie Visualisieren, lösungsorientierten Selbstinstruktionen oder Entspannungs- und Aktivierungstechniken können die Spieler sich besser selbstständig einstellen und ihre eigene Leistungsfähigkeit optimieren.

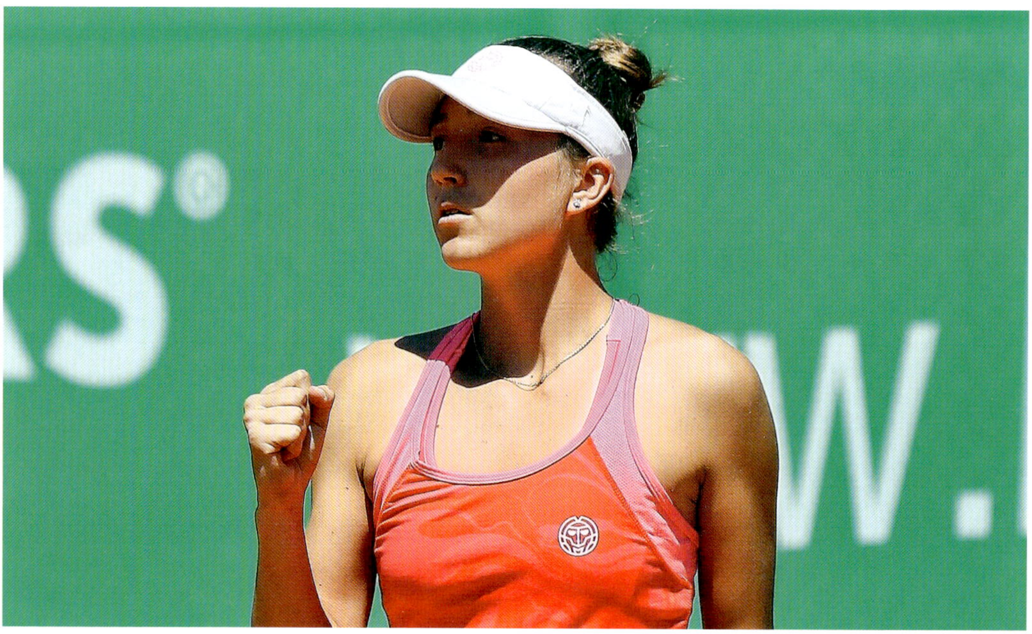

Tipps für Spieler

- Ein gezieltes Selbstcoaching gibt dir die Möglichkeit, dich weiterzuentwickeln und deine sportliche Entwicklung in die eigenen Hände zu nehmen.
- Formuliere in Gedanken Pläne für dein Handeln und gib dir permanent selbst Anweisungen, was du machen willst.
- Um Veränderungen für dein Handeln und in deinen Gedanken durchzusetzen, musst du willensstark, diszipliniert, ausdauernd und zielorientiert sein.
- Beobachte, wenn möglich, deinen Gegner schon vor deinem Match. Schaue dir seine Spielweise an, Besonderheiten in seinem Spiel, Stärken und Schwächen, und stelle dich darauf ein.
- Stelle vor dem Match einen strategischen Plan auf. Taktisches Denken während des Matches beruht immer auf diesem Matchplan. Die Vielseitigkeit des Spiels und nicht vorhersehbare Veränderungen erfordern jedoch oft ein flexibles Umschalten und Anpassungen in der Taktik.
- Sei bereit, permanent dein Spiel zu reflektieren, und sei entschlossen, deine Taktik durchzusetzen und, wenn nötig, umzugestalten.
- Beobachte das taktische Verhalten deines Gegners während des Matches, beachte auch seine emotionalen Reaktionen, Situationen, in denen er falsch oder richtig reagiert, und das allgemeine Spielverhalten.
- Analysiere in Pausen (oder bei der Vorbereitung auf das nächste Spiel) deine Stärken und Schwächen, deine Taktik und Strategie.
- Beachte deinen emotionalen Zustand, du solltest deinen Erregungs- und Spannungszustand einschätzen und wenn nötig regulieren, d. h. bist du übererregt, führe Entspannungsmaßnahmen durch; bist du blockiert, dann aktiviere dich.
- Setze dir anspornende, realistische und möglichst handlungsorientierte Ziele, um deine Motivation aufrechtzuerhalten. In manchen Situationen, wie zum Beispiel ein Match gegen einen wesentlich schwächeren Gegner, kannst du dir auch ergebnisorientierte Ziele setzen, um deine Konzentration aufrechtzuerhalten.
- Setze gezielt Selbstgespräche ein, um deine positive Einstellung aufrechtzuerhalten, damit du bewusst in einer bestimmten Art und Weise denken, fühlen und handeln kannst.
- Entscheidend für deine Kampfbereitschaft ist der Grad deines Einsatzes. Sei bereit, alles – also 100 % – zu investieren. Baue bewusst eine emotionale Einstellung gegenüber dir selbst auf.
- Glaube an dich selbst und an das, was du kannst. Deine Einstellung und dein Selbstvertrauen hängen sehr eng zusammen.
- Analysiere das Match und überprüfe deine Zielsetzung.

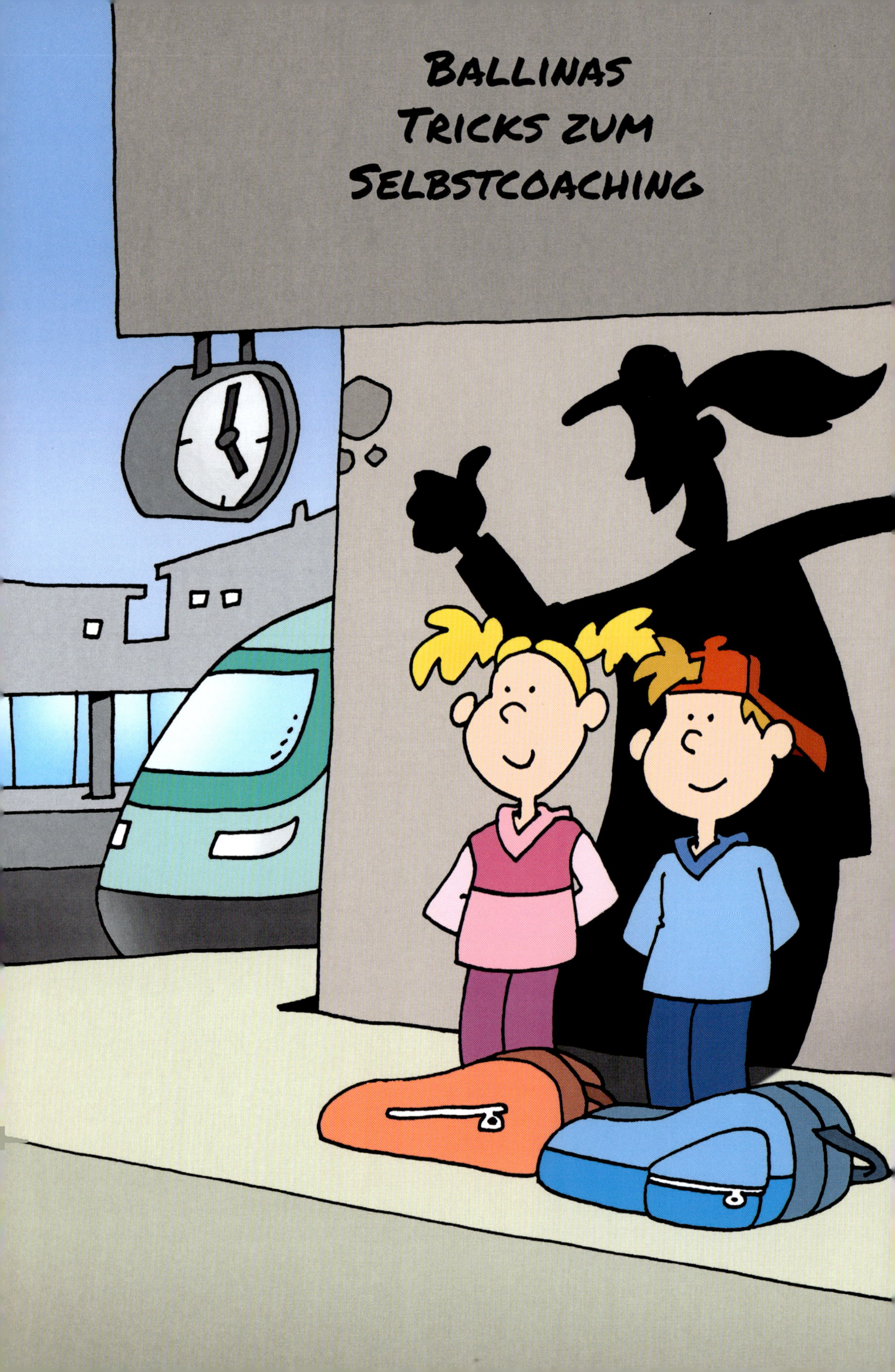
Ballinas
Tricks zum
Selbstcoaching

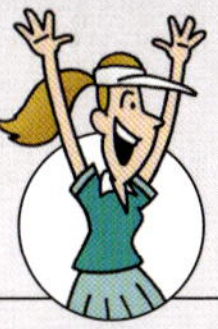 B Ballina 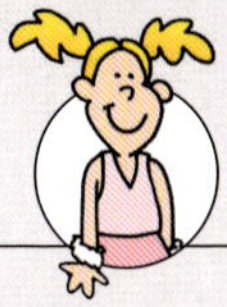 M Mona Mutig 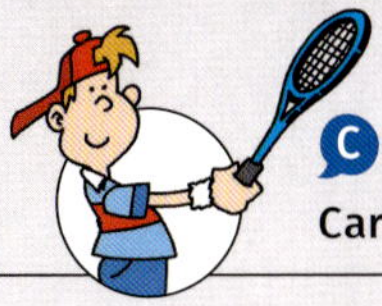 C Carlos Cool

Ballina trifft Mona und Carlos am Bahnhof mit ihren Tennisbags. Sie wundert sich, was die beiden hier alleine machen.

B Hallo, Mona, hallo, Carlos, was macht ihr denn hier am Bahnhof?

M Hallo, Ballina, wir haben beide ein Turnier und fahren mit dem Zug dorthin. Aber leider muss ich alleine fahren, denn meine Eltern haben heute einen wichtigen Termin. Ich weiß nicht, wie ich das schaffen soll.

C Ich bin auch alleine, und ich bin total sauer. Eigentlich sollte mein Coach mitkommen, aber er kann nun doch nicht kommen. Meine Eltern sind zwar da, aber die können mir nicht besonders viel helfen, da sie vom Tennisspielen nicht so viel Ahnung haben.

B Hey, das ist doch super. Ich finde es toll, dass ihr alleine zu einem Turnier reist.

C Wieso das denn? Wir fühlen uns eher im Stich gelassen.

B Nein, überhaupt nicht. Im Gegenteil. Es wird euch beiden helfen, selbstständig zu werden und Verantwortung zu übernehmen. Schließlich spielt ihr ja nicht für eure Eltern und euren Trainer, sondern für euch selbst und weil ihr Spaß am Tennis habt. Oder?

M Da hast du auch wieder recht.

B Ich gebe euch noch ein paar Tipps, wie ihr das alleine alles super hinkriegen werdet. Also, als Erstes solltet ihr euch mit den Bedingungen des Turniers vertraut machen. Ihr müsst wissen, wann ihr wo sein müsst, ihr müsst euch anmelden, den Spielplan studieren, und wenn ihr vor dem Match Zeit habt, solltet ihr auf jeden Fall auf den Matchplätzen mit den Turnierbällen trainieren.

M Das können wir ja nachher gemeinsam machen, wenn wir angekommen sind.

B Na prima, seht ihr, einen Trainingspartner habt ihr schon gefunden. Wenn ihr dann später auf dem Platz steht, solltet ihr selbst euer eigener Coach sein. Stellt euch einfach vor, euer Coach steht hinter euch und gibt euch positive Anweisungen. Mit diesen Selbstgesprächen könnt ihr Pläne für euer eigenes Handeln formulieren und eure Gedanken ordnen. Auf diese Weise könnt ihr allen Schwierigkeiten trotzen und alle Probleme lösen. Es ist nur wichtig, dass ihr gerade dann positiv und voll dranbleibt, wenn es schwierig wird.

M O. K., Ballina, jetzt freue ich mich richtig darauf, alleine zu dem Turnier zu gehen. Endlich kann ich beweisen, was ich kann.

C Ja genau, ich bin auch gar nicht mehr sauer auf meinen Coach. Sicher hat er einen wichtigen Grund, dass er nicht kommen kann. Und er wird sehr stolz auf mich sein, wenn ich das auch alleine schaffe.

B Natürlich, und am meisten dürft ihr auf euch selbst stolz sein, denn ihr habt einen großen Schritt in die Selbstständigkeit gemacht und Verantwortung für euch selbst und euer Handeln übernommen. Ich muss jetzt leider auch los, aber meldet euch bitte hinterher und erzählt mir ganz genau, wie es gelaufen ist.

M **C** Das werden wir. Vielen Dank und tschüss, Ballina.

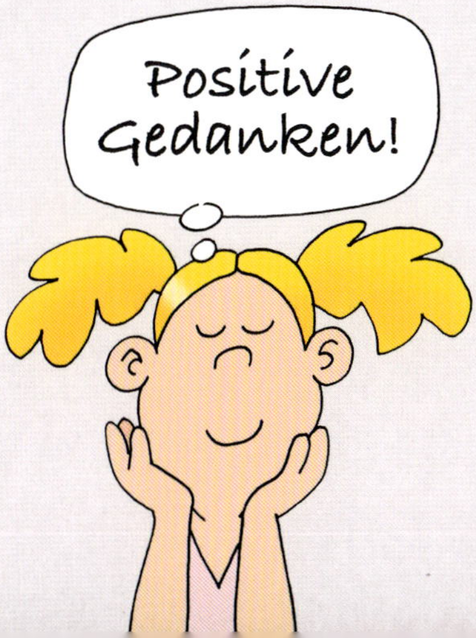

Übungen

Stopp – positiv denken

11-14, 15-18 Jahre

Bei dem nächsten Trainingsmatch soll der Spieler sich bei negativen Gedanken und Selbstgesprächen selbst stoppen und diese Gedanken positiv umformulieren. Als Hilfe kann er ein kleines Stopp-Schild in seine Hosentasche stecken. Dieses kann er bei jedem negativen Gedanken aus der Hosentasche holen, es anschauen und laut „Stopp" zu sich sagen. Danach soll er die negativen Gedanken in positive umformulieren. Er kann sich das Stopp-Schild auch vorstellen bzw. es visualisieren. (Das Armband mit der Aufschrift STOPP – POSITIV DENKEN kann man unter www.ninisports.com erwerben).

Selbstcoaching im Training und Match

11-14, 15-18 Jahre

Im nächsten Trainingsmatch oder richtigem Match soll der Spieler sein eigener Coach sein. Nach einem Fehler oder verlorenen Punkt soll er sich selbst korrigieren und anfeuern, so als ob er sein eigener Trainer wäre, der ihn motiviert. Die Korrekturen und Hinweise an sich selbst sollen kurz, positiv und objektiv sein. Auf diese Weise kann er lernen, sich über kurze sachliche Selbstbefehle in die richtige Richtung zu lenken. Er soll die gleichen Befehle benutzen, die er auch von seinem Trainer erwarten würde.

Der virtuelle Experte

15-18 Jahre

Der Spieler soll sich in Gedanken einen Experten aussuchen, der ihm seiner Meinung nach am besten helfen kann. Es kann ein Coach, Fachexperte oder eine andere Person sein, mit der er schon einmal zusammengearbeitet hat. Es kann aber auch eine Person sein, zum Beispiel ein Tennisprofi, den er zwar nicht kennt, aber von dem er glaubt, er könnte gute Tipps geben. Er soll sich überlegen, welche Fragen er diesem Experten stellen würde und diese aufschreiben. Der Spieler soll dem Experten diese Fragen stellen, als wäre er da, und die Antworten aufschreiben, die er aus seiner Sicht geben würde. Er soll die Antworten evaluieren, die er erhalten hat, und diejenigen auswählen, die der Experte mit größter Wahrscheinlichkeit auch auswählen würde.

Innere Teamkonferenz

15-18 Jahre

Bei der inneren Teamkonferenz soll der Spieler alle inneren Stimmen auswählen, die ihm in der aktuellen Situation etwas sagen können. Er soll sich überlegen, welche Stimmen sich zu Wort melden und jeder Stimme einen Namen geben. Das können zum Beispiel der Optimist, der Nörgler, der Besserwisser, der Wüterich, der Angsthase etc. sein. Er soll alle Stimmen nacheinander zu Wort kommen lassen und sich aufschreiben, was sie jeweils sagen würden. Als Nächstes soll er sich überlegen, was ihm diese Stimmen klarmachen möchten. Der Spieler soll eine Entscheidung treffen, welche der Stimmen er mehr und welche er weniger gewichten möchte. Welche Stimme ist ihm am wichtigsten und/oder kann ihn weiterbringen? Im Anschluss daran soll er entscheiden, was er machen möchte.

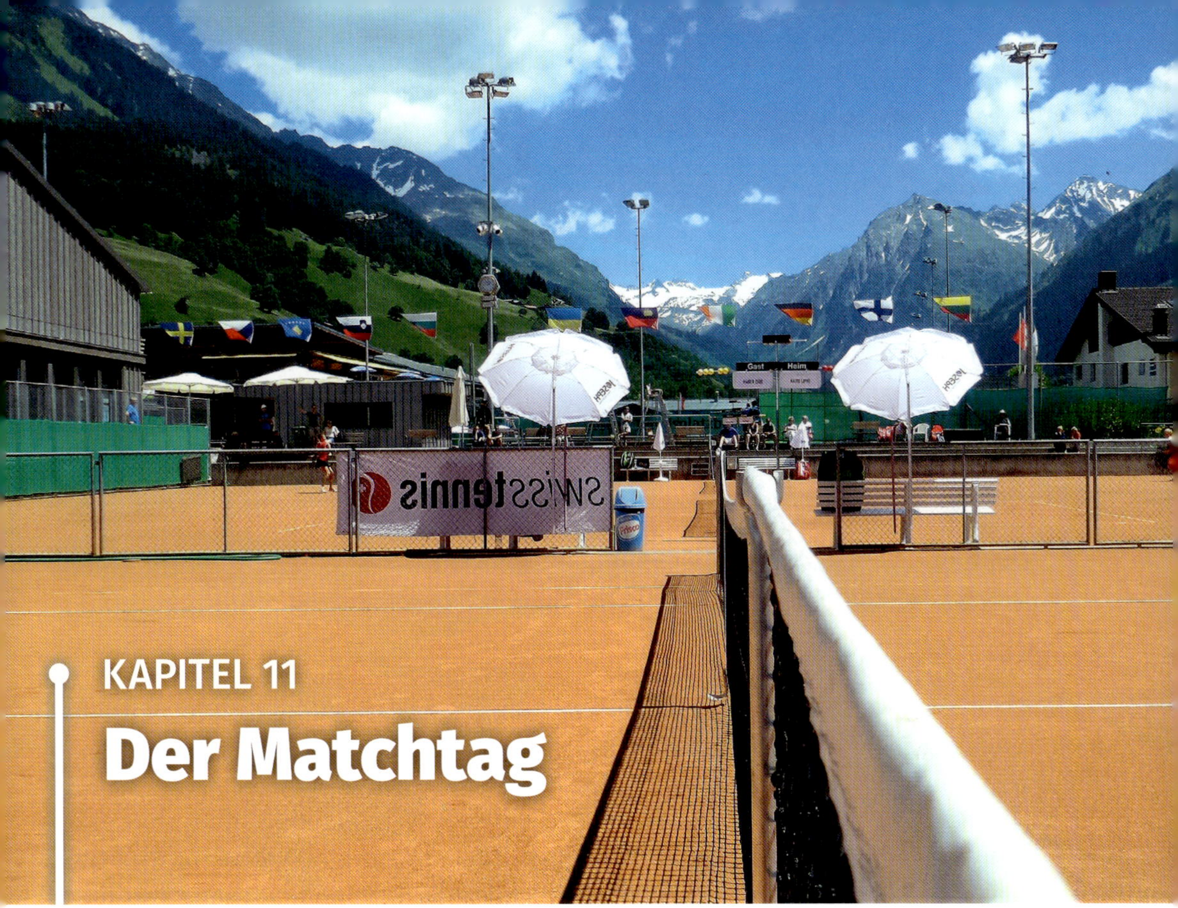

KAPITEL 11

Der Matchtag

Gerade für jüngere Spieler ist ein Match bei einem Turnier noch etwas ganz Besonderes, da sie wahrscheinlich noch nicht an sehr vielen Turnieren teilgenommen haben. Aber auch für Turnierspieler, die regelmäßig und schon über mehrere Jahre an Turnieren teilnehmen, ist es immer wieder eine neue Herausforderung. Für die jungen Spieler ist es nun wichtig zu erfahren, dass ein Turniermatch etwas anderes ist als das wöchentliche Training oder ein Trainingsmatch. Da ernsthafte Matches häufig mit Stress oder sogar Angst verbunden sind, ist es von großer Bedeutung für sie zu lernen, wie man damit umgehen kann. Um sich gut auf ein Match vorzubereiten, ist es wichtig, sich in einen möglichst guten Zustand zu versetzen bzw. die richtige Einstellung zum Match und zu den Umständen zu haben. Zu dieser Vorbereitung gehört die Einstellung auf die inneren und äußeren Umstände (siehe Kapitel 4), die Einstellung auf Strategie und Taktik (siehe Kapitel 5), das richtige Aktivationsniveau (siehe Kapitel 6) und vieles mehr.

Speziell bei jüngeren oder unerfahrenen Turnierspielern passiert es öfters, dass die Spieler oder Eltern vor einem Turnier meinen, sie müssten nun auf einmal alles besser bzw. anders machen. Die Spieler sollen früher ins Bett, sie müssen früher aufstehen, vor dem Match wird besonderes Kraftfutter gegessen, es werden Vitamintabletten getrunken und Ähnliches, nur damit sie am nächsten Tag oder beim Match besonders fit sind. Aber schon alleine diese Änderungen in der Vorbereitungsphase können einen Spieler verunsichern und aus dem Konzept bringen. Er wird aus seinen Gewohnheiten gerissen und fühlt

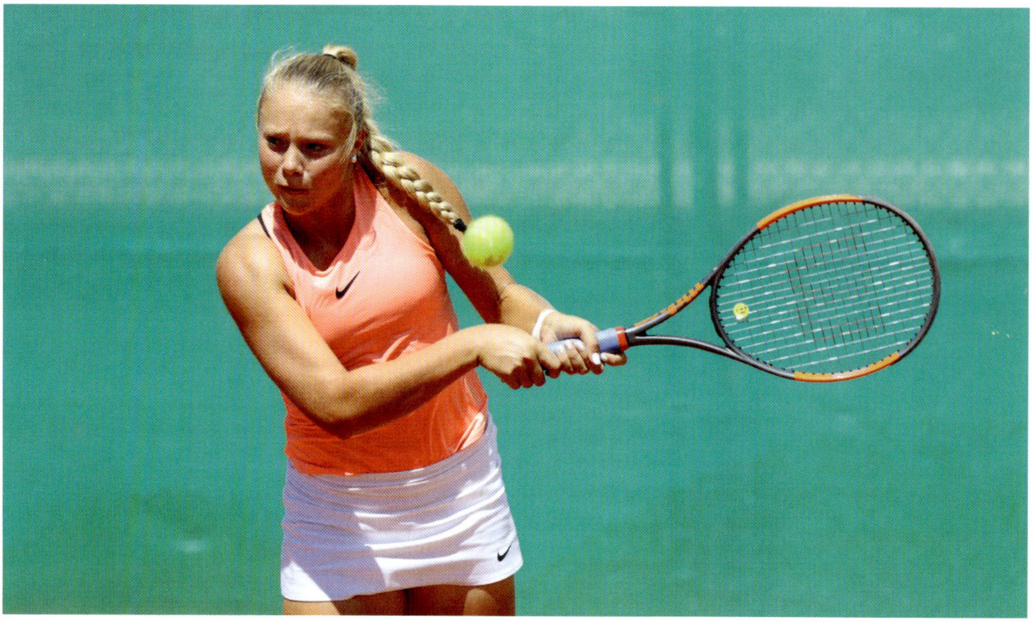

sich unsicher. An dieser Stelle ist es besser, sich an die gewohnten Abläufe zu halten und alles genauso zu machen wie sonst auch. Wer sonst nie Müsli isst oder Vitamintabletten trinkt, sollte dies vor einem Match nicht unbedingt ausprobieren. Wer weiß, wie sich das auf den Magen auswirkt. Auch dieser muss sich erst an bestimmte Speisen und Getränke gewöhnen. Wer immer um 21:00 Uhr ins Bett geht, wird wahrscheinlich Mühe haben einzuschlafen, wenn er vor einem Match auf einmal um 20:00 Uhr ins Bett gehen muss. Negative Gedanken, wie: „Wenn ich jetzt nicht einschlafe, dann bin ich morgen nicht fit", wirken sich negativ auf die Einstellung und das Gesamtbefinden aus.

Die Spieler sollten sich über die Zeit Routinen und Rituale aneignen, die ihnen in der Vorbereitungsphase, bei einem Turnier und beim Match helfen können. Routinen sind sich stets wiederholende Vorgänge, die man sich selbst antrainiert, und eine Routine kann beispielsweise verschiedene Rituale beinhalten. Beim Erstellen einer körperlichen Aufwärmroutine sollte sich der Spieler zum Beispiel darauf konzentrieren, wie er sich fühlt und wie er seinen Körper optimal auf die bevorstehenden Anforderungen vorbereiten kann. Diese Routine sollte aber im Training so lange einstudiert werden, bis sie der Spieler beherrscht. Eine bestehende Routine verleiht dem Spieler Sicherheit und gibt ihm die Möglichkeit, sein Befinden mit anderen Tagen zu vergleichen. Führt er bei einem Turnier plötzlich ein neues, viel längeres oder ganz anderes Aufwärmtraining durch, kann ihn dies verunsichern, der Körper muss sich auf neue Dinge einstellen, und der Spieler hat keine Vergleichsmöglichkeit zu anderen Tagen. Bei einer Einschlagroutine geht es in gleicher Weise darum, sich in der gewohnten Weise wohlzufühlen und ein gutes Ballgefühl zu entwickeln.

Ein Ritual ist dagegen eine immer gleich ablaufende Handlung, die oftmals von bestimmen Wortformeln oder Gesten begleitet wird. Rituale vermitteln ebenfalls ein Gefühl von Sicherheit, da man sie so oft ausführt, dass sie automatisch ablaufen. Rituale helfen ebenfalls, den persönlichen Rhythmus zu finden, und vermitteln ein Gefühl von Ordnung und Sicherheit. Hat der Spieler zum Beispiel das Ritual, jeden Morgen nach dem Aufstehen oder vor dem Match bestimmte Dinge zu tun, wie zum Beispiel neue Griffbänder um alle Schläger zu wickeln, dann sollte er dieses bei jedem Match durchführen.

Viele schon etwas erfahrenere Spieler fühlen sich wohler und besser vorbereitet, wenn sie einen bestimmten Plan haben, wie sie sich auf das Match am nächsten Tag vorbereiten. Dieser Plan sollte vom Zeitablauf in etwa immer gleich ablaufen, damit auch er zur Routine wird, der Spieler sich wohlfühlt und sich optimal auf sein Match vorbereiten kann. Je nach äußeren Bedingungen, wie Wetter oder Verzögerungen, sollte der Plan aber flexibel bleiben und abgeändert werden. Zudem kann es den Spielern helfen, sich ihrer eigenen Routinen und Rituale bewusst zu werden und diese regelmäßig durchzuführen. Allerdings sollten sie nicht übertrieben oder zwanghaft werden. Die jüngeren oder unerfahrenen Spieler, die noch über keine Routinen oder Rituale verfügen, können diese über die Jahre mit ihren Trainern oder Eltern erarbeiten und sich so Routinen und Rituale aneignen, die ihnen guttun und helfen, ihre Leistungsfähigkeit voll auszuschöpfen.

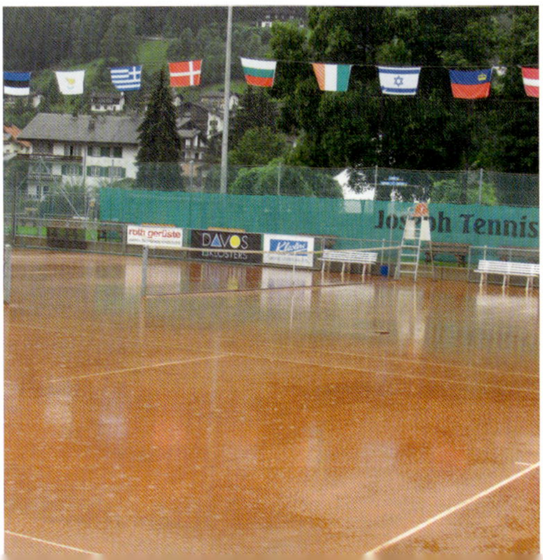

Tipps

- Sieh jedes Match und jedes Turnier als eine Herausforderung an, freue dich darauf. Dort kannst du endlich zeigen, was du im Training alles gelernt hast.
- Halte dich an deine gewohnten Abläufe und mache vor dem Turnier alles genauso wie sonst auch.
- Stelle dir deine Routinen und Rituale zusammen, die du vor und bei einem Turnier durchführst.
- Routinen sind sich stets wiederholende Vorgänge, sie können aus mehreren Ritualen bestehen.
- Eine Routine verleiht dir Sicherheit und gibt dir die Möglichkeit, dein Befinden mit anderen Tagen zu vergleichen.
- Ein Ritual ist dagegen eine immer gleich ablaufende Handlung, verbinde deine Rituale mit bestimmen Wortformeln oder Gesten.
- Rituale können dir ebenfalls ein Gefühl von Sicherheit vermitteln, da du sie so oft ausführst, dass sie automatisch ablaufen.
- Rituale können dir helfen, deinen persönlichen Rhythmus zu finden und dir ein Gefühl von Ordnung und Sicherheit vermitteln.
- Routinen und Rituale sollten allerdings nicht übertrieben oder zwanghaft werden, sie sollten flexibel und anpassungsfähig bleiben. Deine Leistung darf nicht darunter leiden, falls du sie einmal nicht durchführen kannst.

Ballinas Tricks für den Matchtag

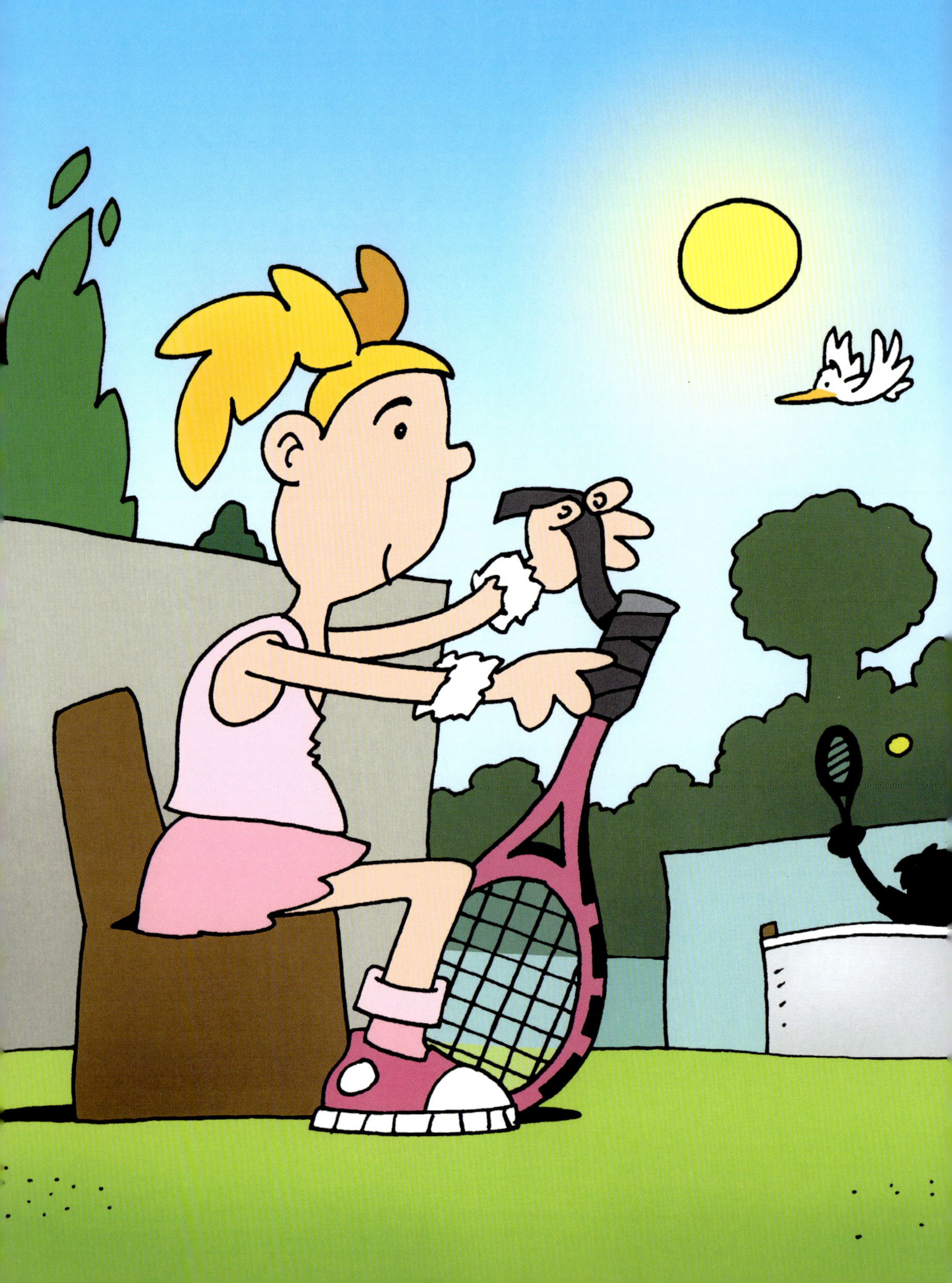

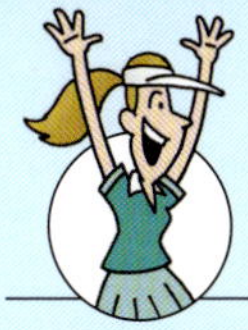

B Ballina

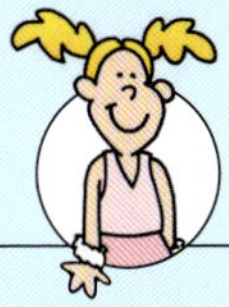

M Mona Mutig

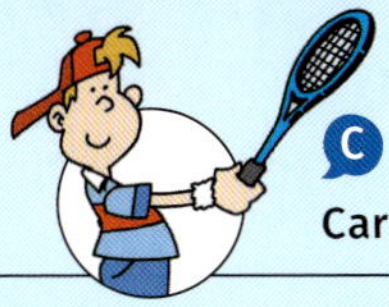

C Carlos Cool

Ballina, Mona und Carlos sitzen auf einer Bank vor den Tennisplätzen und schauen den anderen Matches zu. Mona wickelt ein neues Griffband um den Schläger und Carlos schnürt seine Schuhe. Beide müssen noch etwas warten, bis sie dran sind.

B Hallo, ihr beiden. Wie geht es euch heute Morgen? Wann geht es los?

M Hallo, Ballina. Es geht bald los. Vor mir ist noch ein Spiel, aber das ist gleich fertig. Ich habe schon richtig Bammel vor dem Match. Aber ich bin extra früh ins Bett gegangen und heute Morgen besonders früh aufgestanden, damit ich fit bin.

C Ich bin das nächste Match auf Platz 1. Ich hoffe einfach, dass dieses Match nicht wieder so ein Desaster wird wie das letzte Mal. Ich habe eben extra eine Vitamintablette getrunken, damit ich viel Power auf dem Platz habe.

B Ach, ihr beiden. War das eure Matchvorbereitung?

M Ja, also bei mir schon. Wieso denn, Ballina, war das nicht so gut?

B Also, das kann man auf jeden Fall optimieren. Soll ich euch ein paar Tricks verraten, wie ihr euch nächstes Mal besser auf ein Match vorbereiten könnt?

C Ja bitte, Ballina.

B Als Erstes solltet ihr euch vor einem Match genauso vorbereiten wie sonst auch. Wenn ihr immer zu einer bestimmten Uhrzeit ins Bett geht, dann bringt es auch nichts, vor einem Turnier auf einmal sehr früh ins Bett zu gehen. Und wenn ihr an anderen Tagen keine Vitamintabletten trinkt, dann würde ich es vor einem Match auch nicht ausprobieren. Wer weiß, wie dein armer Magen darauf reagiert.

C Ach je, und ich dachte, ich mache es besonders gut.

B Das tust du auch. Aber am besten trinkst du während der Woche auch regelmäßig Vitamine und schaust, wie du sie verträgst.

M Ach so. Und ich konnte gestern wahrscheinlich deshalb nicht so gut einschlafen, weil ich es nicht gewohnt bin, so früh ins Bett zu gehen. Und extra früh aufzustehen hat auch nichts gebracht, da ich heute Morgen sehr müde war.

B Genau. Am besten stellt ihr beiden euch Routinen und Rituale zusammen, die ihr immer vor Turnieren und Matches durchführt. Ein Ritual ist eine immer gleich ablaufende Handlung. Ihr könnt eure Rituale auch mit bestimmen Wortformeln oder Gesten verbinden, die euch Sicherheit und Selbstvertrauen geben. Und eine Routine besteht aus mehreren immer gleich ablaufenden Vorgängen, das können zum Beispiel auch Rituale sein. Auf diese Weise gewöhnt ihr euch an bestimmte Abläufe und fühlt euch besser.

M Das hört sich gut an. Aber was passiert, wenn ich meine Rituale mal nicht durchführe, weil ich keine Zeit habe? Verliere ich dann mein Match?

B Nein, wenn du deine Rituale einmal nicht durchführen kannst, ist das nicht so schlimm. Aus diesem Grund verlierst du bestimmt nicht. In der Hinsicht müsst ihr flexibel bleiben. Auch Routinen und Rituale muss man ab und zu anpassen, sie dürfen nicht zwanghaft werden. Am besten stellt ihr euch einen ungefähren Zeitplan auf, wann ihr was vor einem Match durchführt. Dann bekommt ihr auch keinen Stress und seid gut auf das Match vorbereitet. Kommt etwas dazwischen, müsst ihr euren Zeitablauf abändern.

C Danke, Ballina, das werden wir ab heute bestimmt machen.

M Vielen Dank, Ballina. Ich auch, aber jetzt werde ich erst einmal dieses Match spielen, und auf das nächste werde ich mich besser vorbereiten.

Übungen

Matchtag

5-10, 11-14 Jahre

In den folgenden Texten wird dem Spieler erklärt, was er an seinem Matchtag tun und denken sollte oder kann. Der Text kann vom Trainer oder den Eltern vorgelesen werden. Falls der Spieler schon alt genug ist und es sich zutraut, kann er die Texte auch selbst lesen und versuchen umzusetzen.

Zu Hause

Wenn du noch zu Hause oder im Hotel bist, kannst du ein paar Stunden vor deinem Match eine Entspannungsübung machen. Stelle dir im Kopf ein Bild oder einen Film von deinem Aufwärmen und deinem Match vor. Wenn dein Match sehr früh am Morgen ist, kannst du dir diesen Film auch einen Abend vorher durch den Kopf gehen lassen. Stelle dir auch vor, wie du auf der Anlage ankommst und welche Leute dort sein werden, wie deine Mitspieler, Freunde, Eltern oder dein Trainer. Konzentriere dich auf die Menschen, die du besonders gerne hast und die dich bei deinem Match unterstützen. Setze dir auch ein, zwei oder maximal drei Handlungsziele für dein Match. Vervollständige den Satz „In meinem Match werde ich ... wie ein ...!" Versuche diese Ziele mit einem Bild zu verbinden.

Auf der Anlage

Es ist sehr wichtig, dass du einige Zeit vor deinem Match auf der Anlage ankommst. Dann hast du Zeit, dich in Ruhe umzuschauen und zurechtzufinden, falls du dich noch nicht auskennst. Du kannst dich in der Garderobe umziehen und dann dein Aufwärmprogramm durchführen. Erkundige dich, auf welchem Platz oder in welcher Runde du spielen musst. Dann kannst du dir deinen Platz schon einmal anschauen und dich mit dem Umfeld vertraut machen.

Das Aufwärmprogramm

Führe dein Aufwärmprogramm und das Einschlagen so durch, wie du es von deinem Trainer gelernt hast. Hier ist es wichtig, dass du eine feste Routine verfolgst. Dadurch fühlst du dich sicherer und dein Körper weiß genau, was er machen muss. Falls es keine Möglichkeit für ein Einschlagen auf dem Platz gibt, verlängere deine Aufwärmroutine. Danach kannst du dir im Kopf vorstellen, wie du dich auf dem Platz einschlägst und wie du dich bewegst. Falls du nervös wirst oder negative Gedanken hast, stelle dir im Kopf ein beruhigendes Bild mit der Formel „Ich bin so ruhig wie ein ..." vor.

Kurz vor dem Match

Rufe dir noch einmal deine Ziele und die Bilder in Erinnerung, die du dir gesetzt hast. Kurz bevor du auf den Platz gehst, solltest du dich noch einmal kurz aktivieren oder entspannen. Das ist abhängig davon, welche Art von Nervosität sich bei dir zeigt. Wenn du eher blockiert bist und es dir vorkommt, als ob du bleischwere Beine und Arme hast, dann versuche dich durch viel Bewegung zu aktivieren. Bist du sehr nervös und zappelig, dann entspanne und beruhige dich.

Und dann geht es auf den Platz.

Matchcountdown

11-14, 15-18 Jahre

Der Spieler soll sich am Abend vor dem Match einen Matchcountdown erstellen, d. h. einen Zeitplan für den nächsten Tag. Dieser Zeitplan kann z. B. beim Aufstehen oder wenigstens drei Stunden vor dem Match beginnen und bis zum Zeitpunkt des Matches fortgeführt werden. Der Matchcountdown kann oder sollte alle Routinen und Rituale beinhalten. Ist der Zeitpunkt des Matches unbekannt oder verzögert sich stark, dann soll sich der Spieler genau überlegen, was er in der Zeit bis zum Match machen möchte, z. B. „In einer Regenpause werde ich …"

Routinen und Rituale

11-14, 15-18 Jahre

➔ Stelle dir die folgenden Fragen:

- Welche Rituale hast du am Abend vor einem Match?
- Welche Rituale hast du am Morgen vor einem Match?
- Welche Rituale hast du auf dem Tennisplatz?
  - Vor einem Schlag?
  - Nach einem Punkt?
- Welche Rituale hast du sonst noch?

➔ Stelle dir die folgenden Routinen schriftlich zusammen:

- Aufwärmroutine
- Einschlagroutine
- Pausenroutine zwischen zwei Matches
- Pausenroutine für Verzögerungen, Regenpausen, Verletzungspausen des Gegners
- Welche Routinen fallen dir noch ein?

Ein Motto fürs Match

5-10, 11-14, 15-18 Jahre

Anstatt dass ein Spieler sich vor einem Match mit Zweifeln oder negativen Gedanken beschäftigt, kann er sich ein Motto suchen, das er im Kopf hat und mit dessen Hilfe er sich auf die bevorstehende Aufgabe freuen kann. Jüngere Spieler können dieses Motto zusammen mit den Eltern oder dem Trainer suchen. Das Motto sollte zu der Persönlichkeit des Spielers passen und möglichst den Spielertyp unterstützen. Der Spieler kann sich ein Motto aussuchen, das ihn anfeuert, etwas, das ihn eher beruhigt, eines, das den Spaß am Tennismatch hervorhebt oder eines, das hilft, den Spieler von seinen Zweifeln zu lösen. Er kann dieses Motto aufschreiben und in seine Tasche stecken oder es an den Schläger oder einen anderen sichtbaren Ort kleben. Der Spieler soll sich auch erinnern, wann er in der Vergangenheit schon mal ein Motto hatte, das ihm geholfen hat, eine schwierige Situation zu meistern. Vielleicht ist dieses Motto aus der Vergangenheit ja noch gültig und kann dem Spieler wieder weiterhelfen.

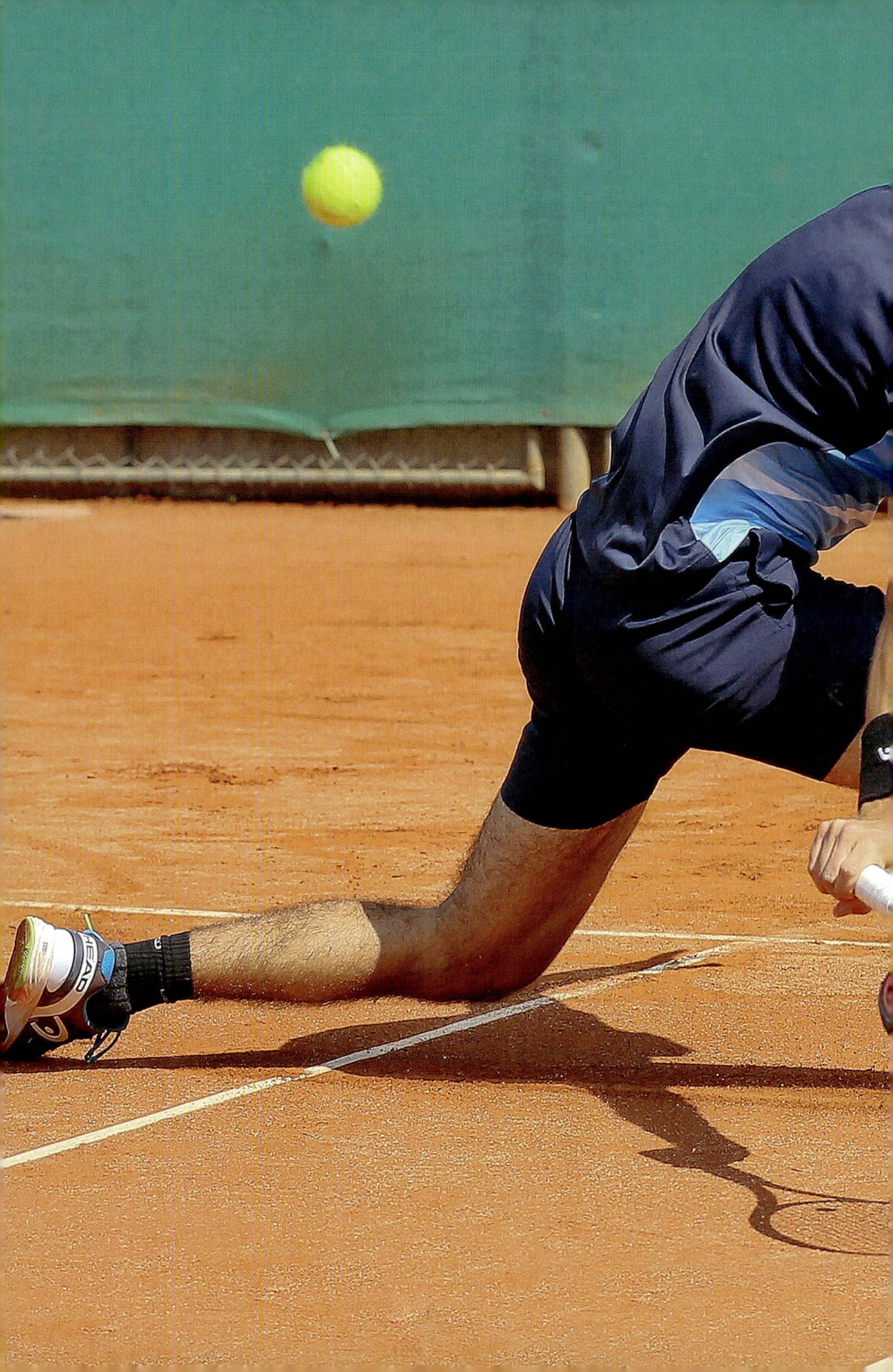

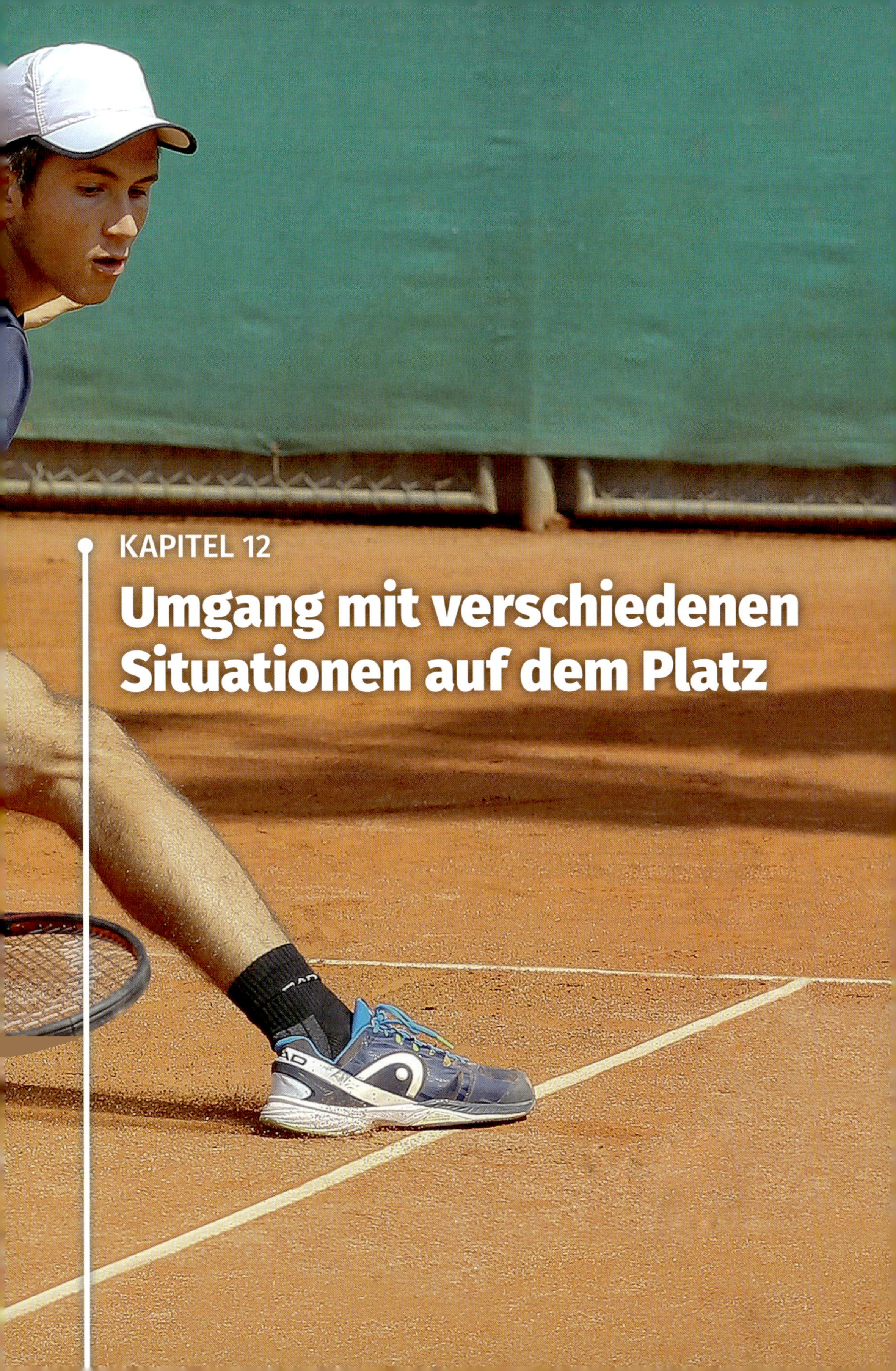

KAPITEL 12

Umgang mit verschiedenen Situationen auf dem Platz

Mentale Bereitschaft im Match

Nicht zuletzt durch die dominierenden Weltklassespieler hat der Begriff „mentale Stärke" im Tennis in den letzten Jahren immer mehr an Bedeutung gewonnen. Jeder Tennisspieler weiß, dass in einem ernsten Match die mentalen Fähigkeiten in besonderem Maße gefordert werden, und jeder Spieler sollte sich überlegen, welche Dinge wichtig sind, um während eines Matches „mental bereit" zu sein. Unter Bereitschaft werden der Wille und die Fähigkeit verstanden, jederzeit oder zu festgelegten Zeiten eine Aufgabe zu übernehmen.

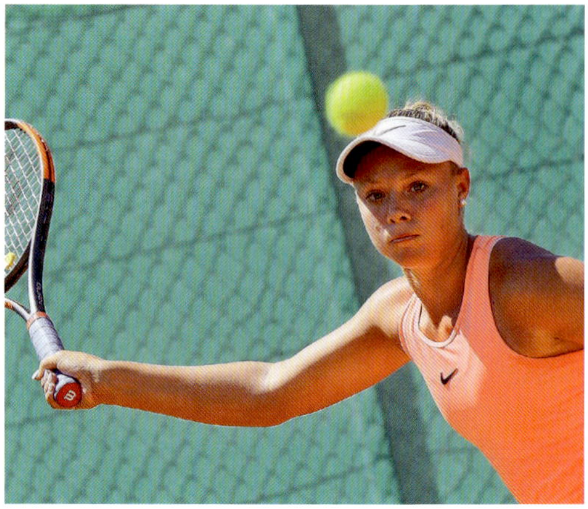

Für den Tennisspieler bedeutet diese mentale Bereitschaft, in einem Match den Willen zu haben und jederzeit bereit zu sein, die mentalen Fähigkeiten einzusetzen, um die Aufgaben bzw. Probleme zu lösen, mit denen er in dem Moment konfrontiert wird. Diese entscheidenden Momente oder Phasen entstehen meistens dann, wenn es eng und umkämpft ist und der psychische Druck aus Sicht des Spielers ansteigt. Gerade dann, wenn es schwierig wird, sind die psychischen Prozesse ausschlaggebend dafür, ob ein Spieler in engen Situationen gewinnt oder verliert und ob er in seiner Karriere erfolgreich wird oder nicht. Der Spieler muss sich permanent im Hier und Jetzt befinden, um sich jeweils mit der aktuellen Aufgabe oder dem aktuellen Problem auseinanderzusetzen. Er darf gedanklich nicht in die Vergangenheit oder die Zukunft abschweifen. Dann wird er in dem Moment keine mentale Bereitschaft zeigen können.

Schafft der Spieler es über einen langen Zeitraum (während eines Matches und auch für mehrere Matches), diese mentale Bereitschaft in den entscheidenden Situationen aufzubringen und damit seine Leistungsfähigkeit bestmöglich auszuschöpfen, dann kann man ihn insgesamt als einen mental starken Spieler bezeichnen. Unter mentaler Stärke wird nach Loehr (2000) die Fähigkeit verstanden, sich ungeachtet der Wettkampfbedingungen an der obersten Leistungsgrenze zu bewegen. Die Profispielerin Laura Siegemund betont, dass mentale Stärke in wichtigen Matchsituationen nichts ist, was man hat oder nicht hat. Mentale Strategien und psychische Fähigkeiten auf jeder Leistungsebene kann man nur durch die richtige Einstellung und im Training entwickeln und optimieren (vgl. Siegemund, 2018).

Selbstmotivation

Ein wesentlicher Punkt, aus dem die mentale Bereitschaft besteht, ist die Fähigkeit, sich selbst zu motivieren, und zwar dann, wenn es mal nicht so gut läuft. Unter Selbstmotivation versteht man nach Baumann (2011) alle Maßnahmen, die ein Spieler selbst einleiten und aus eigener Kraft und Verantwortung einsetzen kann, um seine Motivationslage positiv zu verändern und zu stabilisieren. Das entscheidende Kriterium ist in dem Moment die bewusste Absicht, sich selbst zu kontrollieren. Die Selbstmotivation kann über drei Strategien durchgeführt werden:

1. die positive Vergegenwärtigung der eigenen Fähigkeiten („ich weiß, dass ich gut aufschlagen kann");
2. individuelle Zielsetzungstechniken („damit werde ich meinen Gegner das ganze Match quälen") oder
3. Techniken der Selbstbekräftigung („das habe ich gut gemacht").

Folgende Techniken kann ein Sportler abhängig vom Inhaltsschwerpunkt auswählen (in Anlehnung an Baumann, 2011):

- Selbstinstruktion:
  Durch selbst formulierte Handlungsanweisungen kann der Spieler sich selbst Ziele vorgeben, dadurch vermittelt der Spieler sich selbst neue Impulse und verstärkt schon vorhandene.
- Initiierungstechniken:
  Mit ihnen kann der Spieler Handlungen starten: „los geht's", „ich bin bereit".
- Durchhaltetechniken:
  Mit Durchhaltetechniken kann der Spieler seine Motivation aufrechterhalten: „ich kann das schaffen".
- Selbstargumentation:
  Mit der Selbstargumentation kann ein Spieler sich selbst Handlungs- oder Verhaltensziele näherbringen. Er kann damit für sich selbst Gründe zum Sinn und Zweck seines Handelns formulieren: „Ich gehe heute zum Training, damit ich mich gut auf das Turnier vorbereiten kann."
- Selbstsuggestion:
  Wenn ein Spieler sich etwas suggeriert, dann redet er sich etwas ein. Negative Suggestionen haben einen negativen Einfluss auf das Selbstvertrauen. Einen positiven Effekt kann ein Spieler erreichen, indem er positive Gedanken in einem entspannten Zustand häufig wiederholt und als bekräftigenden Vorsatz in seine gedankliche Vorbereitung einbaut: „Ich werde aggressiv spielen, ich bin mutig."
- Selbstbekräftigung:
  Ein Spieler kann seine Handlungen selbst loben oder seinen erfolgreichen Abschluss im Kopf bereits vorwegnehmen und den Erfolg verstärken, indem er sich eine Belohnung verspricht.

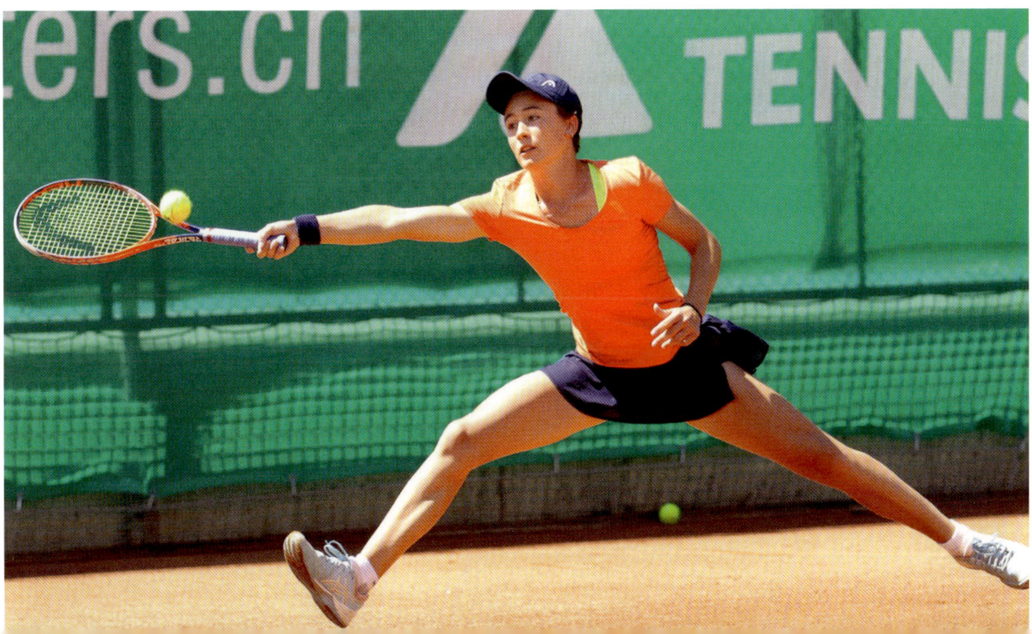

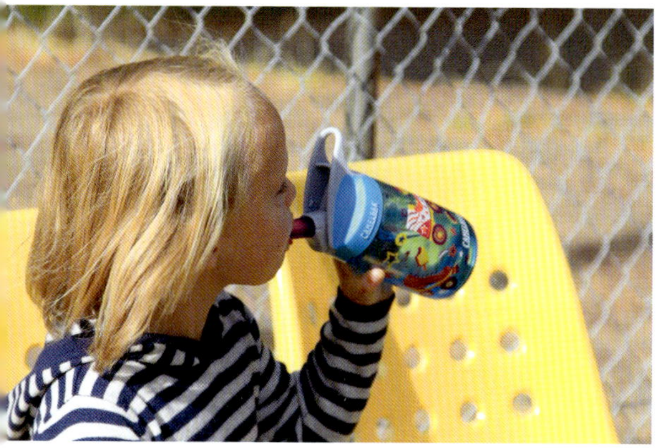

dann kommt es zu einer unvollständigen Energieaufladung. Passiert dies über einen längeren Zeitraum des Matches hinweg, erzeugt der Spieler ein immer größeres Defizit an Energie und sinkt in seiner physischen und psychischen Leistungsfähigkeit erheblich ab. Hat der Spieler jedoch eine sehr gut gestaltete Pausengestaltung zwischen den Punkten, dann kann er die verbrauchte Energie wieder aufbauen, um für den nächsten Punkt vorbereitet zu sein.

Pausengestaltung

Ein weiterer wichtiger Faktor, um in einem Match permanent mental einsatzbereit zu sein, ist die Pausengestaltung (siehe Kapitel 23). Ein Tennisspieler weiß nie, ob er ein Match in 30 Minuten oder drei Stunden beenden kann, aber er befindet sich immer in einem stetigen Wechsel zwischen den Punkten und Spielpausen. Zu den häufigsten Pausen gehört die Zeit zwischen den Punkten, danach kommen die noch regelmäßig auftretenden Pausen bei den Seitenwechseln. Andere mögliche, aber sehr sporadisch und unregelmäßig auftretende Pausen, mit denen er konfrontiert werden kann, sind Regenpausen, Verletzungspausen etc. Das Wichtigste für einen Tennisspieler ist, diese Pausen optimal für sich zu nutzen. In diesen Pausen gilt es die Routinen und Rituale (siehe Kapitel 24) durchzuführen, in denen der Spieler sich entspannen, seine Gedanken (siehe Kapitel 18) und Emotionen (siehe Kapitel 13) in die richtige Richtung lenken und sich Ziele für den nächsten Punkt setzen sollte. Sobald die Pause vorbei ist, muss der Spieler für den nächsten Punkt wieder voll da sein. Geht ein Punkt sehr lang, kann die verbrauchte Energie nur in den Erholungsphasen wieder aufgeladen werden. Sind die Erholungsphasen zu kurz, nimmt der Spieler sich zum Beispiel zwischen den Punkten immer zu wenig Zeit,

Konzentrationsfähigkeit

Während des Ballwechsels wird dann vor allem die Konzentrationsfähigkeit (siehe Kapitel 25) benötigt. Für einen Tennisspieler ist es von großer Bedeutung, dass er seine Aufmerksamkeit bewusst auf spezifische Sachen lenken kann. Ist er zum Beispiel in der Lage, sich so auf einen Ballwechsel zu konzentrieren, dass er Umgebung, Zuschauer oder Lärm nicht mehr wahrnimmt, dann ist es ihm gelungen, alle störenden Reize auszublenden. Konzentriert zu sein bedeutet also, die Dinge, die auf dem Platz passieren, mit einem besonders hohen Grad an Aufmerksamkeit wahrzunehmen. Je höher diese Aufmerksamkeit ist, umso besser kann er das Wahrgenommene innerlich aufnehmen und verarbeiten. Diese höchste Stufe der Konzentration wird als Fokussieren bezeichnet, d. h. sich im Hier und Jetzt mit höchster Bewusstseinsklarheit auf eine Sache zu konzentrieren. Ein Tennisspieler sollte immer ganz genau wissen, auf was er sich in diesem Moment konzentrieren will. Er kann die Konzentration nur dann aufrechterhalten oder wiederherstellen, wenn er weiß, was er in dieser Situation beachten muss oder wann und wie er dies tun möchte. Sich besser zu konzentrieren, muss also stets mit einem Gegenstand wie dem Ball, dem Schläger, dem Ziel, wohin man spielen möchte, einem Gefühl, einer Bewegung oder der Richtung der Konzentration verbunden sein.

Für einen Spieler ist es auch unmöglich, die Konzentration unbeschränkt aufrechtzuerhalten. Ein Match verlangt höchste Konzentration über mehrere Stunden hinweg, ein Turnier dauert mehrere Tage bis zu einer oder zwei Wochen. Bei Belastungen, die über einen längeren Zeitraum Konzentration erfordern, kommt es zu ganz natürlichen Konzentrationsschwankungen, d. h. die Konzentration nimmt ab, um nach einer Weile wieder anzusteigen. Bei langen Konzentrationsphasen kann die Energie, die in den Aktionsphasen verbraucht wird, in den Erholungsphasen nur zum Teil wieder ersetzt werden. Sind die Erholungsphasen zu kurz, kommt es zu einer unvollständigen Energieaufladung. Der spielende Athlet hat ein Defizit an Energie und wird in seiner Leistungsfähigkeit erheblich absinken. Hier verlangt speziell die Sportart Tennis eine sehr gut durchdachte Pausengestaltung zwischen Punkten, Spielen, Sätzen und Matches, um die über die Konzentration verbrauchte Energie wieder aufzubauen.

Tipps für Spieler

- Sei jederzeit bereit, deine mentalen Fähigkeiten einzusetzen, um die Aufgaben bzw. Probleme zu lösen, mit denen du im Match konfrontiert wirst.
- Gerade dann, wenn es schwierig wird, musst du mental immer bereit sein, das zu tun, was richtig ist.
- Motiviere dich selbst, indem du dir deine eigenen Stärken bewusst machst.
- Lobe dich selbst, wenn du etwas gut gemacht hast.
- Setze dir Ziele und verfolge sie konsequent.
- Gib dir selbst Instruktionen für Handlungen, mit denen du deine Ziele erreichen willst.

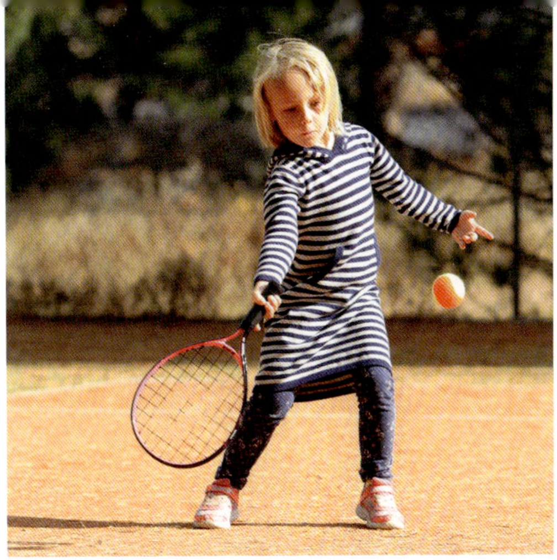

- Gib dir selbst Anweisungen, um Handlungen zu starten.
- Gib dir selbst Anweisungen, um Handlungen über einen langen Zeitraum aufrechtzuerhalten und durchzuhalten.
- Formuliere für dich selbst Gründe, warum du etwas machst.
- Rede dir positive Dinge ein und wiederhole sie so oft wie möglich.
- Stelle dir vor, wie du dich belohnen würdest, wenn du etwas Bestimmtes erreicht hast.
- Nutze die Pausen für dich und führe konsequent deine Routinen und Rituale durch, damit du für den nächsten Punkt wieder 100 % einsatzbereit bist.
- Lenke deine Aufmerksamkeit während des Ballwechsels bewusst auf spezifische Sachen, wie den Ball, den Schläger, ein Ziel, ein Gefühl oder Bewegungen, die du ausführen möchtest.

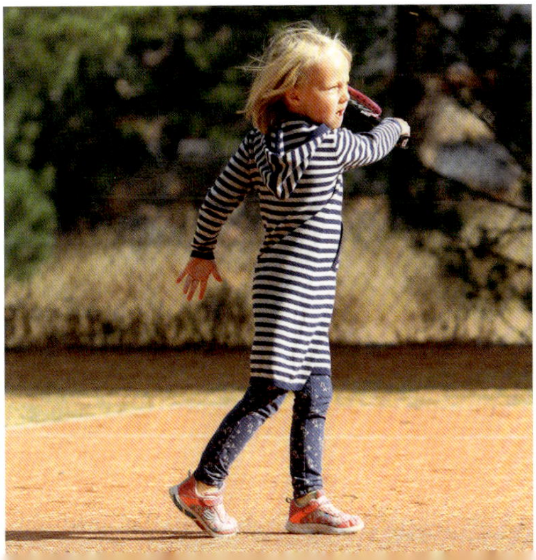

Ballinas Tricks für mentale Bereitschaft im Match

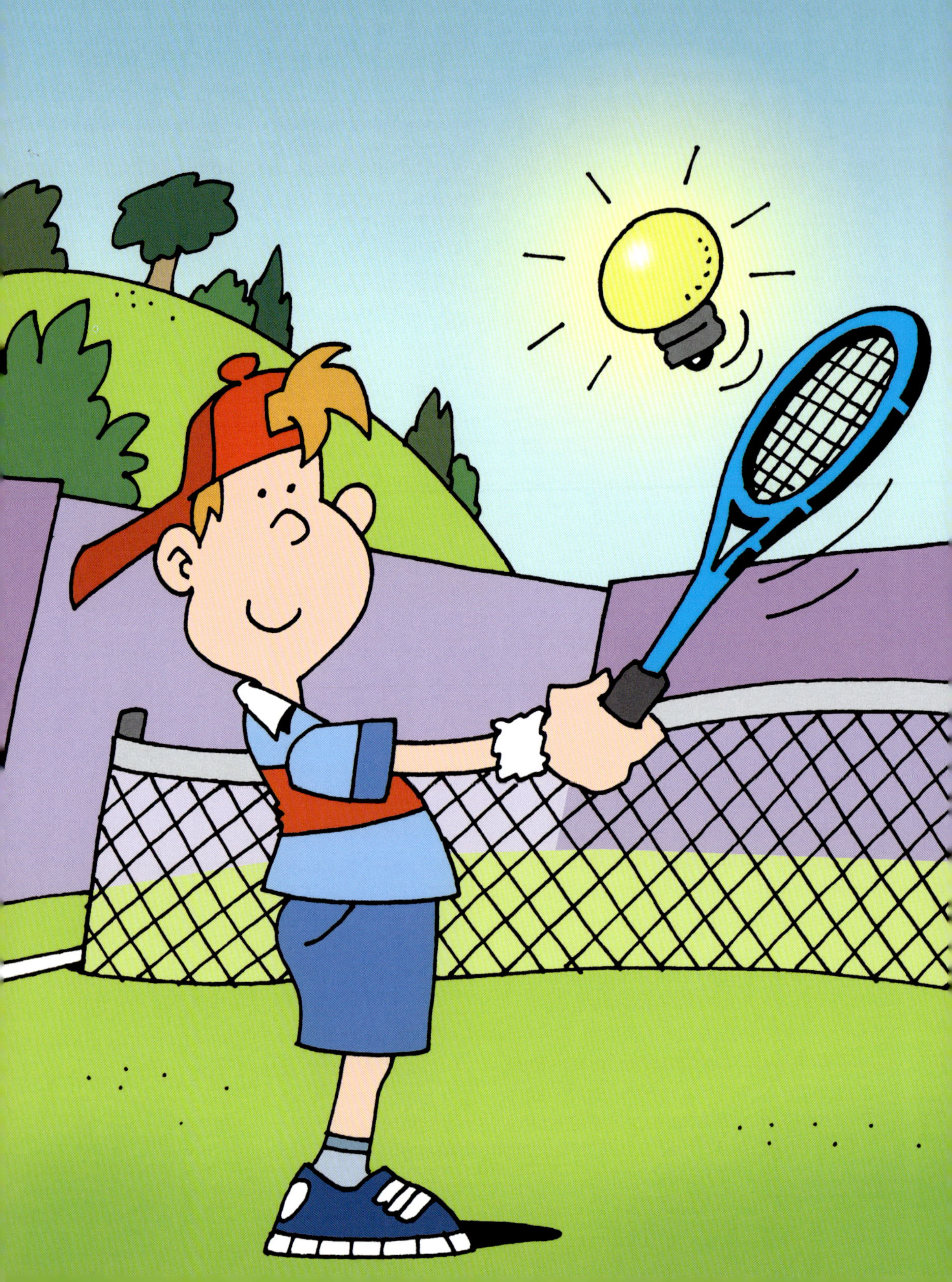

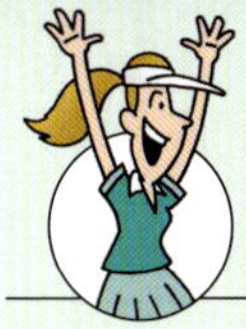
B Ballina

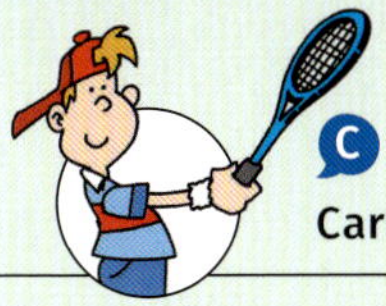
C Carlos Cool

Ballina und Carlos stehen zusammen auf dem Trainingsplatz. Carlos spielt sich gerade ein. In einer Spielpause setzen sie sich auf die Bank und Ballina redet mit Carlos über das bevorstehende Match.

B Und, Carlos, wie fühlst du dich heute? Du siehst so nachdenklich aus.

C Also jetzt beim Einschlagen fühle ich mich echt gut. Ich habe ein gutes Timing und bewege mich sehr leichtfüßig. Aber ich muss an das bevorstehende Match denken, ich möchte heute mental wirklich gut vorbereitet sein.

B Das ist prima. Was hast du dir denn vorgenommen?

C Weißt du, ich habe ja immer Mühe, mich zu beherrschen. Ich werde leider so schnell wütend, wenn etwas nicht läuft. Und nun überlege ich mir, was ich mache, wenn das passiert. Heute möchte ich mich im Griff haben und auch cool bleiben, wenn es nicht so gut läuft.

B Das finde ich gut. Und hast du eine Idee, wie du das machen wirst?

C Ja, ich werde mir die ganze Zeit Anweisungen geben. So, als ob mein Trainer neben mir steht. Und ich muss einfach jeden Moment bereit sein, alles zu geben, ohne mich in ein Loch fallen zu lassen. Und wenn ich doch einmal ein Loch habe, dann werde ich mich selbst anfeuern und herausziehen.

B Ich bin stolz auf dich, Carlos. Du machst das genau richtig. Aber darf ich dir noch ein paar kleine Ratschläge geben?

C Ja, gerne. Ich kann jeden Ratschlag gut gebrauchen.

B Wenn du dich im Match so sehr pushst, verbrauchst du zusammen mit dem Tennisspielen sehr viel Energie. Das bedeutet, dass du auch eine gute Pausengestaltung brauchst, um diese Energie wieder aufzuladen. Machst du das nicht, könnten alle deine tollen Ideen irgendwann zusammenbrechen, weil du zu müde wirst. Erholst du dich in den Pausen gut, dann bist du auch beim nächsten Ballwechsel wieder mental total frisch und kannst dich beim Ballwechsel voll konzentrieren.

C Und worauf sollte ich mich beim Ballwechsel konzentrieren? Meinst du, es ist gut, wenn ich mich auf die Technik konzentriere?

B Nein, lieber nicht auf die Technik. Das solltest du im Training machen. Am besten suchst du dir etwas aus, das dir hilft, locker zu bleiben und alles andere um dich herum auszuschalten. Am besten suchst du dir einen Gegenstand wie den Ball, deinen Schläger oder Bewegungen aus, die du ausführen möchtest.

C Vielen Dank, Ballina. Ich habe schon eine Idee und ich bin sicher, dass das gut klappen wird.

B Ich wünsche dir viel Erfolg und ich bin sicher, dass du es schaffen wirst.

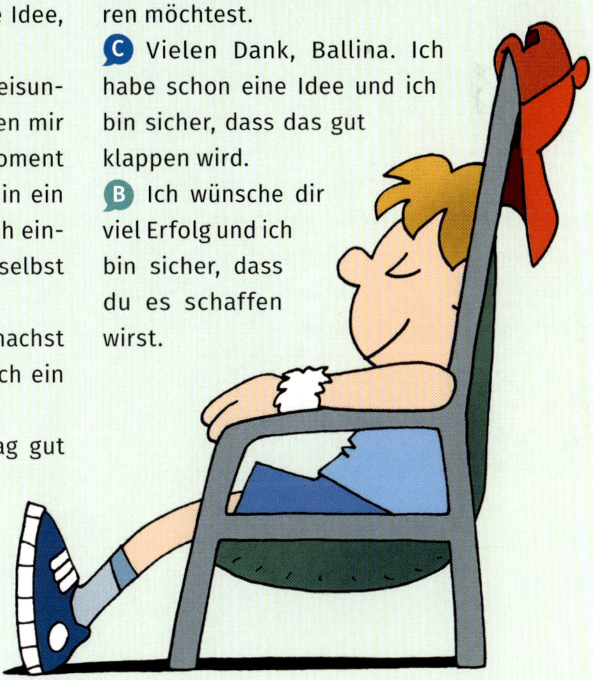

Übungen

Ich schaff das

5-10 Jahre Die jüngeren Spieler sollen mit dem Trainer oder den Eltern zusammen einen Plan ausarbeiten. Es werden die Sätze genau festgelegt, die sie in bestimmten Situationen zu sich selbst sagen sollen. Diese Sätze sollen sie dann in einem Trainingsmatch üben und vor jedem Punkt zu sich selbst sagen. Zum Beispiel:

- Vor dem Aufschlag sage ich zu mir:
- Wenn ich zurückliege, sage ich zu mir:
- Wenn ich wütend bin, sage ich zu mir:
- Wenn ich das schaffe, dann:
- Etc.

Kritische Situationen

11-14, 15-18 Jahre Für einen Spieler auf dem Platz ist es sehr wichtig zu erkennen, in welchen Situationen er mental bereit sein musst und wie er diese Situation mit eigenen Strategien bewältigen kann. Er soll sich eine Tabelle mit zwei Spalten erstellen. In der linken Spalte listet er alle kritischen Situationen auf, denen er schon einmal ausgeliefert war, und die, die ihm zusätzlich einfallen. In der rechten Spalte soll er den Satz weiterführen: „Wenn diese Situation das nächste Mal eintrifft, dann werde ich ..." Wenn er das nächste Mal auf dem Platz steht und diese Situation eintrifft, dann weißt er, wie er darauf reagieren kann. Er kann dabei die oben stehenden Tipps beachten.

Star

11-14, 15-18 Jahre Der Spieler soll sich einen Sportler/Schauspieler/Fernsehstar aussuchen, der ihm besonders gut gefällt und Eigenschaften hat, die ihm auf dem Platz helfen können. Wenn er in eine kritische Situation kommt, dann soll er sich vorstellen, dass er dieser Star ist, der sich aus allen brenzligen Lagen retten kann. Zum Beispiel wenn das Match schwierig und sehr umkämpft ist, dann könnte er Maximus aus dem Film Gladiator sein. Er kann sich die Eigenschaften von Maximus aufrufen und versuchen, diese auf dem Platz zu verkörpern. Maximus überlebt als Gladiator nur, weil er einen unglaublichen Kampfgeist und immer einen guten Plan hat. Oder ein anderes Beispiel wäre James Bond, der immer eine Lösung parat hat, egal, in welcher Lage er sich befindet. Er ist so schlau, dass er seine Gegner austrickst und ihnen immer einen Schritt voraus ist.

15 vor

11-14, 15-18 Jahre Es wird ein Trainingsmatch gespielt. Wenn der Spieler ein Spiel verloren hat, führt er beim nächsten Spiel automatisch mit einem Punkt bzw. 15 : 0. Verliert er das Spiel wieder, ist er 30 : 0 vorne. Sobald er ein Spiel gewinnt, wird ihm wieder ein Punkt abgezogen. Schafft ein Spieler es, vier Spiele in Folge zu gewinnen, steht es dann automatisch 4 : 1 und 0 : 40.

Bei diesem Spiel muss der Spieler immer bereit sein, denn meistens gibt es bei dieser Zählweise enge Matches. Wenn man führt, liegt man beim nächsten Spiel sofort hinten. Das heißt, der Spieler muss sich im Spiel wieder herankämpfen. Liegt man in Spielen hinten, führt man aber im Spiel und kann den Spielstand wieder aufholen.

Spickzettel Umgang mit schwierigen Situationen

15-18 Jahre Auf dem Tennisplatz gibt es unendlich viele schwierige Situationen, und für jeden Spieler haben gewisse Situationen eine andere Auswirkung.

Zunächst muss muss ein Spieler sich im Klaren darüber sein, welche Situationen für ihn als schwierig gelten.

Wenn diese Situationen dann eintreffen, kann er die folgenden Tipps bzw. einen Spickzettel zu Hilfe nehmen:

- Ich ergreife grundsätzlich selbst die Initiative und arbeite mit meinen Stärken.
- Ich warte nicht darauf, dass etwas passiert, sondern ich nehme mein Schicksal in meine Hände.
- Ich stelle mich der Herausforderung.
- Ich übernehme die Kontrolle, indem ich aggressiv spiele und meine Stärken einsetze.
- Ich halte aber auch Alternativen bereit, falls etwas nicht klappt.
- Ich setze mich bei jedem Punkt zu 100 % ein und suche den Kampf.
- Ich strahle Selbstvertrauen, Energie, Kampfgeist und Kontrolle aus.

Körpersprache Image

11-14, 15-18 Jahre

Der Spieler soll den Zustand, in dem er sich befindet, mit einem Image beschreiben. Das kann etwas sein, wie „ich strahle Ruhe aus wie ein Fels in der Brandung“ oder „ich bin so souverän wie ...“, „ ich bin so ausgeglichen wie ...“. Er soll dieses Image über einen gewissen Zeitraum benutzen und schauen, ob es hilfreich ist oder ob er lieber ein anderes Bild nehmen möchte und welches Image in der Zukunft optimal für ihn und seine Leistungsfähigkeit wäre.

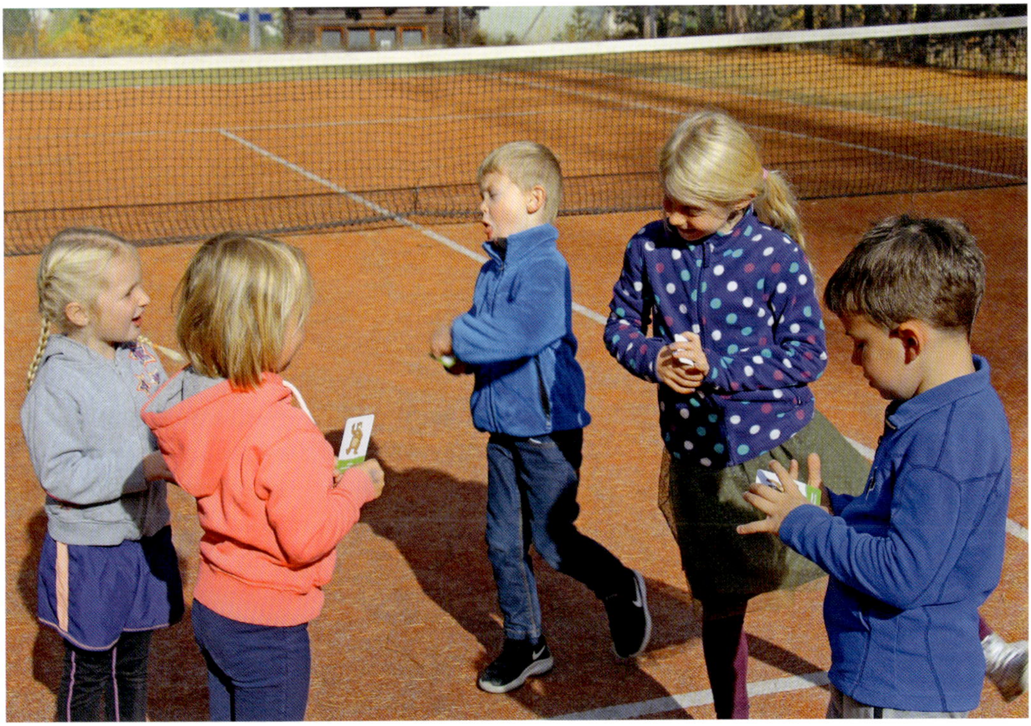

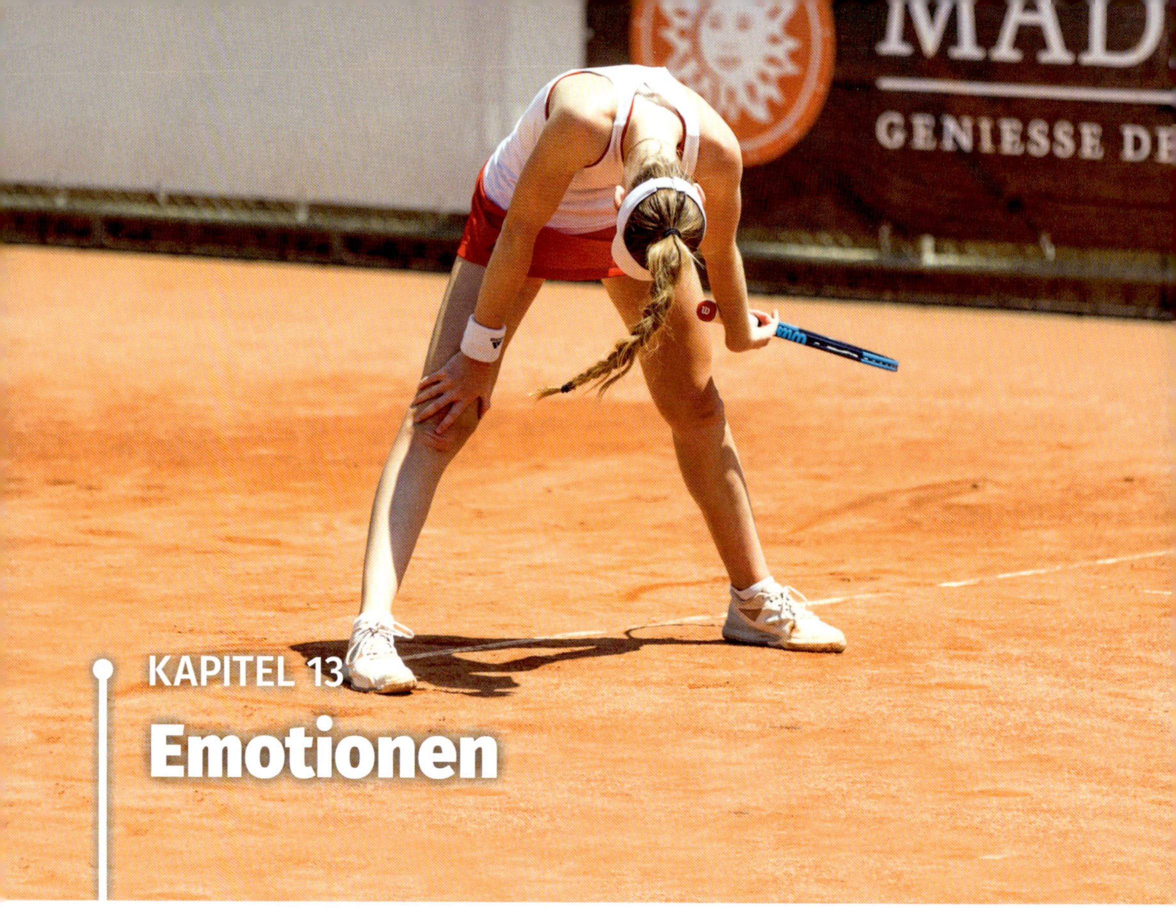

KAPITEL 13
Emotionen

Kinder kommen grundsätzlich mit einer allumfassenden Liebe auf die Welt. Sie sind sehr intelligent und offen für alles, was ihnen entgegengebracht wird. Sie werden aber nicht mit der Fähigkeit geboren, ihre Emotionen selbst zu regulieren. Besonders bei jüngeren Spielern kann es vorkommen, dass Emotionen sehr sprunghaft sind, sie können von einen Moment auf den anderen von extrem positiv in extrem negativ und wieder zurück ins Positive wechseln. Es ist eine der wichtigsten Aufgaben der Eltern und von Trainern, Kindern zu helfen und aufzuzeigen, wie sie ihre Emotionen regulieren können. Um Emotionen zu regulieren, müssen Kinder diese als Erstes erkennen und entsprechend der Situation bewerten lernen. Die optimale emotionale Anpassung bedeutet aber nicht immer automatisch, dass negative Emotionen vermieden oder in positive Emotionen umgewandelt werden müssen. Es kann zum Beispiel auch sein, dass ein Kind, das sehr enttäuscht über eine Niederlage ist und weint, einfach nur von den Eltern in den Arm genommen und getröstet werden möchte. An dieser Stelle hilft Mitgefühl und das Verständnis dafür, dass das Kind enttäuscht ist, am allermeisten.

Um aber auf dem Tennisplatz erfolgreich spielen zu können, sollten die Kinder und Jugendlichen in der Lage sein, ihre Emotionen selbst zu steuern. Es ist nachgewiesen, dass Kinder, die ihre Emotionen im Griff haben, erfolgreicher in der Schule, im Sport, Privatleben und später im Beruf sind. Gutes emotionales Management ist eine große Unterstützung für Lernerfolge, denn es erlaubt einem Schüler, sich besser zu konzentrieren, in Drucksituationen standzuhalten, Ziele zu erreichen und Ängste zu bewältigen. Schüler und Sportler, die sich selbst regulieren können, sind auch besser im Umgang mit Problemen und darin, Lösungen zu finden. Auf diese Weise wird eine höhere Stresstoleranz in Sport, Schule und Privatleben erreicht, und die Kinder und Jugendlichen werden schneller und besser mit Rückschlägen fertig.

Um Kindern beizubringen, besser mit Emotionen umgehen zu können, sollten drei wichtige Punkte beachtet werden:

1. Beobachten

Die Vorbildfunktion wird seit Langem als die wichtigste Möglichkeit betrachtet, durch die Kinder lernen, wie sie mit Emotionen umgehen können. Jede Reaktion, das Verhalten oder Gewohnheiten der Eltern und Trainer werden von Kindern aufmerksam beobachtet, verinnerlicht und nachgemacht. Die Fähigkeit von Eltern und Trainern, ihre eigenen Emotionen zu regulieren, spielt dabei eine wesentliche Rolle, sie sind die Vorbilder für die Kinder. Kinder können auf diese Weise die „korrekte" oder leider auch die „unkorrekte" Art und Weise lernen, auf verschiedene Situationen mit den entsprechenden Emotionen zu reagieren. Sind die Eltern zu Hause oder der Trainer auf dem Platz nicht in der Lage, sich in bestimmten Situationen angemessen zu verhalten, z. B. wenn sie fluchen und sehr negativ werden, sobald etwas schiefgeht, dann lernt das Kind, ebenso auf diese Situationen zu reagieren. Bleiben die Eltern und Trainer bei Problemen ruhig und lösungsorientiert, dann lernt das Kind ebenfalls, ruhig zu bleiben und nach Lösungen zu suchen.

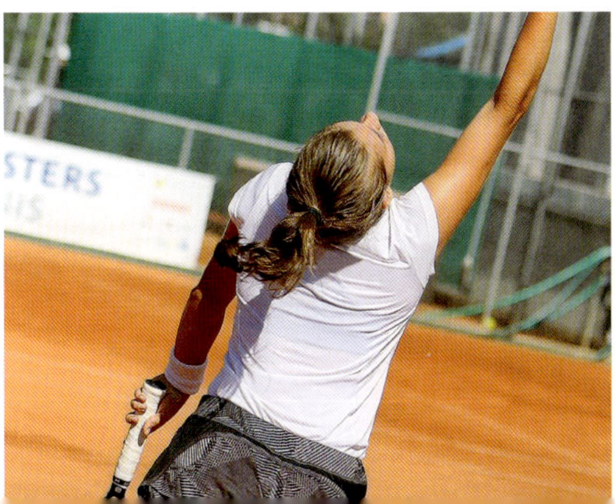

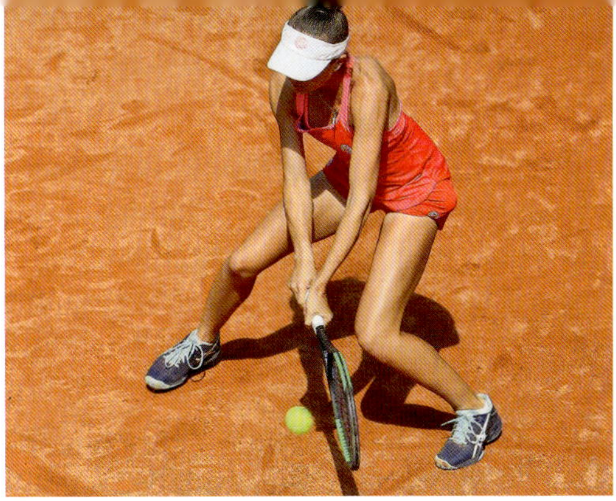

Emotionen sind zudem ansteckend, Kinder spüren bewusst und unbewusst, wenn es den Eltern oder Trainern nicht gut geht oder wenn sie beispielsweise wütend sind. Sind Eltern oder Trainer über die schlechte Leistung eines Spielers frustriert und erheben die Stimme oder schreien sogar, dann provoziert das beim Kind eine ähnliche Reaktion, es wird sehr wahrscheinlich zurückschreien.

Ältere Kinder bzw. Jugendliche lernen den Umgang mit Emotionen auch durch soziale Kontakte. Sie beobachten nicht nur ihre Eltern, sondern auch ihre Mitschüler und Trainingspartner.

2. Umgang

Bei Kindern und Jugendlichen führt ein offener warmherziger Umgang am häufigsten zu einem besseren Umgang mit Emotionen. Sind die Erwachsenen offen und ansprechbar für Probleme der Kinder, dann wissen diese, dass sie in der Not immer einen Ansprechpartner haben. Dieser Umgang beruhigt und schafft Vertrauen. Erwachsene, die die Sorgen der Kinder akzeptieren, ernst nehmen und auf sie eingehen, können einen großen Einfluss auf deren positive Emotionsregulation nehmen. Sie coachen sie dabei, ihre Emotionen zu erkennen, zu beschreiben und ermutigen sie, Lösungen zu finden. Studien haben ergeben, dass Kinder, die ermutigt werden, ihre negativen Emotionen auszudrücken, ein wesentlich besseres Wutmanagement haben. Erwachsene, die auf Wutanfälle von Kindern ruhig oder neutral reagieren, können die Wutanfälle bei den Kindern eher vermindern. Auch Coping-Strategien „atme mal tief durch, zähle bis zehn und sag Mäuschen" oder die Steuerung der Aufmerksamkeit „schau mal, da hinten, da steht ..." oder das Umdenken einer Situation „der Ball ist jetzt eine Melone" können ebenfalls einen positiven Einfluss auf die Emotionsregulation von Kindern haben.

3. Emotionales Klima

Das allgemeine Klima zu Hause oder auf dem Trainingsplatz hat einen sehr großen Einfluss auf die Fähigkeit der Kinder, ihre Emotionen zu regulieren. Hier spiegeln sich die Einflüsse der Personen untereinander wider. Einen Einfluss haben der Charakter der Erwachsenen, der Charakter des Kindes, die Beziehung zwischen dem Erwachsenen und dem Kind, der Erziehungs- bzw. Führungsstil, Werte, Überzeugungen und viele weitere Faktoren. Ein positives emotionales Klima ist aber unverzichtbar, wenn man möchte, dass die Kinder sich sicher, geborgen und akzeptiert fühlen. Ein negatives Klima, in dem viele negative Emotionen, Wut, Kritik, Angst oder Feindseligkeit vorherrschen, fördert jedoch schwächere emotionale Regulationsfähigkeit.

Ist ein sehr junger Spieler auf dem Tennisplatz beispielsweise wütend, weil er einen dummen Fehler gemacht hat, und der Trainer sagt: „Du darfst dich nicht ärgern!", dann spürt das Kind eine Differenz zwischen dem, was es fühlt, und dem, was es nach der Ansicht des Trainers fühlen soll. Die logische Konsequenz daraus ist, dass das Kind verunsichert ist und denkt, dass vielleicht etwas mit ihm nicht in Ordnung ist. Für die Entwicklung eines Spielers auf dem Platz sind jedoch die Gefühle von enormer Wichtigkeit und haben einen Sinn. Es wäre auch nicht gut, wenn es dem Spieler egal wäre, Fehler zu machen, denn dann hätte er sicher nicht den Ehrgeiz, sich zu verbessern. Für die Eltern und Trainer ist es daher ratsam, die Gefühle ihres Schützlings zu bejahen und dann einen Ratschlag oder eine Lösungsmöglichkeit für das nächste Mal hinzuzufügen. Wichtige Bezugspersonen prägen das Selbstbild des Kindes, indem sie dessen Handeln, Denken und Fühlen bewerten. Die Kinder hingegen fühlen sich nicht nur bei einer direkten Äußerung schlecht, sondern auch bei unbedacht dahingesagten oder abwertenden Äußerungen.

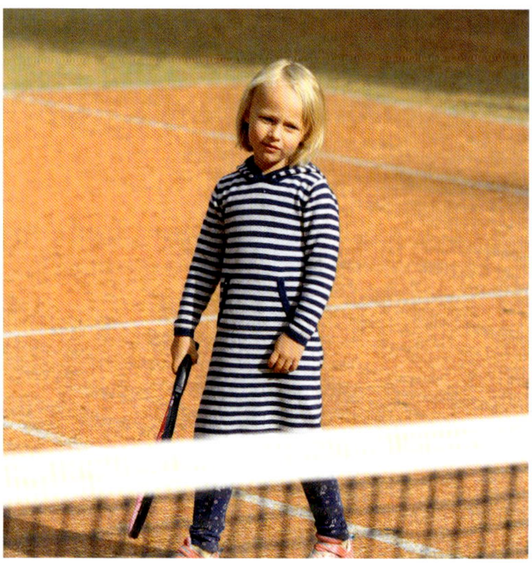

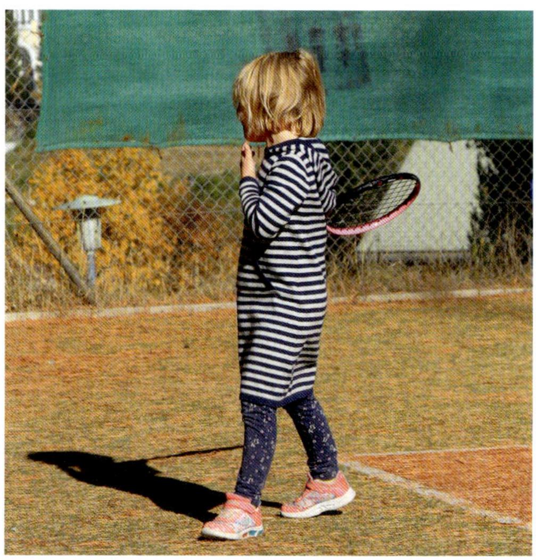

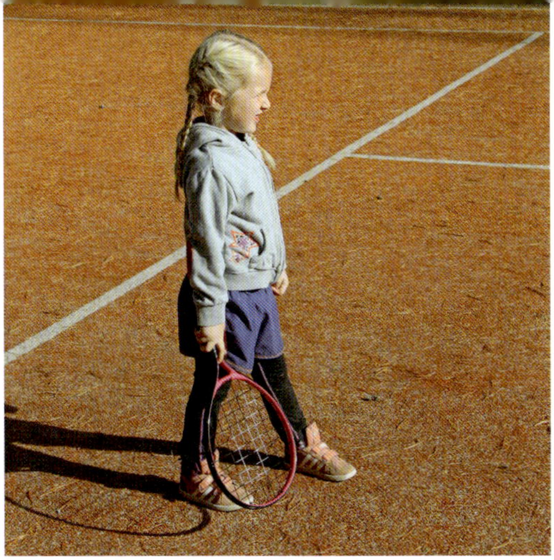

Jede sportliche Aktion auf dem Tennisplatz wird im höchsten Maße von Emotionen begleitet, die im engen Zusammenhang mit der Motivation und den Gedanken des Sportlers stehen. Emotionen wie Spaß und Freude aktivieren den Tennisspieler, weil sie ein höheres Aktivationsniveau (siehe Kapitel 6) zur Folge haben. Negative Gedanken, Angst- und Schmerzgefühle hingegen lösen Vermeidungsreaktionen aus, die die Leistungsfähigkeit drastisch mindern können.

Alles, was einem Tennisspieler an einem Tag passiert, nimmt er mit allen seinen Sinnen wahr. Es prasseln permanent Informationen auf ihn ein, die er in seinem Inneren sofort bewertet. Je nachdem, aus welchem Blickwinkel er die Situation sieht und sie bewertet, wirkt sie sich unmittelbar auf den Gefühlszustand aus. Und dieser Zustand hat einen sofortigen Einfluss auf den Körper. Um im Match eine gute Leistung zu bringen, egal, welche inneren oder äußeren Reize Emotionen auslösen, muss ein Wettkampfspieler in der Lage sein, leistungsmindernde Emotionen zu regulieren. Dafür muss er sich zunächst über seinen derzeitigen emotionalen Zustand im Klaren sein, denn das Einschätzen der emotionalen Befindlichkeit ist die Voraussetzung für das Ergreifen sinnvoller Maßnahmen.

Tipps für Eltern und Trainer

- Seien Sie selbst Vorbild, um Ihren Kindern und Schülern eine bessere Emotionskontrolle zu vermitteln.
- Passen Sie sich den Situationen an und regulieren Sie Ihre Emotionen entsprechend.
- Zeigen Sie viele positive Emotionen.
- Schaffen Sie ein positives, lösungsorientiertes und lernfreundliches Klima.

Tipps für Spieler

- Versuche, die Ursachen von Gefühlen herauszufinden und dadurch aufkommende negative Emotionen früh zu erkennen.
- Wenn du es schaffst, frühzeitig auf Gefühlszustände zu reagieren und sie zu steuern, kannst du sogenannte Affekthandlungen (außer Kontrolle geratenes Handeln unter einem extremen Erregungsgrad) wie z. B. Wutausbrüche vermeiden.
- Die Atmung hat einen großen Einfluss auf deine Emotionen. Wenn du Angst hast, wütend oder gestresst bist, dann atmest du wahrscheinlich flach, gepresst und schnell.
- Versuche, deine Atmung zu regulieren, indem du langsam ein- und ausatmest und dich entspannst.
- Fühlst du dich eher blockiert, schlapp und antriebslos, dann kannst du dich über eine schnelle Atmung aktivieren und aufbauen.

Ballinas Tricks für den Umgang mit Emotionen

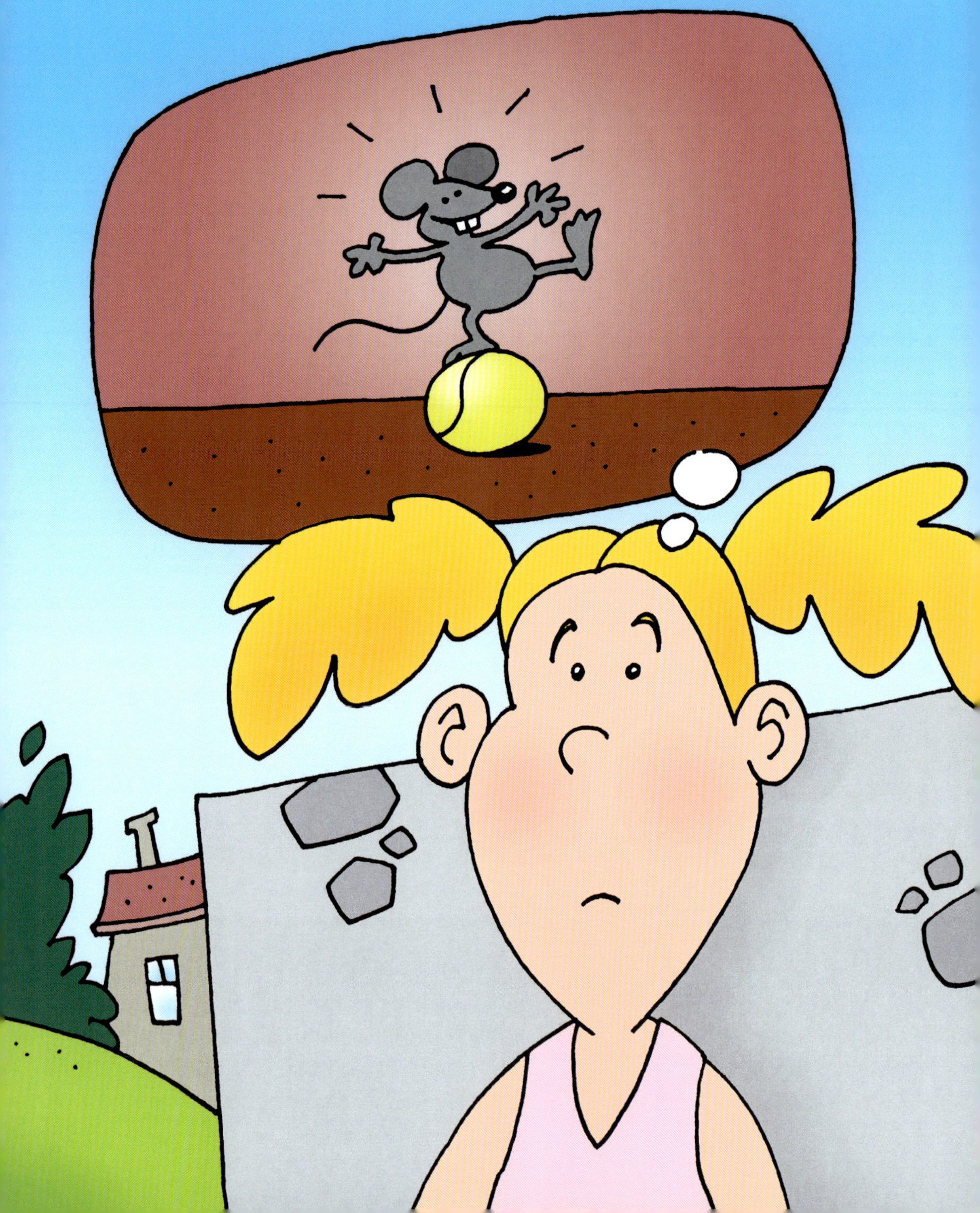

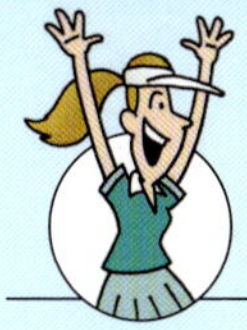

B Ballina

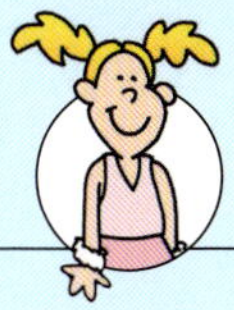

M Mona Mutig

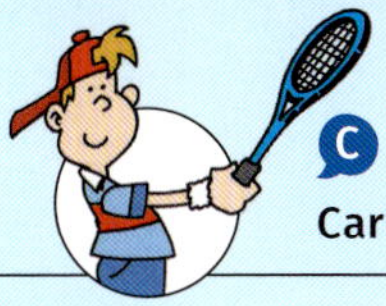

C Carlos Cool

Ballina führt gerade ein Trainingslager mit ihren kleinen Schützlingen durch. Mona und Carlos besuchen sie auf ihrem Weg zum nächsten Turnier, um ihr Hallo zu sagen, und natürlich möchten sie Ballina vor ihrem nächsten Match noch um einen Ratschlag bitten.

B Hallo, Carlos. Hallo, Mona. Schön, dass ihr vor eurem nächsten Match bei mir auf dem Tennisplatz vorbeikommt. Habt ihr schon fleißig trainiert und euch gut auf das nächste Turnier vorbereitet?

C Hallo, Ballina, schön, dich zu sehen. Ja, ich habe sehr viel trainiert und wirklich ganz gut gespielt. Aber ich wollte dich noch um einen Ratschlag bitten. In einem Match mache ich immer noch so viele blöde Fehler und ärgere mich über mich selbst. Dann spiele ich meistens noch schlechter als vorher. Bei meinem nächsten Match geht bestimmt wieder alles in die Hose, nur weil ich mich so viel ärgere. Kannst du mir helfen? Ich weiß einfach nicht, was ich dann machen soll.

M Hallo, Ballina, ach, die kleinen Tennismäuse sind wirklich niedlich. Sie spielen schon super. Ich habe auch viel trainiert und ich fühle mich sehr gut auf dem Platz. Aber das hilft alles nichts, denn ich habe eine ganz schlechte Auslosung. Ich spiele schon wieder gegen eine gesetzte Spielerin. Auf dem Platz bei den wichtigen Punkten werde ich dann immer ganz aufgeregt und fange an zu zittern, sodass ich kaum noch den Schläger halten kann. Dann treffe ich bestimmt keinen Ball mehr.

B Ach, ihr beiden, das hört sich nicht gut an. Aber wenn ihr möchtet, dann kann ich euch ein paar mentale Tricks verraten. Zum Beispiel, was man auf dem Platz machen kann, wenn man wütend ist oder Angst hat.

C M Ja bitte, Ballina. Verrate uns deine Tricks. Wir sind sehr gespannt.

B Als Erstes finde ich es toll, dass ihr euch eurer Emotionen bewusst seid. Die eigenen Emotionen zu erkennen ist schon mal der erste und wichtigste Schritt. Es ist aber sehr wichtig, dass ihr diese Emotionen in den Griff bekommt, denn sonst werdet ihr nicht sehr erfolgreich spielen können. Wer wütend oder ängstlich ist, sollte erst einmal anfangen, ganz ruhig und tief zu atmen. Am besten zählt ihr beim Einatmen langsam bis drei und beim Ausatmen auch. Stellt euch die Zahlen vor. Das macht ihr dreimal und sagt dann „Mäuschen".

Carlos Cool und Mona Mutig lachen beide.

C M Wieso denn Mäuschen?

B Seht ihr, ihr lacht beide. Wer Mäuschen sagt und lacht, der ist nicht mehr wütend oder ängstlich. Am besten stellt ihr euch noch eine süße kleine Maus vor, wie sie schnell zwischen euren Füßen durchflitzt.

M Das ist toll. Das werde ich heute auf dem Platz gleich ausprobieren.

C Ich auch. Aber ich werde „it's cool, man" sagen, mein Motto, haha.

B Prima. Wichtig ist noch, dass ihr euch diese Bilder immer wieder vorstellt und ein positives Erfolgsgefühl bei euch entsteht. Nach einer Weile könnt ihr euch innerhalb kürzester Zeit in einen guten Zustand vor dem Match oder beim Match versetzen. Denkt daran, das ist eine Voraussetzung für gute Leistungen.

M C Vielen Dank und viel Spaß noch mit deinen Kleinen, wir müssen jetzt los.

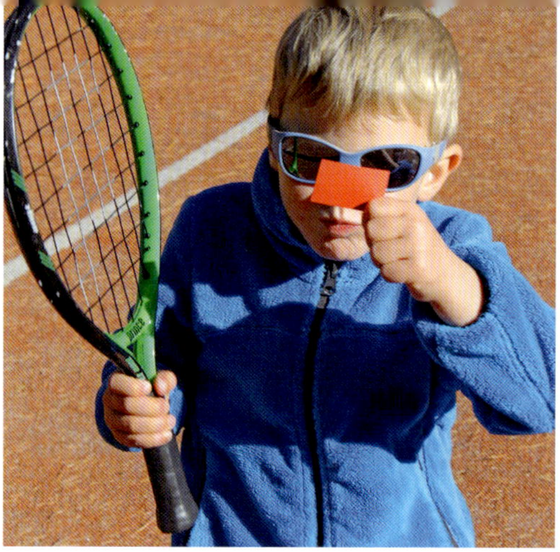

Übungen

Emotionen

5-10 Jahre

Die Spieler sollen sich ihr eigenes Emotionsbild basteln. Auf einem Blatt Papier oder weißem Karton sind Smileys oder Tiere mit verschiedenen Emotionen aufgemalt. Darüber gibt es einen Rahmen zum Verschieben. Die Kinder können dieses Bild mit auf den Platz nehmen. Je nach Befinden sollen sie den Rahmen verschieben. Unter dem Bild kann eine Lösungsmöglichkeit stehen, wie der Spieler mit dieser Emotion umgehen sollte.

Rote Karte – orange Karte – grüne Karte

11-14, 15-18 Jahre

Im Training oder bei einem Trainingsmatch hat der Spieler eine rote, orange und eine grüne Karte in der Tasche. Wenn Emotionen wie Wut oder andere in ihm aufsteigen, dann sieht er „rot“ bzw. rot bedeutet auch „Stopp“, er soll aufhören zu spielen und die rote Karte herausnehmen. Es ist der erste Schritt zu erkennen, jetzt bin ich wütend. Dann kommt die orange Karte, sie bedeutet „Achtung, Lösung suchen“. Die Lösungsmöglichkeiten für unterschiedliche Emotionen können auch auf der Karte stehen. Bei Wut soll der Spieler zum Beispiel langsam und tief durchatmen. Sobald er sich beruhigt hat und wieder bereit ist, mit einem freien Kopf zu spielen, dann kann er die grüne Karte ziehen.

Kraft und Energie

11-14, 15-18 Jahre

Wenn sich Tennisspieler im Training oder Wettkampf sehr oft ärgern und die Kontrolle verlieren, dann kann folgende Visualisierungsübung helfen. Der Text kann selbst gelesen oder vorgelesen werden. Nach einer Weile sollen die Spieler die Übung jedes Mal auf dem Platz wiederholen, wenn sie merken, dass sie wütend werden.

Wenn du auf dem Platz stehst und merkst, wie die Wut so richtig in dir aufsteigt, dann schließe die Augen und konzentriere dich einen Moment auf diese innere Energie. Die Wut durchfließt deinen ganzen Körper. Sie geht durch alle Muskeln bis nach oben in deinen Kopf. Stell dir vor, wie die Kraft deiner Muskulatur im ganzen Körper mit der Wut zunimmt. Auch dein Kopf wird mit der Wut immer stärker. Du hast mehr Kraft und mehr Willen als je zuvor.

Nun stell dir vor, wie gut du mit dieser zusätzlichen Energie und Motivation im Match/Training spielen kannst und wie sich deine Leistung Schritt für Schritt verbessert. Du kannst sehen, wie du deine Energie nutzt und wie dein klarer Kopf dir dabei hilft, die richtigen Entscheidungen zu treffen. Du kannst dich besser zum Ball bewegen, hast mehr Power bei deinen Schlägen und triffst die richtigen taktischen Entscheidungen. Du kämpfst um jeden Ball und jeden Punkt.

Und jetzt öffne deine Augen und gehe selbstsicher und mutig auf den Platz. Du kannst diese Übung jedes Mal wiederholen, wenn du dich ärgerst oder wenn du merkst, dass langsam die Wut in dir aufsteigt.

Rollenspiel

11-14, 15-18 Jahre

Die Spieler sollen sich auf dem Platz eine Rolle aussuchen und diese spielen, wenn sie negative Emotionen haben. Dann können sie schauen, wie sich diese Rolle auf ihre Emotionen auswirkt. Funktioniert eine Rolle gut, dann kann er sie in einem Turniermatch ebenfalls anwenden, wenn die Emotionen negativ sind.

Zur Auswahl stehen:
Der Coole: Den coolen Typen kann nichts erschüttern, er ist immer gelassen und zeigt nach außen hin keine Emotionen, er soll innerlich möglichst viele positive Selbstgespräche führen.
Der Spaßvogel: Der Spaßvogel ist nach außen hin immer locker und macht Späßchen, wer lacht, kann innerlich nicht negativ oder angespannt sein.
Der Kämpfer: Der Kämpfer fightet um jeden Punkt und zeigt auch gerade, wenn es ihm nicht gut geht, nach außen hin riesigen Kampfgeist, indem er sich anfeuert.

Checker

5-10, 11-14, 15-18 Jahre

Es wird ein Trainingsmatch gespielt und es werden immer sechs Punkte gespielt (ein Spieler schlägt sechsmal auf). Jeder muss sich merken, welche Punkte er gewonnen hat. Spieler A hat zum Beispiel Punkte 1, 2, 5 und 6 gewonnen, B dafür 3 und 4. Dann darf der Aufschläger würfeln. Derjenige hat das Spiel gewonnen, dessen Zahl gewürfelt wird. Bei einer 3 hat B das Spiel gewonnen, er ist der Checker. Je nach den gewonnenen Punkten und der Würfelzahl kann das Spiel sehr unfair sein. Es gewinnt nicht immer der Bessere. Die Spieler müssen ihre Emotionen im Griff haben und lernen, dass jeder einzelne Punkt wichtig ist.

Würfelmatch

5-10, 11-14, 15-18 Jahre

Es wird ein Trainingsmatch gespielt. Vor jedem Spiel würfeln beide Spieler. Jeder muss die Punktzahl des Würfels an Punkten erreichen, um das Game zu gewinnen. Hat Spieler A zum Beispiel eine 1 und B eine 5, dann braucht A nur einen Punkt, um das Game zu gewinnen, B braucht aber 5 Punkte. Je nach der Würfelzahl erscheint es den Spielern als sehr unfair. Die Spieler müssen die Herausforderung bewusst annehmen und ihre Emotionen im Griff haben. Auf diese Weise können sie lernen, dass sie sich auf die Aufgabe konzentrieren müssen und sich nicht von ihrem Emotionen vom Weg abbringen lassen.

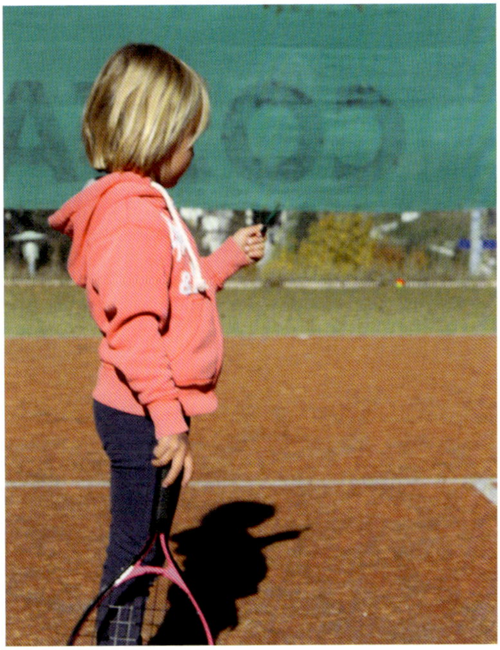

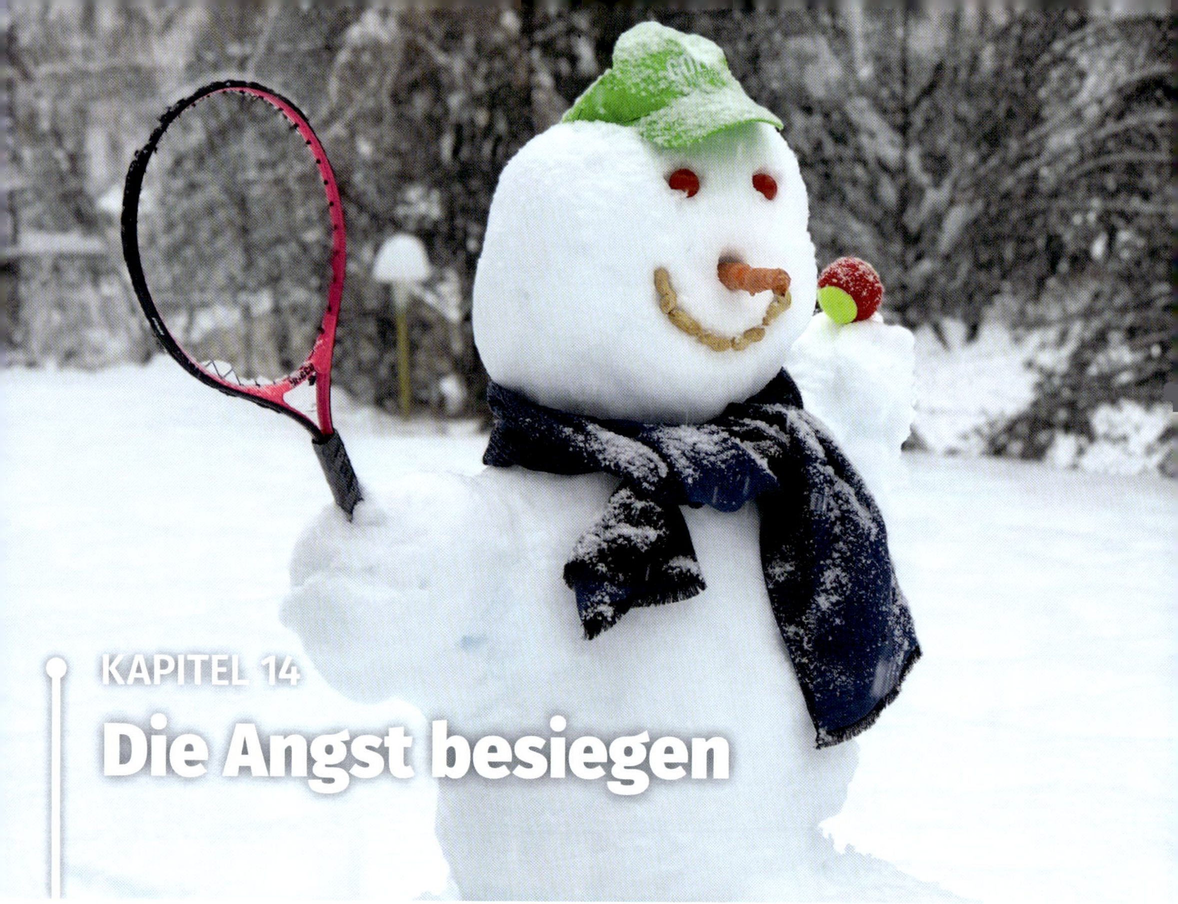

KAPITEL 14

Die Angst besiegen

Es ist normal, dass gerade bei Kindern, die bei Wettkämpfen mitmachen, bei manchen ab und zu Ängste auftreten. Angst ist eine ganz natürliche Reaktion des Körpers auf eine Situation, die als Bedrohung wahrgenommen wird. Abhängig von der Stärke der Emotion kann diese sich entweder positiv oder negativ auf die sportliche Leistungsfähigkeit auswirken. Ein gesundes Maß an Nervosität und Anspannung sind notwendig, damit der Körper aktiver und leistungsbereiter wird. Leichte bis mäßige Angst können bei einem Sportler die Ausführung von bestimmten Handlungen fördern und sie für neue Anstrengungen mobilisieren. Ein geringes Maß an Angst erhöht die Bereitschaft eines Spielers, auf Reize schneller zu reagieren, aber sie lässt ihn meistens auch etwas vorsichtiger agieren.

Wenn der Körper jedoch schon bei kleinen Auslösern höchste Alarmbereitschaft signalisiert, dann handelt es sich eher um Angst als um Nervosität (Engbert, 2011). In diesem Fall veranlasst die Angst den Spieler, eher Situationen und Handlungen zu vermeiden, die ihm bedrohlich erscheinen. Die Wirkung der Angst schlägt nun in negative Verhaltensmuster um. Tennisspieler, die Angst haben, sind angespannt, denn Angst verhindert die muskuläre Entspannung. Rhythmische Bewegungen sind durch den Wechsel von Anspannung und Entspannung gekennzeichnet, und dieser Bewegungsfluss und die Harmonie werden durch Angst gestört. Da unter dem Einfluss von Angst auch die Aufnahme von Informationen leidet, sind sowohl die geistigen als auch die motorischen Lernprozesse eingeschränkt. Neugier, Kreativität und die Bereitschaft, Risiken einzugehen, werden ebenfalls negativ beeinflusst. Wer offensiv denkt, kann seine ganze Aufmerksamkeit und Energie einer Aufgabe schenken, aber sobald bei dem Spieler Angst im Spiel ist, fängt er an, defensiv zu denken und auf dem Platz hilflos zu agieren.

Allgemeine Infos

Nach Baumann (2011) lassen sich die folgenden Formen der Angst unterscheiden:

- Angst vor dem Unbekannten, Angst durch mangelnde Orientierung
  Zu wenige Informationen über schwierige Aufgaben, wie Gegner, Umstände, Verletzungsgefahr etc. liegen vor.
- Neurotische Ängste
  Diese spielen im Sport eine geringe Rolle und gehören in den Zuständigkeitsbereich der klinischen Medizin und Psychiatrie.
- Realängste
  Realängste sind objektiv erkennbar und auf bestimmte Dinge bezogen, wie z. B. Geräte, schwierige Aufgaben oder Gegner.
- Sozialängste
  Sozialängste sind durch die Gefahr sozialer Anerkennung begründet, wie z. B. Blamage, Freundschaftsverlust, Ausschluss etc.
- Grundangst
  Die Grundangst entsteht in frühester Kindheit durch mangelnde Zuwendung.
- Erwartungsängste
  Diese Ängste entstehen durch eine geistige Vorwegnahme der Angst, nicht die auslösende Situation ist der Grund, sondern die Angst, die vermieden werden soll.
- Angst als bedingte Reaktion
  Sind Objekte oder Personen die Angstauslöser, können sie dies längerfristig bleiben und jedes Mal Angst auslösen, wenn die Situation früher erlebten Angsterlebnissen ähnelt oder damit verknüpft ist.
- Angstkonflikte
  Ängste können miteinander in Konflikt geraten, z. B. Verletzungsangst mit sozialer Angst, d. h. ein Spieler riskiert lieber eine Verletzung, als sich zu blamieren.

Auf und neben dem Tennisplatz gibt es unendlich viele Beispiele für Situationen, bei denen Kinder Angst verspüren können. Die bekannteste Angst im Tennis ist wohl die zu verlieren oder Fehler zu machen. Dann kann es sein, dass ein Kind Angst in einer bestimmten Situation hat oder bekommt. Wer kennt das Gefühl als Tennisspieler nicht, dass vor einem wichtigen Punkt wie Satzball oder Matchball auf einmal der Arm schwer wird, der Puls sich beschleunigt und man den Schläger kaum nach oben bekommt, um aufzuschlagen. Die Angst vor dem Doppelfehler steigt! Dann gibt es noch den sogenannten Angstgegner. Das ist meistens ein Gegner, gegen den man schon oft verloren hat, oder jemand, gegen den man überhaupt nicht gerne spielt. Manchmal bekommen Kinder schon Angst, wenn jemand zuschaut, den sie nicht gern oder besonders gern haben. Oder es reicht oft schon, wenn plötzlich viele Zuschauer neben dem Platz stehen. Sie fühlen sich beobachtet und haben Angst, sich zu blamieren oder vor den Augen der anderen schlecht zu spielen. Egal, in welcher Situation die Spieler ängstlich sind, sie können und müssen lernen, wie sie mit diesen Situationen umgehen sollten, um ihre Angst zu bewältigen. Ob sich bei einem Spieler die Angst negativ auf seine Leistungsfähigkeit auswirkt, hängt von der Stärke seines Auftretens ab. Als Erstes muss festgestellt werden, welches Maß an Angst den Spieler belastet. Sind es geringe Ängste, dann können sie durch Maßnahmen des Trainers oder der Eltern behoben werden. Liegen gesteigerte Ängste vor, die eine vertiefte und längerfristige Behandlung erfordern, dann wird empfohlen, professionelle Hilfe aufzusuchen.

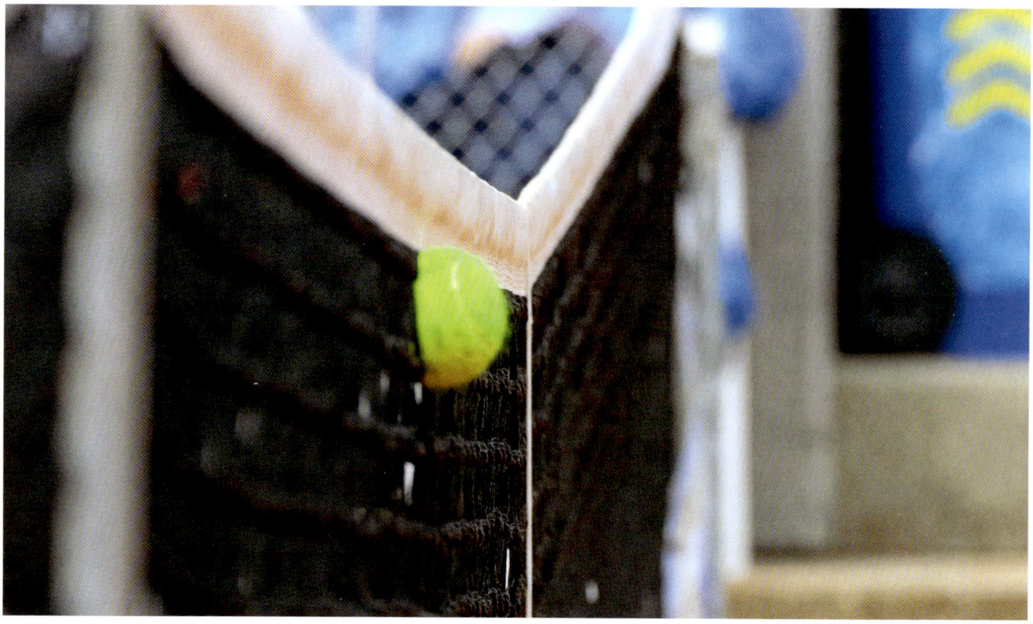

Eltern oder Trainer sollten Ängste bei ihren Kindern nicht einfach verneinen oder ignorieren. Im Gegenteil, jede Art von Angst sollte ernst genommen werden. Es ist wichtig herauszufinden, warum oder wovor das Kind Angst hat, um ihm zu helfen, konstruktiv mit seinen Ängsten umzugehen.

Werden Kinder mit ihren Ängsten einfach ignoriert, oder noch schlimmer: macht man sich ihnen gegenüber lustig darüber mit Sprüchen, wie: „Du alter Angsthase, wer macht schon einen Doppelfehler beim Satzball?", dann fühlen sich die Kinder nicht ernst genommen und alleingelassen. Die Folge davon ist, dass sich die Ängste immer mehr verstärken. Dem Kind wird die Möglichkeit genommen, diese Ängste zu überwinden, und der Misserfolg wird im Kopf quasi schon vorprogrammiert.

Zudem beeinflussen Ängste auch die Qualität von Bewegungsausführungen. Die Bewegungen werden kürzer, verkrampfter und Bewegungsfluss, Rhythmus und Harmonie leiden. Die Bewegungen können nicht mehr optimal an die äußeren Bedingungen angepasst werden und die Qualität der motorischen Bewegungen sowie der Techniken leiden. Aus diesem Grund sollten Trainer und Eltern ihre Kinder ganz genau beobachten und viele Fragen stellen, wenn sie den Verdacht haben, dass ein Kind Anzeichen von Angst zeigt. „Vermeidungshandeln, sich einer Aufgabe entziehen, Drückebergerei, zögerliches und zauderndes Verhalten lassen den Rückschluss auf Angst noch am ehesten zu" (Baumann 2011). Ist dieses Verhalten deutlich zu erkennen, können die Verantwortlichen Maßnahmen ergreifen und spezifische Übungen durchführen, um diese Ängste zu überwinden. Übungen dieser Art können aber nur dann funktionieren, wenn sie regelmäßig durchgeführt und nicht erst bei einem ernsthaften Match eingesetzt werden. Sollten diese Übungen jedoch ohne Wirkung bleiben, oder verschlimmern sich die Ängste beim Kind, sollte umgehend professionelle Hilfe hinzugezogen werden.

Tipps für Eltern und Trainer

(vgl. Baumann, 2011)

- Als Erstes sollten beim Spieler die Ursachen der Angst offengelegt werden. Eine Erkenntnis von unbegründeten Angstursachen kann Angst verhindern „mein Trainer ist zwar streng, aber er will nur das Beste aus mir herausholen, und ich brauche keine Angst vor ihm zu haben".
- Der Spieler sollte sich seine Ängste eingestehen. Wenn er seine Ängste aussprechen kann und darf, dann kann er mithelfen, sie eigenständig zu bewältigen.
- Geben Sie dem Spieler die richtigen Informationen und Orientierungshilfen. Informationen vermindern Unbekanntes und Orientierungshilfen aller Art (optisch, akustisch und sprachlich) vermitteln Sicherheit und können helfen, Ängste auszuschalten.
- Geben Sie dem Spieler körperliche und räumliche Nähe. Vor allem bei Kindern verleiht der Kontakt zu anderen Sicherheit. Eltern können ihre Kinder in den Arm nehmen, Trainer können ein Ritual vor Spielbeginn einführen, wie z. B. den Spieler an den Schultern fassen oder einen individuellen Handshake durchführen.
- Der Spieler sollte sich entspannen. Entspannungsübungen senken den Muskeltonus, und ein entspannter Körper ist eher bereit für Angstbewältigungsstrategien.
- Der Spieler sollte lernen, seine Atmung zu kontrollieren. Wer ängstlich ist, atmet schnell und flach, aber wer entspannt ist, langsam und ruhig. Das bedeutet, wer entspannt ist, hat keine Angst.
- Der Spieler kann andere Spieler beobachten, die nicht ängstlich sind. Wenn man andere beobachtet, die lachen oder weinen, dann fühlt man ähnlich. Emotionen sind ansteckend. Die Beobachtung sollte Selbstgespräche fördern, wie z. B.: „Wenn der das schafft, dann schaffe ich das auch."
- Dem Spieler gegenüber Vertrauen und emotionale Wärme ausstrahlen. Kein Spieler kann gleichzeitig selbstbewusst und ängstlich sein. Und Emotionen stecken, wie schon erwähnt, an. Wer es also schafft, Vertrauen aufzubauen und menschliche Nähe und Verständnis zu schaffen, der kann die grundlegenden Angstfaktoren beim Spieler ausschalten.
- Dem Spieler sollten klare Aufgaben gegeben werden. Ein ängstlicher Spieler braucht den Halt einer exakt vorgeschriebenen Aufgabe.
- Dem Spieler sollte von den Eltern und Trainern immer vermittelt werden, dass er scheitern darf. Auf diese Weise kann er sicher sein, dass er im Fall einer Niederlage nicht die Zuwendung seiner Bezugspersonen verliert.

Tipps für Spieler

- Gestehe dir deine Ängste ein – du darfst Angst haben, es ist etwas ganz Natürliches.
- Erlaube deinen Trainern oder Eltern, dir zu helfen, rede mit ihnen über deine Ängste.
- Versuche, die Ursachen und Auslöser für deine Angst zu finden.
- Versuche dich zu entspannen. Entspannungsübungen senken die Spannung deiner Muskulatur, wer entspannt ist, hat keine Angst.
- Kontrolliere deine Atmung, schaffst du es, ruhig und langsam zu atmen, bist du entspannt.
- Beobachte andere Spieler, die positive Eigenschaften wie z. B. großen Kampfgeist haben, Emotionen sind ansteckend.
- Führe Selbstgespräche, wie z. B.: „Wenn der das schafft, dann schaffe ich das auch."
- Setze dir klare Ziele und Aufgaben.
- Wenn du deine Angst erkennst und sie überwindest, dann bist du mutig und du kannst sehr stolz auf dich sein.

Ballinas Tricks für den Umgang mit Angst

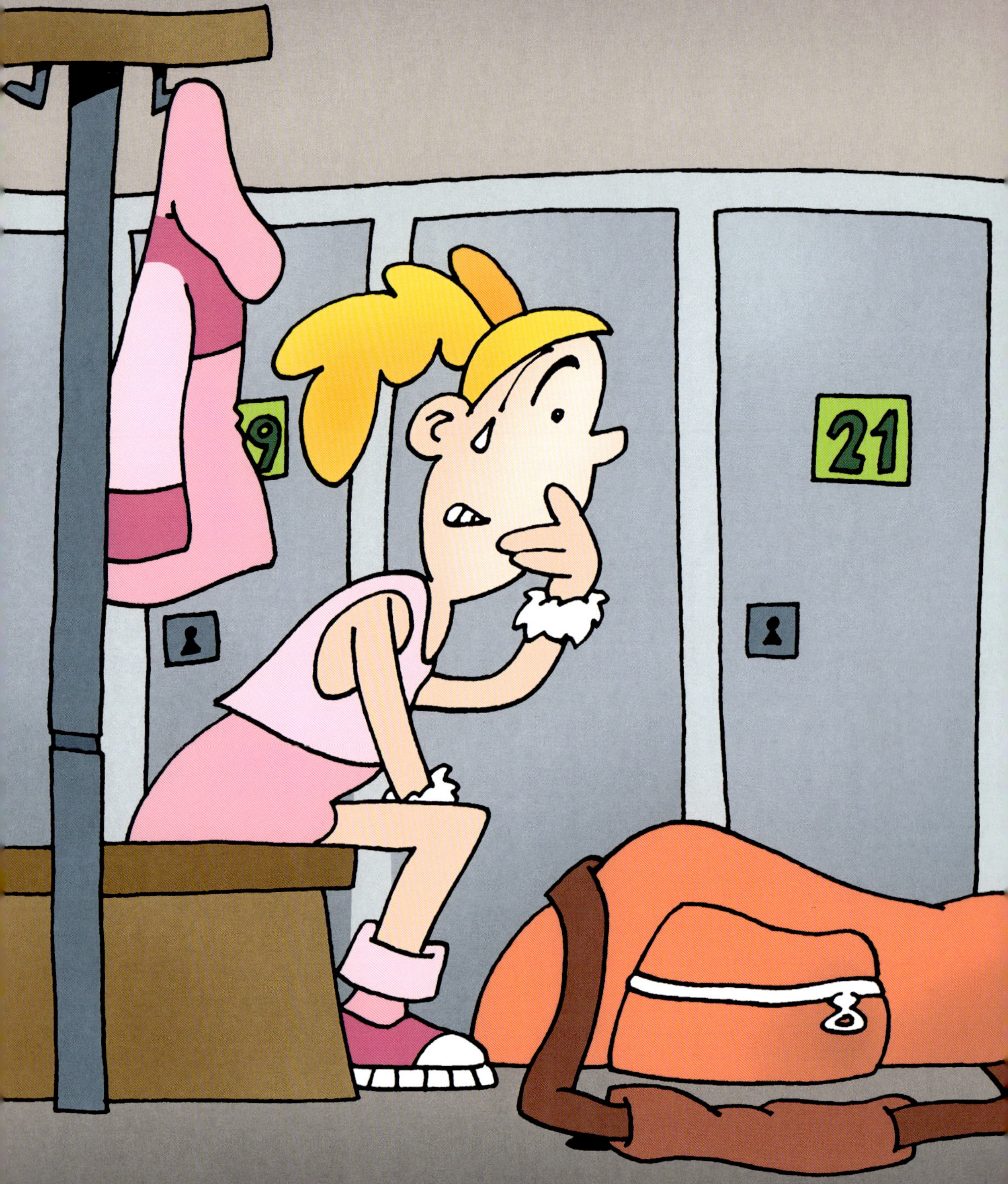

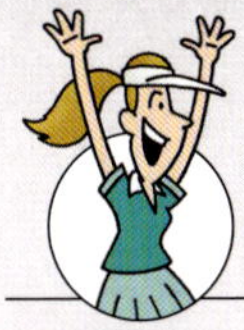

B Ballina

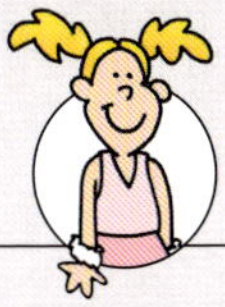

M Mona Mutig

Mona sitzt in der Umkleidekabine und ist am Boden zerstört, weil sie Angst vor dem nächsten Match hat und nicht weiß, was sie machen soll. Sie hat das Gefühl, dass sie mit niemandem darüber reden kann. Da kommt Ballina herein. Ballina konnte sie schon immer alles anvertrauen, und sie hat bestimmt einen guten Ratschlag für Mona.

B Hallo, Mona, o je, was ist denn mit dir los? Deine Eltern haben mir gesagt, dass du hier in der Umkleide steckst und gar nicht mehr herauskommst. Du siehst furchtbar aus. Kann ich dir helfen?

M Hallo, Ballina, mir geht es nicht so gut. Ich weiß einfach nicht, was ich machen soll. Ich habe bei einem Match einfach Angst, Fehler zu machen und das Match zu verlieren. Immer wenn es eng wird, dann kann ich kaum noch den Schläger halten. Stell dir vor, was meine Eltern sagen würden, wenn ich schon wieder verliere.

B Komm mal her und lass dich umarmen, da hast du ja einiges durchgemacht. Ich finde es toll, dass du mit mir darüber redest. Und ich finde, du bist sehr mutig, denn du hast dich getraut, über deine Ängste zu reden. Und weißt du was, niemand kann mutig sein, ohne vorher Angst gehabt zu haben. Jeder hat mal Angst, sogar die Topspieler der Welt, das ist ganz normal und du brauchst dich dafür nicht zu schämen. Das Wichtigste ist, sich die Ängste einzugestehen und etwas dagegen zu unternehmen.

M Ach, Ballina, schon jetzt geht es mir viel besser. Ich dachte, mit mir ist etwas nicht in Ordnung und ich dürfte überhaupt keine Angst haben.

B Nein, mit dir ist alles in Ordnung. Du darfst Angst haben und du darfst auch Fehler machen und verlieren. Das gehört zum Tennis dazu. Wichtig ist, dass du richtig mit diesen Fehlern und Niederlagen umgehst.

M Das ist ein toller Tipp, Ballina. Du hast recht, im Tennis machen ja wirklich alle Spieler Fehler. Und sogar die besten Spieler der Welt verlieren.

B Ich werde dir noch ein paar Tricks verraten, wie du mit deiner Angst besser umgehen und sie überwinden kannst.

Wenn du das nächste Mal auf dem Platz bist und Angst hast, dann achte auf deine Atmung. Wenn du Angst hast, dann atmest du wahrscheinlich flach und schnell. Konzentriere dich darauf, langsam und ruhig zu atmen, du kannst beim Ein- und Ausatmen jeweils bis vier zählen und dir die Zahlen im Kopf vorstellen, dann entspannst du dich. Dann überlegst du dir ein Ziel für den nächsten Punkt und wie du deiner Gegnerin zeigen kannst, dass du eine Kämpferin bist.

M Ich werde ihr eine Faust zeigen. Aber was mache ich, wenn meine Gegnerin viel größer und stärker ist als ich? Manchmal sind die Mädchen in unserem Alter echt furchteinflößend.

B Also, wenn du einmal Angst vor deiner Gegnerin hast, dann kannst du sie in deinem Kopf verwandeln. Du kannst dir zum Beispiel vorstellen, dass sie einen Kopf wie ein Ballon hat. Den kannst du nach Belieben aufpusten oder schrumpfen lassen.

M Oder ich lasse ihn wegfliegen.

B Ja genau, und siehst du, jetzt lachst du. Genau das solltest du bei einem Match machen, wenn du dich nicht gut fühlst. Und ich finde, dass du ein sehr mutiges Mädchen bist.

M Vielen Dank, Ballina. Du hast mir sehr geholfen. Jetzt freue ich mich sogar auf das nächste Match.

B Und ich finde, du solltest nun aus der Umkleide gehen und auch mit deinen Eltern darüber reden. Ich denke, sie werden Verständnis haben. Sie lieben dich, egal, ob du gewinnst oder verlierst. Auch sie wissen, dass verlieren und Fehler machen genauso zum Tennis gehören wie gewinnen.

Übungen

Mein Körper Mini

5-10 Jahre

Viele Spieler fühlen sich vor einem Match unwohl oder ängstlich und wissen nicht genau, wieso und was mit ihnen los ist. Diese Übung hilft, den eigenen Körper, Gefühle und Empfindungen besser wahrzunehmen, um Gegenmaßnahmen ergreifen zu können. Der Trainer zeigt dem Spieler ein Bild mit den Umrissen des Körpers, das er selbst gemalt oder ausgedruckt hat. Er kann auch mit dem Spieler zusammen die Umrisse seines Körpers malen. Dann fragt der Trainer Fragen wie: „Wo fühlst du dich verspannt, wo und was spürst du bei Angst, wo tut dir etwas weh?“ etc. Der Spieler soll darauf zeigen und beschreiben, was er fühlt oder gespürt hat. Zusammen mit dem Trainer kann er überlegen, was er braucht, um sich optimal auf ein Match einzustellen. Hier können dann auch andere Übungen aus dem mentalen Training angewendet werden.

Mein Körper Maxi

11-14, 15-18 Jahre

Viele Spieler fühlen sich vor einem Match unwohl oder ängstlich und wissen nicht genau, wieso und was mit ihnen los ist. Diese Übung hilft, den eigenen Körper, Gefühle und Empfindungen besser wahrzunehmen, um Gegenmaßnahmen ergreifen zu können. Der Spieler erhält ein Blatt Papier, und er soll die Konturen seines Körpers darauf malen. Optimal wäre ein Papier, auf das er sich drauflegen kann. Nun leiten der Trainer oder die Eltern eine kurze Gedankenreise durch den Körper an, bei dem der Spieler sich ein Bild von seinem aktuellen Zustand machen soll. Er soll mit geschlossenen Augen von Kopf bis Fuß durch seinen Körper wandern. Wo fühlt es sich gut an? Wo nicht? Wo gibt es Anspannungen? Tut etwas weh? Wie sieht es im Kopf aus? Welche Gedanken dominieren gerade?

Nach der Gedankenreise soll der Spieler auf seinem Bild in verschiedenen Farben markieren, was er gespürt und entdeckt hat. Er soll alle Gedanken und Gefühle möglichst kreativ darstellen. Wenn der Spieler mit dem Zeichnen fertig ist, können Trainer oder Eltern nach leistungshemmenden Gefühlen/Zuständen fragen. Sie sollen mit dem Spieler zusammen überlegen, was er braucht, um sich optimal auf ein Match einzustellen. Hier können dann auch andere Übungen aus dem mentalen Training angewendet werden.

Angst vor Personen

5-10, 11-14, 15-18 Jahre

Wenn Kinder und Jugendliche Angst vor den Zuschauern oder bestimmten Personen haben, die bei dem Match zusehen, dann können folgende Visualisierungsübungen helfen. Den Text können die Eltern oder der Trainer vorlesen. Ältere Spieler können ihn selbst lesen und dann später die Übung selbstständig durchführen.

Schließe deine Augen und stell dir den Kopf der störenden Person als Luftballon vor. Nimm diesen Luftballon in beide Hände und blase ihn mit aller Kraft auf. Jetzt kannst du beobachten, wie sich der Kopf auf dem Ballon verändert.

Die Augen und die Nasen werden immer größer ...

Die Stirn wird ganz platt und lang ...

Das Kinn verschwindet ...

Der Mund wird immer breiter und breiter ...

Und die Ohren werden so groß wie Elefantenohren ...

Der Kopf sieht im Verhältnis zum Körper jetzt riesengroß aus und droht bald zu platzen. Nun lässt du den Ballon los, sodass er mit einem

kreischenden Geräusch wild durch die Luft saust und irgendwo auf dem Boden landet.
Jetzt kannst du deine Augen öffnen. Wie fühlst du dich? Hast du innerlich gelacht?
Wenn du im Match Angst vor einer Person hast, dann stelle sie dir in Zukunft als Luftballon vor, den du aufblasen und wegfliegen lassen kannst.

Angst vor Zuschauern

5-10, 11-14, 15-18 Jahre

Viele Spieler werden nervös oder ängstlich, wenn auf einmal Zuschauer neben dem Platz stehen oder sitzen, da sie es nicht gewohnt sind. Um die Angst vor den Zuschauern abzubauen, kann sich der Spieler die Zuschauer als lauter lachende Smileys vorstellen. Wie fühlt er sich, wenn ihn alle aufmunternd anlachen? Er kann die Smileys auch nach Belieben verändern und größer, kleiner oder bunt werden lassen. Er kann sie so lange verändern, bis er beim Anblick seiner Zuschauer lächeln kann. Denn sobald man lächelt, ist die Angst verschwunden.

Angst vor dem Gegner

5-10, 11-14, 15-18 Jahre

Ein Spieler, der Angst vor seinem Gegner hat, kann sich diesen als Schneemann vorstellen. Dem Schneemann kann er eine Karotte ins Gesicht drücken, Mütze und Schal anziehen, die Augen und einen lachenden Mund mit Kastanien verzieren. Ein Schneemann ist zwar kalt, aber sehr sympathisch und freundlich und man braucht keine Angst vor ihm zu haben. Und zudem ist er empfindlich, der Spieler kann ihn jederzeit in Gedanken schmelzen lassen.

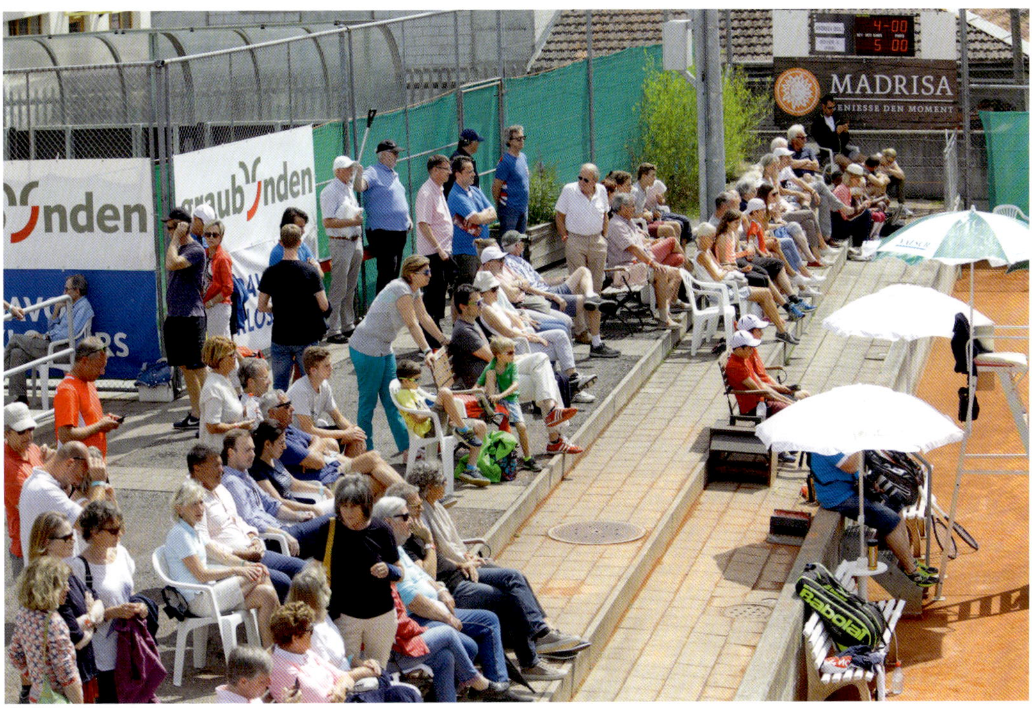

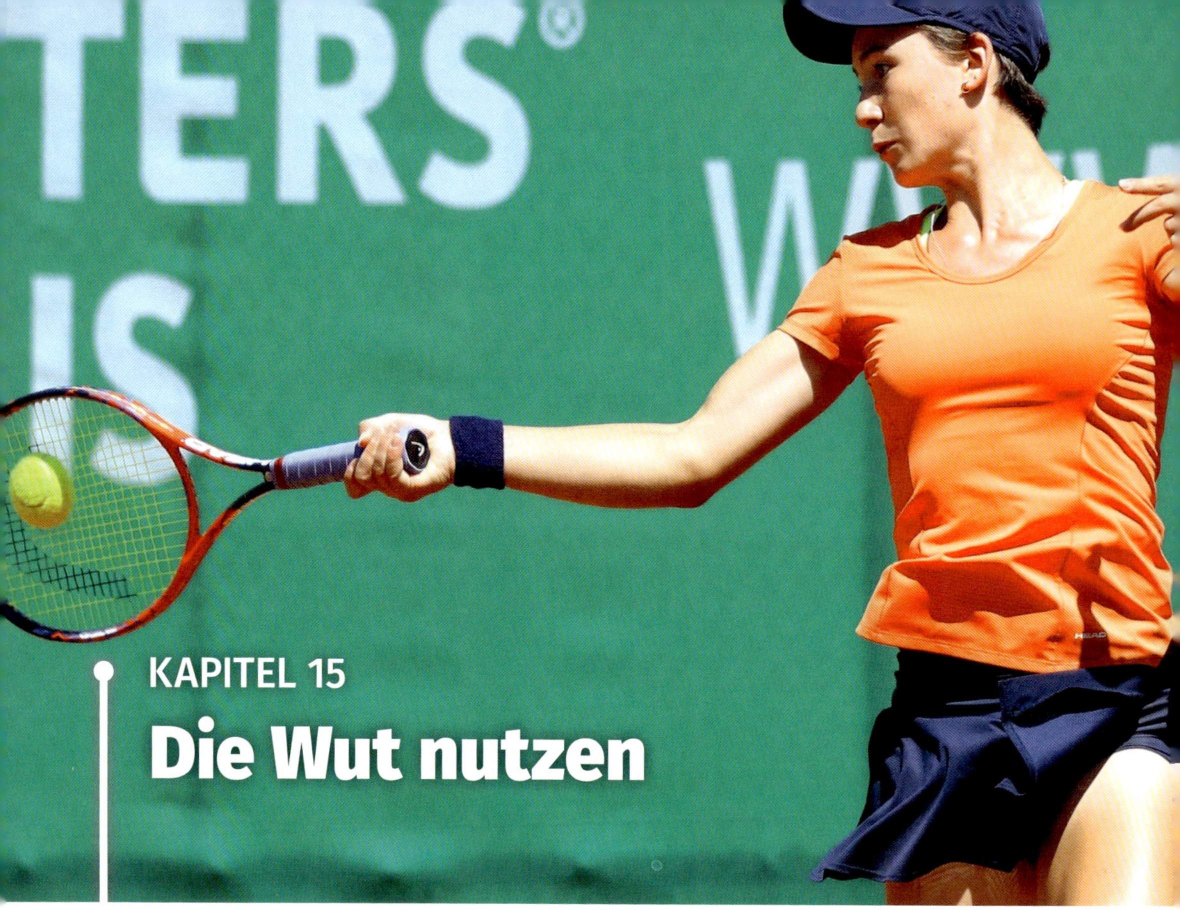

KAPITEL 15

Die Wut nutzen

Neben der Angst ist die Wut eine der negativen Emotionen, die bei Kindern am häufigsten in Wettkämpfen und im Training vorkommt. Es kann sein, dass Kinder beim Training wütend werden, weil sie etwas nicht so hinbekommen, wie sie oder der Trainer es möchten. Das kann beispielsweise daran liegen, dass sie selbst eine falsche Vorstellung von dem Spiel haben, wie z. B. „ich darf keine Fehler machen“ oder „ich muss möglichst viele direkte Punkte machen“, oder dass ihnen von außen ein falsches Bild vom Tennisspiel vermittelt wurde bzw. sie die Botschaften von außen falsch deuten. Stimmt dann die eigene Vorstellung, wie ihr Spiel sein sollte, nicht mit der aktuellen Situation überein, entsteht Unzufriedenheit, durch die sich dann schnell ein noch fehlerhafteres Spiel entwickelt und sich die Wut wiederum steigert. Zudem es kann auch sein, dass ein Spieler, der sehr gut spielt, auf einmal bei einem seiner Meinung nach wichtigen Punkt einen Fehler macht, weil er vielleicht nicht aufmerksam genug ist und sich über diesen einen misslungenen wichtigen Ball so ärgert, dass danach das ganze Match kippt. Manche Spieler können sich über einige wenige Fehler oder eine Fehlentscheidung so ärgern, dass sie sich kaum erholen können und dass das ganze Spiel darunter leidet. Die Gründe für den Ärger können berechtigt sein oder auch nicht.

Ein emotional unausgeglichener Athlet regt sich im Match auch leichter über andere Enttäuschungen und Hindernisse auf, die vorkommen. Er ist nicht mehr in der Lage, seine Gefühle angemessen zu zügeln. Sein Verhalten ist sprunghaft, launisch und impulsiv. Die Instabilität der Emotionen und des Verhaltens führen zu einer unregelmäßigen Energieversorgung des Körpers, was einen allgemeinen Zustand der Anspannung nach sich zieht.

Versucht ein Spieler aber sich und seinen Zorn mit sehr viel Selbstdisziplin unter Kontrolle zu halten, kann er leicht vor Wut explodieren und als Folge dessen heftig und unüberlegt handeln. Auf dem Platz kann es passieren, dass ein Spieler dann vor lauter Wut nicht mehr weiß, was er tut. Zorn lässt die Energie im Körper aufsteigen, um sich in einer plötzlichen unvorhersehbaren Explosion zu entladen.

Dieses außer Kontrolle geratene Handeln unter einem extremen Erregungsgrad nennt man Affekthandlungen. Affekthandlungen sind eine schlechte Voraussetzung für gute Leistungen beim Training oder Wettkampf. Im Affektzustand ist ein Tennisspieler außerstande, richtig zu denken, da es durch die erhöhten Erregungsimpulse zu Denkblockaden kommt. Er kann weder sein eigenes technisches Spiel kontrollieren noch taktischen Mustern oder Anweisungen des Trainers folgen. Meistens kommen zu der Wut über die eigene schlechte Leistung noch Vorwürfe des Trainers oder der Eltern hinzu. Diese sind meistens sowohl von der schlechten Leistung als auch vom schlechten Benehmen ihrer Kinder enttäuscht. Und dieser doppelte Ärger kann zu noch mehr negativen Emotionen führen.

Wut ist eine sehr starke Emotion, die neben den negativen Effekten auch Energie und Kraft erzeugt. Ist diese Wut unkontrolliert, wird die Leistungsfähigkeit des Sportlers schlechter und dies bedeutet verschwendete Energie. Ist ein Spieler jedoch in der Lage, diese Energie und Kraft zu kontrollieren und konstruktiv und positiv für sich einzusetzen, dann kann er seine Leistungsfähigkeit sogar steigern. Um im Match eine gute Leistung zu bringen, egal, welche inneren oder äußeren Reize Emotionen auslösen, muss ein Tennisspieler also lernen, durch verschiedene Maßnahmen diese leistungsmindernden Emotionen zu regulieren. Dafür muss er sich zunächst über seinen derzeitigen emotionalen Zustand im Klaren sein, denn das Einschätzen der emotionalen Befindlichkeit ist die Voraussetzung für das Ergreifen sinnvoller Maßnahmen. Das Erkennen der Ursachen von Gefühlen und das Antizipieren zukünftiger Emotionen ermöglicht es ihm, seine Emotionen zu verändern oder in die richtige Richtung zu lenken. Für sehr junge Spieler hört sich das vielleicht etwas schwierig an, aber mit den richtigen Übungen kann man die meisten Spieler dahin führen, ihre aufsteigenden Emotionen zu erkennen und ihnen gezielt entgegenzuwirken.

Sollten die Übungen jedoch ohne Wirkung sein, oder verschlimmern oder häufen sich die Wutanfälle beim Kind, ist es empfehlenswert, professionelle Hilfe hinzuzuziehen.

Tipps für Spieler

- Wut ist ein sehr starkes Gefühl und es bedeutet, dass du viel Kraft und Energie hast.
- Dein Ziel sollte es sein, die Energie der Wut in die richtige Richtung zu leiten und für dich zu nutzen.
- Schaffst du es, deine Wut bzw. die negativen Emotionen zu kontrollieren, kannst du deine Leistungsfähigkeit sogar noch steigern.
- Wichtig ist es für dich zu erkennen, in welchem emotionalen Zustand du dich befindest, sobald du merkst, dass du negative Energie aufstaust, dann kannst du Gegenmaßnahmen ergreifen, um diese in positive Energie umzuwandeln.
- Über die Atmung kannst du versuchen, dich etwas zu beruhigen und klare Gedanken zu fassen.

Ballinas Tricks für den Umgang mit Wut

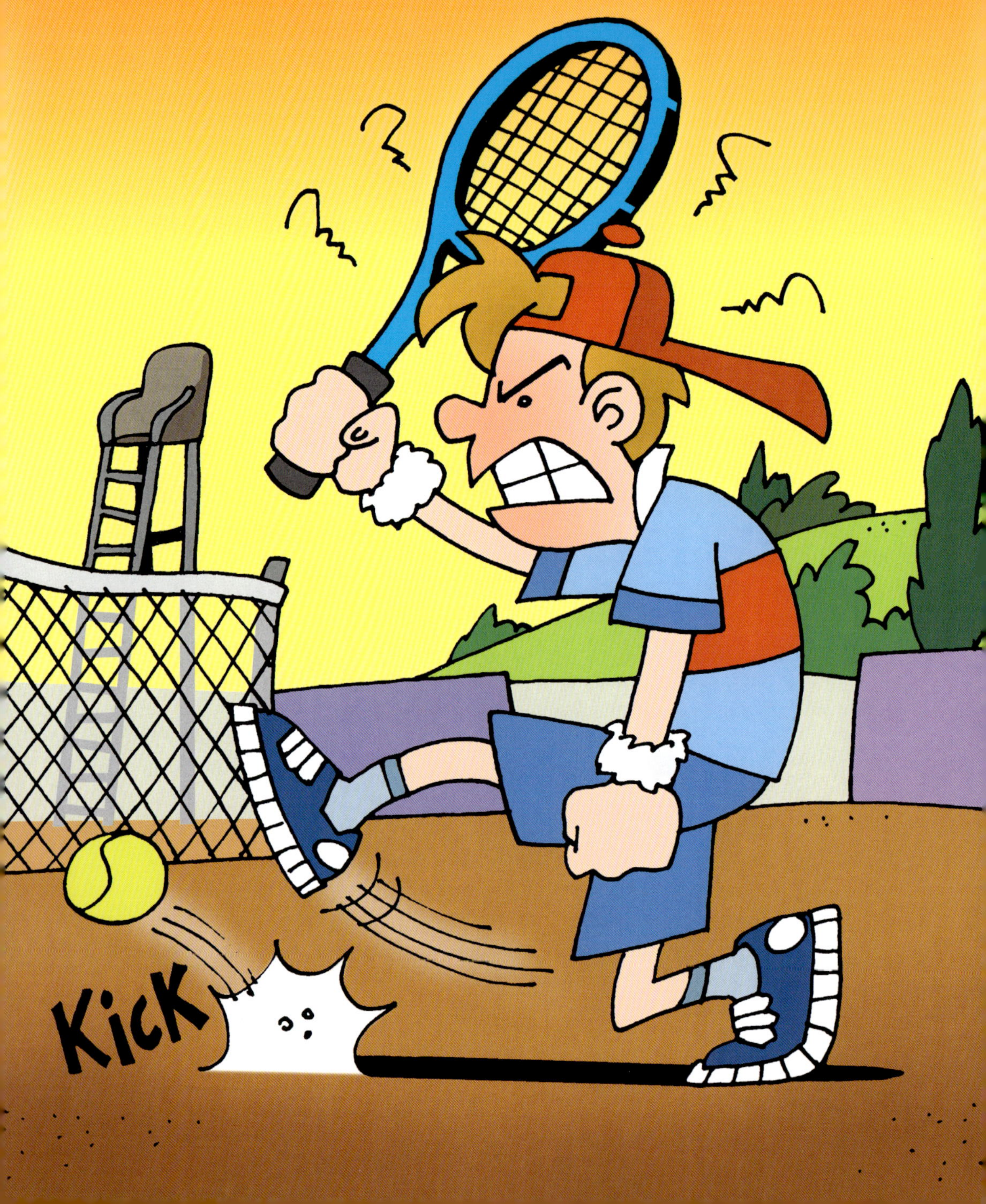

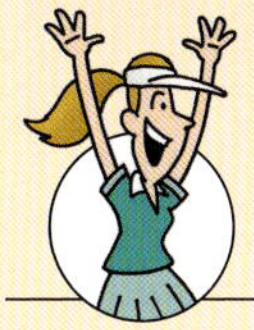
B Ballina

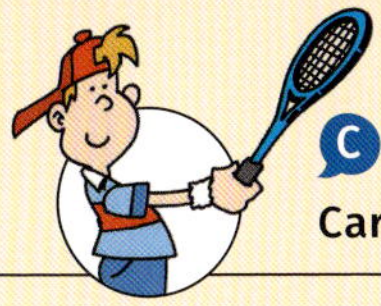
C Carlos Cool

Ballina beobachtet das Match von Carlos, er ist sehr wütend, schreit herum und wirft seinen Schläger. In der Regenpause geht sie zu ihm hin und spricht mit ihm.

B Hey, Carlos, was ist denn los mit dir? Du wütest ja auf dem Platz herum, das ist nicht schön anzusehen. Kannst du mir erklären, was momentan in dir vorgeht?

C Ach, Ballina. Ich weiß nicht, was ich machen soll. Ich werde auf dem Platz immer so wütend, wenn ich einen Fehler mache. Dabei probiere ich doch, so gut zu spielen, wie ich kann. Es ist zum Verrücktwerden. Ich könnte platzen vor Wut. Bestimmt verliere ich noch den Satz oder sogar das Match, wenn es so weitergeht. Und ich benehme mich so schlecht, das ist schon peinlich. Was sollen denn die anderen Leute denken, wenn ich so schlecht spiele und mich so benehme?

B Ich finde, es ist sehr mutig von dir, darüber zu reden. Erzähl mal, was hast du denn für eine Vorstellung, wie du spielen musst?

C Also ich mache andauernd Fehler, dabei darf man doch keine Fehler machen. Ich würde am liebsten jeden Punkt mit einem Vorhand-Gewinnschlag abschließen, aber das gelingt mir nur sehr selten. Und dann fange ich an, mich zu ärgern, weil ich so schlecht spiele.

B Welches Match hast du als Letztes im Fernsehen gesehen?

C Das war das Finale bei den Australian Open. Federer hat gewonnen.

B Und, hat Federer 6 : 0, 6 : 0, 6 : 0 gewonnen?

C Nein, natürlich nicht, er hat in jedem Satz einige Spiele und sogar einen Satz abgegeben. Es war ein tolles und sehr umkämpftes Match.

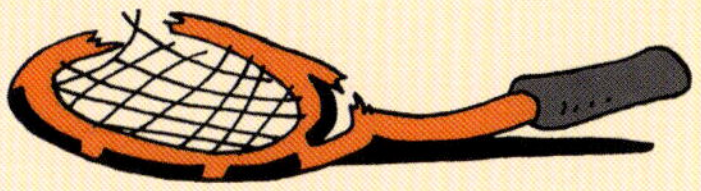

B Und, was sagt dir das?

C Hmmm, meinst du, dass er auch Fehler macht? Und Spiele und Sätze verliert?

B Ja, genau, das meine ich. Auch Federer kann kein Match spielen, ohne Fehler zu machen. Und er verliert auch Spiele und sogar Sätze. Und hast du ihn mal gesehen, wie er sich ärgert?

C Ja, aber nur ganz kurz. Und dann ist er sofort wieder damit beschäftigt, sich auf den nächsten Punkt vorzubereiten.

B Das ist etwas, das würde ich dir auch empfehlen. Du darfst dich ärgern, aber nur ganz kurz. Und dann musst du wieder nach vorne schauen. Der letzte Punkt ist vorbei, wenn du dich weiterhin ärgerst, ist der nächste Punkt auch noch verloren. Aber wenn du es schaffst, dich voll auf den nächsten Punkt zu konzentrieren, dann wirst du auch besser spielen.

C Dann sollte ich meine Pausengestaltung durchführen.

B Genau. Und noch eines, denke immer daran, dass deine Wut enorm viel Energie entstehen lässt. Wenn du erkennst, dass du wütend bist, dann versuche die Energie deiner Wut umzuleiten. Setze die Energie für dein Spiel oder deine Bewegungen ein.

C Die Wut macht mich stark?

B Ja, genau. Dann kannst du dir zum Beispiel immer sagen: „Meine Wut macht mich stark." Und wenn diese Regenpause vorbei ist, dann möchte ich, dass du voll positiv aufgeladen wieder auf den Platz gehst. Und denke an die guten Spieler, niemand ist perfekt. Es zählt, wer am Schluss den letzten Punkt macht.

C Danke, Ballina. Das werde ich machen.

Übungen

Atmen wie ein Raubtier

5-10 Jahre Durch diese Übung können Kinder lernen, wie sie ihre Wut über die Atmung unter Kontrolle bringen und wie sie ein Gefühl von Kraft und Stärke entwickeln. Zunächst können die Eltern oder der Trainer den Text ein paarmal vorlesen. Die Kinder können sich ein Raubtier wie z. B. einen Tiger, Puma oder Löwen aussuchen. Nach einiger Zeit können die Spieler versuchen, die Übung auf dem Platz selbstständig durchzuführen.

Hast du schon einmal einen Tiger atmen sehen? Wenn du auf dem Platz stehst und du bist so richtig wütend, dann stelle dich gerade hin und drücke deine Füße ganz fest auf den Boden. Tu so, als ob du ein wütender Tiger bist, der gleich losspringt. Jetzt atme ganz tief durch die Nase ein, und beim Ausatmen reißt du deinen Mund ganz weit auf und presst mit einem großen Gebrüll den Atem schnell hinaus. Beim nächsten Mal presst du deine großen Zähne leicht aufeinander und bläst die Atemluft zwischen deinen Zähnen hindurch. Stell dir vor, wie deine Augen blitzen. Atme noch einmal tief ein und presse die Luft durch deine Zähne. Spüre, wie die Kraft des Tigers in dir wächst. Du bist so mutig und stark wie ein Tiger, der es mit jedem Gegner aufnimmt. Wiederhole dies, so oft du magst – oder so oft, wie es dir die Zeit auf dem Platz erlaubt. Dann schüttelst du dich kräftig und atmest ein paarmal ganz ruhig ein und aus. Jetzt bist du wieder du selbst, aber die Kraft des Tigers steckt noch in dir.

Kraft und Energie

11-14 Jahre Wenn sich Kinder im Training oder Wettkampf sehr oft ärgern und die Kontrolle verlieren, dann kann folgende Visualisierungsübung helfen. Am Anfang können die Eltern oder der Trainer den Text ein paarmal vorlesen. Nach einer Weile sollen die Spieler die Übung jedes Mal auf dem Platz wiederholen, wenn sie merken, dass sie wütend werden.

Wenn du auf dem Platz stehst und merkst, wie die Wut so richtig in dir aufsteigt, dann schließe die Augen und konzentriere dich einen Moment auf diese innere Energie. Die Wut durchfließt deinen ganzen Körper. Sie geht durch alle Muskeln bis nach oben in deinen Kopf. Stell dir vor, wie die Kraft deiner Muskulatur im ganzen Körper mit der Wut zunimmt. Auch dein Kopf wird mit der Wut immer stärker. Du hast mehr Kraft und mehr Willen als je zuvor.
Nun stell dir vor, wie gut du mit dieser zusätzlichen Energie und Motivation im Match/Training spielen kannst und wie sich deine Leistung Schritt für Schritt verbessert. Du kannst sehen, wie du deine Energie nutzt und wie dein klarer Kopf dir dabei hilft, die richtigen Entscheidungen zu treffen. Du kannst dich besser zum Ball bewegen, hast mehr Power bei deinen Schlägen und triffst die richtigen taktischen Entscheidungen. Du kämpfst um jeden Ball und jeden Punkt. Und jetzt öffne deine Augen und gehe selbstsicher und mutig auf den Platz. Du kannst diese Übung jedes Mal wiederholen, wenn du dich ärgerst oder wenn du merkst, dass langsam die Wut in dir aufsteigt.

Der Fehlerspickzettel

11-14, 15-18 Jahre

Kein Spieler ist perfekt, und gerade im Tennis müssen die Spieler lernen, erfolgreich mit Fehlern umzugehen, denn es wird kein Training und kein Match geben, in dem sie keine Fehler machen. Es ist überhaupt kein Problem, einen Fehler zu machen, wenn man die richtige Einstellung dazu hat. Das Wichtigste ist, nach einem Fehler die richtigen Schlüsse zu ziehen und durch den Fehler besser zu werden. Die Spieler sollen sich einen Spickzettel erstellen und die folgenden Tipps darauf notieren. Wenn sie merken, dass sie im Training oder im Match zu viele Fehler machen und anfangen, wütend zu werden, dann können sie den Spickzettel aus der Tasche holen und lesen (ausgedruckt gibt es diese und viele andere Karten am Schlüsselband im *My-Pocket-Coach Mental* unter www.neuersportverlag.de).

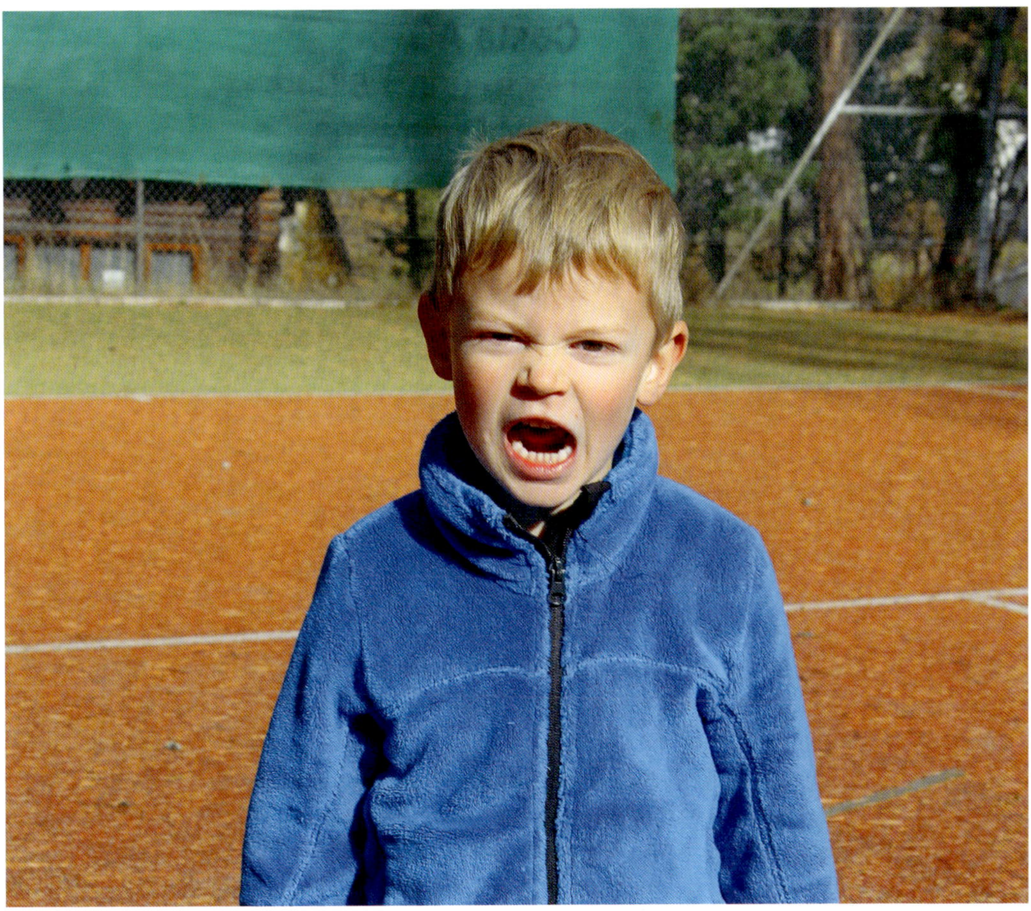

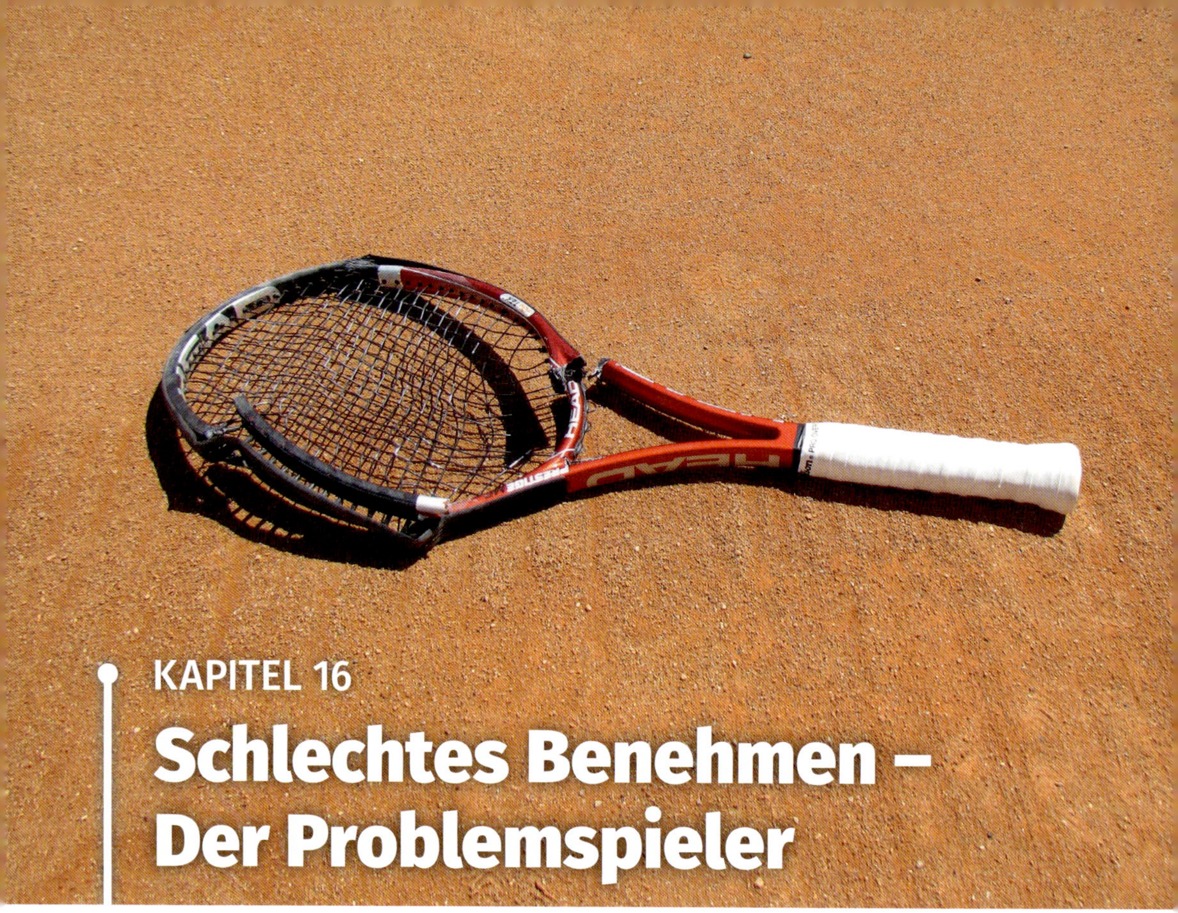

KAPITEL 16

Schlechtes Benehmen – Der Problemspieler

Gerade junge Spieler, die noch nicht gelernt haben, wie man sinnvoll mit Emotionen auf dem Platz umgeht, rutschen über ihre negativen Emotionen sehr schnell in negatives Verhalten auf dem Platz. Sobald etwas nicht so läuft, wie sie es sich vorstellen, fangen sie an zu schimpfen und sich selbst schlecht zu machen, Bälle werden plötzlich über den Platz geschossen oder der Schläger wird geschmissen. Dieses Verhalten ist in keiner Weise hilfreich, im Gegenteil, es macht alles nur noch schlimmer. Von Trainern, Eltern, Turnierveranstaltern und anderen Außenstehenden wird solches Verhalten nicht gern gesehen, aber es kommt leider sehr häufig vor. Auch die jungen Spieler wissen, dass ihr eigenes Verhalten nicht korrekt ist, aber sie wissen nicht, wie sie dies verhindern oder kontrollieren können. Bei negativem Verhalten kann man in den meisten Fällen davon ausgehen, dass die jungen Spieler noch nicht gelernt haben, wie sie ihre leistungsmindernden Emotionen kontrollieren können. Sie sind nicht in der Lage, ihren derzeitigen emotionalen Zustand zu erkennen und in die richtige Richtung zu leiten. Neben den Emotionen kann es auch andere Gründe geben, warum sich ein Spieler schlecht benimmt und zum „Problemspieler" wird.

Nun stellt sich die Frage, was ein Problemspieler oder schwieriger Spieler ist, ob es diesen wirklich gibt und welche Ursachen diesem „Schwierig"-Sein zugrunde liegen. Man sollte natürlich auch davon ausgehen, dass es nicht immer nur am Spieler selbst, sondern auch am Trainer oder anderen Umständen liegen könnte, dass ein Spieler sich problematisch verhält. Bei zwischenmenschlichen Problemen tragen in den meisten Fällen alle Beteiligten etwas dazu bei.

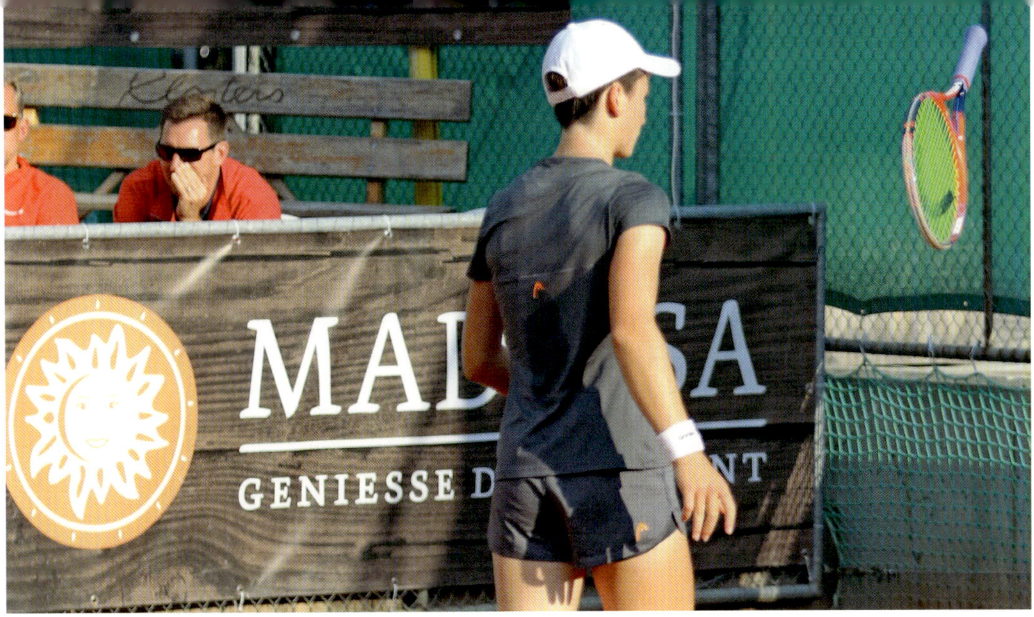

Gerade die Kommunikation zwischen Trainer und Spieler, Spieler und Eltern, Eltern und Trainer ist eine große Quelle für Missverständnisse (siehe Kapitel 2). Wie die Botschaften eines Absenders gemeint sind und wie sie letztendlich ankommen, hängt stark von der Erwartung, Einstellung, Erfahrung, der momentanen Stimmung und vielen anderen Faktoren ab. Grundsätzlich kann man davon ausgehen, dass eine Botschaft nicht genauso ankommt, wie es der Absender meint. Anbei sind einige Tipps für Eltern, Trainer und Spieler, mit denen man einige Missverständnisse aus dem Weg räumen kann und um eine gute Zusammenarbeit zu fördern. Sollte das Verhalten eines Spielers so problematisch sein, dass es auf diesem Weg nicht zu lösen ist, dann sollten Trainer und Eltern einen Sportpsychologen zu Rate ziehen.

Wenn sich nun ein junger Tennisspieler problematisch auf dem Platz verhält, kann es neben den Emotionen oder Missverständnissen in der Kommunikation noch weitere Gründe geben. Laut Linz (2004) sind andere typische problematische Verhaltensweisen Disziplinlosigkeit, eine mangelnde Einstellung, fehlende Selbstkritik, Eigensinn und Unehrlichkeit.

Sehr häufig hört man, dass junge Spieler auf dem Platz wenig Disziplin zeigen. Das kann daran liegen, dass keine klaren Regeln aufgestellt wurden oder dass dem Spieler die Disziplin, die der Trainer erwartet, zu Hause nicht vermittelt wurde.

Eine mangelhafte Einstellung oder geringe Motivation kommt im Jugendbereich auch des Öfteren vor, wenn die Spieler sich über ihre Motivation nicht im Klaren sind. Sie haben keine konkreten Ziele, die sie erreichen möchten, und der Zusammenhang zwischen Aufwand und Ertrag ist für sie nicht sichtbar. Auch hier spielt das Abklären der Erwartungen eine große Rolle. Will der Spieler wirklich etwas erreichen, dann muss der Trainer auch eine sehr gute Einstellung fordern. Viele Spieler, und gerade die sehr jungen Spieler, träumen davon, einmal Tennisprofi zu werden. Sie sind sich aber nicht im Klaren darüber, was dies konkret bedeutet und wie hart man dafür jahrelang arbeiten muss. Es kann aber auch sein, dass die Eltern ehrgeiziger sind und viel größere Träume haben als ihre Kinder.

Auch der Umgang mit den Spielern, die nicht in der Lage sind, Selbstkritik zu üben, ist problematisch. Sie suchen immer wieder Ausreden und versuchen so ihren Misserfolg auf äußere Umstände oder das Umfeld zu schieben. An dieser Stelle kann zum Beispiel ein Prognosetraining dem Spieler helfen, sich auf dem Platz realistischer einzuschätzen. Eigensinnige Spieler stellen zu sehr den eigenen Vorteil in den Vordergrund. Das übermäßig egoistische Verhalten führt früher oder später zu Problemen. Ein Beispiel sind die Spieler, die immer nur mit besseren, aber nie mit schwächeren Gegnern trainieren möchten. Ist ein Spieler unehrlich und intrigiert gegen den Trainer oder andere Spieler, dann schafft dies enorme Probleme. Unehrlichkeit beim Athleten ist entweder ein Zeichen mangelnden Mutes oder mangelnden Respekts (Linz, 2004).

Allgemeine Infos

- Egal, ob es sich um die Beziehung zwischen Trainer und Spieler, Trainer und Eltern oder Spieler und Eltern dreht, als Erstes sollten alle Beteiligten die wichtigsten Dinge miteinander klären und sich die folgenden Fragen stellen (die Fragen lassen sich natürlich beliebig erweitern oder abändern):
  - Welche Erwartung habe ich als Elternteil/Trainer/Spieler an das Training?
  - Welche Erwartung habe ich als Elternteil/Trainer/Spieler an das Verhalten während eines Matches?
  - Was erwarte ich als Trainer von meinem Spieler?
  - Was erwarte ich als Spieler von meinem Trainer?
  - Was erwarte ich als Elternteil von dem Trainer?
  - Was erwarte ich als Trainer von den Eltern?
  - Erwarte ich Dinge von meinem Spieler, die ich selbst glaubwürdig vertrete?
- Schon bei den kleinsten Abweichungen der Erwartungen können Konflikte zwischen den Beteiligten entstehen. Ein Spieler, der ständig zu spät kommt, ist mühsam für die ganze Gruppe. Erwartet ein Trainer z. B., dass sein Spieler immer pünktlich zum Training kommt, er selbst kommt aber öfters zu spät, dann ist das auch nicht glaubwürdig. Oder kommt der Spieler vielleicht zu spät, weil es die Mutter nach der Arbeit nicht früher schafft, dann kann der Spieler nichts dafür und ein Konflikt zwischen Trainer und Spieler wäre sinnlos.
- Erstellen Sie Grundregeln für das Training, die alle kennen und die immer und für alle gelten, wie z. B.:
  - Ich (der Trainer) erwarte, dass alle meine Spieler 15 Minuten vor dem Training da sind, um sich gut aufzuwärmen.
  - Beim Training erwarte ich zu jeder Zeit 100 % Einsatz.
  - Beim Match erwarte ich ...
- Das Gleiche gilt für die Eltern und Spieler.
- Natürlich sollte es auch Konsequenzen geben, falls gewisse Dinge nicht eingehalten werden. Diese müssen offen kommuniziert und eingehalten werden.

Tipps für Eltern und Trainer

- Stellen Sie klare Regeln auf und stellen Sie konkrete Forderungen an den Spieler.
- Falls dies auf dem Platz nicht funktioniert, dann führen Sie ein klärendes Gespräch unter vier Augen mit dem Spieler.
- Verpacken Sie Kritik mit der Sandwich-Methode, dabei sagt man erst etwas Positives, dann etwas Kritisches und dann wieder etwas Positives.
- Konfrontieren Sie den Spieler (und/oder die Eltern) mit Ihrer Sichtweise.
- Benutzen Sie bei Gesprächen immer die Ich-Form, diese Form stellt Ihre persönliche Meinung dar und lässt auch andere Sichtweisen zu.
- Ein Gespräch mit den Eltern und Spielern zusammen kann/sollte nach der Einwilligung des Spielers folgen.
- Fordern Sie Strafen bei Nichteinhaltung ein und seien Sie konsequent bei der Durchführung.
- Machen Sie es Ihrem Schützling leicht, sich zu öffnen, indem Sie z. B. auch über Dinge reden, die Ihnen persönlich unangenehm sind.
- Zeigen Sie dem Spieler, dass Sie ihn respektieren.
- Zeigen Sie dem Spieler, dass er Ihnen wichtig ist und Sie ihm helfen wollen.
- Respekt vom Spieler verdienen Sie sich mit Kompetenz, glaubwürdigem Verhalten und Konsequenz.
- Unterscheiden Sie immer zwischen subjektiven Ansichten und objektiven Fakten.

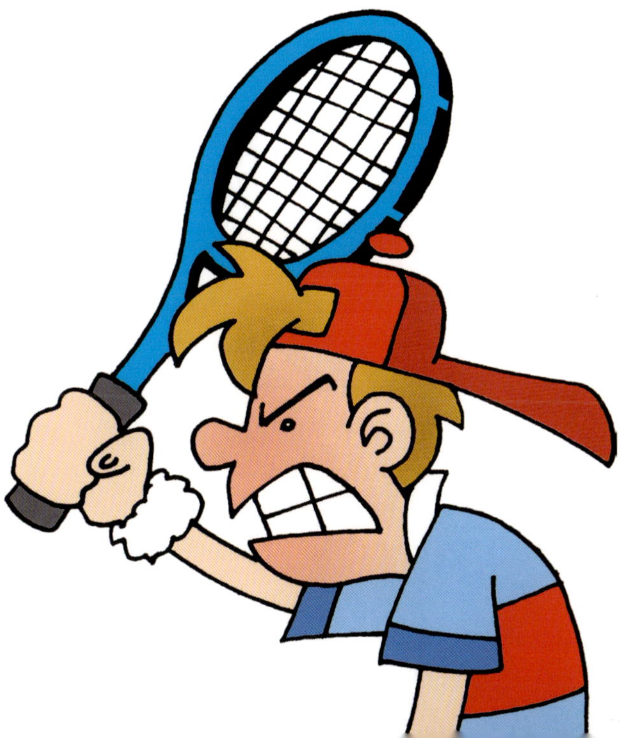

Ballinas Tricks für besseres Benehmen auf dem Platz

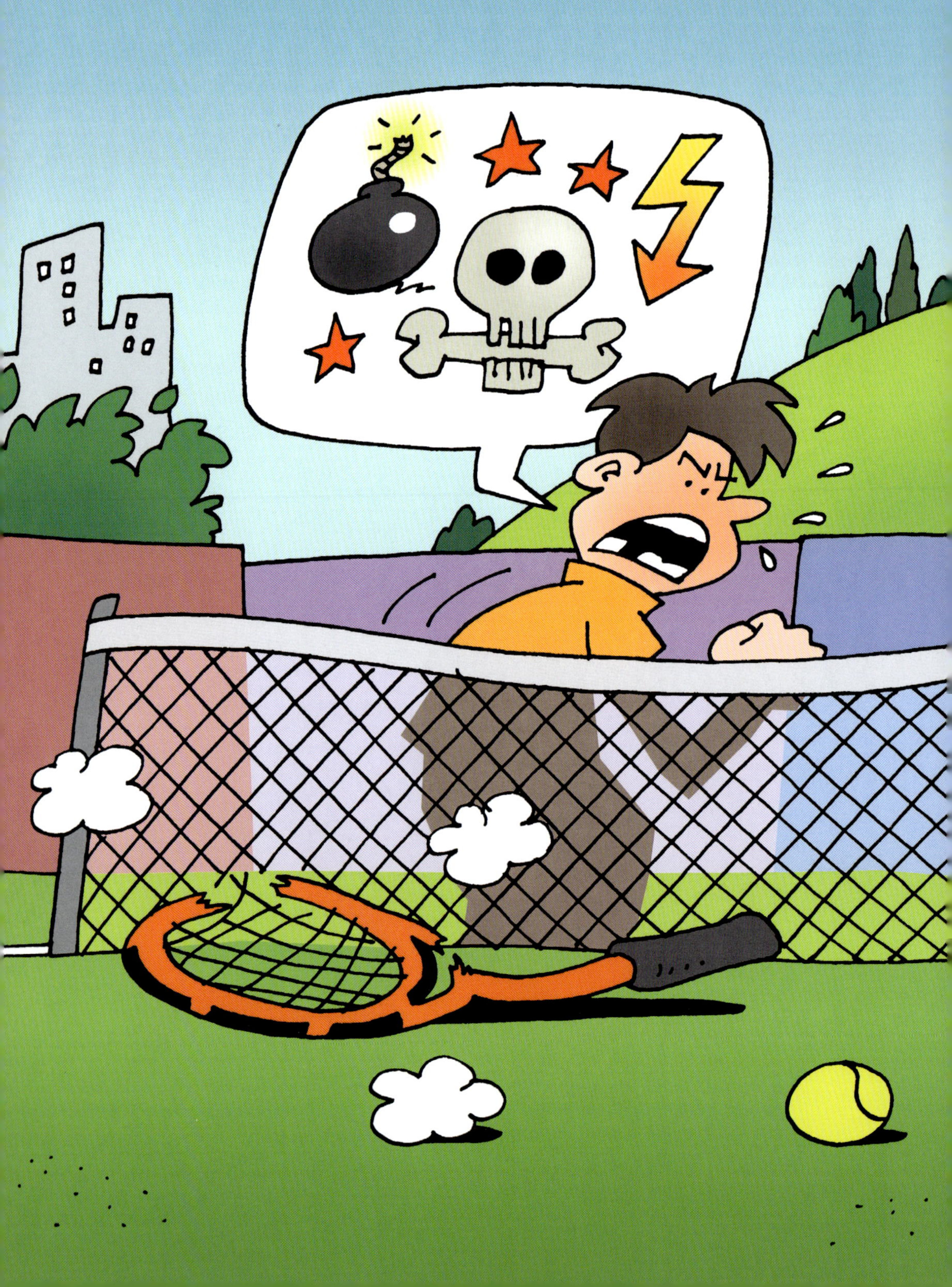

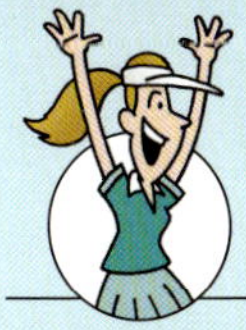

B Ballina

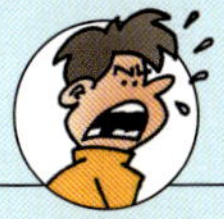

F Fabio Flegel

Fabio Flegel ist in der Tennisszene bekannt und berüchtigt dafür, dass er sich immer schlecht benimmt und seinen Schläger wirft. Er hat dafür auch schon oft Verwarnungen und Punktabzüge bekommen. Heute trifft Ballina ihn auf der Anlage zwischen seinen Matches.

B Hallo, Fabio, wie geht es dir? Ich habe gehört, dass du heute wieder sehr oft deinen Schläger geworfen und geflucht hast.

F Ja, Ballina, das stimmt, ich habe sogar eine Verwarnung bekommen. Aber in dem Moment auf dem Platz habe ich mich so geärgert, ich konnte einfach nicht anders.

B Und ist das heute zum ersten Mal passiert oder ist das öfter so?

F Zugegeben, das passiert mir bei fast jedem Match. Außer ich treffe jeden Ball, dann benehme ich mich besser. Aber meistens spiele ich halt so einen Mist zusammen, das ist nicht auszuhalten. Und dann kann ich mich nicht mehr beherrschen.

B Und denkst du, dass du dann besser spielst?

F Nein, bestimmt nicht, im Gegenteil. Dann spiele ich noch schlechter. Aber ich weiß einfach nicht, was ich machen soll. Wenn ich schlecht spiele, dann muss die ganze Welt erfahren, wie dumm ich bin und wie schlecht ich spiele. Ich kann es ja sonst viel besser. Und mein blöder Schläger, den könnte ich jedes Mal zertrümmern, wenn ich wieder eine Vorhand verschlagen habe.

B Also, Fabio, ich denke, du weißt ganz genau, dass es dir kein bisschen weiterhilft, wenn du aller Welt erzählst, wie schlecht du spielst. Was glaubst du, wie es für deinen Gegner ist, wenn du dich so schlecht benimmst?

F Bestimmt lacht er sich ins Fäustchen.

B Natürlich freut er sich. Er findet es toll, wenn du ihm auch noch sagst, dass du eine schlechte Vorhand hast oder wie schlecht du spielst. Das Beste wäre, wenn dein Gegner überhaupt nicht merkt, was los ist. Er sollte von dir nur sehen, dass du kämpfst wie ein Tiger. Und dein armer Schläger kann nun wirklich nichts dafür. Du bist der Chef auf dem Platz, und du musst deinem Schläger sagen, was er machen soll. Er ist dein wichtigstes Werkzeug.

F Da hast du recht, Ballina.

B Und nun verrate ich dir zwei Tricks, die du ausprobieren kannst. Als Erstes, bevor du dich beschimpfst oder fluchst, atme tief ein, zähle langsam bis zehn und sage „Gummigurke". Und wenn du etwas werfen willst, dann wirf anstelle deines Schlägers lieber deinen Schuh. Aber vorher solltest du einen Doppelknoten in den Schuh machen.

Fabio Flegel kommt am nächsten Tag zu Ballina.

F Hallo, Ballina, die zwei Tricks sind toll. Ich habe sie gestern bei meinem zweiten Match gleich ausprobiert. Wenn ich mich geärgert habe, habe ich jedes Mal bis zehn gezählt und „Gummigurke" gesagt, und da musste ich grinsen und habe mich gar nicht mehr geärgert. Und bis ich den dämlichen Schuh aufgeschnürt hatte, da wollte ich ihn gar nicht mehr werfen.

B Siehst du, und ab jetzt versuchst du weiterhin, deine Gefühle zu erkennen und eine Gegenmaßnahme zu ergreifen. Du musst dir auf dem Platz selbst helfen. Und auf keinen Fall darf dein Gegner wissen, wenn es dir nicht gut geht. Es ist viel besser, ein guter Schauspieler zu sein und sich nicht in die Karten schauen zu lassen.

F Das werde ich, und glaub mir, in Zukunft wird es sehr ruhig auf meinem Platz sein.

Übungen

Gummigurke

5-10, 11-14 Jahre

Der Spieler soll so langsam einatmen, wie er kann, und dabei bis fünf zählen. Dann soll er so langsam, wie er kann, ausatmen, und dabei bis zehn zählen. Er soll sich die Zahlen dabei bildlich vorstellen. Ist er bei zehn angekommen, soll er etwas Positives und Lustiges sagen, dass ihn zum Grinsen bringt. Er kann beispielsweise „Gummigurke" oder etwas anderes sagen. Dabei sollte er sich auch eine kleine Gurke aus Gummi vorstellen. Das Beste wäre, wenn er sich sein eigenes magisches Wort mit einem Bild ausdenkt, bei dem er lachen muss.

Flaschentrick

11-14, 15-18 Jahre

Wenn ein Spieler viele negative Energie und Wut in sich aufgestaut hat, dann kann er sich vorstellen, dass er eine Flasche ist. Die Flasche ist mit der negativen Flüssigkeit gefüllt und brodelt vor sich hin. Er soll sich vorstellen, welche Farbe diese Flüssigkeit hat. Um zu verhindern, dass die Flasche aufgeht und alles oben herauskommt, muss er die Flüssigkeit ablassen. Er kann nun einen Hahn an seinem Fuß aufdrehen und das ganze negative Gebräu ablassen, bis die Flasche leer ist. Aber mit einer leeren Flasche kann er nicht weiterspielen. Als Nächstes muss er die Flasche durch die Öffnung oben auf seinem Kopf wieder auffüllen. Welche Farbe hat jetzt die positive energiegeladene Flüssigkeit? Wenn die Flasche voll ist, soll der Spieler sich sagen, dass er nun bereit ist, positiv und energiegeladen weiterzuspielen.

Schauspieler sein und/oder Vorbild nachahmen

5-10, 11-14 Jahre

Wenn ein Spieler sich in einem Match ärgert soll er sich vornehmen ein guter Schauspieler zu sein, und seine Gefühle nach außen zu verstellen, bevor er sich schlecht benimmt. Sein Ziel ist es, niemandem zu zeigen, wie er sich wirklich fühlt. Er kann sich eine andere Person aussuchen, und sich so benehmen wie diese Person. Oder er soll sein Vorbild im Tennis nachahmen, versuche ein guter Schauspieler zu sein und deine Gefühle nach außen zu verstellen, bevor du dich schlecht benimmst. Dein Ziel ist es, niemandem zu zeigen, wie du dich wirklich fühlst. Du kannst dir eine andere Person aussuchen und dich so benehmen wie diese Person. Oder ahme dein Vorbild im Tennis nach, wie er/sie über den Platz läuft, was macht er/sie, wenn er/sie sich ärgert, wie bereitet er/sie sich auf den nächsten Punkt vor etc.

Verhaltensregeln

11-14, 15-18 Jahre

Spieler, Eltern und Trainer sollten zusammen Verhaltensregeln für das Training und Match aufstellen. Der Spieler kann selbst mitentscheiden, welche Konsequenzen er tragen muss, wenn er sich falsch benimmt. Trainer und Eltern sollten ihm aber auch gewisse Freiheiten zugestehen. Er darf sich zum Beispiel ärgern, aber nur kurz, und er darf beim Ärgern nur gewisse Wörter benutzen. Anstatt den Schläger zu schmeißen, kann er zum Beispiel seinen Schuh ausziehen und in den Zaun werfen.

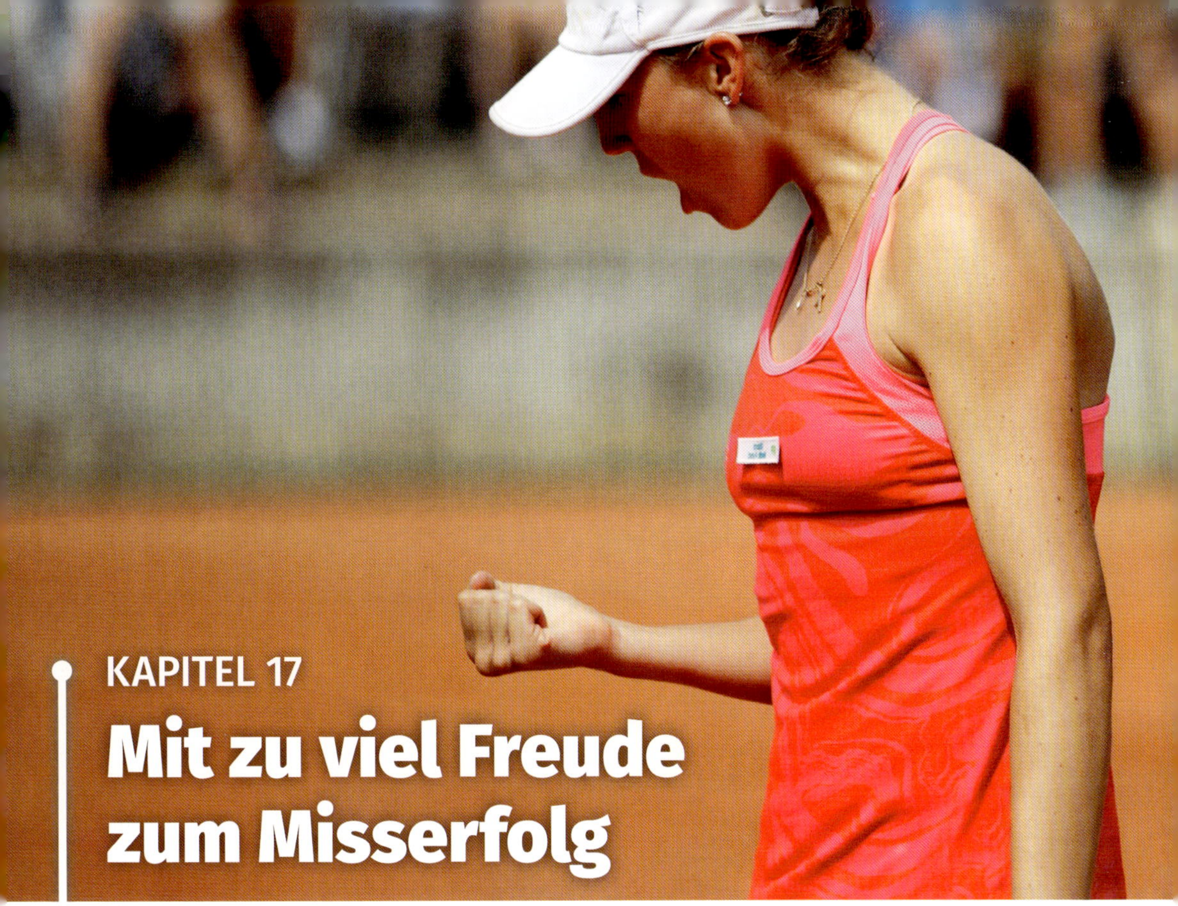

KAPITEL 17

Mit zu viel Freude zum Misserfolg

Fast alle Kinder und Jugendlichen, die Tennis spielen, hören regelmäßig von ihren Trainern, Eltern oder Betreuern, dass man mit negativen Emotionen auf dem Tennisplatz schlechtere Karten hat. Wenn man sich auf dem Platz ärgert, ist man nicht in der Lage, klar zu denken, und darunter leiden sowohl das technische als auch das taktische Spiel. Positive Gedanken und Emotionen werden hingegen von allen Seiten unterstützt. Und das ist auch richtig so. Sie geben zwar keine Garantie für einen Sieg oder für ein besseres Spielniveau, aber sie schaffen die besten Voraussetzungen dafür.

Und wie kann es sein, dass nun angeblich auch noch positive Gefühle zu Niederlagen führen sollen? Sie müssen nicht, aber sie können.

Genauso wie man negative Emotionen wie Wut nutzen kann, um die eigene Leistungsfähigkeit zu steigern, kann es auch sein, dass zu viel positive Emotionen dazu führen, dass man auf dem Platz die Konzentration und die Körperspannung verliert. So kann es zum Beispiel passieren, dass ein Außenseiter, der in der ersten Runde über sich hinauswächst und unerwartet einen gesetzten Spieler schlägt, sofort in der nächsten Runde verliert, obwohl er dort einen vermeintlich schwächeren Gegner hat und eigentlich gewinnen sollte. Wer sich zu früh über eine gute Auslosung und vermeintlich schwächere Gegner freut, wird wahrscheinlich nicht sehr zielgerichtet und mit der nötigen Aufmerksamkeit in ein Match gehen. Ein weiteres Beispiel dafür, dass sich ein Spieler zu früh freut und die Anspannung nachlässt, ist das bekannte Re-Break. Nachdem er nun endlich

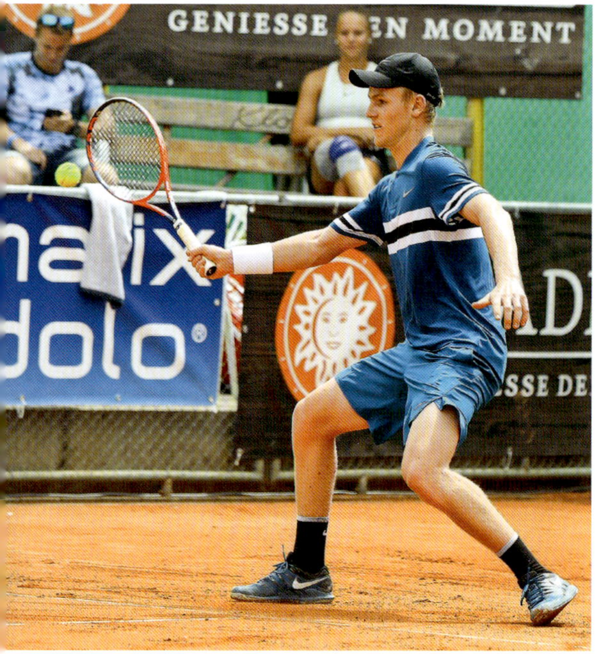

das hart erarbeitete Break geschafft hat, freut sich der Spieler so über die Führung oder den scheinbar nahen Satzgewinn, dass er die Anspannung und Konzentration kurz verliert und sofort das Re-Break kassiert. Es kann auch vorkommen, dass ein Spieler, der den heiß umkämpften ersten Satz gewinnt, dann im zweiten Satz total die Spannung verliert und diesen schnell und glatt verliert. Zu großer Jubel über einen einzelnen sensationellen Punkt kann unter Umständen zu leichten Fehlern bei den nächsten Punkten führen.

Gefühle stellen für jeden Menschen etwas Wichtiges dar, sie gehören zum Leben und es ist unmöglich, sie abzuschalten oder dauerhaft zu verdrängen. Emotionen sind die primären Kräfte der menschlichen Psyche. Grundsätzlich kann man fünf Arten von Emotionen unterscheiden, die ein Ungleichgewicht im Körper erzeugen und das Energieniveau im Körper verändern, sobald sie nicht mehr angemessen, sondern im Übermaß auftreten. Für jeden Menschen ist es ganz natürlich, dass er Ärger, Kummer, Angst, Schwermut oder Freude empfindet. Sobald jedoch ein Gefühl oder ein innerer Zustand das Verhalten dominiert, dann stört dies den gleichmäßigen Energiefluss im Körper. Emotionen sind zwar immateriell, aber sie haben eine tief greifende und spürbare Wirkung. In der chinesischen Medizin gehören sie beispielsweise zu den wichtigsten Einflüssen auf Gesundheit und Krankheit. Wenn ein Spieler total von seiner Freude eingenommen wird, dann kann es sein, dass die Energie im Körper zerstreut wird und verloren geht. Er verliert seine Körperspannung und damit die optimale Voraussetzung für erfolgreiches Spielen. Die Folge ist ein Durchhänger. Durchhänger können zu jeder Zeit beim Training oder Wettkampf passieren. Man kann sie auch als Nachlassen oder Loslassen bezeichnen. Ein Durchhänger ist der körperliche Zustand von ungenügender oder rasch abfallender Aktivierung, bei dem Puls, Blutdruck und die biochemischen Prozesse nicht genug Energie für Spitzenleistungen produzieren.

Dies betrifft auch gerade junge Tennisspieler, die durch die oft ungewohnten und hohen körperlichen, psychischen und emotionalen Belastungen mit vielen extremen Situationen klarkommen müssen. Das bedeutet nicht, dass sich junge Spieler nicht mehr freuen sollen. Im Gegenteil, sie sollen und müssen Freude an ihrem Sport und an tollen Punkten, Matches und Siegen haben. Aber ein Übermaß an Freude kann für einen Spieler eher hinderlich als hilfreich sein. Ein Spieler, der übermäßig positiv auf einzelne Punkte reagiert, kann seine Konzentration schwer auf den nächsten Punkt richten. Auch zu euphorische Eltern oder Trainer können ihren Schützling zum

Beispiel nach einem sensationellen Sieg aus dem Gleichgewicht bringen.

Ein weiteres Beispiel für nicht ein angemessenes Maß an Freude ist, wenn bei einem Spieler im Training nur das Spaßprinzip im Mittelpunkt steht. Dieser Spieler ist mit Sicherheit ganz unten und am Boden zerstört, wenn das Training mal nicht so viel Spaß macht. Wird die Begeisterung bei ihm nicht komplett erfüllt, dann fühlt er sich leer und hoffnungslos. Er hat ein sehr hohes Aktivationsniveau, und der Betreffende ist manchmal nicht in der Lage, seine Energie zusammenzuhalten. Steht bei Trainingseinheiten immer nur der Spaßfaktor im Mittelpunkt, dann wird darunter sicherlich die Qualität des Trainings leiden, da es dem Spieler schwerfallen wird, sich auf seine Aufgabe zu konzentrieren. Und vor allem ist es unmöglich, diesen Spaßfaktor aus dem Training in ein Match zu übertragen. Es kann sein, dass dieser Spieler nicht so gerne Matches spielt, weil es ihm nicht so viel Spaß macht und er auf einmal mit schwierigen Situationen klarkommen muss. Das Tennisspielen soll immer Spaß machen, aber die Spieler müssen lernen und erfahren, dass es viel mehr Spaß macht, sich auf eine Aufgabe zu konzentrieren, Fortschritte zu machen, die Aufgaben erfolgreich zu meistern und dann bessere Leistungen im Wettkampf zu erbringen. Letztendlich bringt es den Spielern am meisten Freude, wenn sie merken, dass das Training etwas bringt und sie besser werden.

Tipps für Spieler

- Auf dem Tennisplatz solltest du alles daran setzen, positiv zu bleiben.
- Freue dich über gute Punkte und Matches, aber lasse dich nicht von den Gefühlen beherrschen.
- Wenn du merkst, dass du zu euphorisch wirst, dann versuche deine Emotionen etwas zu bremsen und wieder sachlich zu denken.
- Versuche das Energieniveau in deinem Körper aufrechtzuerhalten, indem du dich nach großartigen Punkten oder Siegen freust, um dich dann wieder optimal auf den nächsten Punkt oder das nächste Match vorzubereiten.
- Halte dich an deine Pausenroutinen und deine persönlichen Rituale.

Tipps für Eltern und Trainer

- Freuen Sie sich nach einem Sieg zusammen mit Ihrem Schützling.
- Werden Sie schnell wieder „normal" und gehen Sie zum alltäglichen Rhythmus über.
- Sie sollten bei einem Sieg nicht zu euphorisch sein und Ihr Kind in den Himmel loben.
- Sie sollten sich selbst und das Kind daran erinnern, dass nun die nächste Aufgabe bevorsteht.
- Falls das Turnier beendet ist, können Sie ausgiebig feiern und den Sieg genießen, aber auch ein Turniersieg sollte nicht überbewertet werden, es ist immer wichtig, realistisch zu bleiben und beide Beine auf dem Boden zu behalten.

Ballinas Tricks für den Umgang mit Freude

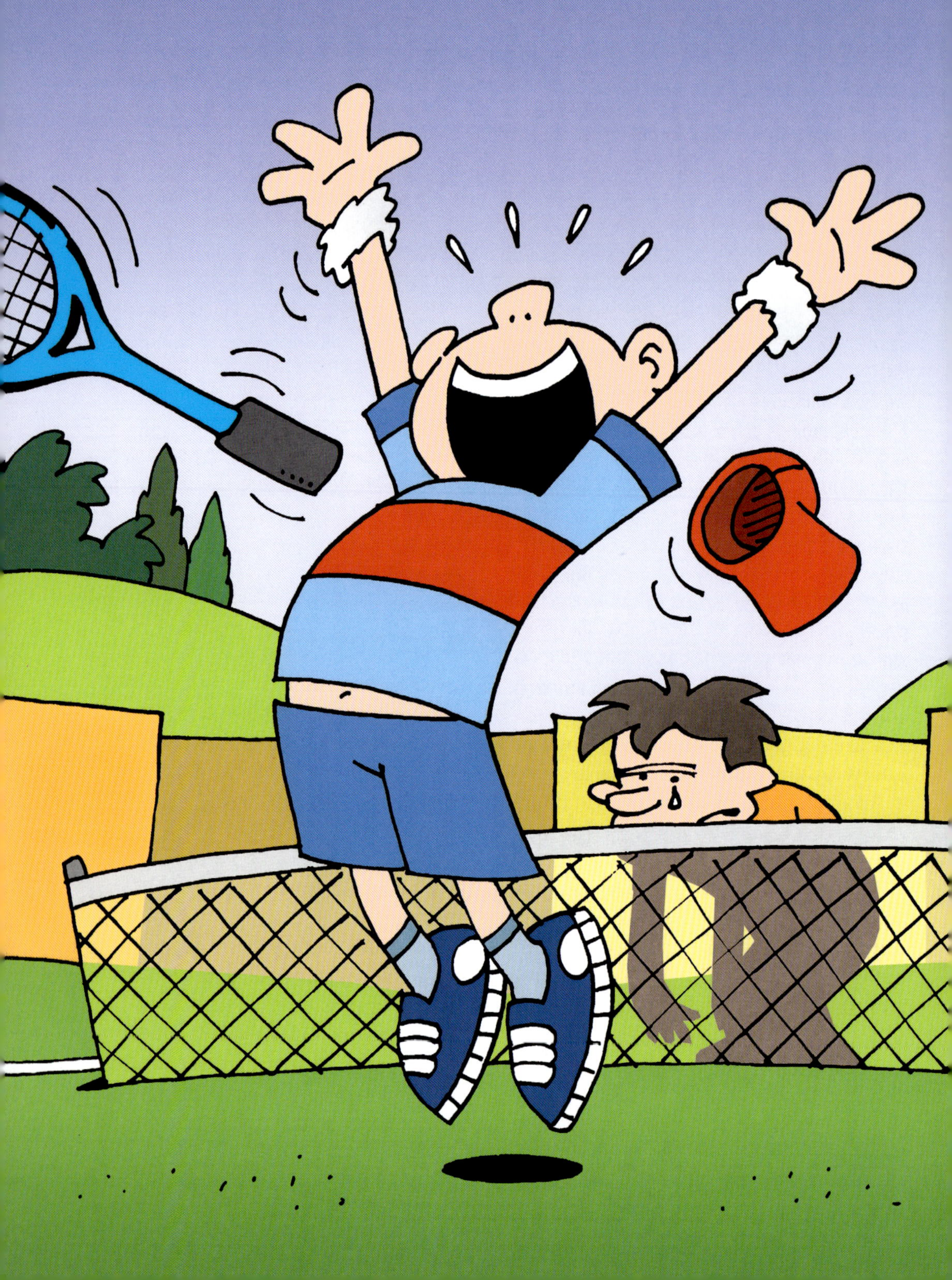

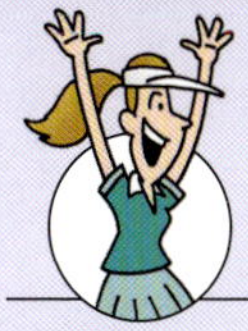

B Ballina

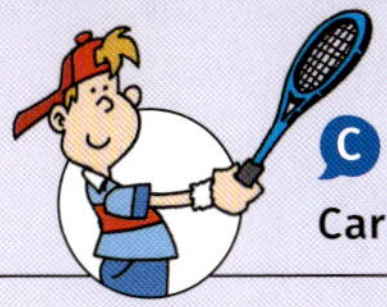

C Carlos Cool

Ballina geht nach dem Match zu Carlos, um ihm zu gratulieren. Er hat wirklich gut gespielt und die erste Runde gegen den an Position 2 gesetzten Spieler gewonnen. Carlos ist total aufgedreht, so sehr freut er sich über seinen Sieg.

B Hallo, Carlos, ich gratuliere dir. Wie war dein Match?

C Hallo, Ballina. Danke, ich habe super gespielt. Es ist genial, ich habe den an 2 Gesetzten geschlagen und alles lief glatt. Jetzt kann mich bei diesem Turnier nichts mehr aufhalten.

B Jetzt aber mal langsam, Carlos. Erzähl mal, wie ist denn das Match gelaufen?

C Ich habe klasse gespielt und bei 4 : 3 endlich das heiß umkämpfte Break gemacht. Stell dir vor, mit einem obergenialen Stoppball habe ich das Spiel zum 5 : 3 gewonnen. Ich habe mich so gefreut, dass ich endlich das Break gemacht habe. Keine Ahnung, was dann passiert ist, aber auf einmal stand es 5 : 6. Ich habe wohl nicht aufgepasst, obwohl ich ja viel besser gespielt habe als der andere.

B Kann es sein, dass du dich zu sehr über das Break gefreut hast und den Satz im Kopf schon abgehakt hast?

C Ja, das kann sein. Für mich war klar, dass das Break den Satzgewinn bedeutet, ich habe ja vorher nie ein Aufschlagspiel verloren. Und eine Führung von 5 : 3, da muss man doch den Satz zumachen.

B Also, Carlos, bei 5 : 3 ist noch nichts entschieden. Da hast du dich viel zu doll über den Stoppball und das Break gefreut. Es ist sehr wichtig, dass du deine Aufmerksamkeit bis zum Schluss aufrechterhältst.

C Das habe ich gemerkt. Bei 5 : 6 bin ich wieder aufgewacht und musste mich echt reinhängen, um in den Tie-Break zu kommen. Da war dann mein Gegner zum Glück zu nervös und hat mir zu Beginn viele leichte Punkte geschenkt. Die Führung habe ich mir dann nicht mehr aus der Hand nehmen lassen. Und den zweiten Satz habe ich sehr klar gewonnen.

B Und nun denkst du, dass dich nichts mehr aufhalten kann?

C Nein, der an 1 Gesetzte hat verloren und ich habe die Nummer 2 geschlagen. Jetzt gibt es keinen mehr im Turnier, der mir gefährlich werden kann.

B Es ist toll, dass du das Match gewonnen hast, und du kannst dich sehr darüber freuen. Aber dann solltest du dich auf das nächste Match vorbereiten und wieder eine gute Einstellung haben. Du musst jeden Gegner ernst nehmen und Match für Match spielen. Alle Jungs hier können spielen und dir gefährlich werden. Niemand wird dir etwas schenken. Wenn du jetzt schon an den Turniersieg denkst, dann geht deine ganze Aufmerksamkeit verloren. Wenn du wirklich das Turnier gewinnen willst, dann musst du dir nun Schritt für Schritt Ziele setzen und weiterhin Punkt für Punkt und Match für Match bereit sein, alles zu geben.

C Du hast recht, Ballina. Ich war überzeugt davon, dass ich mit dem Sieg auch schon den Turniersieg in der Tasche habe, und das stimmt nicht. Ich werde mich nun am besten auf das nächste Match und den nächsten Gegner vorbereiten.

B Viel Erfolg, Carlos.

Übungen

Würfelmatch

5-10, 11-14, 15-18 Jahre

Es wird ein Trainingsmatch mit einer anderen Zählweise gespielt. Als Erstes wählen die Spieler, wer Aufschlag und wer welche Seite hat. Beide Spieler würfeln vor jedem Spiel. Hat Spieler A eine 5 und Spieler B eine 2, dann hat derjenige das Spiel gewonnen, der zuerst seine gewürfelte Punktzahl erreicht hat. Der Fokus liegt hier darauf, sich auf seine Aufgabe zu konzentrieren und nicht zu früh zu freuen, wenn man gut gewürfelt hat.

Uno

5-10, 11-14, 15-18 Jahre

Es wird ein Trainingsmatch mit einer anderen Zählweise gespielt. Als Erstes wählen die Spieler, wer Aufschlag und wer welche Seite hat. Beide Spieler ziehen vor jedem Spiel eine Uno-Karte, es werden nur die Karten mit den Zahlen benutzt. Die beiden stecken die Karte in die Tasche, ohne zu sagen, welche Nummer darauf steht. Hat Spieler A beispielsweise eine 1 und Spieler B eine 8, dann hat derjenige das Spiel gewonnen, der zuerst seine Punktzahl erreicht hat, und er muss „Uno" rufen, wenn er nur noch einen Punkt zum Spielgewinn braucht. Der Fokus liegt hier darauf, sich auf den letzten wichtigsten Punkt zu konzentrieren und nicht zu früh zu freuen, wenn man „Uno" gerufen hat.

30 : 0

5-10, 11-14, 15-18 Jahre

Es wird ein Trainingsmatch gespielt. Jedes Spiel startet für Spieler A mit 30 : 0. Er soll sich darauf fokussieren, seinen Vorsprung auszunutzen. Spieler B bekommt jedoch zwei (oder drei) Games, wenn er das Spiel noch gewinnt. Der Fokus in diesem Spiel liegt darauf, bei einer Führung im Spiel die Aufmerksamkeit hochzuhalten.

Golden Point

5-10, 11-14, 15-18 Jahre

Es wird ein Match gespielt. Sobald ein Spieler 40 : 0, 40 : 15 oder 40 : 30 in einem Spiel führt, muss er dies mit dem nächsten Punkt zumachen. Verliert er den Punkt, geht das Spiel an den Gegner. Der Fokus in diesem Spiel liegt darauf, bei einer Führung im Spiel die Aufmerksamkeit hochzuhalten.

Bleibende Punkte

5-10, 11-14, 15-18 Jahre

Es wird ein Trainingsmatch gespielt. Wer das Spiel verliert, kann seine Punkte für das nächste Spiel behalten. Jeder Spieler soll versuchen, seinen Vorteil durch die Führung im Game auszunutzen.

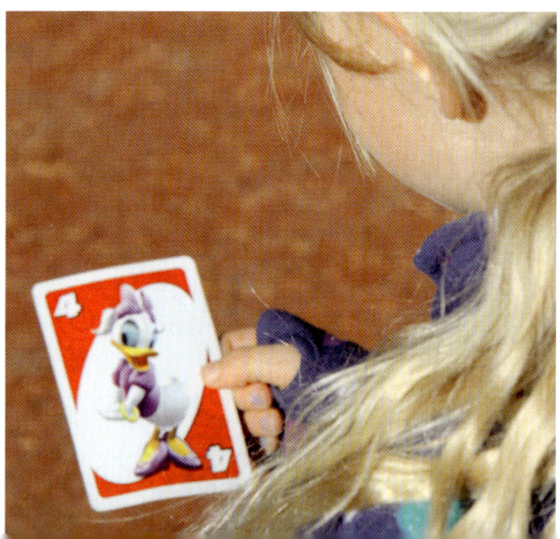

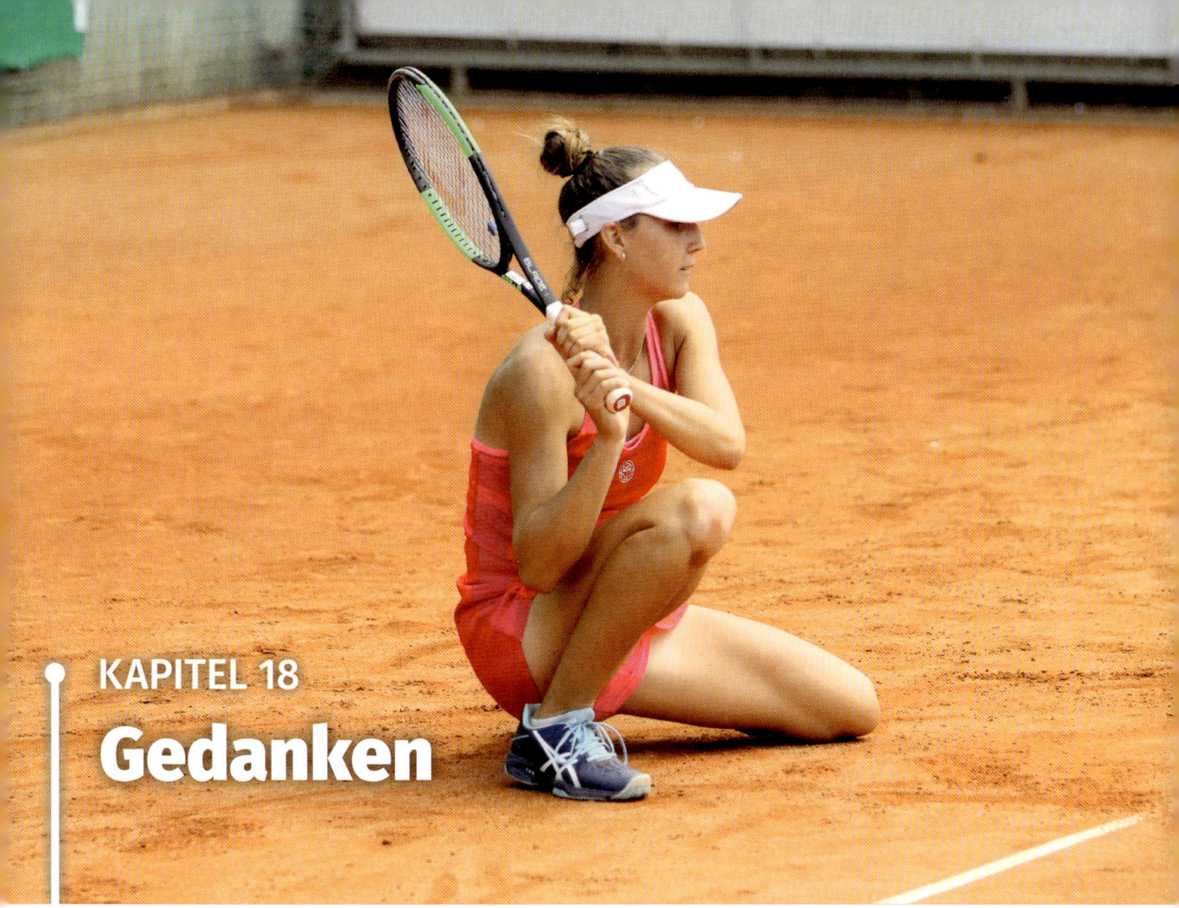

KAPITEL 18

Gedanken

Jeder Mensch denkt, und zwar sind dies zehntausende Gedanken täglich. Sehr häufig gehen den Menschen immer wieder die gleichen Denkprozesse durch den Kopf, und oft merken sie es nicht einmal. Sind die Denkprozesse und die Handlungen konstruktiv, aufbauend, freundlich und wertschätzend, dann ist der Mensch glücklich, selbstsicher und zufrieden. Leider ist es aber sehr häufig so, dass sich die meisten Menschen und gerade Sportler mit ihren Gedanken belasten, sich selbst mit ihren Beurteilungen niedermachen und durch negative Befürchtungen letztendlich wirklich scheitern. Bereits Kinder setzen sich mit ihren Gedanken unter Druck, entmutigen sich und erzeugen so viel Stress für sich selbst, anstatt sich selbst mental zu stärken und zu unterstützen. Für sie ist es besonders wichtig, dass sie Werkzeuge zur Verfügung haben, um ihrem destruktiven Denken entgegenzuwirken und es durch aufbauende Gedanken zu ersetzen. In der Kindheit wird die Basis für das Denken gelegt, mit dem das Kind auch noch als Erwachsener leben wird.

Insbesondere sehr kritische Selbstgespräche können das Wohlbefinden von Kindern und später Erwachsenen sehr beeinflussen. Denkt der Spieler selbst oder bekommt er sehr oft von anderen zu hören, dass er faul ist, dann schadet dies seinem Selbstwertgefühl und seiner Lebensqualität. Viele Gedanken wie diese entstehen automatisch, sie werden nicht bewusst formuliert oder zum Teil gar nicht bemerkt, aber der Verstand ist darin geübt, alles, was er wahrnimmt, sofort zu bewerten. Aus diesem Grund bleibt es gar nicht aus, dass die Bezugspersonen des Kindes das

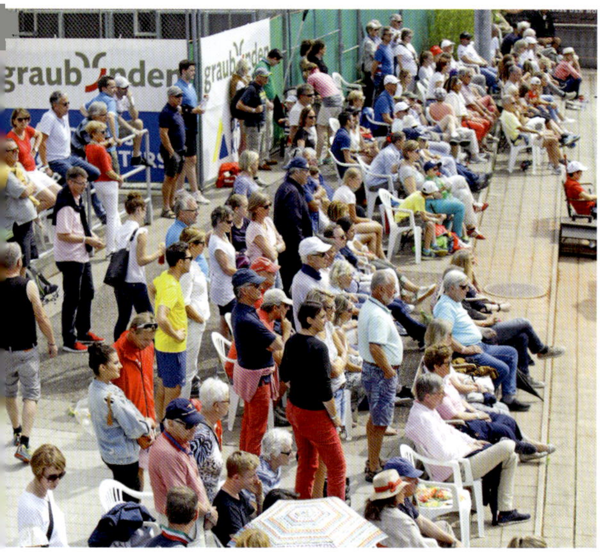

beurteilen oder sogar verurteilen, was das Kind macht, sagt oder fühlt. Gerade im Sport kommen an dieser Stelle besonders viele Beurteilungen zu Tage, da das Kind permanent bei seinen Trainings und Matches beobachtet und beurteilt wird.

Alle Menschen, und so natürlich auch alle Tennisspieler, nehmen unbewusst und in Sekundenschnelle Dinge in der Umgebung wahr, interpretieren diese, machen sich Gedanken darüber und bewerten diese. Je nach Bewertung sind die entstandenen Gedanken positiv oder negativ und dementsprechend fühlt sich der Spieler gut oder schlecht. Der Vorgang vollzieht sich automatisch und wird nicht bewusst gesteuert. Jeder reagiert mit seinen eigenen Gefühlen auf das, wie er die Situation aufgrund seines Glaubenssystems bewertet, und löst damit angenehme oder unangenehme Gefühle aus. Denken und Fühlen sind demnach also unzertrennlich miteinander verbunden. Dabei führen destruktive Gedanken zu negativen Gefühlen und positive Gedanken zu angenehmen Gefühlen. Das lässt sich auch sehr leicht beweisen. Sicherlich hat jeder schon einmal bei einem traurigen Film ein paar Tränen verdrückt, ist bei einem Horrorfilm vor Angst unter die Decke gekrochen oder war euphorisch nach einem großen Sieg eines Sportlers. Alles, was sich im Geist und im Gehirn abspielt, wirkt sich nach Baisch-Zimmer/Petrig (2011) unverzüglich auf den Körper aus und beeinflusst seine Reaktionen und das Verhalten. Dies wiederum bewirkt, dass das psychische Empfinden einen sofortigen Einfluss auf den Körperausdruck hat. Andersherum hat die Körperhaltung ebenfalls einen wesentlichen Einfluss auf die psychische Empfindung. Aus diesem Grund ist es sehr sinnvoll, dass sich die Spieler zum einen der Wirkung des Körpers bewusst werden, und zum anderen diesen Mechanismus zugunsten des eigenen Wohlbefindens nutzen. Sie sollten auf dem Tennisplatz permanent bewusst ihre Körperhaltung überprüfen und verändern, um damit direkten Einfluss auf ihre Gefühle, Gedanken und die Haltung sich selbst gegenüber zu nehmen. Die innere und die äußere Haltung beeinflussen sich wechselseitig. Als allererster Schritt ist es für sehr junge Spieler meistens leichter, statt der Gedanken und Gefühle zunächst ihre Körperhaltung zu verändern.

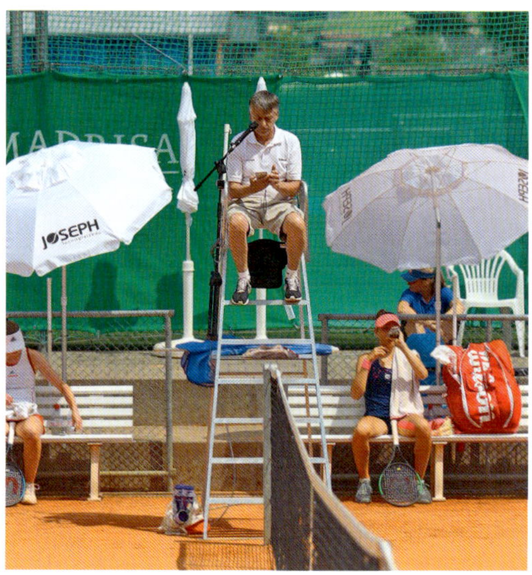

Demzufolge hat also alles, was ein Tennisspieler in einer Spielpause bei einem Match denkt, einen Einfluss auf seine Leistungsfähigkeit. Ist er innerlich negativ eingestellt, werden die Ergebnisse beim nächsten Ballwechsel mit großer Wahrscheinlichkeit nicht besonders gut sein. Dies wiederum führt zu noch mehr negativen Erfahrungen und Selbstgesprächen, und der Spieler wird mehr und mehr in eine negative Spirale gezogen. Lässt er sich vom Selbstmitleid und den negativen Gedanken beherrschen, wird es für ihn immer schwieriger, aus dieser Situation wieder herauszukommen.

Ein negativ denkender Spieler kann eine Veränderung seiner Gedankeninhalte und Gedankenrichtungen nur erreichen, indem er die negativen durch positive Gedanken ersetzt. Hierbei besteht die Idee darin, dass er alle negativen Elemente der eigenen Denkstruktur schrittweise mit positiven austauscht. Das positive Denken ist jedoch nur im Rahmen der persönlichen Fähigkeiten möglich. Das heißt, die Gedanken müssen auf realistischen Voraussetzungen gegründet sein. Positives Denken bedeutet nicht, dass der Spieler dadurch eine Garantie hat, alles zu erreichen, was er sich vorgenommen hat, oder jedes Match zu gewinnen. Dem positiven Denken sind immer die Grenzen der objektiven Leistungsbedingungen des Sportlers gesetzt. Man schafft durch positives Denken lediglich die besten Voraussetzungen, diese Leistungen wirklich zu erreichen, wobei sie mit negativen Gedanken von vorneherein zum Scheitern verurteilt sind. Positives Denken bedeutet auch nicht, dass man gar keine negativen Gedanken mehr haben darf, im Gegenteil, man kann diese nicht komplett abstellen. Aber es ist wichtig, richtig und gezielt auf aufkommende negative Gedanken zu reagieren.

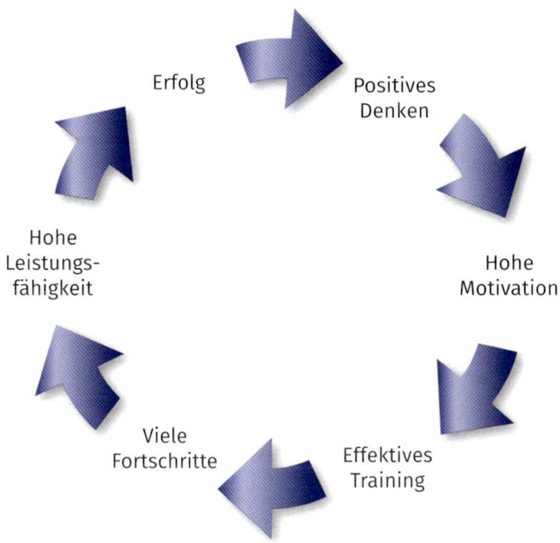

Positiver Erfolgskreislauf

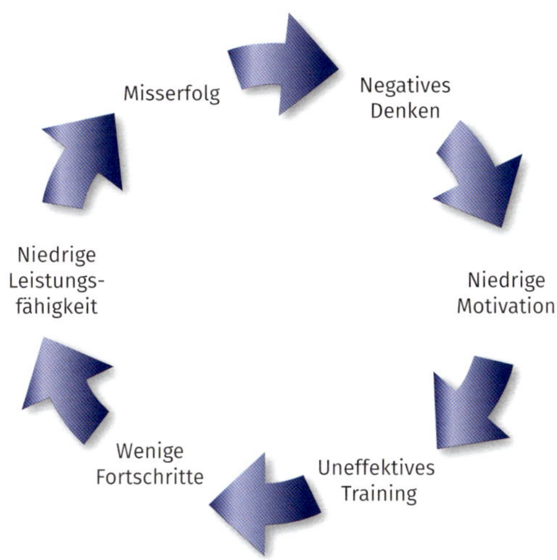

Negativer Erfolgskreislauf

Affirmationen

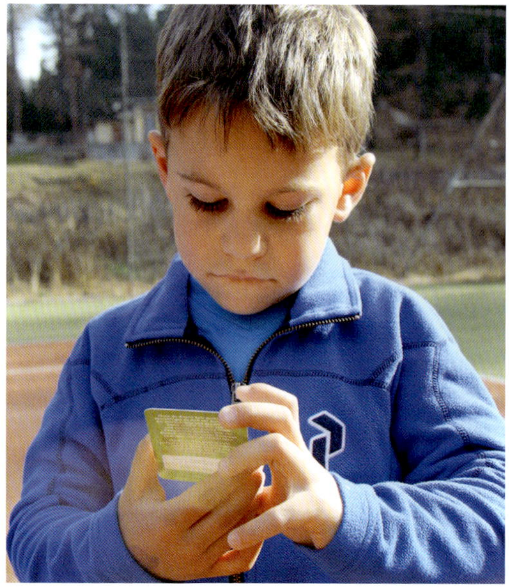

Bei der Veränderung von destruktiven zu konstruktiven Gedanken wird sehr häufig die Technik der Affirmationen als wirkungsvolles Werkzeug eingesetzt. Unter Affirmationen kann man bekräftigende und aufbauende Gedanken verstehen, die in einfachen, kurzen und positiven Sätzen in Form von Bejahungen, Zustimmungen oder Bekräftigungen ausgedrückt werden. Die vielen positiven Leitsätze können im Unterbewusstsein wirken, den Glauben an die eigene Kraft stärken und mit der Zeit immer mehr die destruktiven Gedanken ablösen. Sie können den jungen Tennisspielern dabei helfen, auf und neben dem Platz ihre Gedanken auf das zu richten, was sie sich wünschen und erleben wollen. Da es nicht möglich ist, zwei Gedanken gleichzeitig zu denken, hat der Kopf neben den positiven Affirmationen keine Zeit, auch noch etwas Negatives zu denken.

Arbeitet ein Spieler an einer Affirmation, dann ist sie am wirkungsvollsten, wenn er sie individuell für sich erstellt. Nur dann passen Wortwahl und Satzformulierung genau zu der eigenen Persönlichkeit. Hat ein Spieler die richtige Affirmation gefunden und beschäftigt sich länger damit, dann wird das Unterbewusstsein immer mehr angeregt, die Aussage der Affirmation zu realisieren. Genau wie bei den Gedanken sollten auch Affirmationen nach außen verkörpert werden, um ihr Potenzial voll auszunutzen. Das heißt, die Körperhaltung muss die Aussage der Affirmation unterstützen, damit dem Spieler bewusst wird, welche Haltung mit dem Gedanken verbunden ist. Lässt ein Spieler die Schultern hängen, untergräbt diese Haltung eine Affirmation, die auf Selbstvertrauen und Zuversicht abzielt. Der Körperausdruck soll nach außen zeigen, wie der Spieler sich innen fühlt.

Affirmationen können eine Situation nicht von einem auf den anderen Tag verändern, aber sie unterstützen wirkungsvoll die mentale Entwicklung, und sie helfen dabei, die Gedanken in die Richtung zu lenken, die wünschenswert ist.

Allgemeine Infos

Bei der Umsetzung von Affirmationen müssen die folgenden Regeln beachtet werden (in Anlehnung an Baisch-Zimmer/Petrig, 2011):

- Es wird immer die Gegenwart und Ich-Form benutzt („ich bin mutig“).
- Alle Aussagen sind positiv, kurz und konkret („ich freue mich auf das Match“).
- Die Aussagen dürfen keinen Bezug zu anderen Personen haben.
- Die Aussagen dürfen keine Vergleiche enthalten.

- Alle Wörter der Verneinung gehören nicht in eine Affirmation („keine, ohne, nicht, nie, trotz, anstatt“ etc.).
- Der Zielzustand soll so formuliert sein, wie er sein soll.
- Affirmationen sollten vom Herzen und Gefühl her stimmig sein.
- Eine Affirmation sollte persönlich erstrebenswert und realistisch sein.
- Eine Affirmation muss im Rahmen des Erreichbaren liegen.
- Beim Lesen und Aussprechen einer Affirmation sollte sich ein gutes Gefühl und eine innere Zustimmung einstellen.
- Stellt sich ein Unwohlsein oder eine Abneigung ein, dann ist es nicht die richtige Affirmation.
- Durch Formulierungen wie „immer mehr“ oder „von Tag zu Tag“ können Aussagen etwas abgeschwächt werden.
- Individuell erarbeitete Affirmationen sind am wirkungsvollsten.

Tipps für Spieler

- Werde dir deiner eigenen Voraussetzungen und Fähigkeiten bewusst und mache dir klar, dass du es schaffen, aber auch scheitern kannst.
- Reagiere schnell und sachlich auf negative Erlebnisse, indem du sie analysierst und dann zielgerichtet in die Zukunft schaust.
- Wirke negativen Gedanken entgegen und ersetze sie durch aufbauende positive Gedanken.
- Positive Gedanken geben dir keine Garantie zu gewinnen, aber sie verbessern die Grundvoraussetzungen dafür.
- Alles, was sich in deinem Kopf abspielt, wirkt sich unverzüglich auf deinen Körper aus.
- Auch deine Körperhaltung hat einen großen Einfluss auf dein psychisches Befinden, zeige immer eine möglichst positive Körpersprache, versuche das nach außen auszustrahlen, was du innerlich sein möchtest.
- Negative Gedanken wirst du nie komplett abstellen können, aber du kannst ihnen entgegenwirken.
- Nutze die Methode des Umformulierens (siehe Übung Gedanken umformulieren) im Match zusammen mit der Stopp-Methode (siehe Übung Gedankenstopp).
  - Sobald dir ein negativer Gedanke kommt, stelle dir ein Stopp-Schild vor oder schaue dir ein echtes Stoppschild an oder sage zu dir selbst in Gedanken STOPP.
  - Formuliere dann den negativen Gedanken, den du hattest, in einen positiven um.
- Suche dir positive und kurze Affirmationen für Eigenschaften, die du haben möchtest oder die du schon hast und verbessern möchtest.
  - Formuliere diese Affirmationen stets in der Gegenwart und Ich-Form, wie z. B. „ich bin mutig“.
  - Sprich diese Affirmationen, so oft es geht, in deinem Inneren aus und passe deine Körpersprache nach außen an.

Ballinas Tricks für positive Gedanken

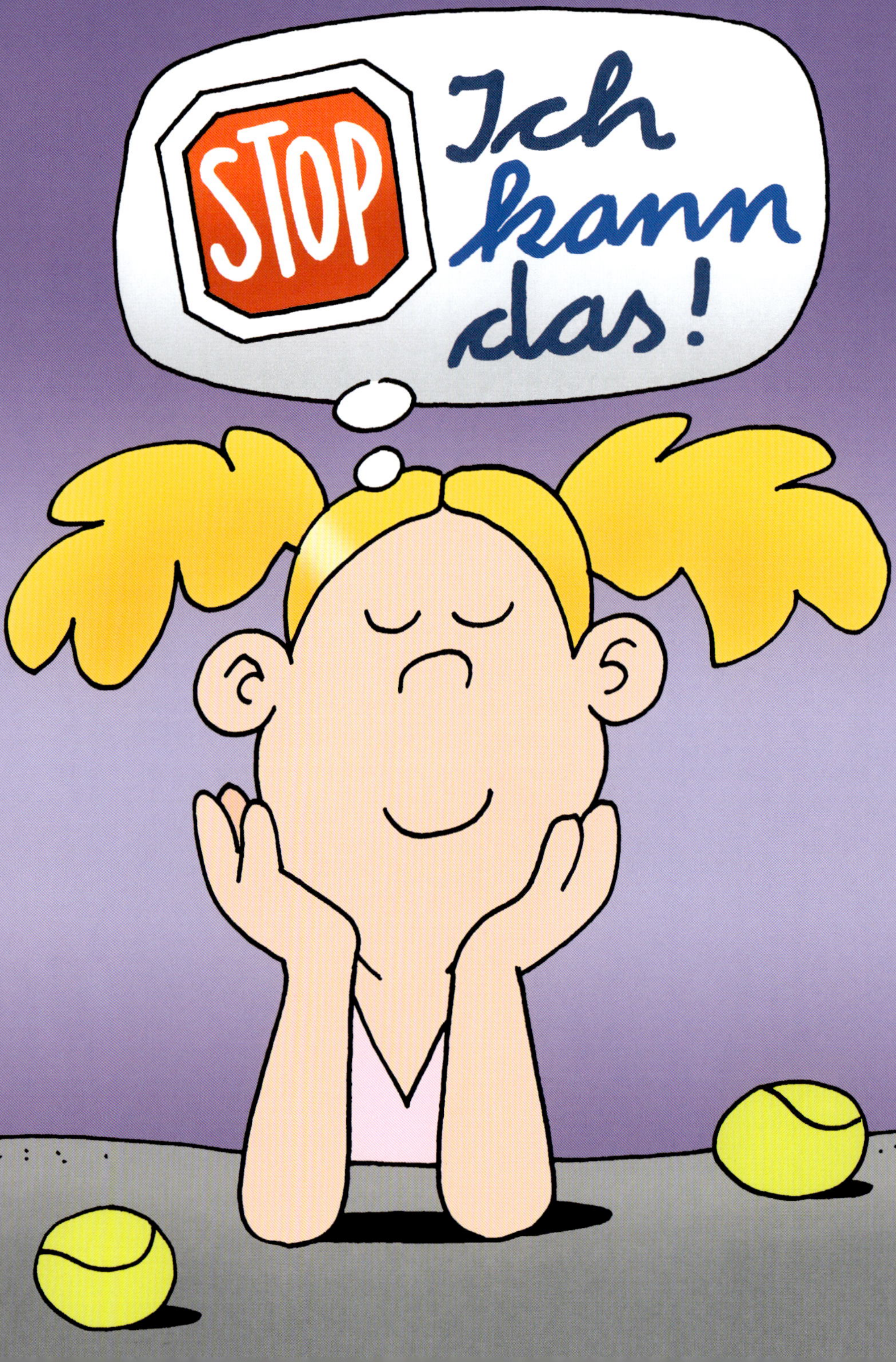

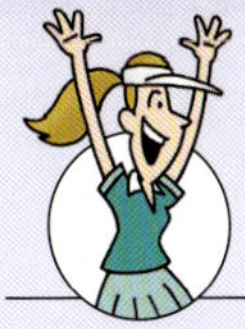

B Ballina

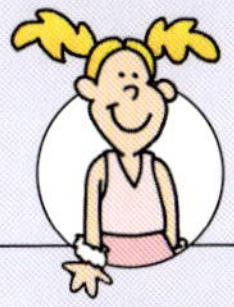

M Mona Mutig

Mona hat heute Morgen ihre Schuhe vergessen, und danach ist dann auch weiter alles schiefgegangen. Sie hat sich immer weiter in negativen Selbstgesprächen verfangen, die sich auch auf ihr Spiel ausgewirkt haben, und sie konnte ihre erste Runde nur knapp gewinnen. Für das zweite Match heute ist sie nicht sehr zuversichtlich. Ballina versucht sie wieder auf die richtige Spur zu bringen, und natürlich hat sie auch wieder tolle Tricks auf Lager.

B Hallo, Mona, wie geht es dir? Hast du heute noch ein Match?

M Ja, Ballina, heute Morgen hatte ich schon eins, und heute Nachmittag spiele ich die zweite Runde.

B Und wie ist es gelaufen?

M Das Match war ganz O. K., aber um ein Haar wäre alles schiefgegangen. Ich habe schlecht angefangen, weil ich meine Schuhe nicht finden konnte. Fast wäre ich zu spät zum Match gekommen. Dadurch war ich total gestresst, ich konnte mich nicht einschlagen und im Match habe ich ewig gebraucht, bis ich ins Spiel gefunden habe. Meine Vorhand und der Aufschlag waren ein Riesen-Murks. Ich habe mich innerlich beschimpft, dass ich so blöd gewesen bin, meine Schuhe zu vergessen. Und dann habe ich mich bewegt wie eine dicke Kuh und taktisch so dumm gespielt wie ein Esel. Und es ist immer schlimmer geworden. Zum Glück hat es am Ende irgendwie noch gereicht.

B Na, na, das ist aber nicht sehr förderlich, wenn du auf diese Art mit dir selbst redest. Es ist ein Wunder, dass du noch gewinnen konntest. Wie hast du die Wende geschafft?

M Das stimmt, ich war in einem absolut blöden Kreislauf gefangen. Irgendwann habe ich mich selbst ausgeschimpft und zu mir gesagt: „STOPP, Schluss damit, ich kann das. Jetzt kämpfe ich und hänge mich voll rein.“ Und von da an hat sich das Spiel gedreht und ich bin immer ein bisschen besser geworden.

B Das war sehr gut von dir. Du hast, ohne es zu wissen, einen ganz tollen Trick angewendet, um negative Gedanken zu beenden und umzuformulieren. Das ist der Stopp-Schild-Trick. Das kannst du immer anwenden, wenn du merkst, dass du negativ denkst. Du kannst dir auch ein Stopp-Schild vorstellen oder ein Armband um das Handgelenk machen, auf dem STOPP – POSITIV DENKEN steht. Ein anderer Trick wäre, dass du dir eine rote und eine grüne Ampel vorstellst. Solange du negativ denkst, ist die Ampel rot und du darfst nicht spielen, sobald deine Gedanken positiv sind, wird die Ampel grün und du kannst den nächsten Punkt spielen.

M Oh ja, das sind tolle Tricks. Das mit dem Stopp hat ja schon super funktioniert. Und den mit der Ampel werde ich gleich beim nächsten Match ausprobieren.

B Und denk daran, deine positiven Gedanken sollten dann immer in der Gegenwart, kurz und in der Ich-Form sein. Genauso wie du es bei der Stopp-Übung gemacht hast. Das war toll. Ich wünsche dir weiterhin viel Erfolg.

M Danke.

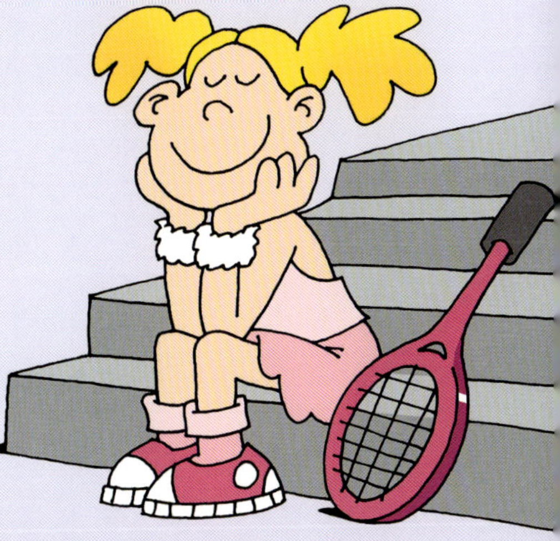

Übungen

Punkte spielen mit Affirmationen

5-10 Jahre

Zwei Spieler spielen Punkte oder ein Trainingsmatch. Vor jedem Punkt müssen sie eine positive Affirmation über sich selbst sagen, etwas wie: „ich spiele mutig", „ich bin ruhig", „ich bewege mich leichtfüßig". Die Affirmationen können sich beliebig oft wiederholen. Der Trainer kann auch mit jedem Spieler vorher bestimmte Affirmationen festlegen, die dieser dann in den entsprechenden Situationen sagen muss.

Gedanken umformulieren

11-14, 15-18 Jahre

Ein Blatt Papier wird in zwei Spalten unterteilt. In die linke Spalte dieser Tabelle soll der Spieler bei einem Trainingsmatch alle negativen Gedanken eintragen. Nach dem Match soll er alle Gedanken positiv umformulieren und in die rechte Spalte eintragen. Wichtig ist, dass der Spieler in der Gegenwart bleibt und die Sätze mit „ich bin, ich kann, ich will, ich werde" beginnt. Sobald der Spieler die Technik des Umformulierens beherrscht, kann er diese auf dem Platz anwenden. Sobald ihm negative Gedanken kommen, kann er beispielsweise anhand der Stopp-Methode umformulieren.

Gedankenstopp

11-14, 15-18 Jahre

Eine Möglichkeit, um negative Gedanken auf dem Platz zu stoppen und in die richtige Richtung zu leiten, ist die Stopp-Schild-Methode. Der Spieler kann sich ein Stopp-Schild ausdrucken und ausschneiden. Es sollte so klein sein, dass es beim Training in die Hosentasche passt. Im Match kann der Spieler sich das Stopp-Schild vorstellen und in Gedanken laut Stopp zu sich selbst sagen. Wenn der Spieler negative Gedanken hat, soll er das Schild aus der Hosentasche holen, es anschauen und/oder laut Stopp sagen. Dann soll er seine Gedanken positiv umformulieren (siehe Gedanken umformulieren). Er soll erst weiterspielen, wenn er im Kopf wieder positiv ist.

Ampel

5-10, 11-14, 15-18 Jahre

Der Spieler soll sich eine Ampel vorstellen. Solange er negativ denkt, ist die Ampel auf Rot geschaltet und er darf nicht weiterspielen. Sobald er wieder positive Gedanken hat, schaltet sich die Ampel um auf Orange, dann kann er sich auf den nächsten Punkt vorbereiten und sich ein Ziel setzen. Sobald er damit fertig ist, schaltet die Ampel auf Grün und er kann mit seinem Aufschlag oder Return-Ritual weitermachen.

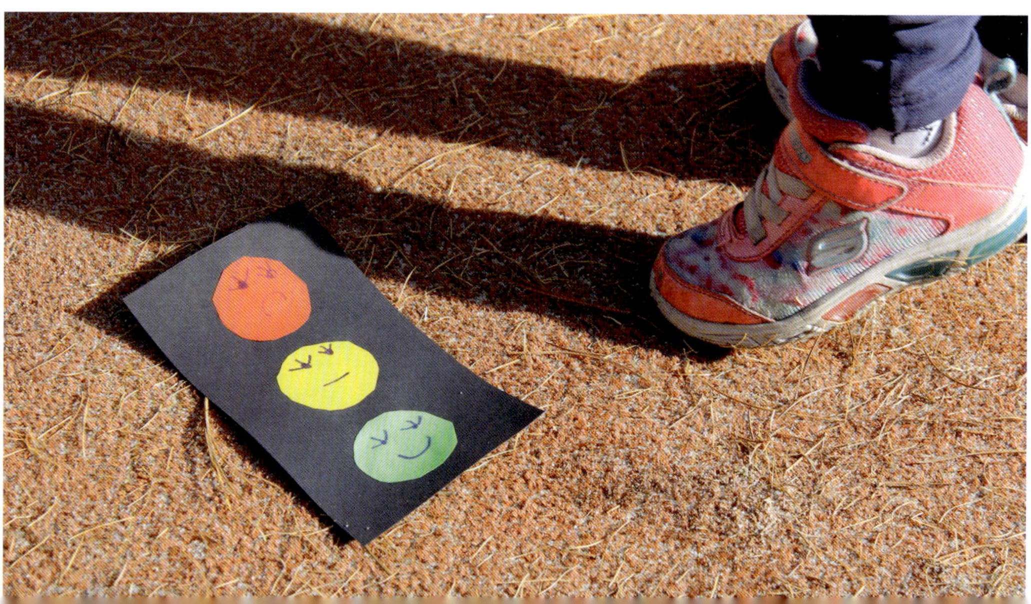

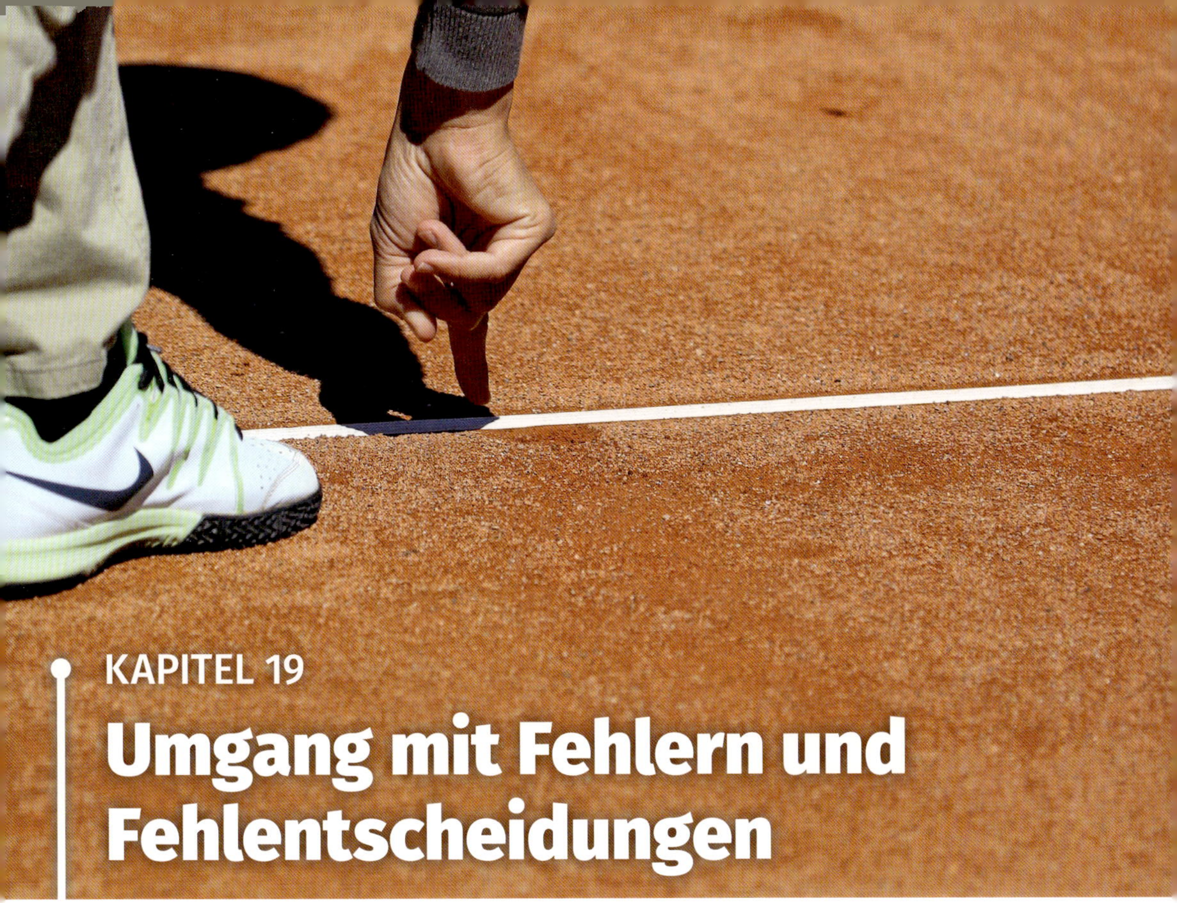

KAPITEL 19

Umgang mit Fehlern und Fehlentscheidungen

Kein Tennisspieler ist perfekt, und gerade junge und unerfahrene Sportler müssen lernen, erfolgreich mit Fehlern umzugehen. Bei vielen Spielern hat sich jedoch im Kopf festgesetzt, dass sie keine Fehler machen dürfen und möglichst viele Punkte als Winner abschließen müssen oder wollen. Im Training werden sie permanent darauf hingewiesen, dass sie keine Fehler machen dürfen, und nach Matches bekommen sie sehr häufig zu hören, dass sie verloren haben, weil sie zu viele Fehler gemacht haben. Aus dieser Ansicht heraus ist es verständlich, dass Spieler unzufrieden sind, weil sie falsche Erwartungen an sich und ihr Tennisspiel haben, da sie eher auf die zu „vielen Fehler" und zu „wenigen Punktgewinne" fokussiert sind.

Tennis ist jedoch ein Spiel der Fehler, da in fast jedem Match deutlich mehr Fehler als Punkte gemacht werden. An dieser Stelle kann es sehr hilfreich sein, wenn sich Trainer, Eltern und Spieler Statistiken zum Fehler-Punkte-Verhältnis der Profis anschauen und analysieren. Und bei diesen Statistiken darf natürlich nicht vergessen werden, dass es die Profis und damit die besten Spieler der Welt sind. Im Vergleich zum Juniorentennis dürften sich die Statistiken der Fehler und Punkte noch um einiges verschieben. Grundsätzlich müsste nach einem Match die Relation der Fehler (die wiederum in erzwungene und unerzwungene Fehler aufgeteilt werden) zu den Punkten des einen Spielers im Vergleich zu den Fehlern und Punkten des anderen Spielers betrachtet werden. Dann kommt es noch darauf an, warum der Spieler welche Fehler gemacht hat.

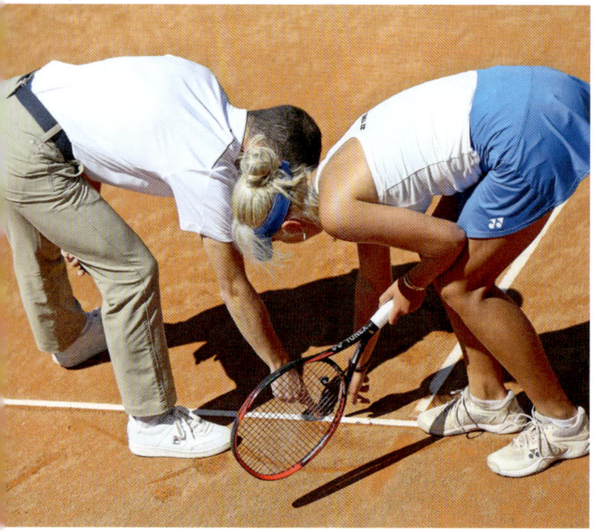

Craig O'Shanessy hat alle vier Grand Slams analysiert und die Fehler und Punkte aller Ballwechsel bei den Frauen und Männern (0 bis 4, 5 bis 8, mehr als 9) zusammengefasst. Die nachstehende Tabelle zeigt diesen Durchschnitt, der als etwaiger/ungefährer Richtwert und zur Anschauung dienen kann. Jedoch sollte immer beachtet werden, dass im Juniorentennis und je nach Niveau wahrscheinlich mehr Fehler passieren und normal sind.

	Männer	Frauen
Winner	32 %	29 %
Erzwungene Fehler	41 %	37 %
Unerzwungene Fehler	27 %	34 %

Vgl. Craig O'Shanessy www.braingametennis.com

Einem jungen Tennisspieler gegenüber sollte klar und deutlich gemacht werden, dass es normal ist, Fehler zu begehen, das Wichtigste ist, dass er die richtige Einstellung dazu hat. Fehler gehören zum Tennis genauso dazu wie Punkte. Trainer und Spieler müssen nach einem Fehler die richtigen Schlüsse ziehen, sodass der Spieler die Chance hat, etwas zu verändern und sich zu verbessern. Er muss im Kopf akzeptieren bzw. einsehen, dass er immer Fehler machen wird. Das Ziel ist natürlich, die unnötigen und leichten Fehler zu vermeiden, aber sogar Spitzenspieler verschlagen vermeintlich leichte Bälle, wenn ihre Aufmerksamkeit aus dem Hier und Jetzt zu früh zu dem „leichten" Ball und im Kopf schon gewonnenen Punkt abschweift. Richard Schönborn (2010) ist davon überzeugt, dass die meisten unerzwungenen Fehler bei den Profis, die alle Schläge perfekt beherrschen, aus Mangel an Konzentration, Unterschätzung der Situation, Ratlosigkeit und/oder Ziellosigkeit entstehen. Das würde wiederum bedeuten, dass der Ansatz in der Bekämpfung von leichten unerzwungenen Fehlern bei der mentalen Bereitschaft (siehe Kapitel 12) und speziell der Konzentration (siehe Kapitel 25) liegt. Bei Junioren oder Hobbyspielern führen wahrscheinlich Mängel in der Technik und Beinarbeit zusätzlich auch noch zu Fehlern.

Tipps für Spieler

- Gestehe dir einen Fehler sofort ein.
- Beschäftige dich nur kurz mit dem Fehler.
- Analysiere den Fehler kurz.
- Lerne aus diesem Fehler, Fehler sind die besten Lehrer.
- Mache denselben Fehler nicht noch einmal.
- Schäme dich nicht wegen eines Fehlers, sondern steh dazu.

- Rechtfertige dich nicht.
- Suche keine Ausreden.
- Setze dir ein positives Handlungsziel für den nächsten Punkt.
- Jeder Fehler wird dich besser und stärker machen.

Fehlentscheidungen

Zweifelhafte Entscheidungen auf dem Platz sind für die meisten Spieler schwer zu bewältigen. Mit Sicherheit hat jeder Spieler schon einmal erlebt, dass entweder der Gegner oder ein Schiedsrichter einen Ball als „aus" gewertet hat, der noch an der Linie war. Falsche Spielstände, zweifelhafte Abdrücke oder gar keine Abdrücke sorgen sehr häufig für Uneinigkeiten und Diskussionen. Im Moment einer angeblichen Fehlentscheidung fühlt sich der betroffene Spieler betrogen und die Emotionen fangen an zu kochen. Es kann sein, dass diese Entscheidung sogar zu einem Streit mit dem Gegner oder dem Schiedsrichter führt und eskaliert. Im schlimmsten Fall können Fehlentscheidungen sogar den Ausgang des Matches beeinflussen, wenn der Spieler sich nach einer Diskussion nicht mehr in den Griff bekommt.

Ein Spieler sollte sich bewusst werden, dass in jedem Match irgendwann eine oder mehrere zweifelhafte Entscheidungen getroffen werden.

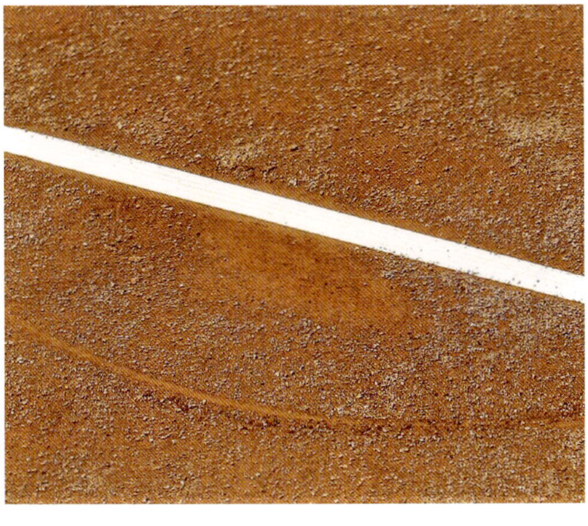

Tipps für Spieler

- Mache dir bewusst, dass falsche oder zweifelhafte Entscheidungen auf dem Tennisplatz unvermeidbar sind.
- Besonders auf schnellen, harten Belägen ohne Abdruck gibt es Fehlentscheidungen.
- Lerne, mit Fehlentscheidungen umzugehen, sonst bist du im Wettkampfsport falsch.
- Lasse einen Konflikt um eine Entscheidung nie eskalieren.
- Plane im Voraus, wie du bei einer angeblichen Fehlentscheidung reagieren wirst.
- Stelle niemals die Integrität deines Gegners oder von Offiziellen in Frage, sonst eskaliert die Situation.
- Gehe davon aus, dass dein Gegner oder der Wettkampfrichter sich geirrt und nicht absichtlich eine Fehlentscheidung getroffen hat.
- Frage immer höflich nach, ob dein Gegner bei seiner letzten Entscheidung sicher war.
- Gib deinem Gegner die Chance, seine Entscheidung zu korrigieren oder zurückzunehmen.
- Gehe bei zweifelhaften Entscheidungen davon aus, dass du dich geirrt hast oder dass der Gegner unabsichtlich einen Fehler gemacht hat.
- Bitte im Notfall höflich um die Unterstützung eines Schiedsrichters.
- Respektiere die endgültige Entscheidung des Schiedsrichters und hake die Entscheidung ab.
- Überlege dir eine Handlung für die Zukunft, mit der du dich nach einer kritischen Entscheidung wieder beruhigst und deinen Fokus wiederbekommst.
- Fehlentscheidungen geschehen immer auf beiden Seiten und gleichen sich meistens aus.

Ballinas Tricks für den Umgang mit Fehlern und Fehlentscheidungen

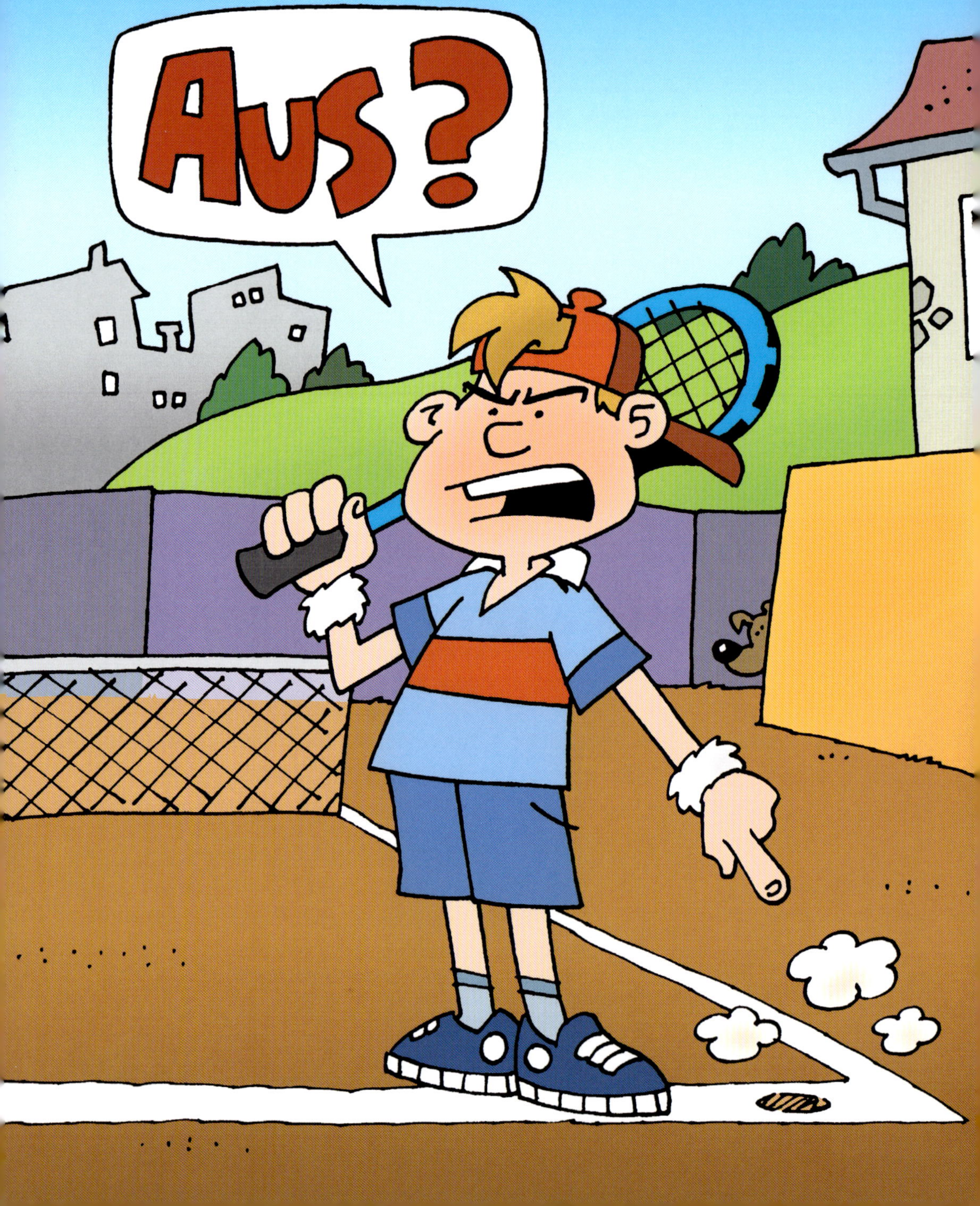

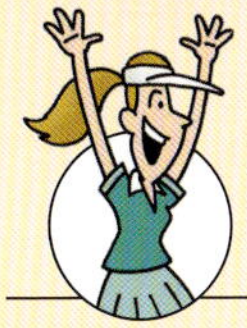

B Ballina

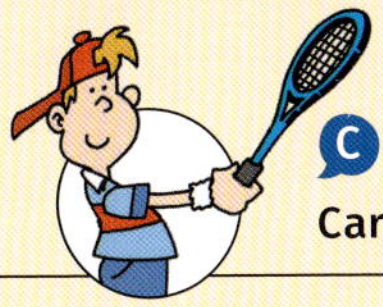

C Carlos Cool

Carlos kommt vom Platz, er ist sehr wütend, weil er gerade das Match verloren hat.

B Hallo, Carlos, du siehst sehr wütend aus. Was ist denn auf dem Platz passiert?

C Hallo, Ballina, es ist schrecklich. Ich habe einfach furchtbar schlecht gespielt und der Gegner hat auch noch geschummelt. Ich werde bei einem Match immer so wütend, wenn ich einen Fehler mache. Und wenn es eine Fehlentscheidung gibt, dann ärgere ich mich so sehr, dass ich gleich den ganzen Satz oder sogar das Match verliere.

B Ich finde es toll, dass du zu mir kommst, um dir einen Ratschlag zu holen. Und es ist sehr mutig von dir, darüber zu reden. Aber ich finde es nicht in Ordnung, dass du deinen Gegner beschuldigst, dass er geschummelt hat. Und nun erst einmal zu dir. Was denkst du, ist es möglich, ein Match ohne Fehler zu spielen?

C Also, wenn du mich so fragst, ich glaube nicht. Alle Spieler machen Fehler, sogar die Topspieler.

B Ja, genau, und die Topspieler ärgern sich kurz über ihren Fehler und dann analysieren sie kurz, was sie beim nächsten Ball machen müssen. Sie richten ihre Gedanken sofort auf den nächsten Punkt. Es ist nicht gut, wenn du dich zu lange mit einem Fehler beschäftigst. Akzeptiere ihn und setze dir ein Ziel für den nächsten Punkt, der ist in dem Moment wichtiger.

C Du hast recht. Ändern kann man es eh nicht mehr.

B Und wenn du an die Topspieler denkst, glaubst du, dass es Matches ohne Fehlentscheidungen gibt?

C Hmm, nein, eigentlich nicht. In jedem Match wird über Bälle diskutiert. Ich habe sogar schon mal gesehen, dass sich eine Schiedsrichterin verzählt hat.

B Siehst du. Und hast du schon mal eine Challenge gesehen?

C Oh ja, ich liebe Challenges, die sind immer spannend. Und stell dir vor, meistens liegen die Schiedsrichter und die Spieler falsch. Es ist unglaublich, wie knapp Bälle aus oder noch auf der Linie sein können.

B Und was sagt dir das?

C Das bedeutet wohl, dass es mit bloßem Auge sehr schwer ist, knappe Bälle zu entscheiden. Aber es gibt trotzdem Spieler, die vorsätzlich enge Bälle immer als „aus" bewerten.

B Das kann sein, aber du kannst dir nie sicher sein, ob jemand das mit Absicht macht oder nicht. Deshalb darfst du es auch niemandem unterstellen, und du solltest dich über diese Punkte nicht ärgern. Du musst sie akzeptieren. Ein Punkt hier oder da bedeutet noch lange keinen Matchverlust. Im Zweifelsfall solltest du einen Schiedsrichter zu Hilfe holen.

C Und was mache ich, wenn der auch falsch entscheidet?

B Der Schiedsrichter versucht, möglichst neutral eine Entscheidung zu fällen. Natürlich kann es vorkommen, dass er auch einmal falsch entscheidet. So wie du bei den Challenges im TV gesehen hast, machen auch die Schiedsrichter bei den Profis Fehler. Das Beste ist, du akzeptierst diesen Fehler. Du kannst immer davon ausgehen, dass es in jedem Match Fehlentscheidungen gibt. Wenn dir das vor dem Match bewusst ist, dann ärgerst du dich im Match nicht so sehr, wenn es passiert.
Und danach sagst du dir selbst: Nun erst recht, das hole ich mir zurück. Mache dir und deinem Gegner eine Kampfansage.

C Vielen Dank, Ballina, das hat mir sehr geholfen. Ich glaube, dass ich mit dieser Einstellung besser mit Fehlern und Fehlentscheidungen umgehen kann.

Übungen

Der Bär

5-10 Jahre

Der Spieler soll sich nach einem Fehler fühlen wie ein Bär, der gerade ins Wasser gefallen ist – ein nasser Bär. Sofort, nachdem der Bär ins Wasser gefallen ist, steht er wieder auf und geht auf allen vieren ans Ufer. Dort richtet er sich auf und stellt sich stabil hin, die Füße etwas auseinander, und schüttelt sich, so fest er kann, sodass das ganze Wasser aus seinem Fell spritzt. Der Spieler soll sich die Arme und Beine schütteln, bis er alles Negative von sich geworfen hat. Dann soll er sich anfeuern und seinem Gegner Angst machen wie ein großer starker Bär, der gleich angreift.

Der Fehlerspickzettel

11-14, 15-18 Jahre

Kein Spieler ist perfekt, und gerade im Tennis müssen die Spieler lernen, erfolgreich mit Fehlern umzugehen, denn es wird kein Training und kein Match geben, in dem sie keine Fehler machen. Es ist überhaupt kein Problem, einen Fehler zu machen, wenn man die richtige Einstellung dazu hat. Das Wichtigste ist, nach einem Fehler die richtigen Schlüsse zu ziehen und durch den Fehler besser zu werden. Die Spieler sollen sich einen Spickzettel erstellen und Lösungen und Tipps darauf notieren. Wenn sie merken, dass sie im Training oder im Match zu viele Fehler machen und anfangen, wütend zu werden, dann können sie den Spickzettel aus der Tasche holen und lesen.

Lösungen bei Fehlentscheidungen

11-14, 15-18 Jahre

Es wird im Tennis immer Fehlentscheidungen und Konflikte geben, egal, ob sie vom Gegner, vom Schiedsrichter oder von dem Spieler selbst kommen. Der Spieler soll sich dessen bewusst werden und sich vor einem Match oder Turnier spezifisch darauf vorbereiten, damit er in der Situation entsprechend handeln kann, ohne sich aus der Bahn werfen zu lassen.

Der Spieler soll sich auf einem Blatt Papier eine Tabelle erstellen. In der linken Spalte werden alle möglichen Fehlentscheidungen aufgelistet, die passieren können. Zum Beispiel: Der Gegner verzählt sich, der Gegner bewertet einen Ball als „aus", der Gegner akzeptiert meine Entscheidung nicht, der Gegner zeigt den falschen Ballabdruck, der Schiedsrichter gibt eine Verwarnung, etc. In die rechte Spalte kommen die Lösungsmöglichkeiten. Hier soll stehen, wie der Spieler sich in der Situation verhalten sollte, was er sagen sollte und was er denken sollte. Im Anschluss daran, sobald die Diskussion oder der Konflikt beendet ist, gilt es die Pausenroutine durchzuführen und das Vergangene abzuhaken.

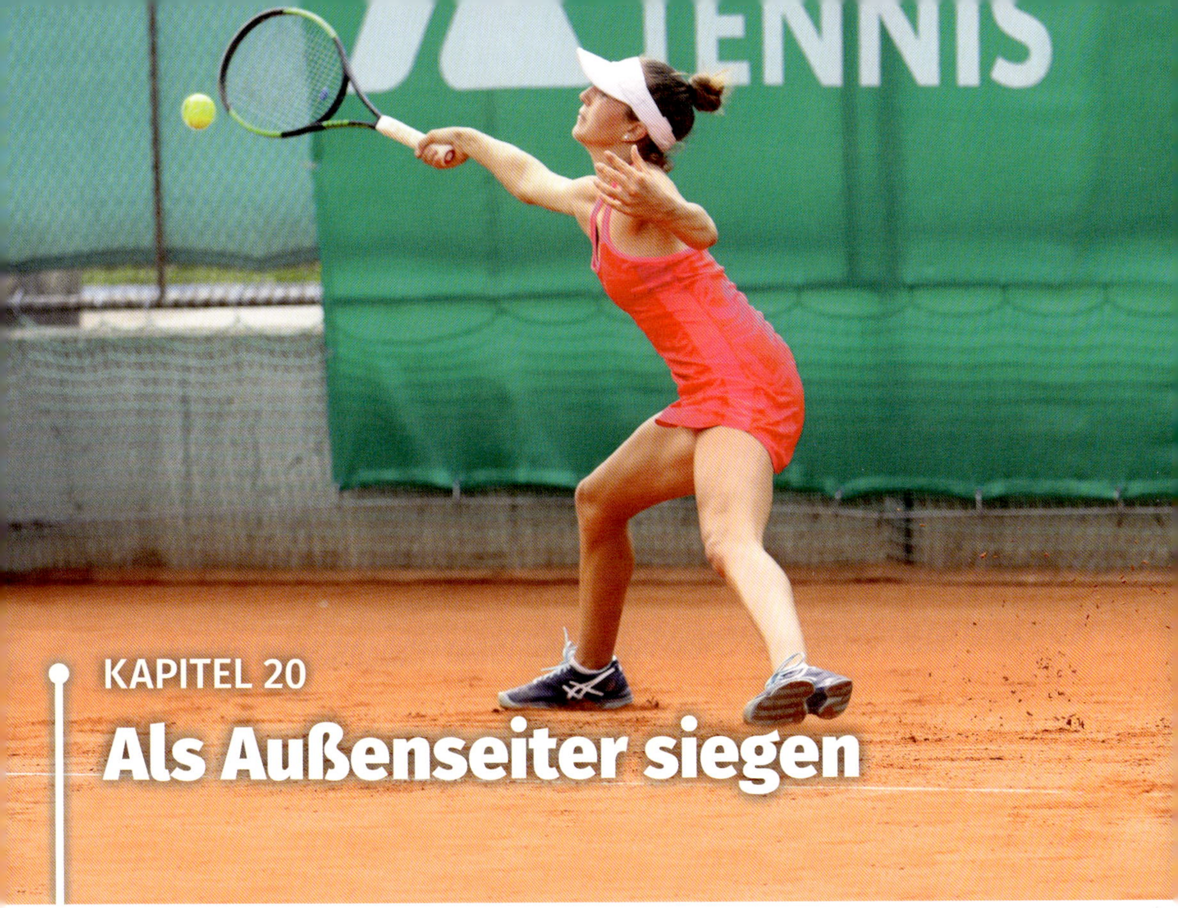

KAPITEL 20

Als Außenseiter siegen

Bei allen jungen Spielern kommt es in der Saison des Öfteren vor, dass sie bei einem Turnier gegen einen gesetzten oder vermeintlich besseren, größeren oder älteren Gegner spielen müssen. Schon von Anfang an ist das Match gegen den angeblich „besseren" Spieler und die eigene Rolle als Außenseiter vorbelastet. Der Spieler selbst, die Eltern, Trainer und andere Kinder beim Turnier überbieten sich mit Bemerkungen, wie „Oh nein, was für ein Pech, du musst schon wieder gegen einen gesetzten Spieler spielen" oder „ich habe immer eine schlechte Auslosung". In dem Moment, in dem ein Spieler solche Bemerkungen hört, ändert sich auch schon seine Einstellung zu dem Match. Im Kopf ist er eigentlich bereits der Unterlegene, denn laut Papier und laut den anderen ist er der schwächere Spieler.

Für Eltern und Trainer stellt sich nun die Frage, wie man am besten mit so einer Situation umgehen kann, wie man die Einstellung des Spielers auf das Match optimieren kann, was man zu einem Spieler sagen sollte und wie dieser selbst mit so einer Situation umgehen kann. Als Erstes besteht die Aufgabe der betreuenden Personen darin, dem Spieler die mögliche Angst vor dem Gegner und dem Match zu nehmen. Dem Spieler muss Mut gemacht werden, damit er dem scheinbar übermächtigen Gegner selbstbewusst auf dem Platz gegenübertreten kann. Dabei ist es hilfreich, dem Spieler von den Problemen des Gegners zu erzählen, die man beispielsweise bei anderen Matches gesehen hat. Dem Spieler muss deutlich gemacht werden, dass er nichts zu verlieren, aber viel zu gewinnen hat. Im Gegensatz dazu steht der Favorit unter

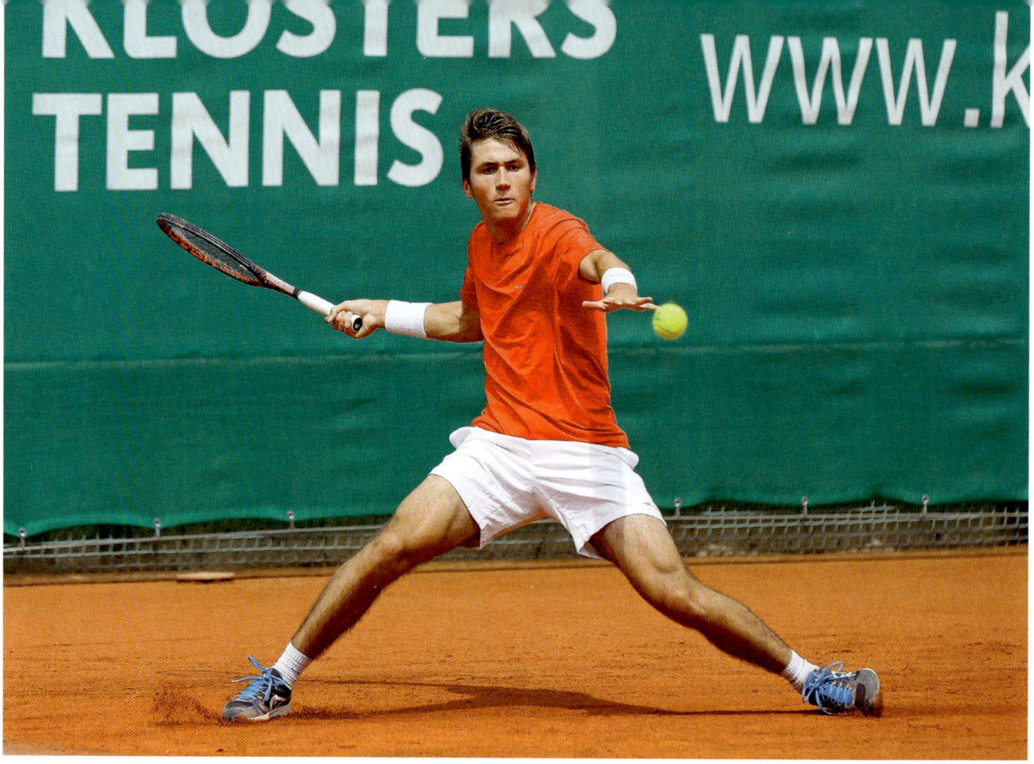

Druck, da er ja gegen einen angeblich viel schwächeren Gegner auf keinen Fall verlieren darf. Sobald der Spielstand also eng ist oder er sogar in Rückstand gerät, steigt der Druck auf den Favoriten. Sehr wichtig ist, dass das primäre Ziel des Außenseiters nicht der Sieg ist, sondern er sollte sich konkrete Handlungsziele und realistische Zwischenziele setzen. Eine fast unlösbare Aufgabe kann so in lösbare Etappenziele unterteilt werden. Jedes kleine Ziel, das erreicht wird, steigert das Selbstvertrauen des Underdogs und verringert das des Favoriten (Linz, 2004).

Taktisch macht es wenig Sinn, sich einem vermeintlich oder wirklich stärkeren Gegner anzupassen oder auf dessen Fehler zu warten. Der Spieler muss sich seiner eigenen Stärken bewusst sein und diese konsequent einsetzen. Dabei hilft eine gute mentale Vorbereitung. Der Spieler muss bei dem bleiben, was er am besten kann. Und das ist bestimmt nichts Spektakuläres, es gibt auch kein Geheimrezept, keine Wunderwaffe oder das Wundergetränk. Der Spieler muss mit den Stärken arbeiten, mit denen er sonst auch die Matches gewinnt, und das einsetzen, was er im Training am meisten trainiert und im Match am besten umsetzen kann. Und mit diesen persönlichen Waffen sollten unbeirrt die Schwächen des Gegners bearbeitet werden. Vielleicht klappt es nicht von Anfang an, aber vielleicht fängt auch der starke Gegner irgendwann in irgendeiner Situation an zu wackeln.

Wenn vor dem Match die Strategie steht, sollte der Spieler auf dem Platz versuchen, diese taktisch konsequent und ohne zu zögern umzusetzen. Auf diese Weise kann der Favorit überrascht und unter Druck gesetzt werden. Unentschlossenheit, Zögern und Zweifeln behindern das erfolgreiche Durchführen von Handlungen in entscheidenden Momenten und führen zu Fehlern. Handelt der Spieler nicht entschlossen und überzeugt von sich selbst, dann wird auch der Gegner das merken und selbst wieder das Ruder in die Hand nehmen.

Geht nun die Strategie auf und wird auf dem Platz taktisch gut umgesetzt, der Favorit wird überrascht und gerät unter Druck, der Außenseiter setzt gekonnt seine Stärken ein, ist dies noch lange keine Garantie für einen Sieg. Um nun wirklich zu gewinnen, braucht der Underdog sehr viel Mut und Durchhaltevermögen. Denn ein Match ist erst fertig, wenn beide am Netz stehen und einander die Hände schütteln. Häufig kommt es vor, dass Spieler bei einem bestimmten Spielstand anfangen zu realisieren, dass sie dabei sind zu gewinnen. Führt ein Spieler zum Beispiel mit einem Break, schlägt zum Matchgewinn auf und denkt: „Jetzt muss ich nur noch einmal meinen Aufschlag durchbringen, um das Match zu gewinnen", dann verliert er die volle Aufmerksamkeit auf seine Aufgabe. Er lässt nach und macht ein paar leichte Fehler. Wenn der Favorit eine kleine Chance wittert, kann so ein Match schnell wieder auf die andere Seite kippen. Oft bekommen Spieler im Angesicht des Sieges auch Angst vor dem Gewinnen. Es macht also Sinn, sich vor einem Match mental auf einen Sieg vorzubereiten, auch wenn der Sieg gegen einen scheinbar übermächtigen Gegner nicht im Vordergrund der Zielsetzung steht. Der Spieler sollte auf alle Möglichkeiten vorbereitet sein, und letztendlich möchte ja jeder Spieler, der auf den Platz geht, gewinnen.

Tipps für Spieler

- Die Rolle als Außenseiter hat viele Vorteile für dich, du musst dich jedoch mental gut darauf vorbereiten und an dich selbst glauben.
- Sei mutig und tritt deinem scheinbar stärkeren Gegner selbstbewusst gegenüber.
- Versuche, jegliche Zweifel an dir und deinem Können abzuschütteln.
- Mache dir klar, dass dein Gegner auch nur ein Mensch ist, der wie jeder andere Fehler macht.
- Auch dein Gegner ist nervös, weil er als Favorit gegen einen Außenseiter spielt.
- Du hast nichts zu verlieren, aber viel zu gewinnen.
- Dein Gegner hat nicht viel zu gewinnen, aber viel zu verlieren.
- Denke an frühere Spiele zurück, bei denen du mit überraschenden Siegen oder überragenden Leistungen geglänzt hast.
- Stelle bei diesem Match nicht den Sieg in den Vordergrund.
- Konzentriere dich auf Handlungs- und Zwischenziele.
- Stelle dir viele kleine lösbare Aufgaben.
- Baue mit jedem erreichten Etappenziel dein Vertrauen auf.
- Finde heraus, welche Schwächen dein Gegner hat.
- Gegen einen stärkeren Gegner macht es wenig Sinn, auf dessen Fehler zu warten oder sich seinem Spiel anzupassen.
- Mache dir deine Stärken bewusst, damit wirst du den Favoriten am ehesten stürzen.
- Setze deine eigenen Stärken und eine gute Taktik gekonnt gegen die Schwächen des Gegners ein.
- Plane die richtige Strategie vor dem Match, und setze sie dann auf dem Platz um.
- Handle mutig, zielsicher und konsequent.
- Bereite dich vor dem Match mental auf einen Sieg vor.

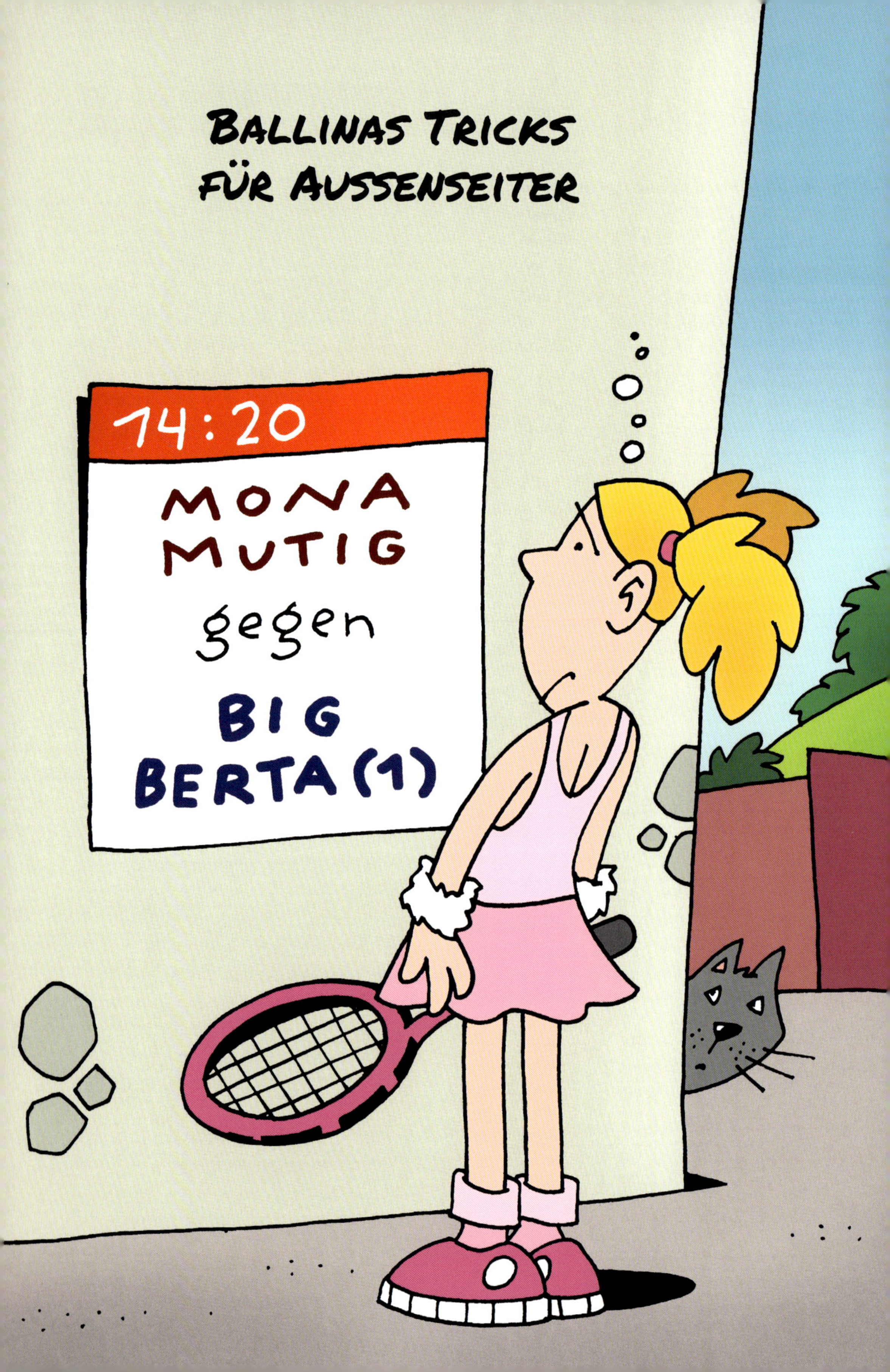
BALLINAS TRICKS
FÜR AUSSENSEITER
14:20
MONA
MUTIG
gegen
BIG
BERTA (1)

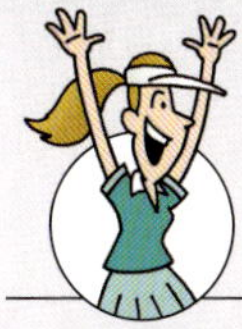

B Ballina

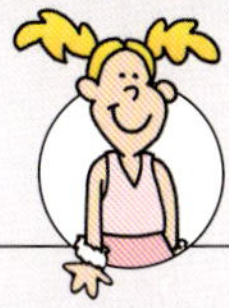

M Mona Mutig

Mona Mutig ist sehr enttäuscht. Schon wieder muss sie gegen eine gesetzte Spielerin spielen. Im Kopf hat sie das Match bereits abgehakt, das ist keine besonders gute Voraussetzung, um auf den Platz zu gehen. Zum Glück kommt gerade Ballina vorbei.

B Hallo, Mona, wie läuft es bei dir?

M Hallo, Ballina, ach, nicht so gut. Stell dir vor, ich muss gegen eine Gesetzte spielen. Ich habe immer so ein Pech bei der Auslosung. Da habe ich doch keine Chance.

B Also, Mona, jetzt aber mal halblang. Natürlich hast du eine Chance. Man hat im Tennis immer eine Chance.

M Aber was soll ich denn machen? Hast du ein paar Tipps für mich?

B Natürlich habe ich ein paar Tipps für dich. Ich werde sie dir gleich erzählen, aber umsetzen und mutig auf den Platz gehen, das musst du selbst.

M Versprochen. Bitte erzähle mir, was ich machen soll.

B Als Erstes musst du aufhören, an dir selbst zu zweifeln. Glaube an dich und das, was du kannst. Du hast doch fleißig trainiert und schon viele Matches gewonnen. Das sollte dir doch Selbstvertrauen geben.

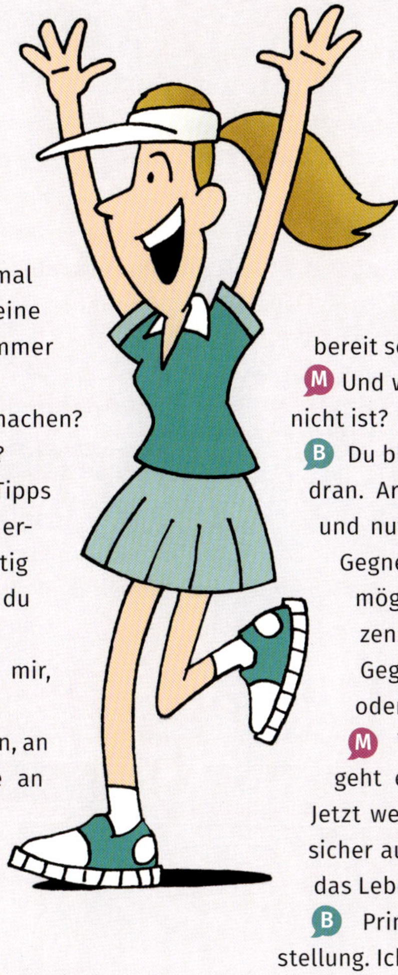

M Du hast recht, ich habe in der letzten Zeit tatsächlich sehr gut trainiert und auch in den Matches gute Leistungen gebracht.

B Und bei einem Match gegen eine vermeintlich bessere Gegnerin hast du doch nichts zu verlieren. Du kannst ganz locker aufspielen. Und deine Gegnerin hat im Gegensatz zu dir viel zu verlieren. Sie wird wahrscheinlich sehr nervös sein, sobald das Spiel etwas enger wird. Es kann auch sein, dass sie etwas überheblich ins Match geht, weil sie denkt, sie ist viel besser. Und dann wird sie leichte Fehler machen. Das ist der Moment, da solltest du bereit sein und zupacken.

M Und was passiert, wenn sie das nicht ist?

B Du bleibst auf jeden Fall immer dran. Arbeite mit deinen Stärken und nutze jede Schwäche deiner Gegnerin aus. Du solltest dir möglichst Handlungsziele setzen. Irgendwann wird deine Gegnerin Schwächen zeigen oder Fehler machen.

M Vielen Dank, Ballina, jetzt geht es mir schon viel besser. Jetzt werde ich mutig und selbstsicher auf den Platz gehen und ihr das Leben schwer machen.

B Prima, das ist eine gute Einstellung. Ich wünsche dir viel Erfolg.

Übungen

Außenseiter gegen Favorit

5-10, 11-14, 15-18 Jahre

Es wird ein Trainingsmatch mit den folgenden Aufgaben gespielt:

1. Der Außenseiter hat drei Aufschläge.
2. Der Außenseiter spielt auf einem etwas verkleinerten Platz gegen den Favoriten auf dem ganzen Platz. Eigentlich sollte hier der Außenseiter gewinnen.
3. Der Favorit kann nur ein Spiel gewinnen, wenn er drei Punkte hintereinander gewinnt. Dann ist Aufschlagwechsel. Der Außenseiter muss verhindern, dass der andere drei Punkte hintereinander gewinnt. Er selbst braucht jedoch nur zwei Punkte hintereinander, um das Spiel zu gewinnen.
4. Der Außenseiter startet jedes Spiel mit 30 : 0. Er soll die Führung ausnutzen und den Favoriten nicht zurück ins Spiel kommen lassen.

15 vor

5-10, 11-14, 15-18 Jahre

Es wird ein Trainingsmatch gespielt. Der Spieler, der das Game gewinnt, liegt beim nächsten Spiel einen Punkt (also beim ersten Punkt 0 : 15) hinten. Gewinnt er dieses Spiel ebenfalls, steht es 0 : 30. Sobald der andere Spieler ein Spiel gewinnt, hat er wieder einen Punkt weniger. Der Außenseiter hat so die Chance, das Spiel durch den Vorsprung leichter zu gewinnen. Der Favorit muss kämpfen, um die Rückstände wieder aufzuholen.

Checker

5-10, 11-14, 15-18 Jahre

Es wird ein Trainingsmatch gespielt und es werden immer sechs Punkte gespielt (ein Spieler schlägt sechsmal auf). Jeder muss sich merken, welche Punkte er gewonnen hat. Spieler A hat zum Beispiel Punkte 1, 2, 5 und 6 gewonnen, B dafür 3 und 4. Dann darf der Aufschläger würfeln. Derjenige hat das Spiel gewonnen, dessen Zahl gewürfelt wird. Bei einer 3 hat B das Spiel gewonnen, er ist der Checker. Bei diesem Spiel kommt es darauf an, dass jeder Punkt wichtig ist, und nicht unbedingt, wer der bessere Spieler ist. Mit etwas Glück kann auch der schwächere Spieler den Favoriten in Bedrängnis bringen.

Golden Point

5-10, 11-14, 15-18 Jahre

Es wird ein Match gespielt. Sobald der Favorit 40 : 0, 40 : 15 oder 40 : 30 in einem Spiel führt, muss er dies mit dem nächsten Punkt zumachen. Verliert er den Punkt, geht das Spiel automatisch an den Außenseiter. Der Fokus in diesem Spiel liegt darauf, dass der Außenseiter immer dranbleibt und gerade bei einem Spielstand gegen ihn immer weiterkämpft.

Bleibende Punkte

5-10, 11-14, 15-18 Jahre

Es wird ein Trainingsmatch gespielt. Wenn der Außenseiter das Spiel verliert, kann er seine Punkte für das nächste Spiel behalten. Er kann dann versuchen, seinen Vorteil beim nächsten Spiel auszunutzen und den Favoriten in Schwierigkeiten zu bringen.

Doppelt gemoppelt

5-10, 11-14, 15-18 Jahre

Es wird ein Trainingsmatch gespielt. Alle Punkte oder Spielgewinne des Außenseiters zählen doppelt. Auf diese Weise wird die Motivation beim Außenseiter gefördert und die Aufmerksamkeit des Favoriten permanent hochgehalten.

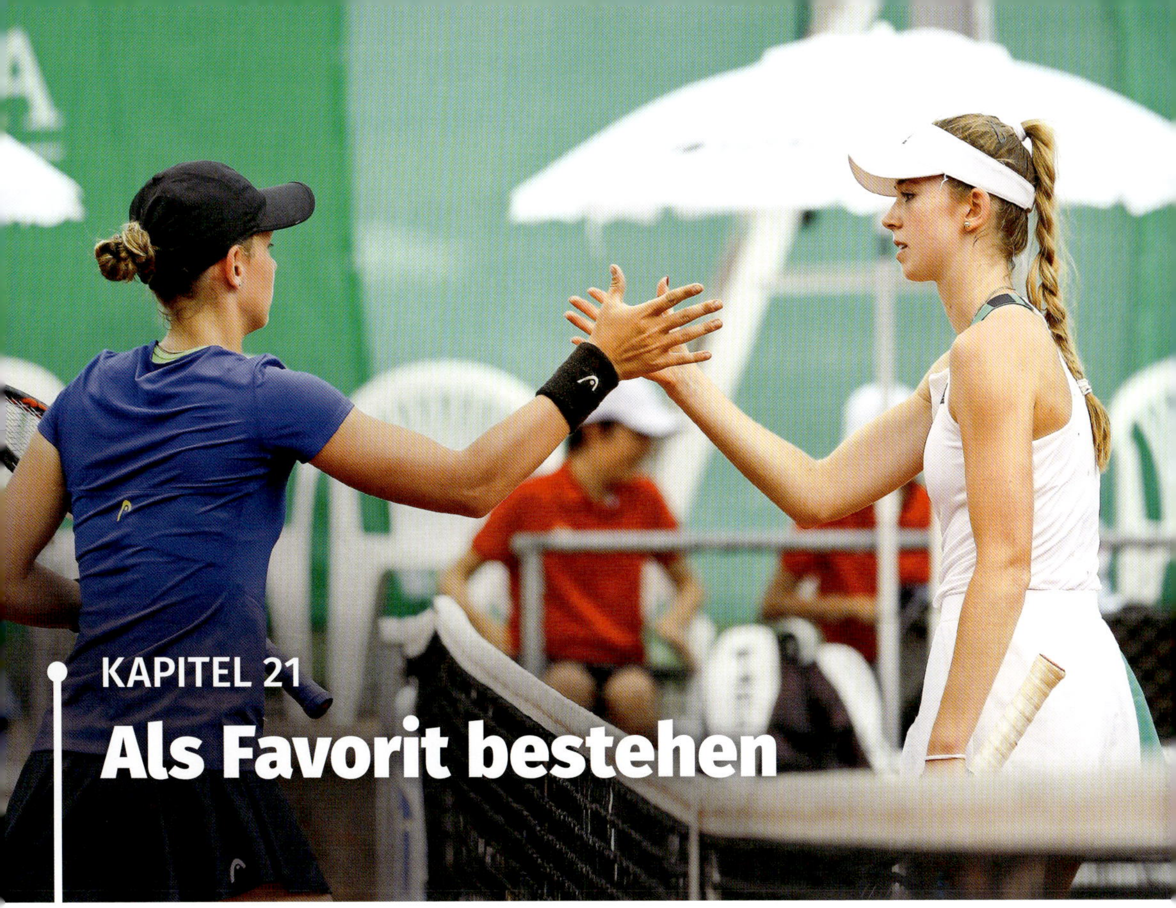

KAPITEL 21

Als Favorit bestehen

Genauso wie ein Spieler des Öfteren als Außenseiter den Platz betritt, kann es auch sein, dass er als Favorit auf den Platz geht. Als gesetzter Spieler gegen einen ungesetzten zu spielen oder mit einer deutlich besseren Ranglistenposition als der Gegner, und schon steckt ein Spieler in der Rolle des Favoriten. Für einen jungen und unerfahrenen Tennisspieler ist auch diese Rolle nicht einfach zu bewältigen. Von den Außenstehenden wird er sich wahrscheinlich Bemerkungen, wie: „Das packst du locker“, „Super Auslosung“, „Gegen den Gegner kannst du gar nicht verlieren“ oder Ähnliches anhören müssen. In dem Moment, in dem ein Spieler Bemerkungen wie diese hört, ändert sich auch schon seine Einstellung zu dem Match. Im Kopf ist er eigentlich bereits der Sieger, denn laut Papier und den anderen ist er klar der Bessere. Einige Spieler tendieren dazu, schon darüber nachzudenken, gegen wen sie in der nächsten und übernächsten Runde spielen werden.

Für Eltern und Trainer besteht die Aufgabe darin, ihren Schützling bestmöglich auf das Match vorzubereiten und seine Einstellung für das Match zu optimieren. Mit der richtigen Einstellung ist gemeint, dass der Spieler innerlich bereit ist, auf eine bestimmte Art und Weise zu denken, zu handeln und zu fühlen (Baumann, 2011). Nach Linz (2004) besteht die erste Aufgabe der Betreuer zunächst einmal darin, sich selbst als Vorbild zu verhalten und die richtige Einstellung zu haben. Die Spieler hören nicht nur die Bemerkungen oder den Unterton, sie spüren auch, wie die Einstellung des Trainers oder der Eltern zu einem Match ist. Nimmt der Trainer ein Match nicht ernst, oder haben die

Eltern insgeheim Angst vor einer Blamage, dann überträgt sich dieses Gefühl auch mit großer Wahrscheinlichkeit auf den Spieler selbst. Die richtige Einstellung beim Spieler fängt also schon bei der richtigen Einstellung der Betreuer an.

Als Nächstes sollte dem Spieler deutlich gemacht werden, dass ein Sieg niemals selbstverständlich ist, egal, wie klein, jung oder welche Ranglistenposition der Gegner hat. Jeder Gegner muss ernst genommen werden. Wäre ein Sieg gegen einen schwachen Gegner selbstverständlich, dann wäre ja es keine besondere Leistung zu gewinnen. Dies wiederum kann zu Überheblichkeit und Nachlässigkeit auf dem Platz führen. Und daraus würde das nächste Problem entstehen. Wenn der Gegner so viel schwächer ist, dann gibt es bei dem Match nicht wirklich viel zu gewinnen, aber sehr viel zu verlieren. Wenn der Spieler anfängt sich vorzustellen, was passiert und was die anderen sagen würden, wenn er dieses Match verliert, dann bekommt er es sehr wahrscheinlich mit der Angst zu tun (Linz, 2004). Egal, ob man als „angeblicher" Außenseiter, Favorit oder gleichwertiger Gegner auf dem Platz steht, der Gegner muss immer respektiert und ernst genommen werden. Laura Siegemund hat dies in einem Interview sehr vorbildlich ausgedrückt: „Ganz ehrlich: Über die Rangliste habe ich mir noch nie Gedanken gemacht. Genauso wenig wie über die Gegnerinnen, auf die ich in einem Turnier treffen könnte. Ich schaue immer nur, gegen wen ich als Nächstes spiele". Für das Match gegen den nächsten Gegner sollten sich die Spieler jeweils konkrete Handlungsziele setzen und diese in den Mittelpunkt stellen. Bei Handlungszielen steht das sportliche Können im Vordergrund, und dieses bezieht sich nach Baumann auf den aktuellen technischen, taktischen, konditionellen und mentalen Zustand. Wenn nur das Gewinnen als Hauptziel steht, dann geht ein Spieler vielleicht mit weniger Einsatz auf den Platz, weil er denkt, 50 % reichen für einen Sieg. Das Ziel ist es aber, den Spieler dazu zu bringen, immer mit 100 %

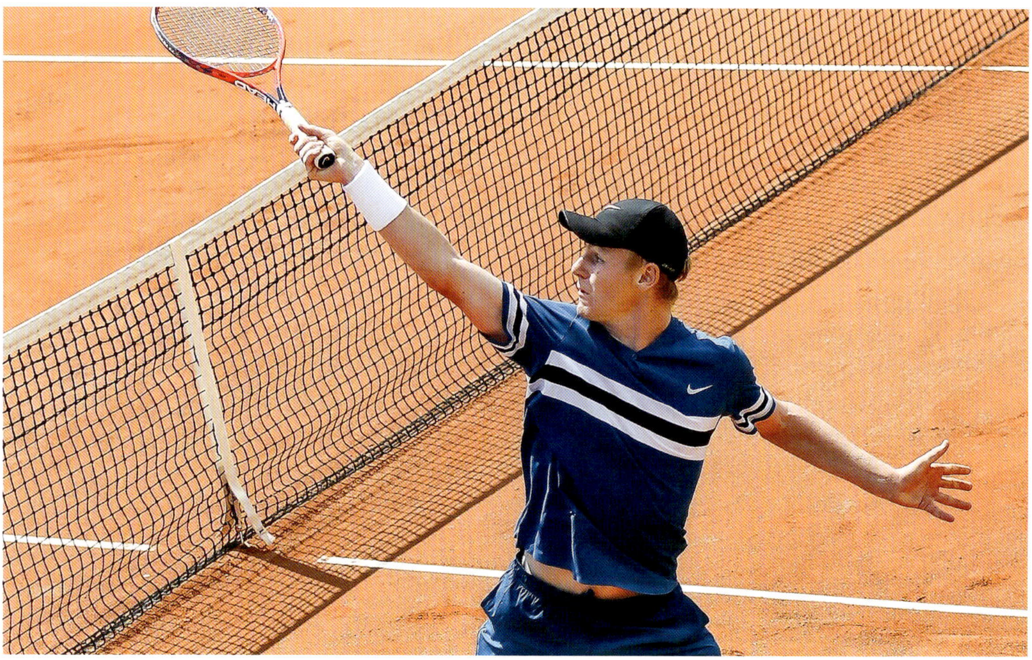

Einsatz und einer 100%igen Einstellung aufzutreten. Also braucht er eine Aufgabenstellung, die ihn fordert und interessant ist. Dies kann unter Umständen auch ein ergebnisorientiertes Ziel sein. Diese müssen abhängig von Situation und Gegner aber realistisch gestellt sein, und auf jeden Fall sollten sie mit dem Trainer abgesprochen werden. Sind ergebnisorientierte Ziele zu hoch gesteckt, dann kann es gegebenenfalls zu Frustration oder Einbußen des Selbstvertrauens kommen (Baumann, 2011).

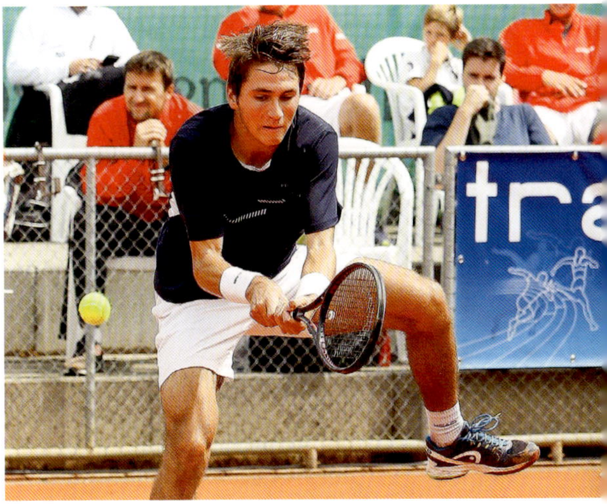

Jeder Favorit sollte sich zudem genau überlegen, was er macht, wenn das Match gegen den Außenseiter eng wird oder er in Rückstand gerät. Laura Siegemund hat in ihrem Interview auch gesagt, dass es eine Stärke von ihr sei, sich auf das Wesentliche zu konzentrieren. Sie würde versuchen, sich nicht wegen des Spielstands verrückt zu machen. Sie könne, wenn ihr das Wasser bis zum Hals steht, meistens noch eine Schippe drauflegen (Bild, 30.4.2017). Wichtig ist, dass Spieler in entscheidenden Momenten ruhig und geduldig bleiben und ihre Handlungsziele bzw. Lösungsmöglichkeiten vor Augen haben. Wer niemals eine Niederlage in Betracht zieht und keine Lösungsmöglichkeiten parat hat, wird sehr wahrscheinlich ängstlich reagieren und kopflos, hektisch oder verkrampft spielen.

Tipps für Spieler

- Auch in der Rolle als klarer Favorit solltest du dich mental gut auf das Match vorbereiten. Überheblichkeit oder vermeintliche Sicherheit über den Sieg können zu großer Nachlässigkeit führen und dir als Favorit das Leben schwermachen oder sogar Niederlagen herbeirufen.
- Versuche nicht, auf Sprüche von Außenstehenden einzugehen.
- Verdeutliche jedem deine Einstellung, dass du jedes Match ernst nimmst.
- Stelle dir eine Liste der positiven Aspekte auf, die aus einem Sieg bei diesem Match hervorgehen können.
- Mache dir klar, warum dieser Sieg wichtig für dich ist.
- Setze dir exakte Handlungsziele für alle möglichen Situationen.
- Gegen einen schwächeren Gegner ist es nicht unbedingt ratsam, dass du dir nur einen Sieg vorstellst.
- Setze dir handlungs- und/oder ergebnisorientierte Ziele, dann hast du eine recht anspruchsvolle Aufgabe, die dich fordert.
- Nun musst du dich voll und ganz einsetzen, um dein Ziel zu verwirklichen (zum Beispiel: „Ich werde pro Satz maximal zwei Spiele abgeben!“).
- Bereite dir auch einen Notplan vor, den du umsetzt, falls es eng wird oder du einen Rückstand aufholen musst.
- Gehe gut vorbereitet und mit einem klaren Kopf auf den Platz.
- Respektiere deinen Gegner, auch wenn er vermeintlich schwächer ist als du.
- Behalte immer einen kühlen Kopf, auch wenn es mal nicht so gut läuft.

Ballinas Tricks für den Favoriten

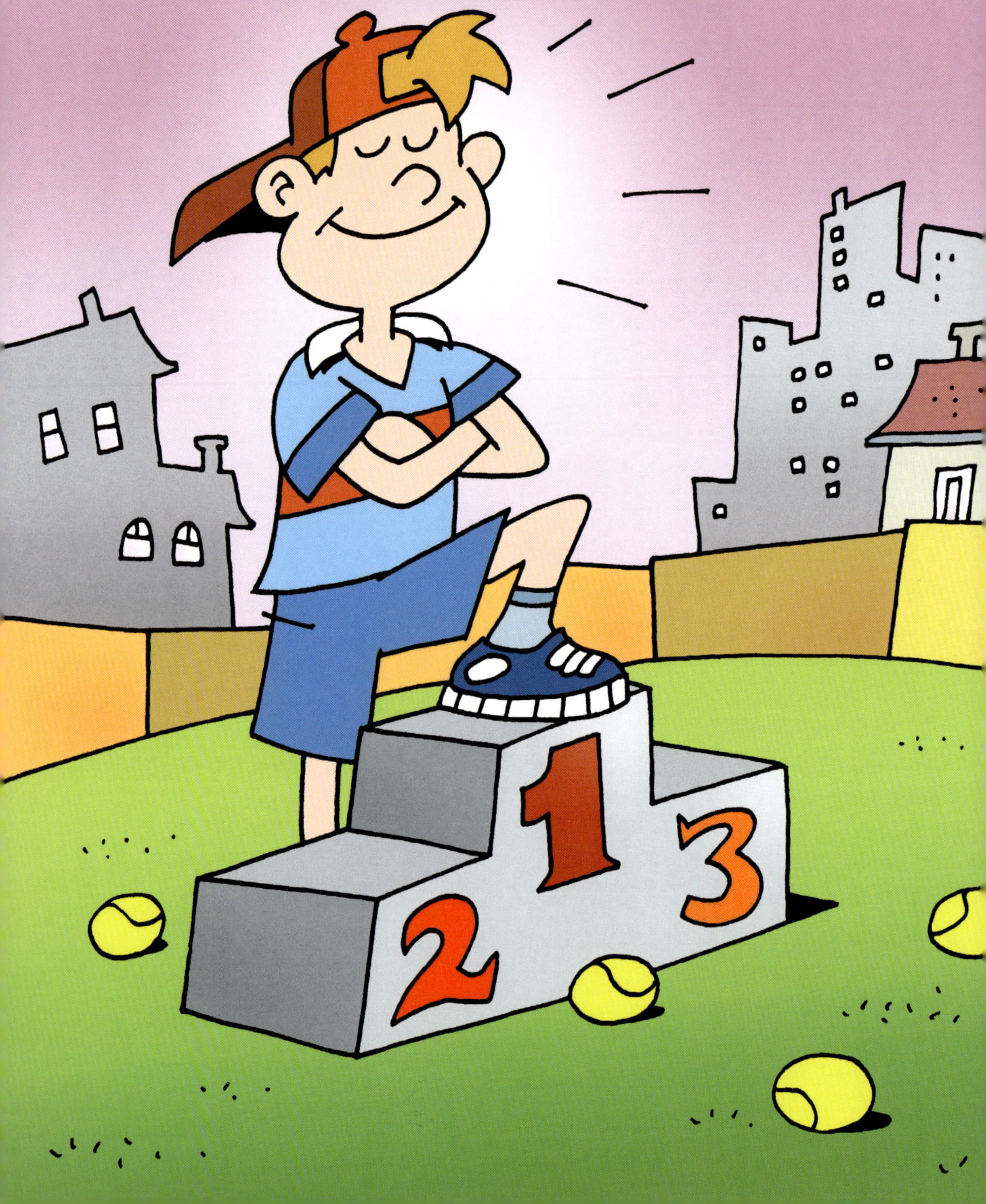

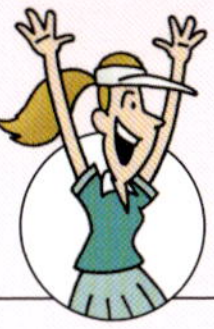

B Ballina

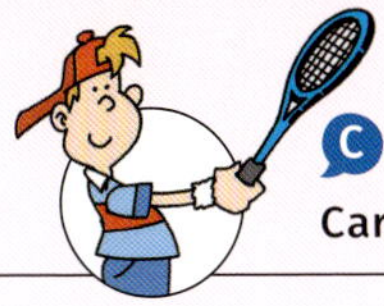

C Carlos Cool

Carlos kommt strahlend auf den Trainingsplatz. Er möchte sich heute noch mit Ballina auf das nächste Turnier vorbereiten. Er hat auch schon die Auslosung gesehen und ist begeistert, er ist an Position 1 gesetzt.

C Hallo, Ballina, wie geht es dir? Hast du schon gesehen, ich bin an Position 1 gesetzt. Endlich mal ein Turnier, bei dem ich so richtig absahnen kann.

B Hallo, Carlos, danke, mir geht es gut. Und dir anscheinend auch. Ich habe die Auslosung vorhin auch schon gesehen. Meinst du nicht, dass du etwas zu siegessicher bist?

C Das Turnier ist wirklich schwach besetzt. Da kann mir eigentlich kein Gegner gefährlich werden.

B Also an deiner Stelle wäre ich mit solchen Aussagen etwas vorsichtiger. Auch wenn du als klarer Favorit in das Turnier startest, solltest du dich mental gut auf das Match vorbereiten. Wenn du zu überheblich bist oder denkst, du hast den Sieg sicher in der Tasche, dann kann das zu großer Nachlässigkeit führen und dir als Favorit das Leben schwer machen oder sogar Niederlagen herbeirufen. Tennisspieler, die eine gute Einstellung haben, nehmen jeden Gegner und jedes Match ernst.

C Hmmm, da war ich wohl schon ein wenig übereifrig. Ich habe einfach gedacht, dass die anderen alle schlechter sind, weil sie in der Rangliste hinter mir stehen.

B Ja, das denken sich die anderen auch. Du bist derjenige, der in der Rangliste vor ihnen steht, und sie sind bestimmt sehr motiviert, dich zu schlagen. Du kannst einmal davon ausgehen, dass dir niemand etwas schenkt.

C Und was schlägst du vor? Hast du eine Idee, was ich da machen sollte?

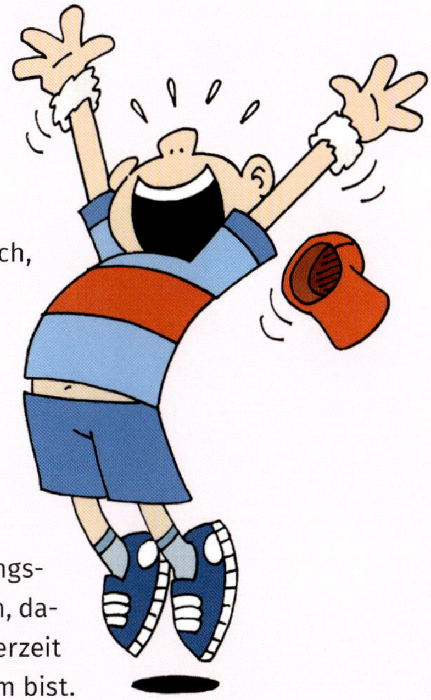

B Natürlich, ich kann dir gerne ein paar Tipps geben. Auf jeden Fall solltest du dir Handlungsziele setzen, damit du jederzeit aufmerksam bist. Setze dich mit den Situationen auseinander, die eintreffen können, und stelle dir eine Lösungsmöglichkeit vor. Was machst du, wenn es plötzlich eng wird oder du hinten liegst? Was machst du, wenn es mal nicht so läuft, wie du gerne hättest? In dem Fall ist es ratsam, einen kühlen Kopf zu bewahren und an die Lösungsmöglichkeiten zu denken, die du vorbereitet hast.

C Vielen Dank, Ballina, ich werde es mir zu Herzen nehmen. Da wäre ich fast mit einer wirklich schlechten Einstellung in das Turnier gestartet.

Übungen

Favorit gegen Außenseiter

5-10, 11-14, 15-18 Jahre

Es wird ein Trainingsmatch mit den folgenden Aufgaben gespielt:

1. Der Favorit hat nur einen Aufschlag. Trotz der erschwerten Bedingungen soll er das Spiel gewinnen.
2. Der Favorit spielt auf dem ganzen Platz gegen den Außenseiter auf einem verkleinerten Platz. Der Favorit muss sich bewähren und kämpfen, um dieses Match zu gewinnen.
3. Der Favorit kann nur ein Spiel gewinnen, wenn er drei Punkte hintereinander gewinnt. Dann ist Aufschlagwechsel. Der Außenseiter kann bereits mit zwei Punkten das Spiel gewinnen.
4. Der Favorit startet in jedem Spiel mit einem Rückstand von 0 : 30. Er muss sofort parat sein und den Rückstand wieder aufholen.

15 vor

5-10, 11-14, 15-18 Jahre

Es wird ein Trainingsmatch gespielt. Der Spieler, der das Game gewinnt, liegt beim nächsten Spiel einen Punkt (also beim ersten Punkt 0 : 15) hinten. Gewinnt er dieses Spiel ebenfalls, steht es 0 : 30. Sobald der andere Spieler ein Spiel gewinnt, hat er wieder einen Punkt weniger. Der Außenseiter hat so die Chance, das Spiel durch den Vorsprung leichter zu gewinnen. Der Favorit muss kämpfen, um die Rückstände wieder aufzuholen.

Checker

5-10, 11-14, 15-18 Jahre

Es wird ein Trainingsmatch gespielt und es werden immer sechs Punkte gespielt (ein Spieler schlägt sechsmal auf). Jeder muss sich merken, welche Punkte er gewonnen hat. Spieler A hat zum Beispiel Punkte 1, 2, 5 und 6 gewonnen, B dafür 3 und 4. Dann darf der Aufschläger würfeln. Derjenige hat das Spiel gewonnen, dessen Zahl gewürfelt wird. Bei einer 3 hat B das Spiel gewonnen, er ist der Checker. Bei diesem Spiel kommt es darauf an, dass jeder Punkt wichtig ist, und nicht unbedingt, wer der bessere Spieler ist. Mit etwas Glück kann auch der schwächere Spieler den Favoriten in Bedrängnis bringen.

Golden Point

5-10, 11-14, 15-18 Jahre

Es wird ein Match gespielt. Sobald der Favorit 40 : 0, 40 : 15 oder 40 : 30 in einem Spiel führt, muss er dies mit dem nächsten Punkt zumachen. Verliert er den Punkt, geht das Spiel automatisch an den Außenseiter. Der Fokus in diesem Spiel liegt darauf, dass der Favorit voll bei der Sache bleibt, auch wenn er hoch führt.

Doppelt gemoppelt

5-10, 11-14, 15-18 Jahre

Es wird ein Trainingsmatch gespielt. Alle Punkte oder Spielgewinne des Außenseiters zählen doppelt. Auf diese Weise wird die Motivation beim Außenseiter gefördert und die Aufmerksamkeit des Favoriten permanent hochgehalten.

KAPITEL 22

Ein wichtiges Match

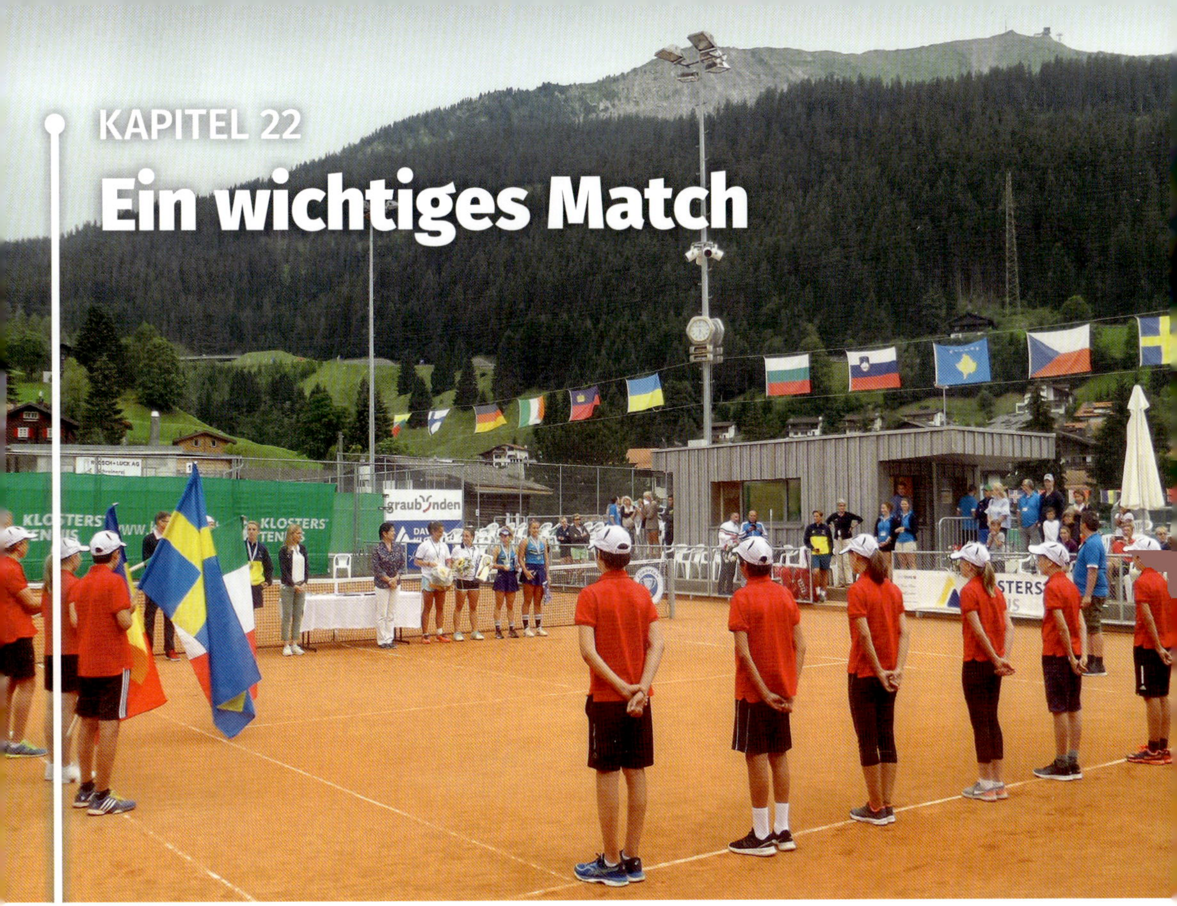

Jeder Spieler definiert für sich selbst, welches Match für ihn eine große Rolle spielt. Für manche Spieler ist es schon sehr wichtig, die erste Runde zu überstehen, weil sie vielleicht immer in der ersten Runde besonders nervös und noch nicht wirklich im Matchrhythmus sind. Manche müssen erst einmal ihr Selbstvertrauen für Matches aufbauen. Für die meisten aber ist wohl ein Finale etwas ganz Besonderes. Dass beim Tennis von allen Teilnehmern immer nur zwei ins Endspiel kommen, spielt dabei für den Kopf eine große Rolle. Von einem 32er-Teilnehmerfeld verlieren immerhin 30, und nur zwei schaffen es ins Finale. Und dort wird auch wieder einer verlieren. Bei einem Turnier (außer beim Round-Robin-System) verlieren also irgendwann alle bis auf einen Spieler. An dieser Stelle spielt der Umgang mit Niederlagen (siehe Kapitel 27) eine sehr große Rolle, denn die Wahrscheinlichkeit, bei einem Turnier im Tennis zu verlieren, ist relativ hoch.

Aber auch der Umgang mit einem wichtigen Match wie einem Finale muss gelernt sein. Gerade bei jungen und unerfahrenen Spielern ist das Erreichen des Endspiels etwas Besonderes, da sie bisher wahrscheinlich selten eines erreicht haben. Für einen älteren Spieler, der schon öfter in einem Finale stand, ist dies immer noch etwas Spezielles, aber er hat mehr Erfahrung im Umgang mit dieser bedeutenden Situation. Die Stimmung vor entscheidenden Spielen ist anders als sonst, der Spieler weiß, wenn er dieses Match gewinnt, dann hat er das Turnier, einen Pokal oder andere Preise gewonnen. Die Hoffnungen, Ängste und Wünsche verdichten sich meistens in den letzten Stunden. Die Anspannung beim Spieler steigt mit

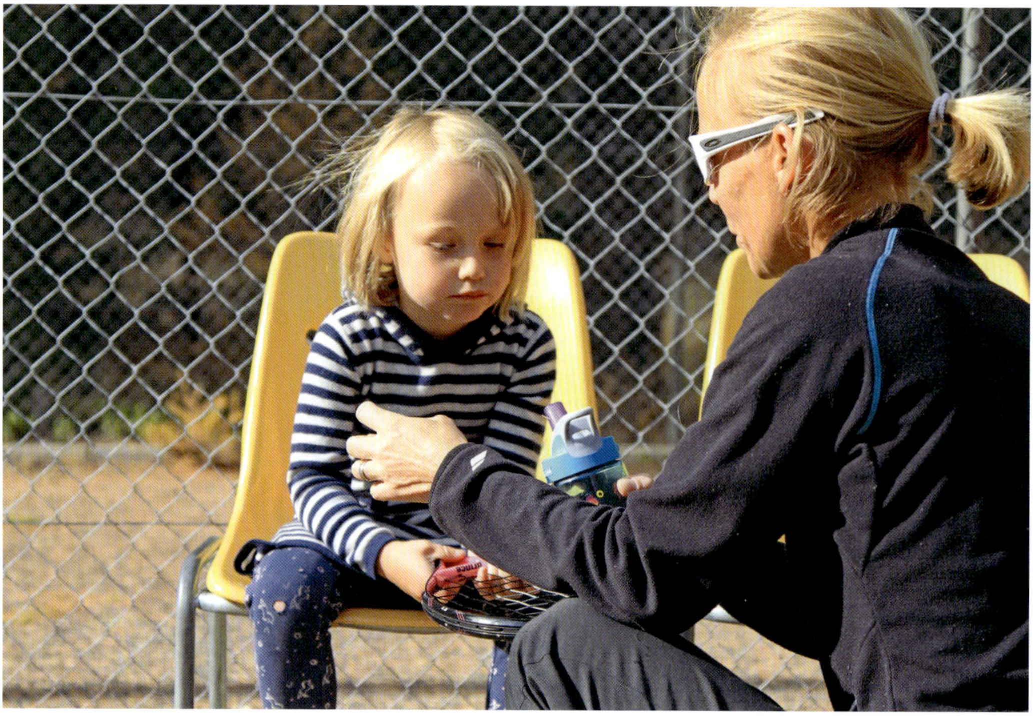

jeder Minute, und in seinem Kopf spuken wahrscheinlich tausend Gedanken. Kommen dann noch Kommentare von Außenstehenden dazu, wie: „Toll, du hast es ins Endspiel geschafft. Jetzt geht es um die Wurst!“ oder Ähnliches, dann wird der Spieler wohl noch nervöser.

Für Eltern und Trainer besteht die Aufgabe zunächst darin, ihren Schützling bestmöglich auf dieses Spiel vorzubereiten. Sie sollten den Spieler innerlich so einstellen, dass er besser mit der Situation umgehen kann und dass er den richtigen Fokus für das nächste Match hat. Die Betreuer müssen sich auch selbst als Vorbilder verhalten und ebenfalls die richtige Einstellung haben. Ist der Trainer extrem nervös oder haben die Eltern insgeheim Angst vor einer Blamage, dann wird sich dieses Gefühl auch mit großer Wahrscheinlichkeit auf den Spieler übertragen. Die richtige Einstellung beim Spieler fängt bei der richtigen Einstellung der Betreuer an. Da jeder Spieler anders auf eine Situation wie diese reagiert, ist viel Einfühlungsvermögen gefragt. Die Betreuer sollten versuchen herauszufinden, was der Spieler generell für ein Aktivationsniveau vor Matches hat und ob sich das vor einem wichtigen Spiel ändert. Unter dem Aktivationsniveau versteht man den inneren Erregungszustand eines Spielers. Es gibt Spieler, deren Aktivationsniveau zu hoch ist, d. h. sie sind sehr hektisch und unruhig. Ist ein Spieler zu ruhig und blockiert, dann ist sein Erregungsgrad zu niedrig. In beiden Fällen sollten Gegenmaßnahmen ergriffen werden, damit der Spieler sich bestmöglich auf das Match vorbereiten und dann eine gute Leistung auf dem Platz erbringen kann. Die beste Leistung kann ein Spieler bei einem mittleren Anspannungsniveau erbringen.

Nach Linz (2004) ist es wichtig, dem Spieler gegenüber herauszustellen, dass ein Finale etwas Besonderes ist. Bei diesem Spiel spitzt sich alles zu, jeder Beteiligte weiß das und es geht kein Weg daran vorbei. Es bringt also nicht viel, so zu tun, als ob es ein Match wie jedes andere wäre. Der Spieler weiß, dass das nicht stimmt, und die Betreuer auch. Tun die Betreuer so, als ob das Endspiel nichts Spezielles wäre, dann könnte sich der Spieler mit seinen Gefühlen alleine gelassen fühlen. Man sollte also zum einen die Besonderheit des Spiels herausstellen, zum anderen die üblichen Routinen und Rituale aufrechterhalten.

Die eigenen Routinen und Rituale wie immer durchzuführen gibt dem Spieler Sicherheit und sie helfen, Störfaktoren auszublenden. Die letzte Möglichkeit, auf den Spieler Einfluss zu nehmen, ist die Matchbesprechung. Ist der Spieler schon sehr angespannt, wird er sehr wahrscheinlich nicht viel von dem mitbekommen, was der Betreuer ihm sagen möchte. Auch hier braucht ein Betreuer sehr viel Einfühlungsvermögen. Jeder hat seinen eigenen Stil, so eine Besprechung durchzuführen. Manche sind sehr emotional, manche eher sachlich, andere konzentrieren sich nur auf taktische Elemente und wieder andere bevorzugen emotionale und psychologische Merkmale. Am wichtigsten ist, dass der Spieler spürt, dass der Betreuer zu 100 % hinter ihm steht, an ihn glaubt und zu verstehen gibt, was ihm besonders wichtig ist.

Tipps für Spieler

1. Stelle das Match als etwas Besonderes heraus.
   - Sei dir im Klaren, was dir das Match heute bedeutet.
   - Tritt der Besonderheit des Matches mit viel Vertrauen und Sicherheit entgegen.
   - Mache dir klar, dass es nur einen Sieger und einen Verlierer geben kann.
2. Behandle das Match wie jedes andere.
   - Behalte deine persönliche Routine bei der Matchvorbereitung bei.
   - Deine Routine bedeutet Vertrauen und Sicherheit für dich.
   - Bereite dich wie immer bestmöglich physisch und mental vor.
3. Achte auf dein Aktivationsniveau und führe Gegenmaßnahmen durch.
   - Entspanne dich, wenn du sehr nervös und hektisch bist.
   - Aktiviere dich, wenn du zu ruhig und blockiert bist.
   - Setze dir wenige handlungsorientierte Ziele und verfolge sie Punkt für Punkt.
   - Sei bereit, mutig und mit einem kühlen Kopf zu spielen, auch auf die Gefahr hin zu verlieren.
   - Erstelle dir einen Notfallplan, worauf steht, was du tun kannst, wenn du nervös, verkrampft, hektisch oder blockiert bist.
   - Glaube an deinen Erfolg.
   - Gehst du als Sieger vom Platz, hast du es verdient, dich super zu fühlen.
   - Bist du am Ende der Verlierer, darfst du diese Niederlage nicht als persönliches Versagen deuten.

Ballinas Tricks für ein wichtiges Match

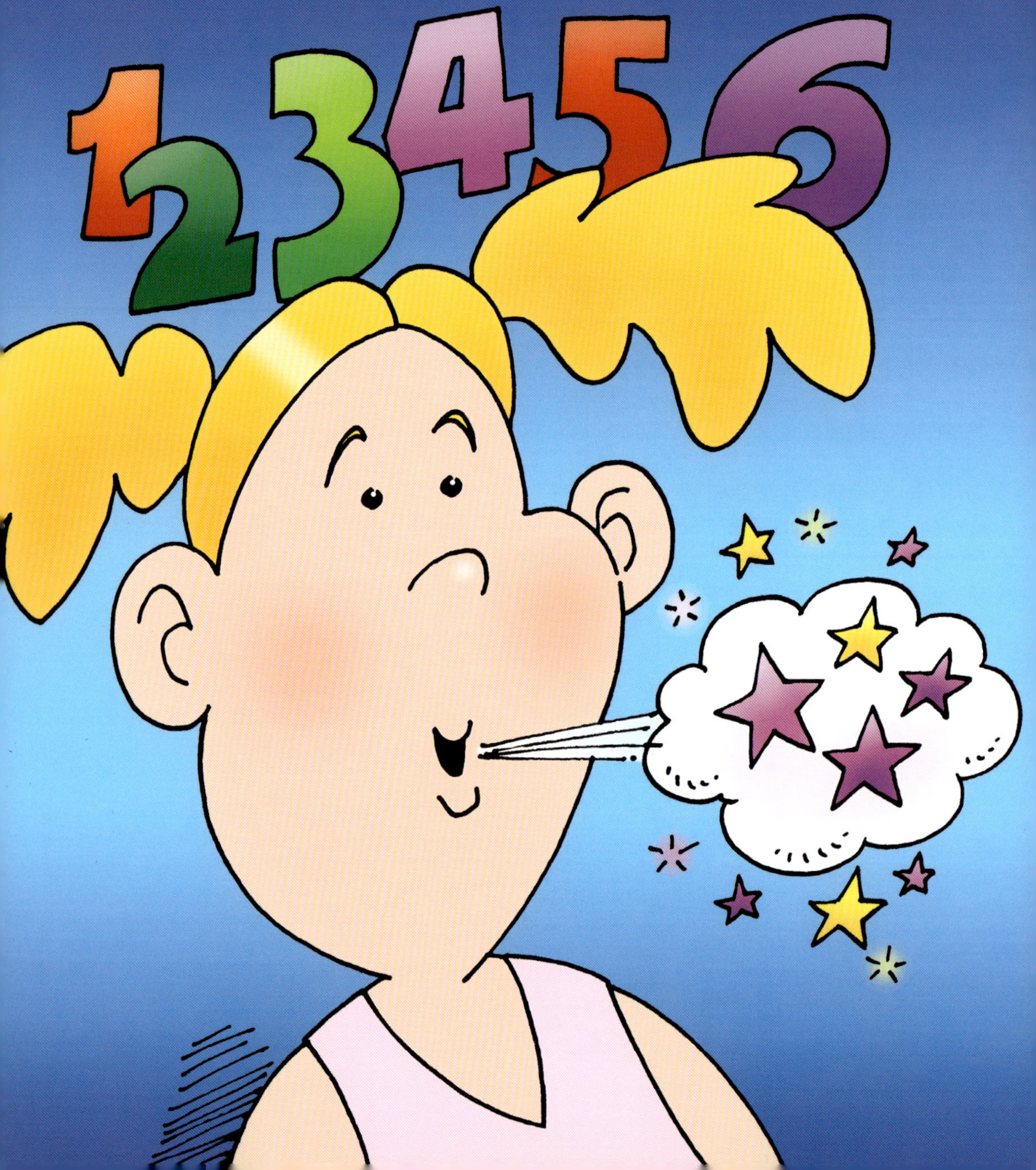

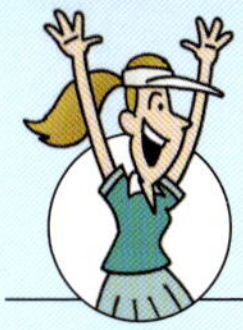

B Ballina

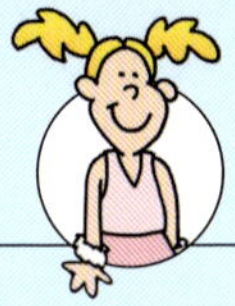

M Mona Mutig

Mona ist zum allerersten Mal in einem Endspiel. Auf der einen Seite freut sie sich sehr, auf der anderen Seite ist sie sehr nervös. Sie weiß nicht so genau, wie sie nun mit diesem Endspiel umgehen soll. Von allen Seiten wird sie mit Sprüchen oder Tipps konfrontiert, aber am liebsten möchte sie, dass Ballina ihr in Ruhe erklärt, was sie machen soll.

B Hallo, Mona, ich habe gehört, dass du im Endspiel bist. Toll, ich freue mich für dich.

M Hallo, Ballina, danke, ich freue mich auch, aber ich bin sehr aufgeregt und ich weiß nicht, wie ich an dieses Match herangehen soll. Einige sagen mir, dass ich jetzt besonders gut spielen muss, weil ich im Finale bin, andere sagen, es ist egal, wie ich spiele, immerhin bin ich sicher schon im Finale und habe nichts zu verlieren. Und das ganze Hin und Her macht mich besonders unsicher und nervös.

B Ich gebe dir ein paar Tipps, verrate dir ein paar Tricks, wie du am besten mit dem Match umgehen kannst. Es ist nicht einfach, aber ich bin sicher, dass du es schaffen kannst. Was die Leute zu dir sagen, solltest du schnell vergessen, am besten ziehst du dich an einen ruhigen Ort zurück. Dann solltest du dir selbst im Klaren darüber sein, was das Match dir bedeutet. Es ist ein besonderes Match, das steht fest. Aber vergiss dabei nicht, du kannst sehr viel Selbstvertrauen haben, denn immerhin bist du von 32 Spielerinnen ins Finale gekommen. Und jetzt kann nur noch eine von euch gewinnen, das bedeutet, dass die andere verliert.

M Das stimmt, ich habe bis jetzt wirklich gut gespielt und alle Schwierigkeiten überstanden. Das letzte Match war ein echter Kampf, ich bin sehr stolz darauf, dass ich es noch gewonnen habe.

B Na, siehst du. Und mit dem Vertrauen kannst du auch in das nächste Match gehen. Allerdings musst du dir wieder neue Ziele setzen, aber alles andere solltest du beibehalten. Deine Routinen und Rituale sind sehr wichtig, sie geben dir Sicherheit. Und wenn du sehr nervös wirst, weißt du ja, dass du dich entweder beruhigen oder aktivieren musst.

M Ja, das mache ich immer in einem Match, das hilft mir sehr viel. Meistens muss ich mich beruhigen, da ich schnell zu nervös und hektisch werde.

B Und nun noch ein kleiner Trick, der dir dabei helfen kann. Stell dir im Match vor, dass du einen Zauberatem hast. Wenn du sehr nervös bist oder Angst hast, dann kannst du diese Anspannung einfach wegpusten. Atme dabei langsam und tief ein und sage zu dir: „1, 2, 3, 4, 5, 6“ und dann atme langsam aus und sage zu dir: „Mein Zauberatmen pustet alles weg.“

M Oh, danke, Ballina, das hört sich toll an. Ich werde es gleich ausprobieren, ich wollte schon immer einen Zauberatem haben.

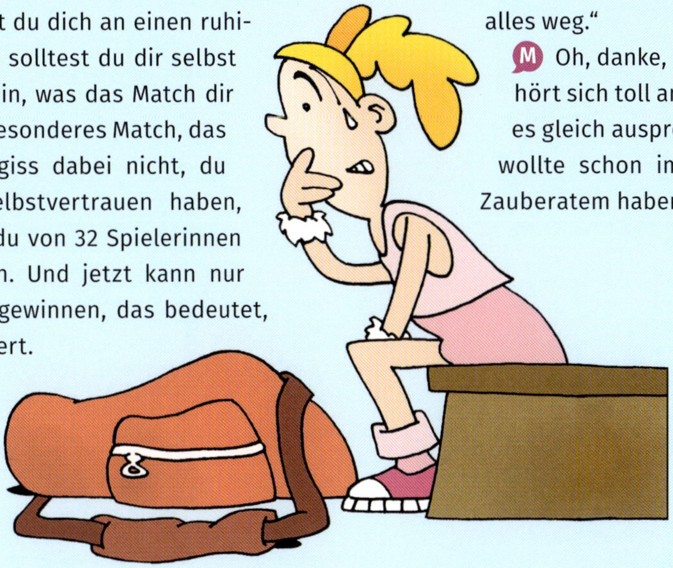

Übungen

Zauberatem

5-10, 11-14 Jahre

Wenn die Spieler sehr angespannt oder ängstlich sind, sollen sie sich vorstellen, dass sie einen Zauberatem haben. Mit diesem Zauberatem können sie diese Anspannung einfach wegpusten. Sie sollen dabei langsam und tief einatmen und zu sich selbst sagen: „1, 2, 3, 4, 5, 6“ und dann langsam ausatmen und zu sich sagen: „Mein Zauberatmen pustet alles weg.“

Sollte sich die Anspannung auf einzelne Körperteile beziehen, zum Beispiel ein verspannter Arm, dann können sie mit dem Zauberatem auch den Arm locker pusten.

Match mit No-Ad

11-14, 15-18 Jahre

Es wird ein Trainingsmatch gespielt mit dem No-Ad-System. Bei Einstand entscheidet sofort der nächste Punkt über das Game, der Rückschläger darf sich die Seite aussuchen. Das bedeutet, dass die Spieler immer parat sein müssen.

Siegerumschlag

15-18 Jahre

Bei einem Trainingsmatch gibt es für den Sieger einen Umschlag oder ein Paket. Niemand weiß, was darin ist. Nach dem Match bekommt der Sieger diesen Preis und der Verlierer bekommt bewusst nichts. Es geht darum, dass die Spieler die Anforderung bzw. Herausforderung eines wichtigen Matches im Training simulieren.

Ein wichtiges Match

11-14, 15-18 Jahre

Dieser Text kann von den Eltern oder dem Trainer vor dem Match vorgelesen werden. Der Spieler soll sich bequem hinsetzen und die Augen schließen.

Heute hast du ein wichtiges Match. Suche dir einen ruhigen Platz und setze dich bequem hin. Stelle die Füße nebeneinander auf den Boden. Schließe deine Augen und atme ruhig durch die Nase ein und den Mund wieder aus. Es hat bestimmt schon Matches gegeben, bei denen du dich besonders gut gefühlt hast. Kannst du dich an so ein Match erinnern? Stell dir nun vor, dass du wieder auf dem Platz stehst und dich so gut fühlst wie an diesem Tag. Denk an alles zurück, was du in dem Match gut gemacht und wie du dich dabei gefühlt hast. Wie hast du gespielt, wie hast du dich bewegt, was hast du gedacht? Bewege nun deine Füße und Hände, strecke und bewege deinen ganzen Körper, öffne deine Augen und freue dich auf das besondere Match, was heute vor dir liegt. Wenn du auf dem Platz stehst, rufe das gute Gefühl wieder hervor.

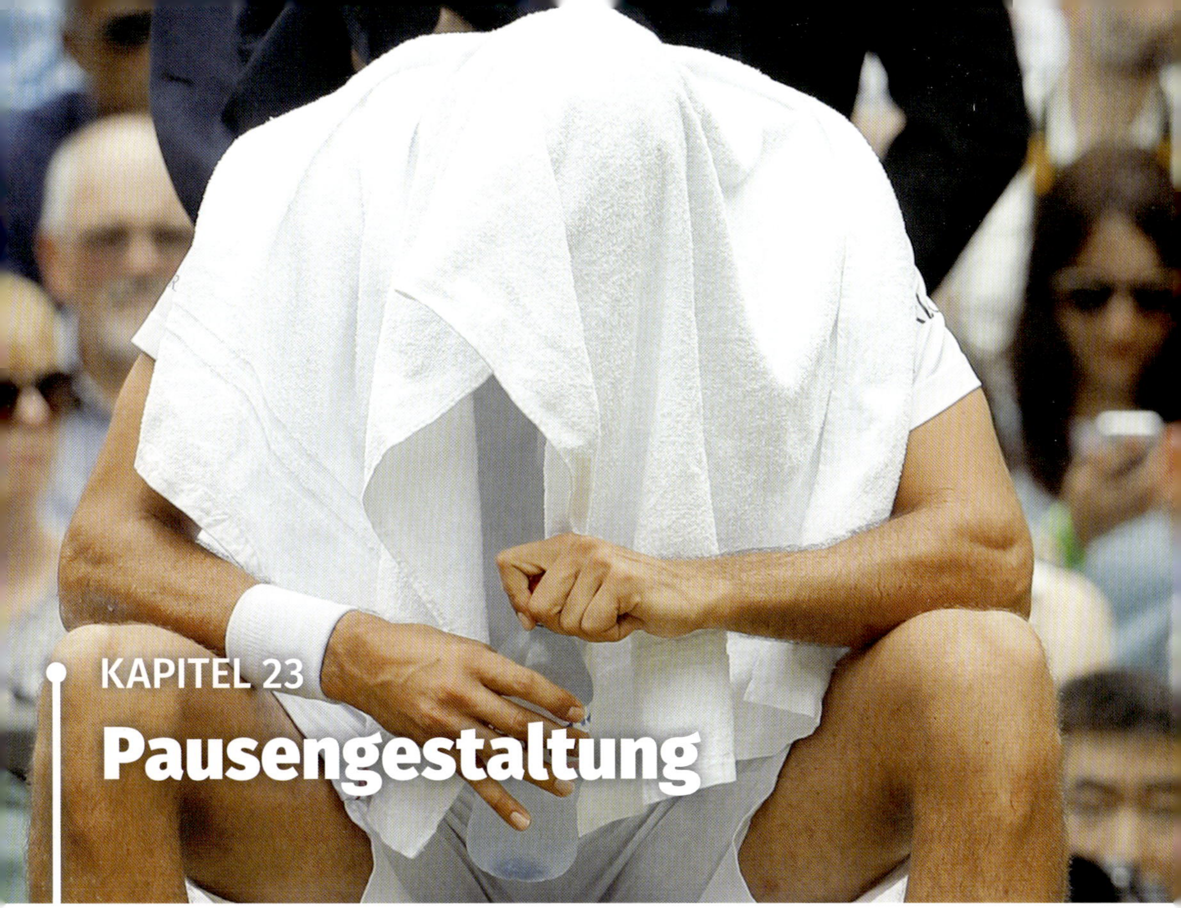

KAPITEL 23

Pausengestaltung

Ca. 70 bis 80 % der Zeit, die ein Tennisspieler auf dem Platz verbringt, besteht aus Pausen. Aus diesem Grund nehmen die Erstellung der Pausengestaltung und das Anwenden von Routinen und Ritualen einen sehr wichtigen Platz in der Wettkampfvorbereitung eines Tennisspielers ein. Alles, was ein Spieler während dieser Pausenzeit denkt, tut oder eben nicht tut, hat einen entscheidenden Einfluss auf seine Leistung. Gerade junge und unerfahrene Spieler unterscheiden sich in ihrem Pausenverhalten enorm von den erfolgreichen Profis, da sie diese Zeit meistens nicht sinnvoll für sich selbst nutzen.

Die jungen ambitionierten Tennisspieler sind häufig emotional sehr unausgeglichen und können ihre Gedanken noch nicht in die richtige Richtung leiten. Viele wissen auch einfach nicht, wie sie sich am besten in engen und kritischen Situationen verhalten sollten. Oft verschwenden sie in den Pausen ihre ganze Energie mit negativen Gedanken wie „so eine schlechte Vorhand wie heute habe ich noch nie gehabt“, „ich kann gar nichts“, „ich spiele wie der letzte Depp“, „mach jetzt bloß nicht schon wieder einen Doppelfehler“ oder negativen Aktionen wie Schläger schmeißen, sich auf den Oberschenkel hauen und Bälle durch die Gegend schießen. Damit machen sie sich selbst die wertvolle Pausenzeit, die ihnen zur Regeneration zur Verfügung steht, kaputt, und sie vermindern ihre Leistungsfähigkeit noch weiter.

Denn sowohl die körperlichen als auch die psychischen Regenerationsprozesse finden in den Pausen zwischen den Belastungen statt.

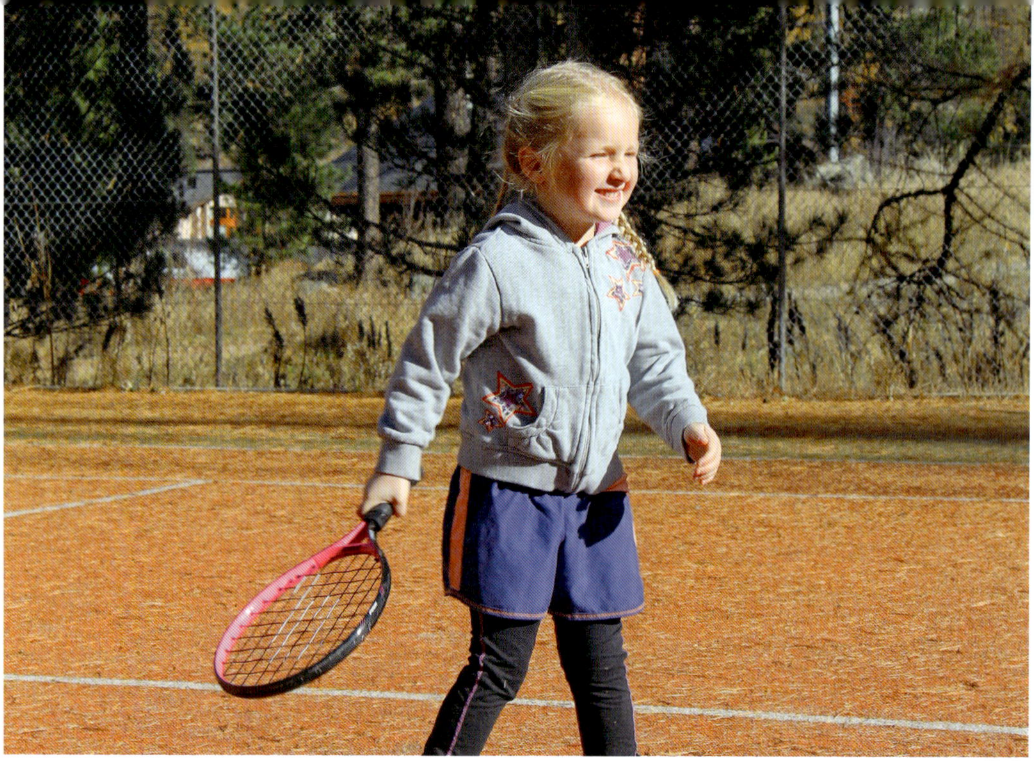

Nur gut abgestimmte Erholungsphasen nach intensiven Belastungen wie Ballwechseln und Spielen bauen die psychische Energie wieder auf. Körperliche Erschöpfung fördert das Aufkommen von negativen Gedanken und Emotionen und sie verhindert den Aufbau von positiver psychischer Energie. Eine gut durchstrukturierte Erholungsphase ist unverzichtbar, um die körperliche und psychische Energie wieder aufzubauen und die mentalen Prozesse der Motivation, der Konzentration und der Gedankensteuerung aufrechtzuerhalten. Für sehr junge Spieler reicht hier eine kurze, aber klare Struktur, der sie folgen können. Für sie steht das Kennenlernen und Anwendenlernen der Pausengestaltung im Vordergrund. Mit zunehmendem Alter und Leistungsniveau sollte diese ausgebaut, verfeinert und individualisiert werden.

Allgemeine Infos

Der Energieverbrauch und ein daraus resultierender Leistungsabfall auf dem Tennisplatz erfolgt durch:

- körperliche bzw. konditionelle Ermüdung bei langen oder mehreren Belastungen;
- mentale Ermüdung bei intensiven und lang anhaltenden Konzentrationsleistungen, negative Gedanken verstärken den Energieverlust;
- emotionale Ermüdung bei Übererregung, Ängsten, Wut, Enttäuschung etc.

Die Pause zwischen zwei Punkten kommt am häufigsten vor, aber meistens ist es gerade diese Pause, die von den Spielern nicht gut genutzt wird. Das Ziel ist, dass Spieler sich in dieser Pause von den letzten Geschehnissen erholen und sich optimal auf den nächsten Punkt vorbereiten können. Dafür sollte sich jeder Spieler eine Pausenroutine nach seinen individuellen Bedürfnissen zusammenstellen.

Eine Pausenroutine zwischen zwei Punkten wird nach Jim Loehr generell in vier Phasen aufgeteilt:

1. Reaktionsphase: Reaktion auf den vorherigen Punkt
2. Entspannungsphase: eine bewusste Entspannung anstreben
3. Vorbereitungsphase: Vorbereitung auf den nächsten Punkt
4. Aktivierungsphase/Ritual: Aktivierung und individuelles Ritual

Bei Seitenwechseln werden die zweite und dritte Phase noch einmal unterteilt und erweitert, da der Spieler mehr Zeit hat. Er kann sich hinsetzen, essen, trinken und ganz andere Maßnahmen zum Entspannen und Vorbereiten ergreifen als zwischen zwei Punkten.

Tipps für Spieler

- Erhole dich vom physischen und psychischen Stress des letzten Ballwechsels, indem du dich
  - zwischen den Ballwechseln entspannst;
  - deine Muskeln lockerst;
  - deine Pulsfrequenz über die Atmung reduzierst;
- Denke optimistisch und erfolgsorientiert.
- Traure nicht dem hinterher, was passiert ist.
- Denke darüber nach, was du tun musst, um zu gewinnen.
- Jammere nicht und suche keine Ausreden.
- Ärgere dich kurz und konzentriere dich danach wieder voll auf den nächsten Punkt.
- Gib dich selbst nie auf.
- Zeige immer eine positive Körpersprache.
- Gehe energiegeladen und einsatzbereit zum nächsten Ballwechsel über.
- Plane und visualisiere das, was du im nächsten Ballwechsel anstrebst.
- Denke niemals an das, was du vermeiden möchtest (z. B. keinen Doppelfehler begehen), sondern an das, was du erreichen willst.

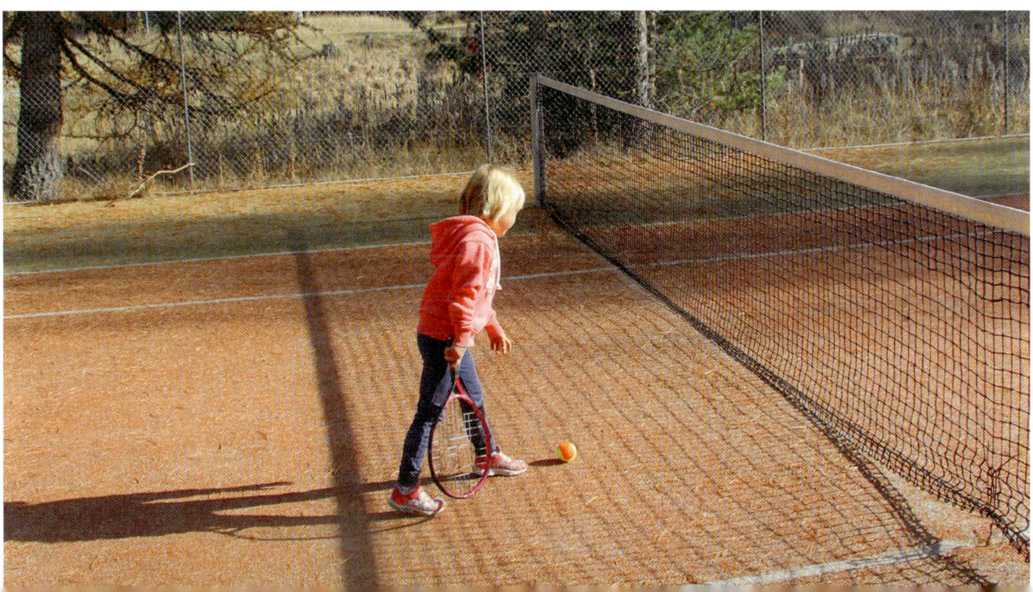

Ballinas Tricks für die Pausengestaltung

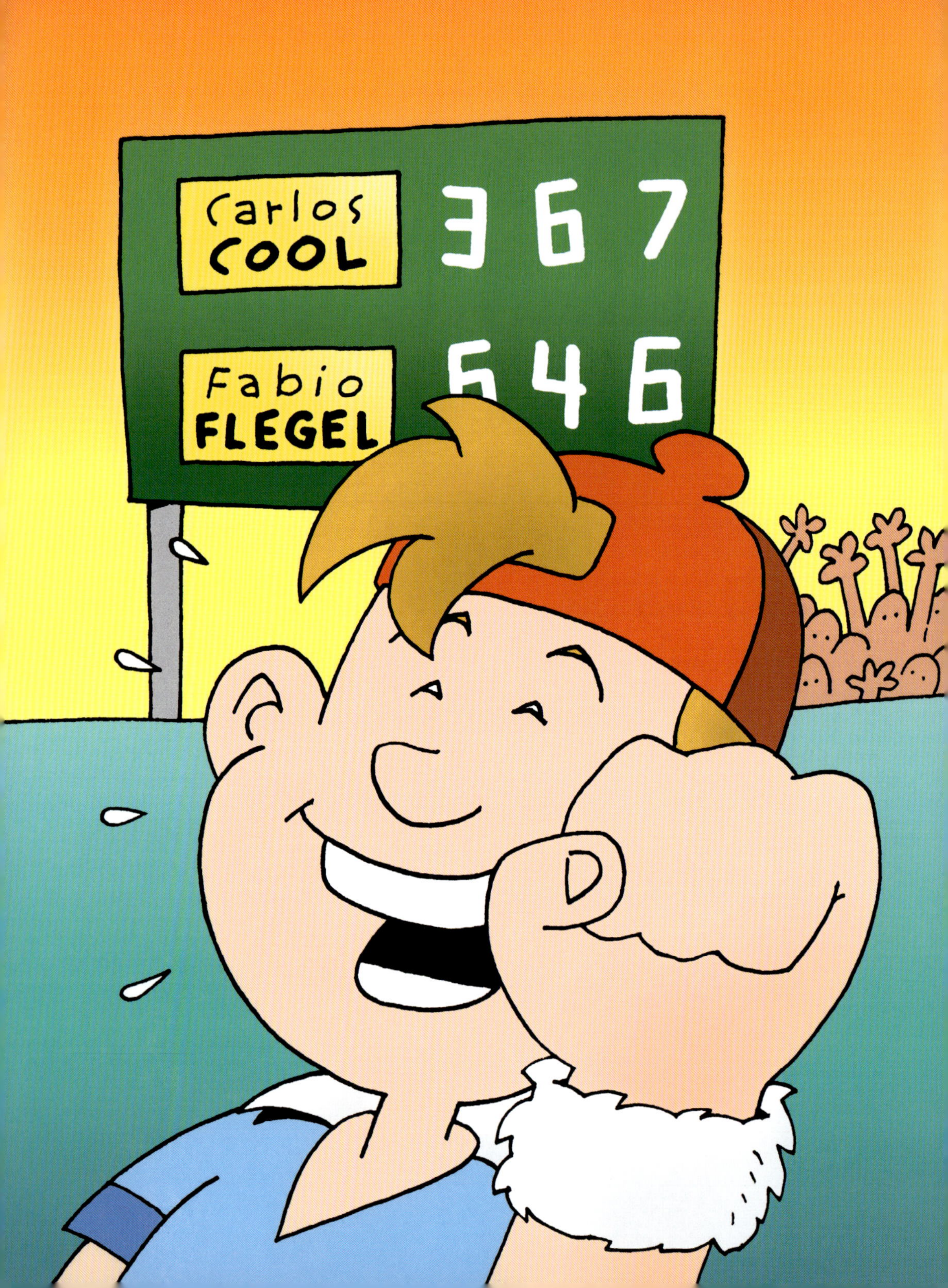

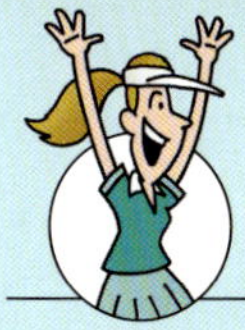
B Ballina

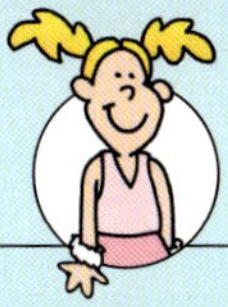
M Mona Mutig

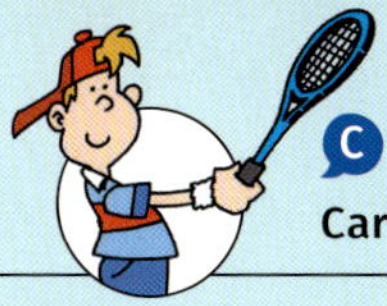
C Carlos Cool

Mona und Carlos haben erkannt, dass sie ihre Pausen zwischen den Punkten besser nutzen müssen. Beide haben das Gefühl, dass sie eher müder werden, als sich in der spielfreien Zeit zu erholen. Ballina erklärt ihnen, woran das liegt.

B Hallo, Carlos. Hallo, Mona. Schön, dass ihr vor eurem nächsten Match bei mir vorbeikommt. Wie ist denn euer letztes Spiel gelaufen?

C Ach, Ballina, ich habe zwar gewonnen, aber nach blöden Fehlern ärgere ich mich dermaßen zwischen den Punkten, dass ich danach meistens gleich den nächsten auch noch verliere. Und nach einem Match bin ich immer total kaputt. Ärgern ist echt anstrengend.

M Ich habe auch gewonnen. Aber zwischen den Punkten überlege ich immer, was beim nächsten Ballwechsel alles schiefgehen könnte. Immer wenn ich mir sage: Mach bloß keinen Doppelfehler, dann kommt leider einer. Das schlaucht total.

B Also, ihr beiden, das hört sich nicht gut an. Aber wenn ihr möchtet, dann kann ich euch einen Trick verraten, wie man sich zwischen den Punkten am besten verhält und was man denken sollte, damit es danach besser klappt. Schließlich wollt ihr beide ja besser spielen und die Pausen nicht mit so sinnlosen Gedanken verschwenden.

C M Ja bitte, Ballina. Verrate uns deinen Trick. Wir sind sehr gespannt.

B Wisst ihr, wer sich viel ärgert oder negativ denkt, der verbraucht sehr viel Zeit und Energie auf dem Tennisplatz. Und die Zeit, die ihr auf dem Platz zwischen den Punkten habt, die braucht ihr ganz dringend, um euch von dem letzten anstrengenden Ballwechsel zu erholen. Und dann müsst ihr euch auch noch auf den nächsten Ballwechsel vorbereiten.

C Ja, aber was soll ich denn machen, wenn ich wieder mal so einen blöden Fehler gemacht habe?

B Das Allererste, worauf ihr achten müsst, ist eure Reaktion auf den vergangenen Punkt. Die muss kurz sein, egal, ob ihr den Punkt gewonnen oder verloren habt. Nach einem gewonnenen Punkt könnt ihr zum Beispiel die Faust ballen. Und nach einem verlorenen Punkt dreht ihr euch einfach um. Aber – ganz kurz ärgern ist erlaubt. Als Nächstes solltet ihr euch entspannen und ruhig atmen. Hier könnt ihr zum Beispiel langsam zum Ball laufen, um ihn aufzusammeln oder die Saiten des Schlägers richten.

M Das hört sich gut an. Und was kommt dann?

B Sobald ihr euch eine Weile entspannt habt, kommt die Vorbereitung auf den nächsten Punkt. Hier müsst ihr euch überlegen, welches Ziel ihr euch für den nächsten Punkt setzt. Und vor allem solltet ihr euch innerlich positiv anfeuern. Sobald ihr das gemacht habt, müsst ihr euch aktivieren und euer Ritual durchführen.

C Das ist toll. Das werde ich gleich ausprobieren.

M Ich auch. Aber ich glaube, ich schreibe mir die vier Phasen besser auf, dann klappt es bestimmt und ich vergesse sie nicht. Also das waren 1. Reaktion, 2. Entspannen, 3. Vorbereiten und 4. Ritual.

B Prima. Wichtig ist noch, dass ihr diese vier Phasen immer wieder übt und bei jedem Match durchführt. Dann werdet ihr euch damit richtig wohlfühlen und im Match viel ruhiger und positiver bleiben – und besser spielen.

Übungen

Pausenroutine Mini zwischen zwei Punkten

5-10 Jahre

Die jüngeren Spieler sollen nach jedem Punkt eine festgelegte und kurze Routine verfolgen:

1. Nach einem Punktverlust: Puste die Luft aus und balle die Faust.
   Nach einem Punktgewinn: Puste die Luft aus und dreh dich um.
2. Atme tief ein und aus und zähle langsam bis zehn, bei jedem Schritt eine Zahl.
3. Sammle einen Ball und geh zu deiner Aufschlag- oder Returnposition, überlege, wohin du den nächsten Aufschlag/Return spielen wirst.
4. Prelle den Ball beim Aufschlag immer gleich oft (z. B. dreimal) und führe deinen Aufschlag durch oder gehe zu deiner Returnposition. Gehe zu deiner Returnposition und bleibe locker, bis dein Gegner aufschlägt.

Pausenroutine Mini beim Seitenwechsel

5-10 Jahre

Die jüngeren Spieler sollen bei jedem Seitenwechsel eine festgelegte und kurze Routine verfolgen:

1. Nach einem langen Spiel: Puste die Luft aus und gehe zu deinem Stuhl/zur Bank.
2. Setz dich hin und iss oder trink etwas, trockne dich ab und atme erst fünfmal tief ein und aus, zähle dabei jedes Mal bis vier.
3. Überlege dir, was bisher gut gelaufen ist, womit hast du Punkte gewonnen, und überlege auch, was nicht so gut gelaufen ist, womit hast du Punkte verloren.
4. Wippe mit den Beinen und aktiviere dich für das nächste Spiel.
5. Geh zu deiner Aufschlag- oder Returnposition, überlege, wohin du den nächsten Aufschlag/Return spielen wirst.
6. Prelle den Ball beim Aufschlag immer gleich oft (z. B. dreimal) und führe deinen Aufschlag durch. Gehe zu deiner Returnposition und bleibe locker, bis dein Gegner aufschlägt.

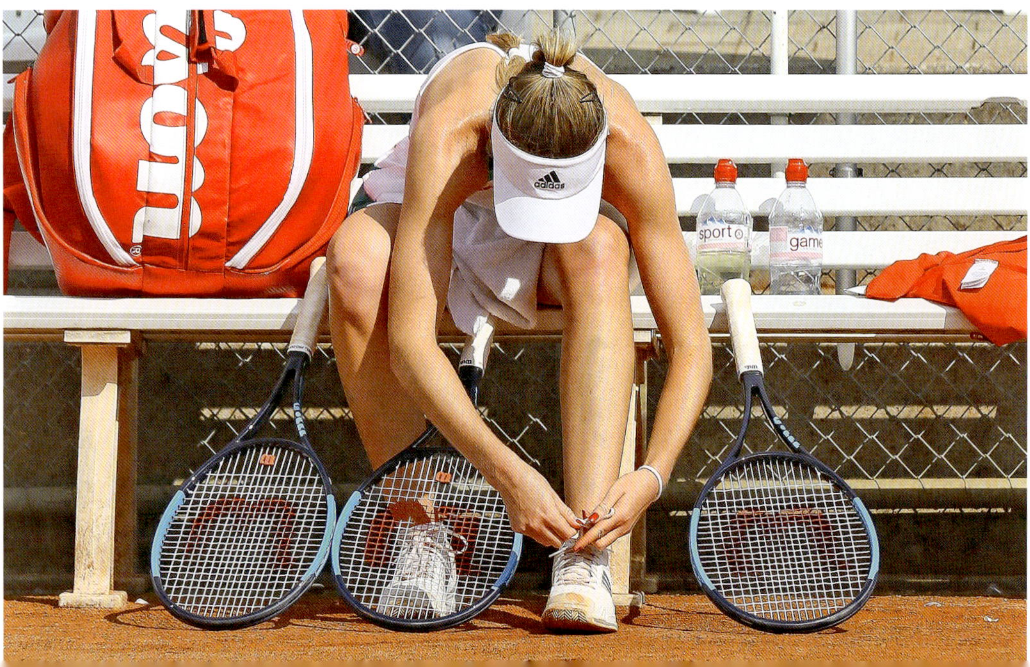

Pausenroutine Maxi zwischen zwei Punkten

11-14, 15-18 Jahre

Der Spieler soll sich schriftlich eine Pausenroutine nach dem Vier-Phasen-Modell von Jim Loehr zusammenstellen und sie so lange in Trainingsmatches anwenden, bis sie automatisch abläuft bzw. er sie auswendig kann und nicht mehr auf den Zettel schauen muss.

1. Reaktionsphase (Reaktion auf den vorherigen Punkt)
2. Entspannungsphase (Beruhigen und Entspannung, z. B. über die Atmung)
3. Vorbereitungsphase (Ziele für den nächsten Punkt setzen)
4. Aktivierungsphase/Ritual (Aufschlag- oder Returnritual)

Pausenroutine Maxi Seitenwechsel

11-14, 15-18 Jahre

Der Spieler soll sich eine Pausenroutine für die Seitenwechsel zusammenstellen. Bei Seitenwechseln werden die zweite und dritte Phase noch einmal unterteilt und erweitert, da er viel mehr Zeit hat. Er kann sich hinsetzen, essen, trinken und ganz andere Maßnahmen zum Entspannen und Vorbereiten ergreifen als zwischen zwei Punkten.

1. Reaktionsphase (Reaktion auf das vorherige Spiel, zur Bank gehen)
2. Entspannungsphase (Beruhigen und Entspannung, z. B. über die Atmung)
3. Analysephase (Spiel analysieren, was ist bisher passiert, was muss ich machen?)
4. Aktivierungsphase (sich gedanklich und körperlich aktivieren, motivieren)
5. Vorbereitungsphase (zur Position gehen, Ziele für den nächsten Punkt setzen)
6. Ritual (Aufschlag- oder Returnritual)

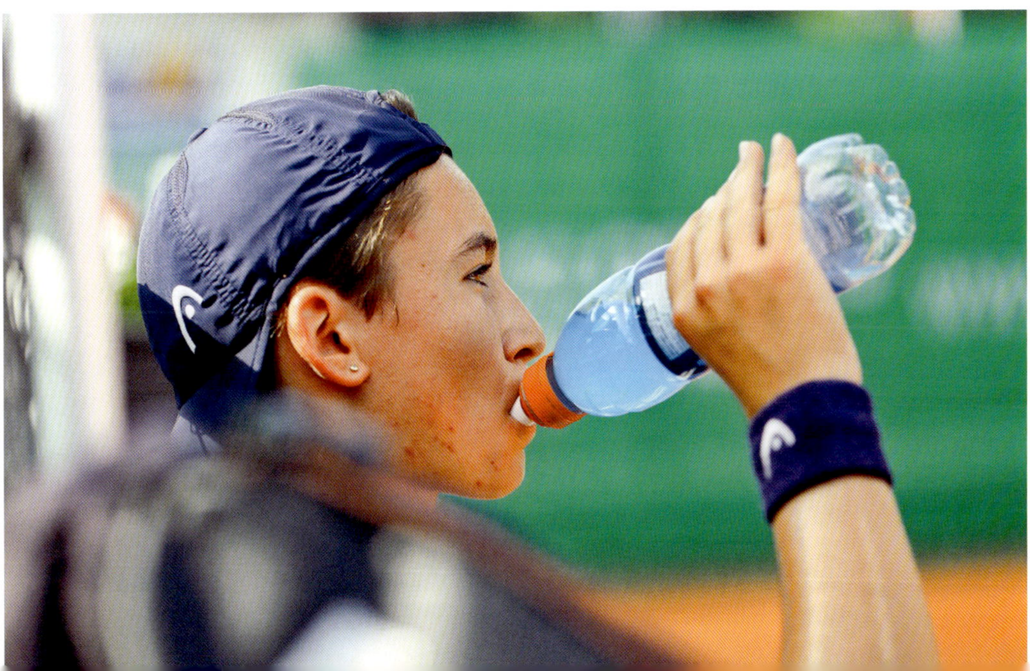

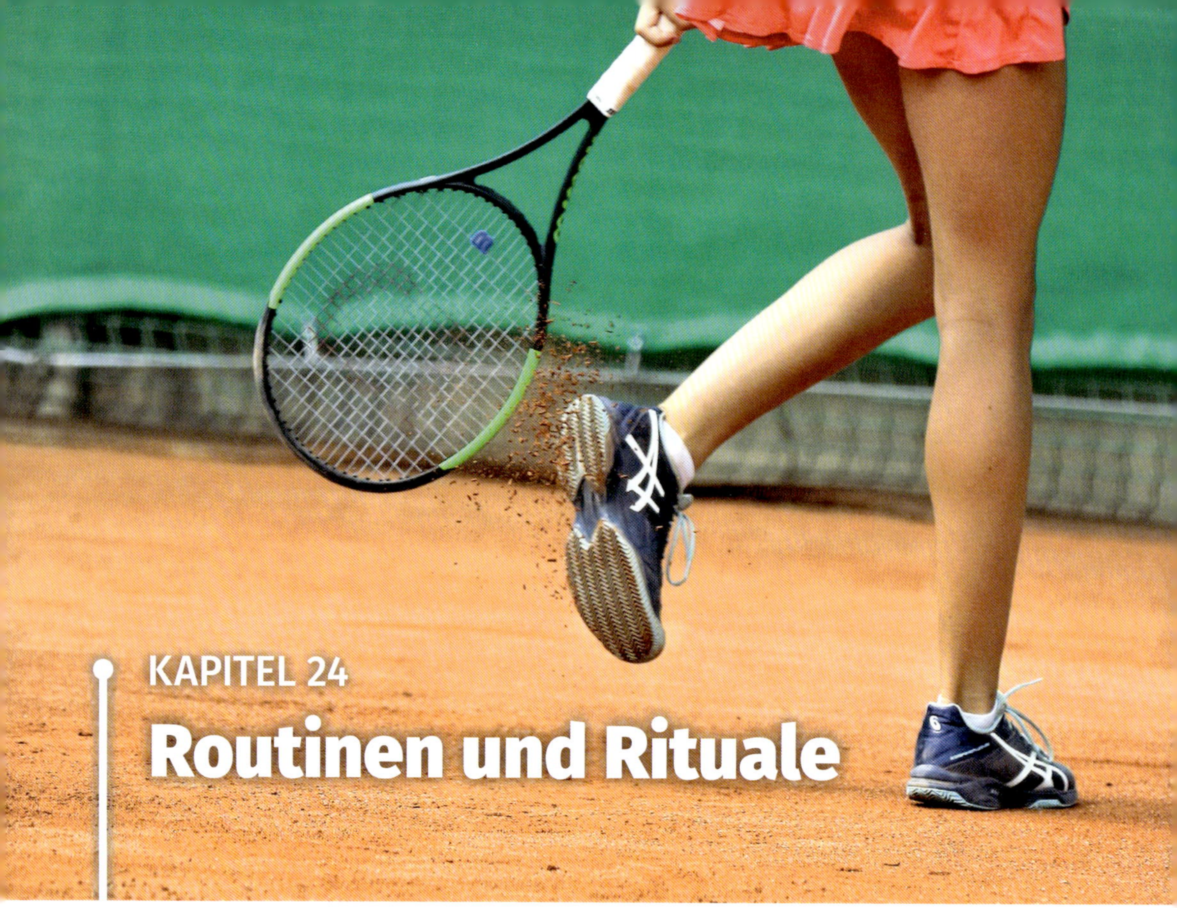

KAPITEL 24

Routinen und Rituale

Zusätzlich zu den vier Phasen von Loehr ist es ratsam, dass sich jeder Spieler seine individuellen Rituale antrainiert, die er unabhängig vom Spielstand beibehält und die dann z. B. in die Pausenroutine oder Matchvorbereitung eingebaut werden können. Ein Ritual ist eine immer gleich ablaufende Handlung, die oftmals von bestimmten Wortformeln oder Gesten begleitet wird. Rituale vermitteln ein Gefühl von Sicherheit, da man sie so oft macht, dass sie automatisch ablaufen. Rituale helfen, den persönlichen Rhythmus zu finden, und vermitteln ein Gefühl von Ordnung und Sicherheit. Zum Ritual beim Aufschlag könnte zum Beispiel gehören: am Hemd zupfen, die Mütze richten, in die Hand pusten, die Schuhe abklopfen, die Haare unter die Mütze stecken oder den Ball dreimal tippen. Rituale helfen Athleten, die Konzentration zu vertiefen, da gewohnte und automatisierte Verhaltensmuster verwendet werden. Auf diese Weise fühlen sie sich sicher, bleiben locker und sind dementsprechend leistungsfähiger. Spieler, die keine Rituale in der Vorbereitung haben, sind permanent neuen Situationen ausgesetzt, die Bewegungen können dadurch zum Teil unsicher und hektisch werden.

Routinen sind sich stets wiederholende Vorgänge, die man sich selbst antrainiert, und eine Routine kann beispielsweise verschiedene Rituale beinhalten. Beim Erstellen einer körperlichen Aufwärmroutine soll sich der Spieler zum Beispiel darauf konzentrieren, wie er sich fühlt und wie er seinen Körper optimal auf die bevorstehenden Anforderungen vorbereiten kann. Eine bestehende Routine verleiht dem Spieler Sicherheit und gibt ihm die Möglichkeit, sein Befinden mit anderen Tagen zu vergleichen. Bei einer Einschlagroutine geht es beispielsweise darum, sich in der gewohnten Routine wohlzufühlen und ein gutes Ballgefühl zu entwickeln. Viele Spieler neigen unter Druck dazu, zu hetzen oder langsamer zu werden, wodurch sie ihr Gefühl für Geschwindigkeit und Rhythmus verlieren.

Hält man sich an seine eigenen Rituale und Routinen, bleibt man bei den gewohnten Bewegungen und kann den eigenen Spielfluss beibehalten. Routinen und Rituale helfen auch, psychischem Druck effektiver zu begegnen, die Konzentration zu vertiefen, intuitiver zu spielen, entspannt zu bleiben und die Intensität unmittelbar vor einem Punkt zu steigern.

Wie viel Aberglaube ist O. K.?

Manche Profispieler rasieren sich grundsätzlich erst, nachdem sie bei einem Turnier verloren haben, andere nehmen immer den Ball, mit dem sie den Punkt gewonnen haben, sie legen ihre Sachen auf der Bank exakt gleich ab, essen jeden Abend das Gleiche oder sie behalten, solange sie im Wettbewerb sind, die gleichen Socken an. Das abergläubische Verhalten weist auf einen Aspekt des menschlichen Verhaltens hin, und zwar auf die Tatsache, dass der Verstand das Verhalten nur eingeschränkt kontrolliert. Normalerweise würde kein hart trainierender Topathlet seine Siege oder Niederlagen davon abhängig machen, ob er sich nun rasiert hat oder nicht. Und doch entscheiden sich Athleten in solchen Situationen bei einem Turnier für diese Überzeugung, da sie der Meinung sind, einen positiven Effekt für ihre Leistung zu erhalten.

Natürlich besteht zwischen dem Rasieren und dem Siegen kein Zusammenhang, aber es kann sein, dass ein Athlet in der Vergangenheit einmal besonders gut gespielt hat, als er sich nicht rasiert hat. Seitdem besteht für ihn zwischen „gut spielen“ und „nicht rasieren“ eine enge Verknüpfung. Solche Handlungsmuster dienen dem Stressabbau in einer leistungsorientierten Situation. Sie geben dem Sportler eine Struktur für sein Verhalten, über das er nicht nachdenken muss, und das vermittelt ihm ein gutes Gefühl und Sicherheit. Genau diese Sicherheit braucht er, um in stressigen Zeiten seine subjektive Kontrolle über die Situation zu behalten. Solche Rituale von Spielern dienen dem Wohlbefinden, solange sie nicht zwanghaft werden und den Sportler in seinen Verhaltensweisen beherrschen. Deshalb ist es eine gute Methode, sich die eigenen Rituale zu vergegenwärtigen und ihnen mit der nötigen Distanz und Lockerheit zu begegnen. Wenn ein junger Tennisspieler seinen Glücksbringer mit auf den Platz nimmt oder immer vor einem Match das Gleiche essen möchte, dann spricht überhaupt nichts dagegen. Gerade die jungen Spieler sollten sich ein paar wenige, einfache und kurze Routinen und Rituale aneignen und beibehalten, an die sie sich in jeder Situation halten können.

Tipps für Spieler

- Halte dich konsequent an deine individuellen Routinen und Rituale, um
  - Gewohnheiten beizubehalten und dich wohlzufühlen;
  - deinen persönlichen Rhythmus zu finden;
  - psychischem Druck effektiver zu begegnen;
  - deine Konzentration zu vertiefen;
  - intuitiver zu spielen.
- Nutze die Pausen, um dich körperlich und psychisch zu erholen.
- Teile die Pausen in sinnvolle Phasen ein (siehe Kapitel Pausengestaltung).
- Nutze deine Atmung, um deinen Puls zu senken oder dich zu aktivieren.
- Kontrolliere deine Augen, d. h. der Blick bleibt auf den Saiten, dem Boden oder einem Konzentrationspunkt.

Ballinas Tricks für Routinen und Rituale

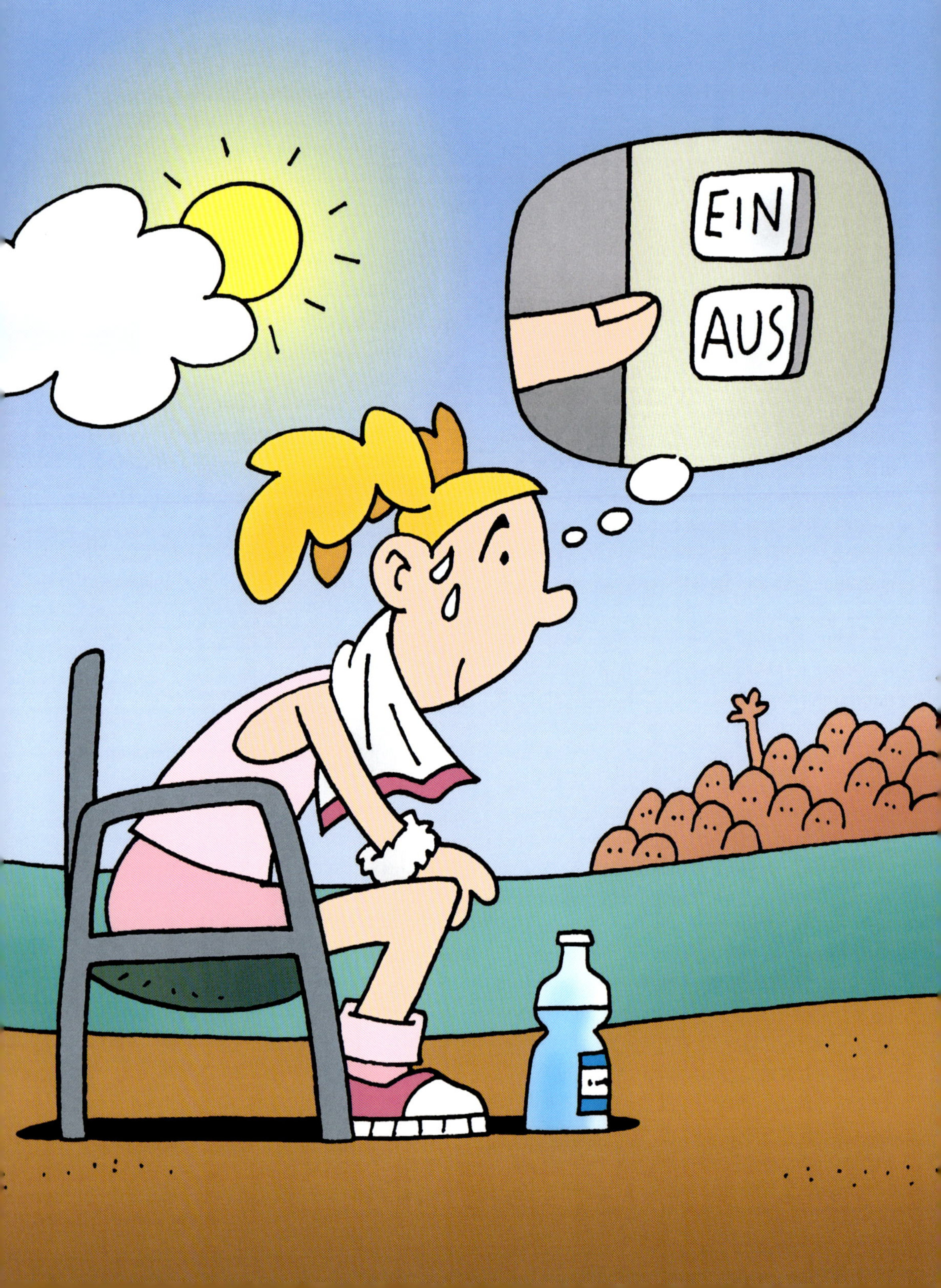

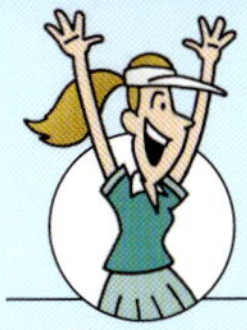

B Ballina

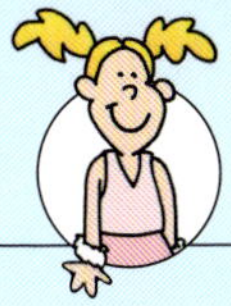

M Mona Mutig

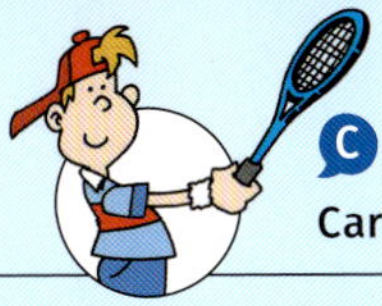

C Carlos Cool

Ballina, Carlos und Mona besprechen die Pausenroutinen, die sie in den letzten Trainingseinheiten erstellt haben. Beide wenden sie schon an, aber irgendwo hakt es noch. Ballina gibt ihnen Tipps, wie sie ihre Routinen anpassen können, und Tricks für die Anwendung.

B Hallo, Carlos. Hallo, Mona. Schön, dass ihr bei mir vorbeikommt. Wie ist denn euer letztes Spiel gelaufen? Habt ihr die Pausengestaltung angewendet, die wir im Training besprochen haben?

C Hallo, Ballina. Ja, also ich habe sie immer angewendet. Die Reaktion auf den Punkt ist schon viel besser geworden, und ich ärgere mich schon viel kürzer. Aber irgendetwas hat bei mir in der Routine doch noch nicht so geklappt. Beim Entspannen habe ich alles Mögliche ausprobiert, aber so richtig entspannen konnte ich nicht. Und beim Vorbereiten auf den Punkt gingen mir tausend Sachen durch den Kopf, sodass ich dann total durcheinander war.

M Hallo, Ballina, bei mir gingen die Reaktion und das Entspannen eigentlich recht gut. Aber dann beim Vorbereiten und dem Ritual habe ich mir extra viel Zeit genommen, wenn es wichtig war und weil ich so nervös war. Aber das lange Warten hat alles noch schlimmer gemacht und ich bin noch ängstlicher geworden.

B Also, ihr beiden, ich glaube, ich muss euch noch ein paar Tipps geben, was man am besten in einer Pausenroutine machen sollte. Wisst ihr noch, in einer Pausenroutine gibt es die vier Phasen Reaktion, Entspannung, Vorbereitung und die Rituale. Es ist sehr wichtig, dass ihr jede Phase fast gleich durchführt. Dann können sich der Körper und der Kopf am besten erholen und auf den nächsten Punkt einstellen. Wenn du, Carlos, jedes Mal etwas anderes machst, um dich zu entspannen, dann kannst du dich gar nicht darauf einstellen und wirklich entspannen.

C Also sollte ich zum Beispiel immer meine Saiten richten? Oder immer mein Handtuch holen?

B Ja, genau, du kannst dich zum Beispiel mit deinem Handtuch abtrocknen und dabei beim Ein- und Ausatmen immer bis vier zählen. Oder du machst das Gleiche und richtest dabei deine Saiten. Entscheide dich für eines und probiere es eine Weile aus.

C Das ist eine gute Idee. Das werde ich gleich ausprobieren.

M Und was kann ich machen?

B Du, Mona, nimmst dir vor wichtigen Punkten immer besonders viel Zeit in der Vorbereitung und bei deinem Ritual. Das kann deinen eigenen Rhythmus stören. Und das lange Zögern beeinflusst natürlich dann auch deine Konzentration im Punkt. Am besten suchst du dir ein Ritual aus, das du jedes Mal vor einem Aufschlag oder einem Return durchführst. Und dann gibst du dir selbst innerlich kurze Anweisungen, was du machen möchtest. Das wird dir Sicherheit und ein gutes Gefühl geben, gerade wenn es in einem Match mal eng wird.

M Meinst du zum Beispiel die Schuhe ausklopfen, dann viermal prellen, tief durchatmen und „los geht's"?

B Ja, genau, das wäre perfekt. Wichtig ist noch, dass ihr beide eure Rituale immer wieder übt und im Training und bei jedem Match durchführt. Dann werden sie zur Gewohnheit und ihr werdet euch damit viel wohler fühlen und im Match ruhiger und bei den Punkten konzentrierter bleiben. Und zum Abschluss noch ein kleiner Trick. Stellt euch vor, dass ihr einen Schalter habt, so ähnlich wie ein Lichtschalter. Sobald der Punkt vorbei ist, solltet ihr diesen Schalter auf AUS stellen und in eurem Ritual wieder anstellen, es ist dann das Zeichen „Jetzt geht es los!".

Übungen

Aufwärmroutine

5-10 Jahre

Die jüngeren Spieler sollen sich selbst eine Aufwärmroutine aus fünf Übungen zusammenstellen. Jede Übung kann mit einem Tier verknüpft werden. So können sie zum Beispiel zwei Runden um den Platz rennen, leichtfüßig wie eine Gazelle, dann eine Runde Kreuzschritte machen und wie ein Affe immer Beine und Arme kreuzen, Side-Steps wie ein Krebs, der sich nur seitlich bewegen kann, und Hopser-Lauf wie ein Floh.

An- und Ausschalter

5-10, 11-14, 15-18 Jahre

Der Spieler soll sich für seine Routine einen An- und einen Ausschalter überlegen. Der Ausschalter wird in die 1. Phase der Reaktion eingebaut (siehe Übung Pausenroutine zwischen zwei Punkten). Nachdem die Reaktion auf den Punkt kurz durchgeführt wurde, werden Kopf und Körper ausgestellt, um zu entspannen. In der 4. Phase wird mit dem Ritual zusammen alles wieder angestellt. Es ist das Zeichen, dass es losgeht. Der Schalter kann mit einer Handbewegung an- und ausgeschaltet werden, mit einem festen Atemzug, indem man mit dem Schläger die Linie berührt, auf den Schuh klopft, es kann ein Signalwort im Kopf sein. Jeder soll seinen individuellen Schalter finden.

Warm-up-Routine

11-14, 15-18 Jahre

Jeder Spieler sollte sich seine eigene Warm-up-Routine erstellen und diese konsequent verfolgen. Die Aufwärmroutine sollte mindestens aus den folgenden vier Phasen bestehen:

1. Kardiovaskuläres Aufwärmen (fünf bis zehn Minuten):
   z. B. einlaufen oder Seil springen;
2. Laufschule:
   fünf bis zehn tennisspezifische Laufformen wie Skippings, Side-Steps, Kreuzschritte, Hopser-Lauf etc;
3. Kräftigen von Schwachpunkten:
   drei bis fünf Übungen zum Kräftigen von empfindlichen Körperteilen, die zu Verletzungen neigen;
4. Aktivieren:
   den Körper mit zwei bis drei Übungen wie schnelles Laufen oder Springen aktivieren, bevor es auf den Platz geht.

Einschlagroutine

11-14, 15-18 Jahre

Der Spieler soll sich seine persönliche Einschlagroutine zusammenstellen, die er vor jedem Match durchführt. Falls er sich vor einem Match einmal nicht einschlagen kann, dann sollte er einen Plan B, z. B. eine spezielle längere Aufwärmroutine oder ein Aufwärmen an der Wand, durchführen können. Wichtig ist auch, dass er eine Liste von Ritualen zusammenstellt, die er vor einem Turnier am liebsten durchführt, um sich wohlzufühlen.

Aufschlag- und Returnritual

11-14, 15-18 Jahre

Für einen Tennisspieler ist es wichtig zu wissen, welches Ritual er bei seinem Aufschlag und Return hat. Dazu gehört, dass er genau festlegt, wie oft er den Ball prellt, wann und wo er angespannt oder entspannt ist, was er sich beim Aufschlag vorstellt oder welche Bilder er damit verbindet etc. Der Körper stellt sich nach vielen Wiederholungen auf dieses Ritual ein und kann dann auch im Match unter Druck den gewohnten Bewegungsfluss aufrechterhalten. Der Spieler sollte sein eigenes Ritual für den Aufschlag und den Return kennen und festlegen, damit die Schläge auch unter Druck gleich bleiben bzw. damit unter Druck der Bewegungsfluss erhalten bleibt.

a. Die Spieler sollen (schriftlich oder mündlich) ihr eigenes Aufschlagritual beschreiben und es festlegen. Dafür können aktuelle Videoaufnahmen zur Hilfe genommen werden.
b. Dann sollen sie den Aufschlag praktisch durchführen und die wichtigsten Knotenpunkte festlegen.
c. Das Gleiche wird mit dem Return durchgeführt. Die Spieler sollen wissen, wann sie was machen müssen, worauf sie sich beim Gegner konzentrieren, welches Bild sie sich vorstellen etc. Dafür können aktuelle Videoaufnahmen zur Hilfe genommen werden.

Der Match-Countdown

11-14, 15-18 Jahre

Die Spieler sollen schon einen Tag vorher beginnen, sich auf ein Match einzustellen. Sie können sich ihren eigenen Zeitplan erstellen, damit sie am nächsten Tag optimal vorbereitet auf den Platz gehen können. Zunächst kann man dies im Training für ein Match in den darauffolgenden Tagen erstellen. Auf diese Weise haben die Spieler die Möglichkeit, verschiedene Varianten auszuprobieren und sich für die beste zu entscheiden. Diese Routine muss flexibel bleiben und kurzfristig angepasst werden können, da sich der Spielbeginn je nach Turnier, vorhergehenden Matches oder der Witterung stark verzögern kann.

Visualisieren des Aufschlagrituals

15-18 Jahre

Die Spieler sollen sich als Erstes überlegen, welches Aufschlagritual sie haben. Gibt es Unterschiede zwischen dem ersten und zweiten Aufschlag? Dann sollen sie ihr Ritual mit einem anschließenden Aufschlag in Echtzeit visualisieren. Im Anschluss daran wird der Aufschlag wirklich durchgeführt.

Das Ganze kann als Wettkampf durchgeführt werden, wobei die Zeit der Visualisierung und des wirklichen Aufschlages gestoppt und verglichen wird. Jeder hat fünf (oder zehn) Versuche. Es hat derjenige gewonnen, dessen Zeiten am dichtesten zusammen liegen.

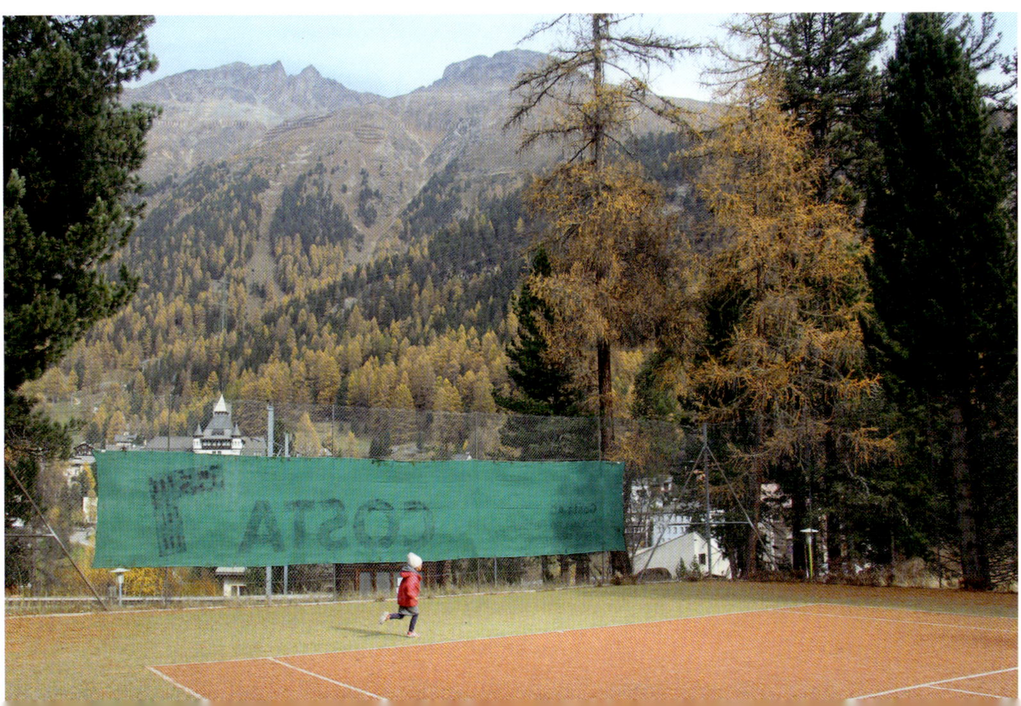

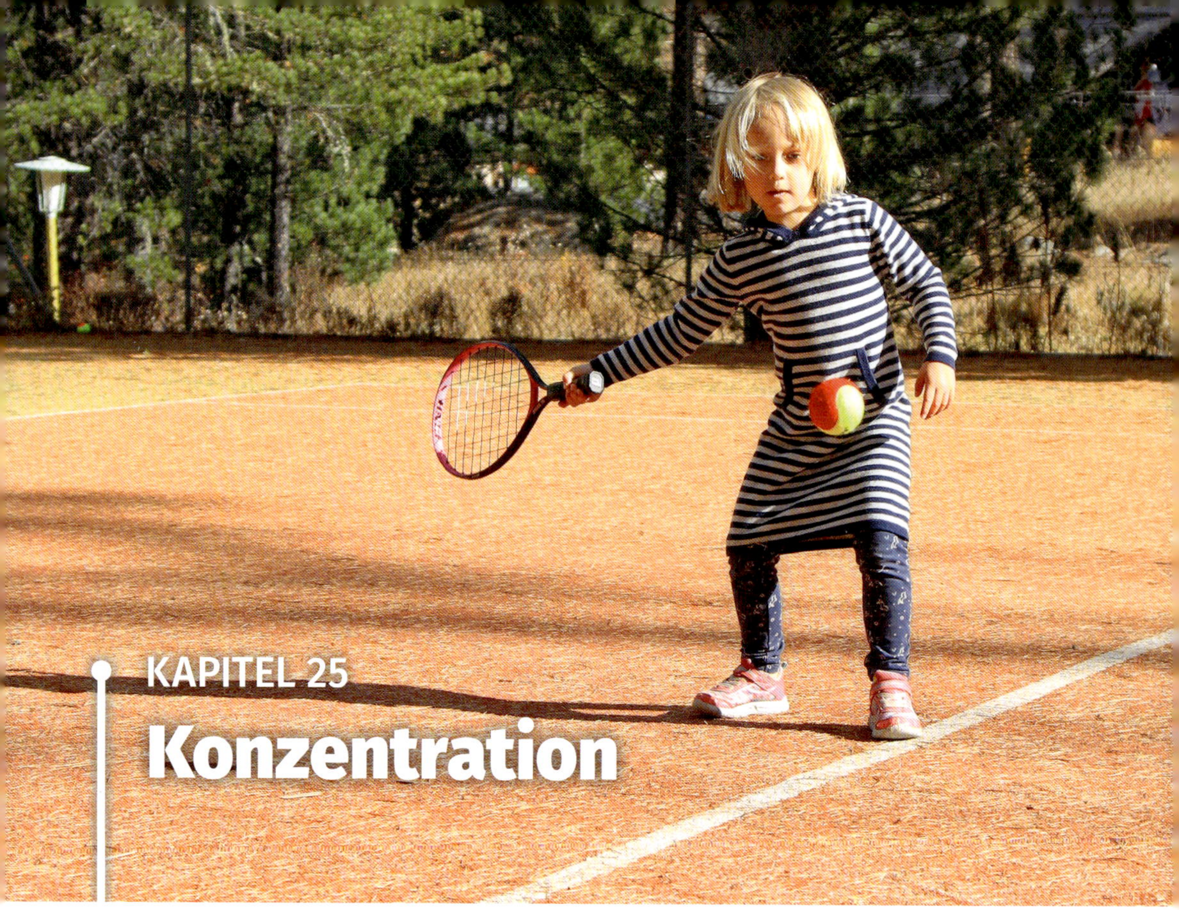

KAPITEL 25

Konzentration

„Konzentrier dich doch mal" ist ein Satz, den man im Tennis häufig von Spielern, Trainern oder Eltern während der Trainingseinheiten oder auch während eines Matches hören kann. Gerade sehr junge Spieler kommen oftmals vom Platz und behaupten, sie hätten sich während des Matches einfach nicht konzentrieren können. Meistens wissen weder die Spieler noch die Betreuer genau, woraus denn die Konzentrationsfähigkeit besteht, wann sie benötigt wird und worauf sich ein Spieler im Training oder in einem Match konzentrieren sollte.

Sich konzentrieren bedeutet „die Aufmerksamkeit auf einen ausgewählten Bereich des Wahrnehmungsfeldes zu richten" (Baumann, 2011). Dabei können nach Baumann sowohl die äußeren Sinne, also die akustischen und optischen, oder auch die inneren vom Körper selbst ausgehenden Sinne, wie der Tast-, Bewegungs- und Gleichgewichtssinn, genutzt werden. Die Steuerung von Gedanken und Vorstellungen gehört ebenfalls dazu. Er zeigt auf, dass je größer die konzentrative Anstrengung und je kleiner das Wahrnehmungsfeld ist, umso weniger können äußere Reize die Leistung beeinflussen. Ist ein Spieler zum Beispiel in der Lage, sich so auf einen Ballwechsel zu konzentrieren, dass er Umgebung, Zuschauer oder Lärm nicht mehr wahrnimmt, dann ist es ihm gelungen, alle störenden Reize auszublenden.

Und nun zu der Frage: Wann wird die Konzentrationsfähigkeit benötigt? Die Antwort darauf lautet: nur während des Ballwechsels. Die Pausen zwischen den Ballwechseln und beim

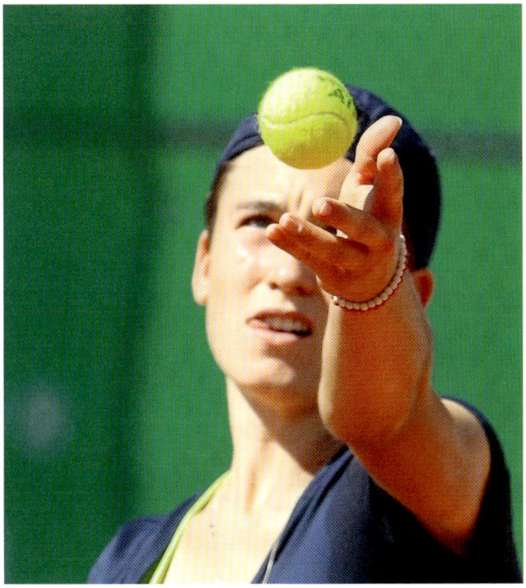

Seitenwechsel sind dafür da, um die über die Konzentration verbrauchte Energie während des Ballwechsels wieder aufzubauen. Ein Match verlangt höchste Konzentration in den Ballwechseln, und das manchmal über mehrere Stunden hinweg. Bei Belastungen, die über einen längeren Zeitraum Konzentration erfordern, kommt es zu ganz natürlichen Konzentrationsschwankungen, d. h. die Konzentration nimmt ab, um nach einer Weile wieder anzusteigen. Bei langen Konzentrationsphasen kann die Energie, die in den Aktionsphasen verbraucht wird, in den Erholungsphasen nur zum Teil wieder ersetzt werden. Den meisten Spielern fehlt eine sinnvoll aufgebaute Pausengestaltung (siehe Kapitel über Pausengestaltung, Routinen und Rituale). Sind die Erholungsphasen zu kurz, kommt es zu einer unvollständigen Energieaufladung. Der Spieler hat ein Defizit an Energie und wird in seiner Leistungsfähigkeit erheblich absinken.

Auch darf man auf keinen Fall vergessen, dass die im Match benötigte Konzentrationsfähigkeit nur im Training aufgebaut werden kann und dass dies viel Zeit in Anspruch nimmt. Man kann im Training nicht nachlässig sein und sich dann im Match konzentrieren. Die matchrelevanten Inhalte sollten über einen längeren Zeitraum hinweg regelmäßig Bestandteil der Trainingseinheiten sein. Um die Konzentrationsfähigkeit im Training zu lernen und zu verbessern, ist es wichtig, dass ein definiertes Ziel vorhanden ist. Der Trainer oder die Eltern, die von außen Tipps geben, und der Spieler, der sich innerlich antreibt, müssen stets angeben, worauf sich die Sinnesbündelung beziehen soll. Alle Anweisungen sollten die Aufmerksamkeit auf bestimmte Ziele ausrichten, sodass der Spieler genau weiß, worauf er seine Energie zu richten hat. An dieser Stelle spielt die Motivation eine große Rolle. Denn nur die Kinder und Jugendlichen, die motiviert sind, sind zu hohen und länger andauernden Konzentrationsleistungen fähig, weil sie Spaß an der Tätigkeit haben. Gerade bei sehr jungen Spielern sollte sich jeder Betreuer überlegen, wie er Aufgaben abwechslungsreich, attraktiv oder reizvoll gestalten kann, sodass die Kinder voll in ihrer Aufgabe aufgehen.

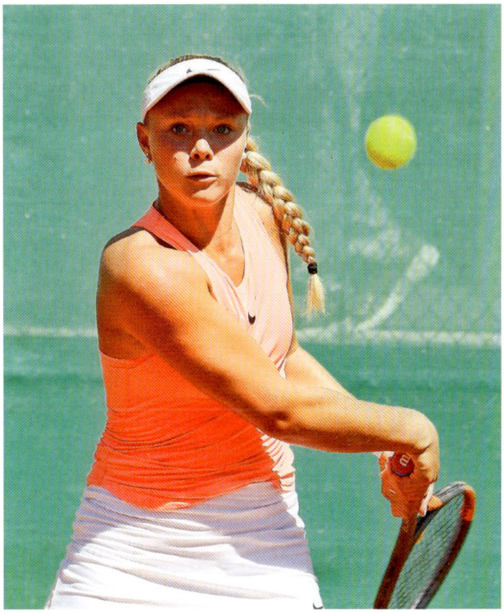

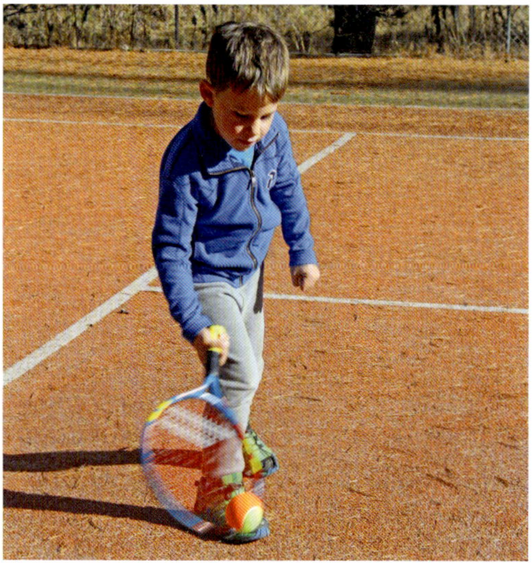

Nun erfordern aber die unzähligen verschiedenen Situationen auf dem Platz, dass ein Spieler seine Aufmerksamkeit manchmal erweitern muss, um eine große Menge an Informationen zu verarbeiten, und manchmal erfordern sie, dass er seine ganze Aufmerksamkeit auf kleine wichtige Handlungen oder Gegenstände wie den Ball oder Schläger bündelt. Ein Tennisspieler muss also in der Lage sein, während eines Ballwechsels sein Konzentrationsfeld zu definieren und die Breite seiner Aufmerksamkeit zu kontrollieren.

Für einen jungen Tennisspieler bedeutet dies eine sehr große Herausforderung, denn wenn er sich auf mehrere Dinge gleichzeitig konzentrieren muss, wird seine Wahrnehmungsgenauigkeit für andere Sachen vermindert. Für ihn ist es wichtig, in der Lage zu sein, die Konzentration von dem weiten äußeren Aufmerksamkeitsfeld wieder zu verengen, um sich in einem Ballwechsel erneut auf einen äußerlich sehr eng begrenzten Ausschnitt wie beispielsweise den Ball zu konzentrieren. Man unterscheidet hier die Bezeichnung der Konzentration mit „außen-weit“ und „außen-eng“. Nach der Lenkung der Konzentration auf äußere Bedingungen gibt es beim Tennis auch Situationen, die einen inneren Aufmerksamkeitsfokus erfordern. Auch hier unterscheidet man zwischen den Konzentrationsarten „innen-weit“ und „innen-eng“ (Formen der Aufmerksamkeit in Anlehnung an Nideffer, 1981). Im ersten Fall muss der Spieler sensibel für seinen Körper sein und dessen Signale verarbeiten können. Er muss sich auf sich selbst konzentrieren, die Aufmerksamkeit nach innen richten, um Empfindungen, Körperlage und Körperstellung zu spüren und richtig deuten zu können. Nur über die Innenkonzentration erfasst ein Spieler aufgrund der Körpersignale, ob er müde wird, Schmerzen hat, topfit oder schlapp ist. Eine Korrektur des Trainers zur Körperhaltung oder Körperstellung bei einem Schlag verlangt eine kurzfristige, aber sehr hohe Konzentrationsfähigkeit auf den eigenen Körper, welche hauptsächlich durch den Bewegungssinn, Tastsinn und Gleichgewichtssinn ermöglicht wird. Das Halten des Schlägers, das Spüren eines Treffpunktes, das Abdrücken von einem Fuß erfordern ein hohes Maß an Konzentration, die auf einen bestimmten inneren und engen Punkt bezogen ist.

Beispiele für die Konzentrationslenkung auf dem Platz:

- **außen-weit:**
  taktischer Spielzug, Spielweise, Spielbedingungen
- **außen-eng:**
  Ball, Treffpunkt
- **innen-weit:**
  Entspannung beim Seitenwechsel, Körperbefinden
- **innen-eng:**
  Hand am Schläger, Abdruck des Fußes

Die Innenkonzentration kann der Außenkonzentration jedoch entgegenwirken, wenn sich ein Spieler beispielsweise so intensiv mit der

Technik des eigenen Schlages beschäftigt, dass er den Drall des ankommenden Balles oder die Taktik des Gegners nicht mehr bemerkt. Bei einem Tennisspieler wechselt die Lenkung der Konzentration permanent zwischen innen und außen, eng und weit, hin und her. Für jeden Spieler bedeutet das, den permanenten Balanceakt zwischen innerer und äußerer, enger und weiter Konzentration bewusst zu trainieren und zu perfektionieren.

Möchte man als Spieler eine neue Bewegung lernen oder eine gewohnte umstellen, versucht man, über die Konzentration auf diese Bewegung und dementsprechend über das Bewusstsein einen Bewegungsentwurf einzuprogrammieren, der als Leitbild dient. Dieser Vorgang erfolgt so lange bewusst, bis er häufig genug geübt wurde, dass er automatisch abläuft und das Bewusstsein frei für andere Informationen wird. Da das Bewusstsein langsam und schwerfällig arbeitet, kann ein Spieler zu Beginn einer technischen Korrektur nicht mehr frei agieren, seine Bewegungen sind verkrampft und unrhythmisch. Erst wenn sie etliche Male wiederholt werden, gewinnt er seine ökonomische Leichtigkeit und Lockerheit wieder, denn nur durch häufiges Üben eines Schlages entsteht in einem tiefer liegenden Bereich des Gehirns ein Handlungsmuster, welches die Steuerung einer Bewegung ohne bewusste Aufmerksamkeit übernimmt. An dieser Stelle können mit Hilfe von Visualisierungsübungen Techniken schneller und leichter erlernt oder verändert werden.

Das Ziel eines sehr jungen Tennisspielers, der die Techniken noch nicht so perfekt beherrscht, ist es, diese Ausführung der Schläge so oft zu wiederholen, bis er sie automatisiert hat und er sie komplett seinem Körper überlassen kann. Das Ausschalten von Gedanken, in denen er sich selbst korrigiert, ermahnt oder etwas befiehlt, ist eine Voraussetzung für das Perfektionieren eines Schlages. Er wird dann auch unter Druck seinem Körper vertrauen, um sich damit die Gelöstheit beim Schlag zu bewahren, anstatt zu verkrampfen. Allerdings ist dies ein langfristiger Prozess, der sich über Jahre hinweg entwickelt.

Tipps für Spieler

- Lenke deine Aufmerksamkeit bewusst auf spezifische Handlungen oder Dinge.
- Verbinde deine Konzentration stets mit einem Gegenstand, Ziel, Weg oder einer Richtung.
- Halte dich an deine Pausengestaltung, um den Energieverlust wieder auszugleichen.
- Entspann dich in den Pausen, um deine konzentrative Energie wieder aufzubauen.
- Konzentriere dich in einem Match
  - auf die nächste Handlung (Spielsituation, Schlag);
  - auf deine eigene Taktik und die des Gegners;
  - auf deine eigenen Stärken.
- Finde heraus, wann und durch welche Situationen du deine Konzentration verlierst.
- Erarbeite Strategien, um besser mit den Ablenkungen umgehen zu können, die zum Konzentrationsverlust führen.
- Stelle mit Selbstbefehlen deine Aufmerksamkeit gezielt wieder her oder halte sie aufrecht.
- Erarbeite dir Techniken und Handlungsmuster so lange, bis sie wie von selbst, d. h. ohne bewusste Aufmerksamkeitssteuerung, ablaufen.
- Bist du sehr nervös oder angespannt, solltest du deine Konzentration eher nach außen lenken.

Ballinas Tricks für eine bessere Konzentration

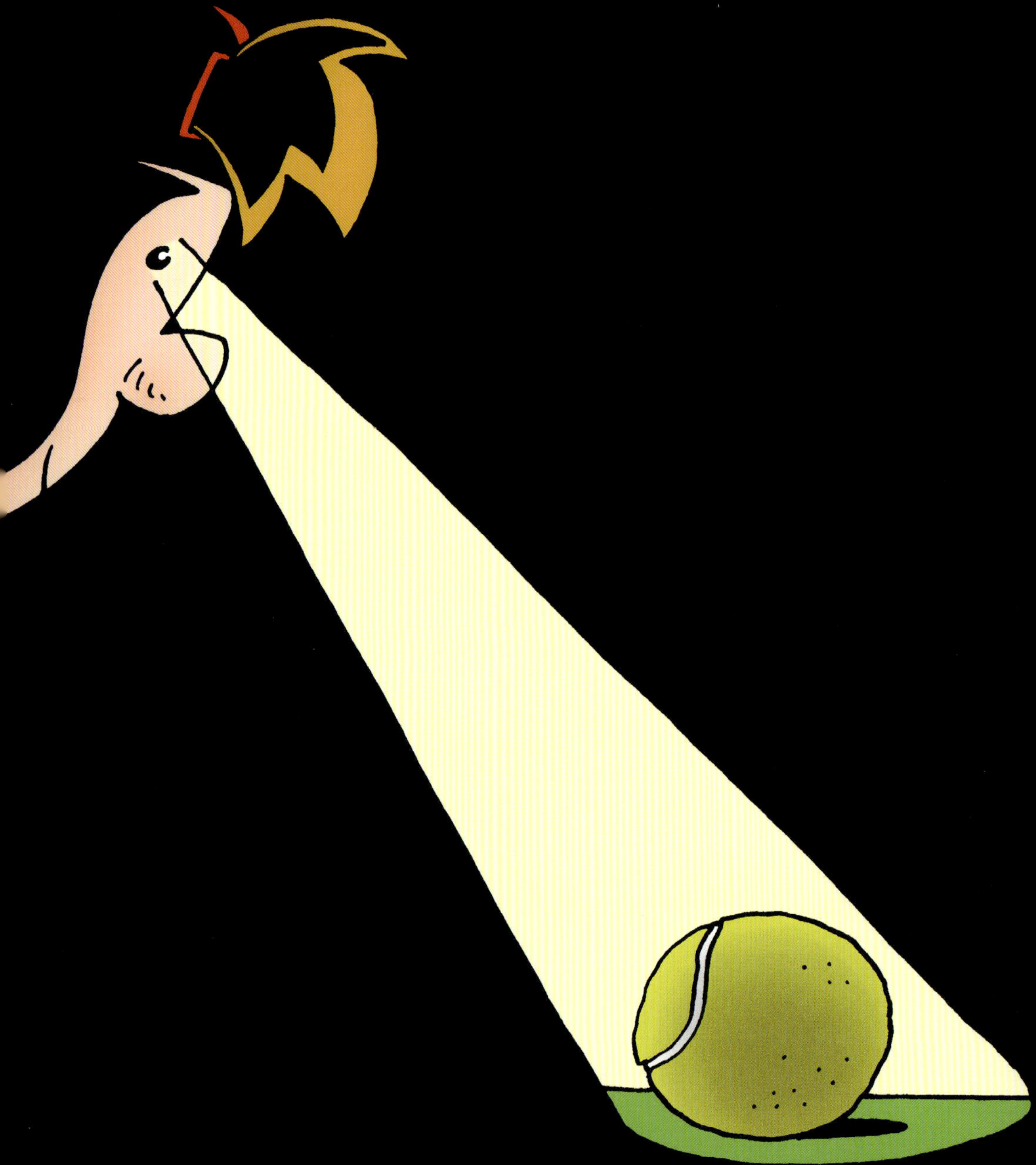

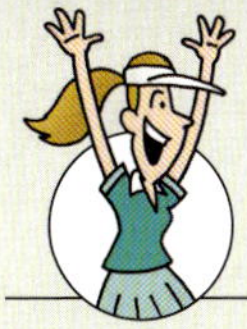

B Ballina

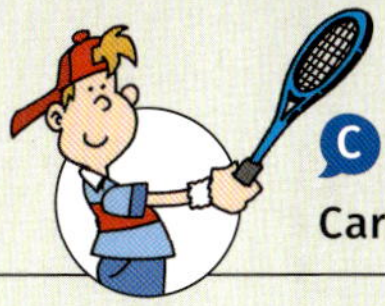

C Carlos Cool

Ballina trainiert mit Carlos, aber der ist total neben der Rolle, hat Mühe, sich zu konzentrieren, und macht einen Fehler nach dem anderen.

B Komm, Carlos, lass uns kurz hinsetzen und eine Pause machen. Wie ich sehe, bist du sehr unzufrieden. Erzählst du mir, was los ist?

C Ach, Ballina, ich kann mich einfach nicht konzentrieren, und deshalb mache ich so viel Fehler, ich spiele so schlecht, es ist zum Heulen. Ich weiß auch nicht, woran das liegt. Ich sage mir permanent „konzentrier dich, konzentrier dich“, aber es hilft überhaupt nicht.

B Ich habe eine Idee, wie ich dir helfen könnte. Was hältst du von ein paar Tipps und Tricks, wie wir deine Konzentration verbessern können. Natürlich geht das nicht von heute auf morgen. Solche Dinge können später im Match nur funktionieren, wenn du sie vorher im Training tausendmal gemeistert hast.

C Versprochen, das mache ich.

B Und vorweg eine kleine Frage: Weißt du eigentlich, was es bedeutet, sich zu konzentrieren?

C Hmm, nein, nicht wirklich.

B Also, du kannst dir das vorstellen, als ob du mit einer Taschenlampe etwas anleuchtest. Wenn du ganz dicht an einen Gegenstand gehst und den Lichtstrahl nur auf ihn hältst, dann richtest du deine Aufmerksamkeit – also deine Konzentration – nur auf diesen Gegenstand. Außen herum kannst du in der Dunkelheit nichts genau erkennen. Und es gibt vier verschiedene Arten der Konzentration. Wenn etwas außerhalb deines Körpers ist und du etwas Bestimmtes fixierst, wie zum Beispiel einen Ball, dann nennt man das die Konzentration außen-eng. Ist etwas außerhalb deines Körpers und es wird ein großer Bereich beleuchtet, dann nennt man das außen-weit. Das kann zum Beispiel eine taktische Situation sein. Genauso kannst du auch in deinen Körper hineinleuchten. Es gibt in deinem Körper einen engen Fokus, innen-eng, wie zum Beispiel dein Handdruck am Schläger. Und als Viertes gibt es den weiten Fokus im Körper, der betrifft deinen ganzen Körper. Er richtet sich darauf, wie du dich fühlst oder ob du Körperspannung hast.

C Das ist ja interessant. Aber wozu brauche ich das auf dem Tennisplatz?

B Im Tennis musst du deine Konzentration immer mit etwas Bestimmten verknüpfen, sonst weiß dein Gehirn nicht, worauf es sich nun konzentrieren soll. Du musst ihm immer genau sagen: Konzentriere dich auf den Ball, eine Handlung oder Ähnliches.

C Und muss ich mich denn immer konzentrieren?

B Nein, auf keinen Fall. Du solltest dich in der Pause zwischen den Ballwechseln erholen. Dort kannst du dir ein Ziel für den nächsten Ballwechsel setzen. Kannst du dich noch an den Trick mit dem An- und Ausschalter erinnern, den wir letzte Woche besprochen haben? Sobald du dein Ritual durchführst, schaltest du die Konzentration an. Wenn der Ballwechsel fertig ist, schaltest du sofort aus. Und in der Pause kannst du dann deinen Blick auf einen Merkpunkt lenken, damit du nicht abgelenkt wirst und immer wild umherschaust. Die meisten Spieler schauen auf ihre Saiten oder eine Markierung an der Plane oder auf dem Boden.

C Toll, das ist eine gute Idee.

B Und noch ein letzter Tipp, wenn du sehr nervös bist, dann solltest du dich in der Pause beruhigen und dann im Ballwechsel eher den Fokus nach außen lenken. Fokussiere den Ball und versuche die Schrift oder die Haare auf dem Ball zu erkennen.

C Danke, Ballina, und jetzt lass uns weitertrainieren. Ich weiß jetzt genau, worauf ich mich konzentrieren werde.

Übungen

Die vier Arten der Konzentration Mini

5-10 Jahre

Übung 1: außen-eng

Die Spieler spielen im kleinen Feld mit möglichst wenig Drall hin und her. Der Trainer hat Zeichen wie dicke Punkte oder Dreiecke auf die Bälle gemalt. Die Spieler sollen versuchen, diese beim Spielen zu erkennen.

Übung 2: außen-weit

Der Trainer legt eine Übung fest, bei dem ein Spieler zwei Möglichkeiten hat. Entweder kann er cross oder longline spielen, einen Passierball oder Lob spielen oder Ähnliches. Der Punkt wird ausgespielt.

Übung 3: innen-eng

Die Spieler sollen beim Spielen den Druck der Hand am Schläger spüren. Sie spielen im kleinen Feld hin und her und halten den Schläger bei drei Schlägen sehr fest in der Hand und danach bei drei Schlägen sehr locker.

Übung 4: innen-weit

Die Spieler sollen beim Aufschlagtraining den Ball hochwerfen und ausholen, die Spannung aufbauen und dann in der Position bleiben, ohne das Gleichgewicht zu verlieren. Der Ball fällt dann herunter, ohne geschlagen zu werden.

Die vier Arten der Konzentration Maxi

11-14, 15-18 Jahre

Übung 1: außen-eng

Die Spieler spielen im kleinen Feld mit möglichst wenig Drall hin und her. Der Trainer hat Buchstaben auf die Bälle gemalt. Wer zuerst einen Buchstaben erkannt hat, hat gewonnen.

Übung 2: außen-weit

Der Trainer legt einen taktischen Spielzug fest, bei dem die Spieler mindestens zwei Möglichkeiten haben, den Punkt zu eröffnen. Sie sollen die Situation erkennen, beurteilen, sich für einen Schlag entscheiden und dann entsprechend handeln.

Übung 3: innen-eng

Die Spieler sollen beim Spielen den Druck der Hand am Schläger spüren. Sie spielen erst im kleinen Feld und dann von der Grundlinie hin und her und halten den Schläger bei drei Schlägen sehr fest in der Hand und danach bei drei Schlägen sehr locker. Im Anschluss sollen sie ein Feedback geben, wann sie was gespürt haben und wie es für sie war.

Übung 4: innen-weit

Die Spieler sollen beim Training vor jedem Schlag versuchen, maximale Spannung im ganzen Körper aufzubauen. Auch hier sollen sie im Anschluss sagen, was sie wo und wie gespürt haben. Später in der Pause sollen sie in sich hineinhorchen und beurteilen, wie sie sich körperlich fühlen. Sind sie fit, tut etwas weh, sind sie erschöpft vom Training etc.

Blick in der Pause lenken

5-10, 11-14 Jahre

Gerade bei jungen Spielern kann man feststellen, dass sie in den Pausen zwischen den Punkten und beim Seitenwechsel sehr gerne umherschauen. Sie bekommen mit, wer zuschaut, wer wann kommt und geht und sie lassen sich auch von anderen Sachen, die neben dem Platz passieren, schnell ablenken. Bei dieser Übung sollen die Spieler lernen, ihren Blick in der Pause bewusst zu lenken und alles andere auszublenden. Eine Ablenkung bedeutet immer eine Verschlechterung oder den Verlust der Konzentration für den nächsten Ballwechsel.

Jeder soll sich vor einem Trainingsmatch etwas aussuchen, worauf er seinen Blick in der Pause lenkt:

- auf einen Merkpunkt auf dem Platz, z. B. Schrift oder einen Merkpunkt außerhalb des Platzes;
- auf die Saiten, indem er sie richtet;
- auf den Boden oder eine Linie;
- auf einen Ball, der herumliegt.

Das Lenken des Blickes kann dann später in die Pausengestaltung der Spieler eingebaut werden, sodass sie es auch im Match anwenden können.

Konzentration nach der Pause wieder einschalten (siehe An- und Ausschalter)

11-14, 15-18 Jahre Es wird wieder ein Trainingsmatch gespielt. Dieses Mal sucht sich jeder Spieler vor Beginn eine Handlung aus, mit der er die Konzentration nach der Pause wieder einschaltet, wie:

- einen Merkpunkt auf dem Platz mit der Hand/dem Schläger berühren, z. B. die Linie oder Plane;
- visualisieren, einen Schalter umzulegen;
- die Hand gegen den Schläger klopfen;
- die Schuhe abklopfen;
- Atmung, z. B. schnell auspusten.

Mit dieser Handlung soll sich jeder innerlich das Signal geben, dass es nun losgeht. Auch diese Handlung kann wie das Lenken des Blickes als Ritual in die Pausengestaltung eingebaut werden.

Zeitspiel

5-10, 11-14, 15-18 Jahre Zweier-Teams spielen auf Zeit gegeneinander. Wer in der vorgegebenen Zeit, z. B. zwei Minuten, am meisten Schläge hat, gewinnt. Jedes Team hat nur einen Ball, bei einem Fehler muss dieser schnellstmöglich aufgenommen werden, bevor man weiterspielen kann. Das Siegerteam nach jedem Durchlauf bekommt einen Punkt. Das Zeitspiel kann in alle Richtungen und aus allen Positionen gespielt werden. Zwischen jedem Durchlauf sollten die Spieler eine entsprechende Pause zum Erholen haben.

Drill

11-14, 15-18 Jahre Es wird eine sehr anstrengende Drillübung durchgeführt. Die Konzentration soll unter starker körperlicher Belastung aufrechterhalten bleiben. Trotz Hektik, Druck, körperlicher Verausgabung und eventuell entstehender Frustration muss der Spieler einen kühlen Kopf bewahren und sich auf das Wesentliche konzentrieren.

a. Die Spieler starten in der Rückhand-Ecke. Sie müssen drei, vier oder fünf Vorhände hintereinander aus dem Lauf in ein Zielfeld auf einer Ecke spielen und danach wieder in die Ecke zurück und das Hütchen berühren. Bei einem Fehler geht es von Null los.
b. Ein Spieler läuft abwechselnd rechts und links. Er muss auf Länge in ein Zielfeld spielen. Bei jedem Treffer bekommt er einen Punkt, bei jedem Fehlversuch wird ihm ein Punkt abgezogen. Das Ziel ist, sieben (bzw. elf) Punkte zu erreichen.

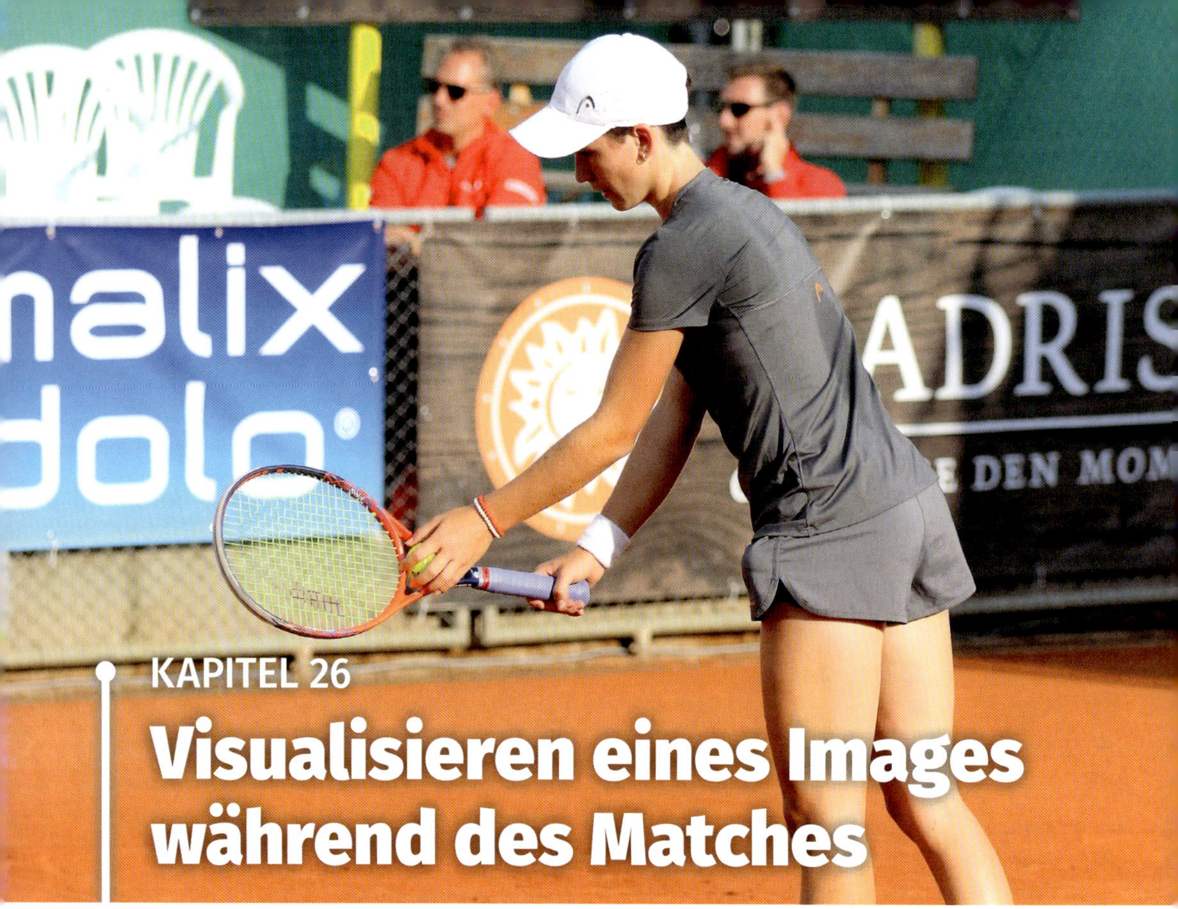

KAPITEL 26

Visualisieren eines Images während des Matches

Für einen Sportler kann es im Training oder Match sehr hilfreich sein, wenn er seine Fähigkeiten anhand von Vergleichen oder einer Bildsprache beschreibt. Die Bilder im Kopf, auch Images genannt, können Gefühle hervorrufen, die sich schlecht definieren lassen, aber einem Athleten bestimmte Qualitäten oder Leistungen vor Augen rufen, die für ihn erstrebenswert erscheinen. Solche Qualitäten können Ausdauer, Schnelligkeit, Leichtfüßigkeit, Aggressivität, Ruhe, Konzentration oder andere sein. Diese Eigenschaften, kombiniert mit Vorstellungen, weisen meist auf komplexere Qualitäten eines Sportlers hin. Der Fantasie sind in diesem Sinne keine Grenzen gesetzt.

Hat ein Spieler beispielsweise Gleichgewichtsprobleme beim Schlag, könnte es helfen, wenn er sich vorstellt, er habe Kaugummi oder Leim unter den Schuhen und damit würde er so fest am Boden kleben, dass ihn nichts aus dem Gleichgewicht bringen kann. Ein Stier in der Arena kann ein Symbol für Angriffslust sein, eine Nähmaschine ein Symbol für schnelle kleine Schritte bei der Beinarbeit. Es gibt so viele Images und Symbole, wie es Sportler gibt, denn ihre Verwendung ist weit verbreitet. Bei den einen geschieht das eher unbewusst, andere versuchen sich gezielt auf diese Weise mental vorzubereiten.

Es kommt auch oft vor, dass ein Athlet überzeugt ist, ihm fehlt eine gewisse Eigenschaft, die er dringend braucht. Es kann aber auch sein, dass er diese Eigenschaft eigentlich besitzt, sie aber im Wettkampf nur nicht richtig zum Ausdruck bringen kann. Kennt er diese Qualität in einer anderen Person oder Sache und findet er ein Symbol dafür, dann ist sie mit Sicherheit schon zu einem Teil in ihm vorhanden. Das bedeutet, dass er wahrscheinlich diese Eigenschaft auf jemanden oder etwas in der Außenwelt projiziert hat. Jetzt gilt es, diese Eigenschaft und das Gefühl für die Qualität in sich selbst zu finden und über Vorstellungen in wirkliche Handlungen umzusetzen.

Das Visualisieren von Images während des Trainings oder Matches unterscheidet sich von anderen Übungen dadurch, dass man sich nicht von der realen Umgebung zurückzieht. Es wird auch als Realplay bezeichnet. Man könnte sich lediglich in der Anfangsphase zurückziehen, wenn man beispielsweise versucht, sich das richtige mentale Bild anzueignen, und dafür die Augen schließt. Ansonsten sollten bei dem Realplay oder dem Visualisieren von Images im Match die Augen offen bleiben. Für einen Spieler ist es ratsam, dies eher als eine Art Schauspielerei darzustellen, bei der er so tut, als ob er jemand oder etwas anderes ist. Hier sollte er versuchen, eine Eigenschaft zu verkörpern, mit der er seine eigene Leistung noch mehr herausbringen kann. Muhammad Ali hat sich beim Boxen immer vorgestellt, dass er im Boxring tänzeln möchte wie ein Schmetterling, um danach zuzustechen wie eine Biene.

Allgemeine Infos

Tipps für die Suche nach einem guten Image

- **Das Image selbst suchen und finden**
  Jeder sollte seine Vorstellungen und Symbole selbst suchen, denn für jeden haben Symbole eine andere Bedeutung. Nur ein persönlich gefundenes Symbol kann effektiv für einen Athleten sein, weil er selbst damit die richtige Eigenschaft verbinden kann.

- **Sich selbst motivieren**
  Die Realplay-Übung sollte auf keinen Fall mit dem mentalen Training der Leistung verwechselt werden. Das Ziel ist hier, durch ein persönliches Symbol ein Gefühl hervorzurufen, das mit einer Eigenschaft zusammenhängt, die man selbst in sich fördern möchte. Das bedeutet, dass man sich für diese Sache motivieren will, sie aber nicht mental trainiert.

- **Wirkungslose Images ablegen**
  Sobald ein Athlet merkt, dass ein Image oder Symbol, das er sich zugelegt hat, nicht mehr richtig funktioniert, sollte er es ablegen und sich ein neues suchen. Ein neues Bild kann ihm dann dazu verhelfen, sich für die gleiche Eigenschaft neu anzuspornen.

- **Ein Image für eine isolierte Bewegung**
  Sucht man ein Symbol, um eine einzige Bewegung oder Qualität zu verkörpern, dann sollte es zu der Bewegung selbst eine Verknüpfung geben. Für den Aufschlag beim Tennis wäre zum Beispiel denkbar, dass man anstelle des Schlägers einen Pfeil aus einem Köcher auf dem Rücken zieht.

- **Kinästhetische und taktile Symbole**
  Symbole und Images müssen nicht nur visuell sein, sie haben auch sehr oft eine kinästhetische bzw. gefühlsmäßige Komponente. Visualisiert man sich selbst bei einer tollen Leistung, ist es ratsam, dass man sich bewusst ist, wie der Körper sich dabei fühlt. Vervollständigt man innerlich den Satz: „Ich fühle mich wie ...", dann hat man bereits ein persönliches Image gefunden. Genau dieses sollte man dann auch verkörpern. Für viele Spieler ist es von großer Bedeutung, den Schläger oder den Treffpunkt zu spüren. Unter Druck neigt man dazu, zu verkrampfen und den Schläger zu fest zu halten. Dann eignet sich zum Beispiel die Vorstellung, ein rohes Ei in der Hand zu halten.

Ballinas Tricks für das Suchen eines neuen Images

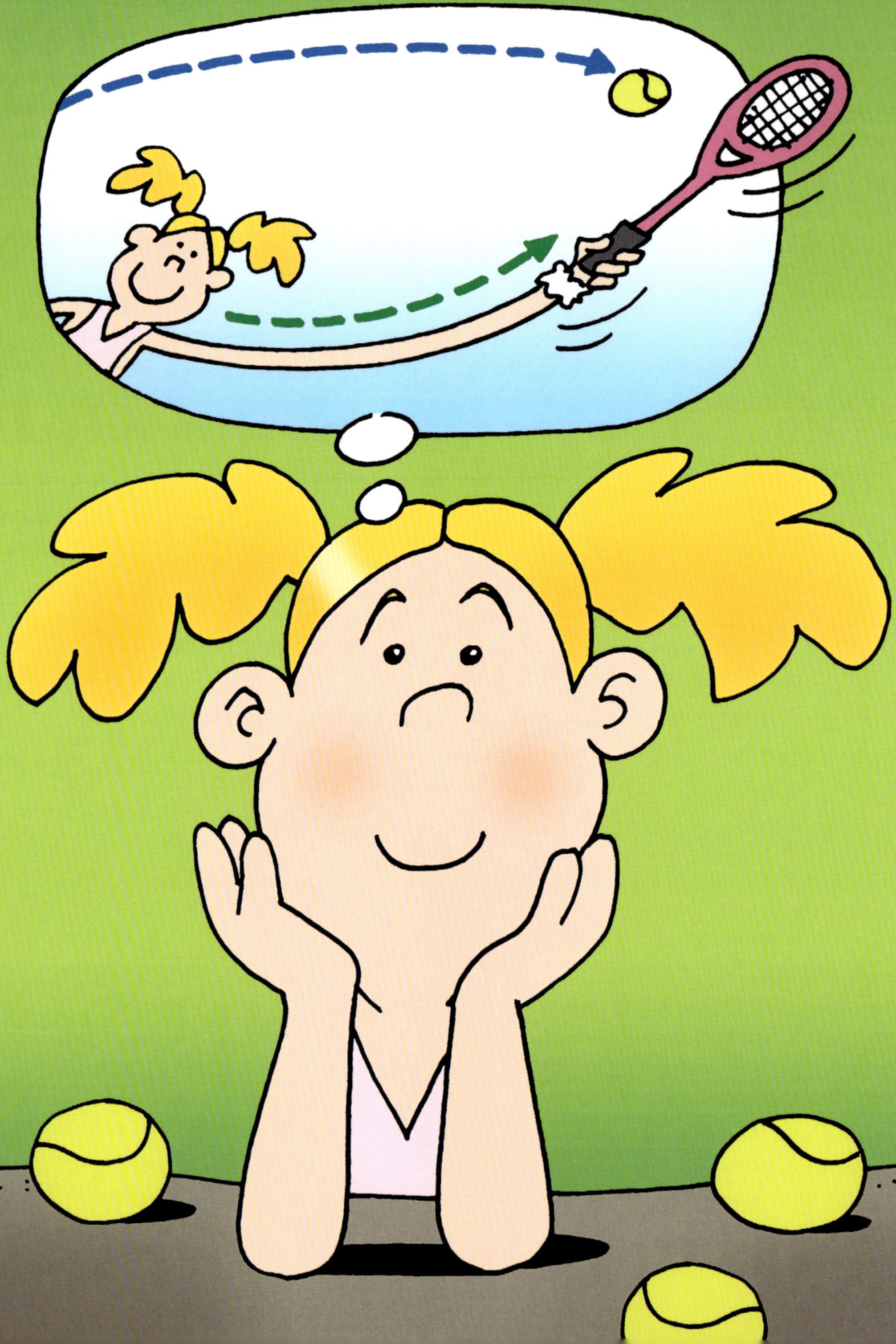

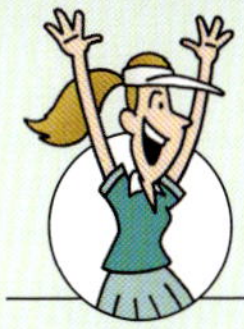

B Ballina

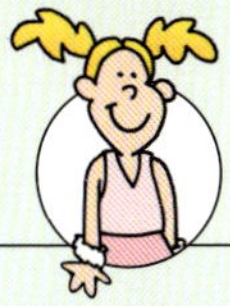

M Mona Mutig

Mona spielt ein Trainingsmatch gegen Fabio Flegel. Es ist ein sehr enges Match und bei 5 : 5 wirkt Mona sehr verkrampft. Sie kann kaum den Schläger schwingen und macht viele unnötige Fehler. Fabio gewinnt den Satz 7 : 5 und Mona ist ganz aufgelöst. Ballina nimmt sie zur Seite und die beiden besprechen die Lage.

M Ballina, ich bin total verkrampft und kann überhaupt nicht locker durchschwingen. Genau das passiert mir im Match auch oft, wenn es eng wird. Kannst du mir sagen, was ich da machen kann?

B Ich glaube, da könnte dir ein Image helfen. Hast du schon einmal davon gehört?

M Image? Nein, ist das so etwas wie ein Bild?

B Ja, genau, es ist ein Bild, was in deinem Kopf entsteht, wenn du an etwas Bestimmtes denkst. Was stellst du dir denn vor, wie dein Arm in engen Situationen ist?

M Also ich denke immer: „krieg jetzt bloß nicht wieder einen Holzarm".

B Siehst du, wenn du immer in engen Situationen an einen Holzarm denkst, dann wirst du sehr wahrscheinlich auch immer einen bekommen. Du hast sogar schon ein Image, aber leider ein negatives. Nun gilt es, dieses negative Bild loszuwerden und durch ein positives zu ersetzen. Denk mal darüber nach, wie sollte denn dein Arm sein? Was für ein Bild oder Gefühl fällt dir ein, wenn du an einen lockeren Arm denkst, der perfekt durchschwingen kann? Sprich mal den Satz zu Ende: „Mein Arm fühlt sich an wie ein ..."

M ... Gummiarm.

B Ja, zum Beispiel. Also, dann lass uns mal das Wort „Gummiarm" als dein persönliches Image festlegen. Wenn du einen Gummiarm hast, dann kannst du auch deinen Schläger nur mit einer Gummihand festhalten. Dadurch solltest du recht locker bleiben. Und im Match wirst du ab nun sagen: „Mein ..."

M „... Arm fühlt sich an wie ein Gummiarm." Oh, danke, Ballina. Ich werde das gleich so durchführen.

B Und je öfter du es übst und dir den Gummiarm vorstellst und spürst, wie er sich anfühlt, umso besser wird es im Match auch klappen. Und jetzt kannst du noch den zweiten Satz gegen Fabio spielen und gleich ausprobieren, wie es mit deinem neuen Image klappt.

M Das werde ich. Und wenn es wieder so eng wird, dann bin ich aus Gummi.

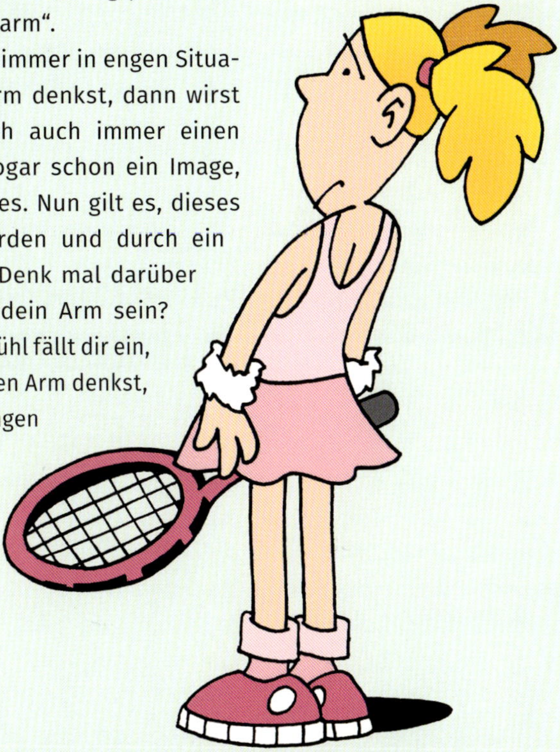

Übungen

Gummipuppe

5-10, 11-14 Jahre

Dieser Text kann vom Trainer auf dem Platz vorgelesen werden. Sobald der Spieler den Inhalt des Textes kennt, kann er versuchen, im Match diese Übung selbst durchzuführen.

Wenn du auf dem Platz unter Anspannung stehst oder merkst, dass du total verkrampft bist, dann kannst du dir vorstellen, dass dein Körper ganz aus Gummi ist. Du bist wie eine Gummipuppe, die Arme hängen locker nach unten, und du kannst deine Arme und Schultern noch ein wenig schütteln. Deine Füße stehen dabei fest auf dem Boden. Du kannst auch deinen Kopf, deinen Oberkörper und auch deine Beine locker bewegen oder hin- und herwackeln. Schüttle und bewege dich wie eine Gummipuppe. Dann werden deine Bewegungen wieder langsamer und noch langsamer und dann stehst du ganz still. Schließe kurz deine Augen und fühle, wie sich dein Körper anfühlt. Bist du lockerer geworden? Atme durch die Nase ein und den Mund wieder aus, gehe locker und frisch zum nächsten Punkt (oder auf den Platz).

Gänseblümchen

5-10, 11-14 Jahre

Dieser Text kann vom Trainer auf dem Platz vorgelesen werden. Sobald der Spieler den Inhalt des Textes kennt, kann er versuchen, im Match diese Übung selbst durchzuführen.

Stelle dich zwischen zwei Punkten gerade und stabil hin, die Beine sind schulterbreit auseinander und die Füße stehen fest auf dem Boden. Atme durch die Nase ein und durch den Mund wieder aus. Atme weiter ein und aus. Stell dir vor, du bist ein kleines Gänseblümchen, das im Garten blüht. Die Sonne scheint auf dich herunter und du streckst deinen Kopf der Sonne entgegen. Stell dir vor, wie du beim Einatmen die warmen Sonnenstrahlen einatmest und durch den Mund wieder ausatmest. Beim Einatmen schaust du nach oben zur Sonne und beim Ausatmen neigst du etwas dein Köpfchen. Wiederhole dies drei- bis viermal, dann bist du wieder du selbst und stehst auf dem Tennisplatz. Sei erfrischt und freue dich auf den nächsten Punkt.

Images finden und visualisieren

5-10, 11-14, 15-18 Jahre

Der Spieler soll sich jeweils ein Symbol suchen,

- das eine Eigenschaft verkörpert, die er im Match so einsetzen möchte. Er kann den Satz mit der Eigenschaft vervollständigen, wie zum Beispiel: „Im Match werde ich ... wie ein ..."
- das eine Bewegung oder Qualität verkörpert, die er im Match so einsetzen möchte. Er kann den Satz vervollständigen, wie zum Beispiel: „Beim ... bin ich wie ein ..."
- das ein bestimmtes Gefühl in ihm hervorruft, das ihn im Match motiviert. Er kann den Satz vervollständigen: „Wenn ich an das ... denke, dann fühle ich mich wie ..."
- das sein Gefühl in einer bestimmten Situation sensibilisiert. Wenn er zum Beispiel merkt, dass er in engen Situationen den Schläger zu fest hält, dann kann er sich vorstellen, dass er ein Küken in der Hand hält.

Punkte spielen mit Images

5-10, 11-14, 15-18 Jahre

Zwei Spieler spielen Punkte oder ein Trainingsmatch. Vor jedem Punkt müssen sie ein Image hervorrufen, etwas wie: „ich spiele mutig wie ein ...", „ich bin ruhig wie ein ...", „ich bewege mich leichtfüßig wie ein ...". Die Sätze können sie beliebig oft wiederholen. Der Trainer kann auch mit jedem Spieler vorher eine bestimmte Anzahl an Images festlegen, die dieser dann in der entsprechenden Situation sagen muss.

Realplay

15-18 Jahre

Der Spieler sollte sich jedoch als Erstes überlegen, welche Eigenschaften er entwickeln möchte und warum diese Qualität so wichtig für seine Leistungsfähigkeit auf dem Platz ist. Er sollte sich im Klaren sein, ob er diese Eigenschaften noch nie oder schon gelegentlich besessen hat. Falls er eine Eigenschaft wählt, die er noch gar nicht oder nur ansatzweise besitzt, dann kann er beispielsweise einen Tennisspieler visualisieren, der diese Qualität ausgezeichnet beherrscht. Kann er diese Eigenschaft perfekt mit einer Person verbinden, dann hat er sein Symbol schon gefunden.

Dieser Text kann vom Trainer oder den Eltern vorgelesen werden:
Entspanne dich jetzt und schließe deine Augen. Lass das Bild von deines Vorbilds vor deinen inneren Augen ganz deutlich werden. Stelle dir in allen Details vor, was dieser Mensch gerade tut und in welcher Situation er sich befindet. Versuche dich in die Person hineinzuversetzen und die Aktionen deutlich zu spüren. Wie fühlt es sich an, diese Person zu sein? Wie bewegst du dich als diese Person? Welche Gefühle entstehen in dir?

Entspanne dich wieder und wechsele die Szene zu einer Spielsituation bei einem Turnier, in der du dich gerade befunden hast oder in der du dich bald befinden wirst. Du siehst dich jetzt selbst von außen auf dem Tennisplatz, wie du am Spielen bist. Nachdem du dich von außen betrachtet hast, versetze dich wieder in dein visualisiertes inneres Bild und richte alle Sinne darauf, wie es sich anfühlt, in dieser Situation so zu agieren wie dein Vorbild. Verbinde dieses Gefühl mit deinem bildlichen Symbol und schalte zwischen deinem Vorbild und dem Symbol hin und her. Du kannst zum Beispiel zu dir selbst sagen: „Ich fühle mich wie ...", und dann lässt du das passende Bild dazu vor deinen Augen erscheinen. Bei deinen Bewegungen solltest du dann versuchen, diesem Bild so genau wie möglich zu entsprechen.

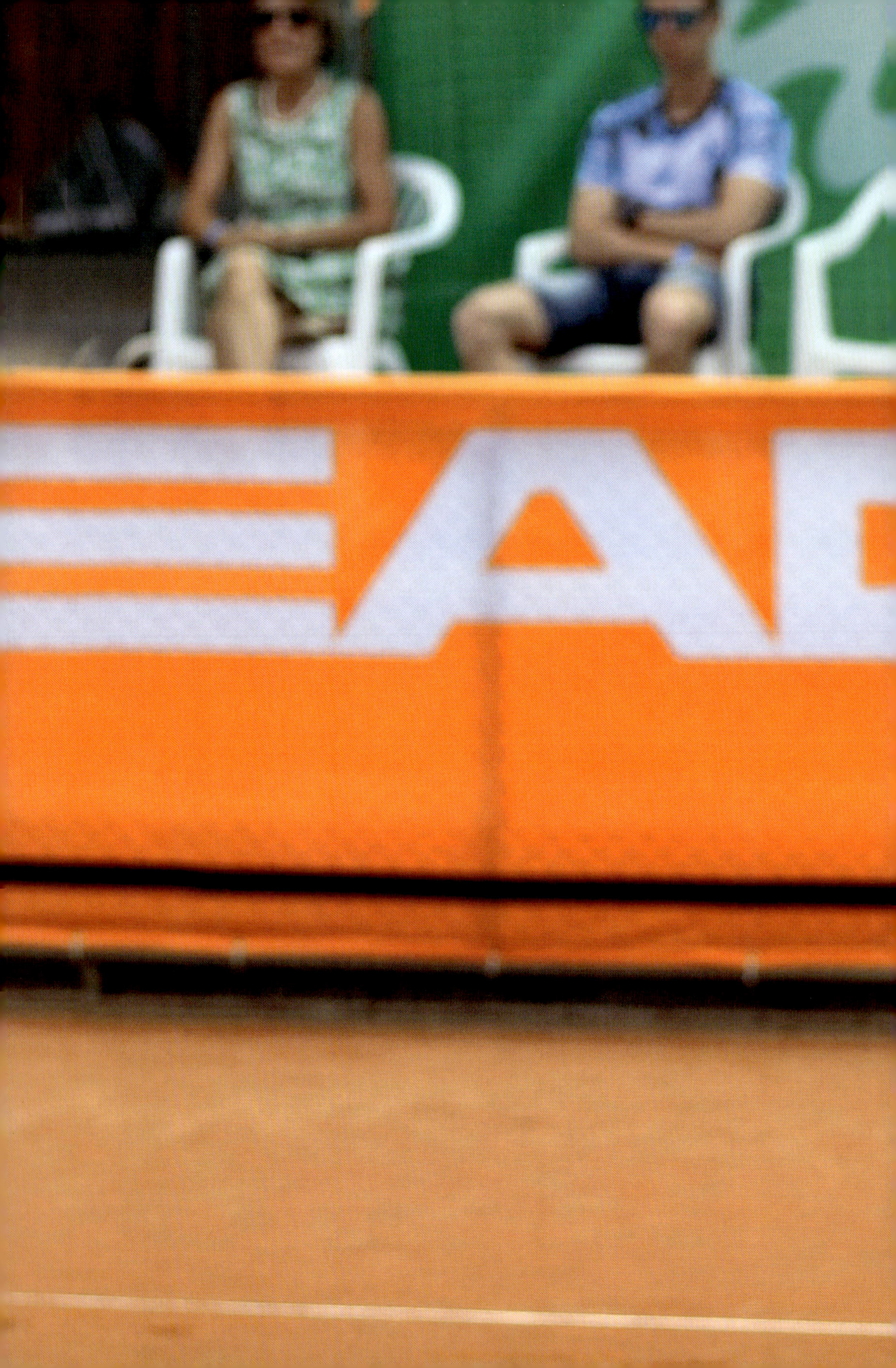

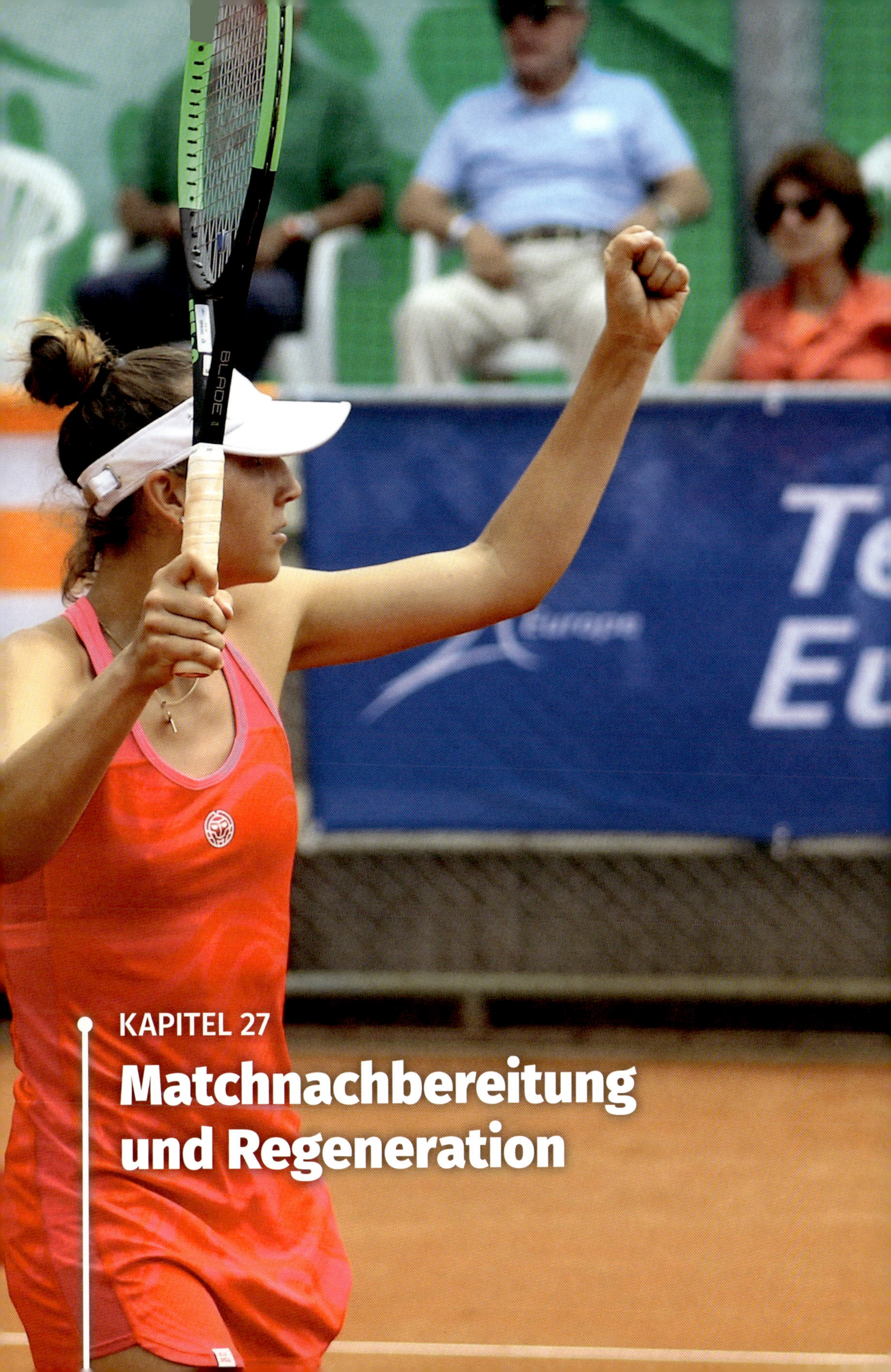

KAPITEL 27

Matchnachbereitung und Regeneration

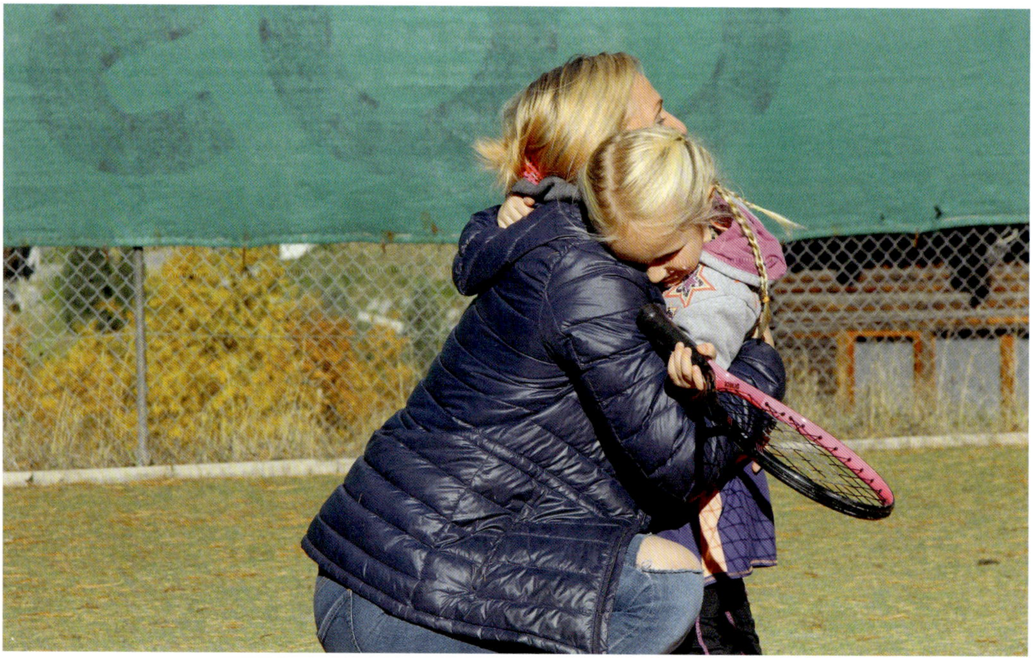

Matchanalyse, Umgang mit Sieg und Niederlage

Beim Tennis muss jeder Spieler sehr viele Niederlagen einstecken können, das ist für den Kopf oft eine harte Nuss, die es zu knacken gilt. Jeder Spieler und die Betreuer sollten sich immer wieder bewusst machen, dass von allen Teilnehmern immer nur einer alle Matches gewinnt. Immerhin verlieren von einem 32er-Teilnehmerfeld 30, und nur zwei schaffen es ins Finale. Und dort wird auch wieder einer verlieren. Bei einem 64er-Feld sind es 62, die bereits vor dem Finale scheitern. Bei einem Turnier (außer beim Round-Robin-System) verlieren also irgendwann alle bis auf einen Spieler. Beim Tennisspielen ist es im Gegensatz zu Sportarten wie beispielsweise Fußball eine feste Gegebenheit, dass nur einer gewinnen kann. Das bedeutet aber auch, dass neben dem Gewinner immer ein Verlierer vom Platz geht. Für keinen Tennisspieler gibt es vor dem Match eine Garantie, dass er gewinnen wird. Kein Tennisprofi ist ohne Niederlagen nach oben gekommen. Alle haben einen langen und harten Weg hinter sich, auf dem sie oft verloren haben und enttäuscht waren, aber sie haben stets weitergekämpft und irgendwann haben sich die harte Arbeit und der Kampfgeist bezahlt gemacht.

Aus diesem Grund spielt der Umgang mit Niederlagen eine sehr große Rolle im Tennis, denn die Wahrscheinlichkeit, bei einem Turnier ein Match zu verlieren, ist sehr hoch. Eine Niederlage kann bei Spielern viele Emotionen auslösen. Das größte Problem entsteht, wenn eine Niederlage eine Krise beim Sportler auslöst oder sogar sein Selbstwertgefühl negativ beeinflusst. Ein Misserfolg kann zu Selbstzweifeln führen und diese lassen den Spieler dann wiederum mit einem schlechteren Gefühl in das nächste Match gehen. Ein Tennisspieler muss lernen, wie er richtig verliert, denn er wird in seiner Tennislaufbahn, egal, auf welchem Niveau, immer mit Niederlagen konfrontiert werden. Nimmt ein Spieler eine

Niederlage jedoch zu leicht, dann ist es auch nicht gut. Er verpasst die Chance, aus seinen Fehlern zu lernen, die zum Misserfolg geführt haben. Es ist also eine Herausforderung, das richtige Maß im Umgang mit Niederlagen zu finden.

Erfolgreiche Sportler lassen sich von Niederlagen jedoch nicht entmutigen, meist gehen sie gestärkt daraus hervor. Niederlagen sind nicht immer nur negative Erlebnisse, im Gegenteil, Spieler können auch bei einem Match, das sie verloren haben, sehr gute Leistungen gebracht haben. Niederlagen bieten auch immer eine Chance, etwas zu lernen und sie als Anstoß zu einer Veränderung oder Verbesserung zu nehmen. Eine Niederlage hat nichts mit einem persönlichen Versagen zu tun, sie kann aus vielen verschiedenen Gründen entstanden sein. Und ein Tennisspieler kann sich nur weiterentwickeln, wenn er diesen Gründen auf den Zahn fühlt.

Zum Umgang mit Niederlagen gehört eine gut strukturierte und objektive bzw. sachliche Matchanalyse. Diese sollte allerdings erst stattfinden, wenn sich die Emotionen beim Spieler und Betreuer gelegt haben. Hier sollte eine angemessene Pause eingehalten werden. Neben der sachlichen Analyse spielen aber auch die subjektiven Empfindungen des Spielers eine große Rolle. Dazu zählt beispielsweise, was der Spieler in bestimmten Situationen gedacht und gespürt hat. An dieser Stelle müssen der Betreuer und der Spieler herausfinden, welche Gedanken und Gefühle das Spiel in welcher Weise beeinflusst haben. Ist das Match analysiert, müssen die richtigen Schlüsse für die Zukunft gezogen werden, sodass der Spieler wieder positiv eingestellt auf den Platz gehen kann.

Aber nicht nur eine Niederlage muss gut analysiert werden. Auch ein Sieg bei einem Match hat seine Tücken. Jeder liebt das Gefühl, als Sieger vom Platz zu gehen. Für dieses Gefühl oder den Moment trainieren die Tennisspieler hart, es ist die Belohnung für ihren Einsatz im Training und Match. Um nach einem Sieg weiterhin gut zu spielen, sollte der Spieler nicht zu zufrieden und siegessicher sein, denn das führt sehr schnell zu weniger Anstrengungsbereitschaft und geringerer Aufmerksamkeit. Die Spannung beim Spieler sinkt herab und er kann seine Leistung nicht aufrechterhalten. Mit zu viel Euphorie über den Sieg geht der Fokus für das nächste Match verloren. Dieses Phänomen ist oft nach einem unerwarteten Sieg zum Beispiel gegen bessere bzw. gesetzte Spieler zu beobachten. Aber nach einem Sieg heißt es immer: nach dem Match ist vor dem Match. Wer gewonnen hat, muss sogleich das Match nachbereiten und sich auf das nächste vorbereiten. Auch nach einem gewonnenen Turnier sollte dies nach kurzer Zeit wieder realistisch betrachtet werden. Das Ziel ist weiterzuarbeiten und sich nicht zu lange auf dem Erfolg auszuruhen.

An dieser Stelle darf man nicht vergessen, dass man auch aus jedem Sieg etwas herausziehen und lernen kann. Viele Spieler verallgemeinern Matches zu sehr, nach einem Sieg war alles toll und nach einer Niederlage war alles Mist. Jedes Match sollte möglichst sachlich analysiert werden. Hierfür sollte die Zielsetzung für das Match in der Besprechung herangezogen werden.

Tipps für Spieler

Tipps für den Umgang mit einer Niederlage

- Finde das richtige Maß an Ärger und Enttäuschung über deine Niederlage, du darfst sie nicht über- und nicht unterbewerten.
- Stehe zu deiner Niederlage und suche keine Ausreden.
- Analysiere sachlich, wie es zu dieser Niederlage kommen konnte.
- Berücksichtige dabei aber auch deine persönlichen Empfindungen, was hast du in dem Match gedacht und gefühlt? Welche Dinge davon haben dein Spiel beeinflusst?
- Eine Niederlage bietet dir immer die Chance, etwas Neues zu lernen oder zum Besseren zu verändern.
- Übernimm die volle Verantwortung für deine Niederlage.
- Überlege, ob es einen Weg gegeben hätte, diese Niederlage zu vermeiden.
- Beziehe andere Personen mit in die Analyse ein.
- Hast du vor dem Match eine Zielsetzung erstellt? Wenn ja, welche Handlungsziele hast du dir gesetzt und erreicht, und welche hast du nicht erreicht?
- Haben deine Betreuer die gleiche oder eine andere Meinung über die Ursache?
- Was kannst du aus dieser Niederlage lernen?
- Welche Verbesserungsvorschläge geben dir die anderen?
- Was bedeutet das für deine zukünftigen Trainings/Matches?
- Was bedeutet das für deine Zielsetzung?
- Schließe die Niederlage nach diesen Überlegungen ab.
- Gehe mit voller Motivation und Optimismus ins nächste Training/Match.

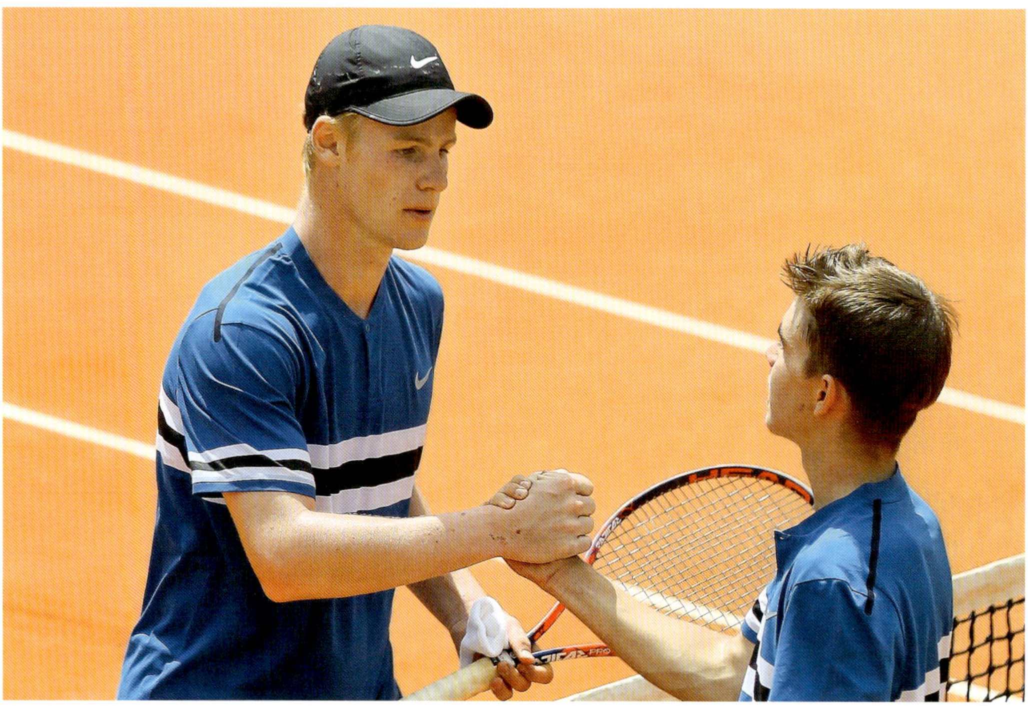

Tipps für Spieler

Tipps für den Umgang mit einem Sieg

- Freue dich über deinen Sieg, aber lasse dich nicht von den Gefühlen beherrschen.
- Denk immer dran, nach einem gewonnenen Match geht es weiter.
- Wenn du merkst, dass du zu euphorisch wirst, dann versuche deine Emotionen etwas zu bremsen und wieder sachlich zu denken.
- Probiere, schnell wieder „normal“ zu werden und dir Ziele für das nächste Match zu setzen.
- Halte dich an deine Cool-down-Routine und erstelle dir eine Routine, die du zwischen zwei Matches ausführst, wenn sie am gleichen Tag sind.
- Falls das Turnier beendet ist, kannst du ausgiebig feiern und den Sieg genießen.
- Später sollte ein Turniersieg dann wieder realistisch betrachtet und nicht überbewertet werden.
- Um nach einem Turniersieg weiterhin erfolgreich zu sein, musst du weiter hart an dir arbeiten.
- Der Erfolg darf dich nicht zu sehr zufriedenstellen, denn das führt zu geringerer Anstrengungsbereitschaft und niedrigerer Achtsamkeit.

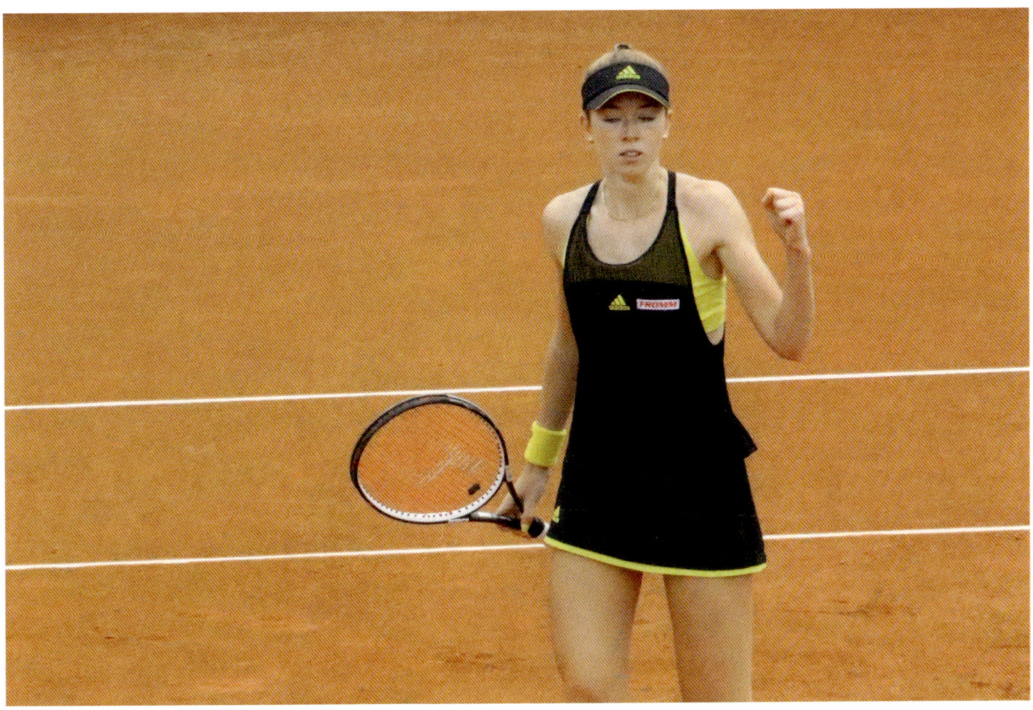

Ballinas Tricks für den Umgang mit Sieg und Niederlage

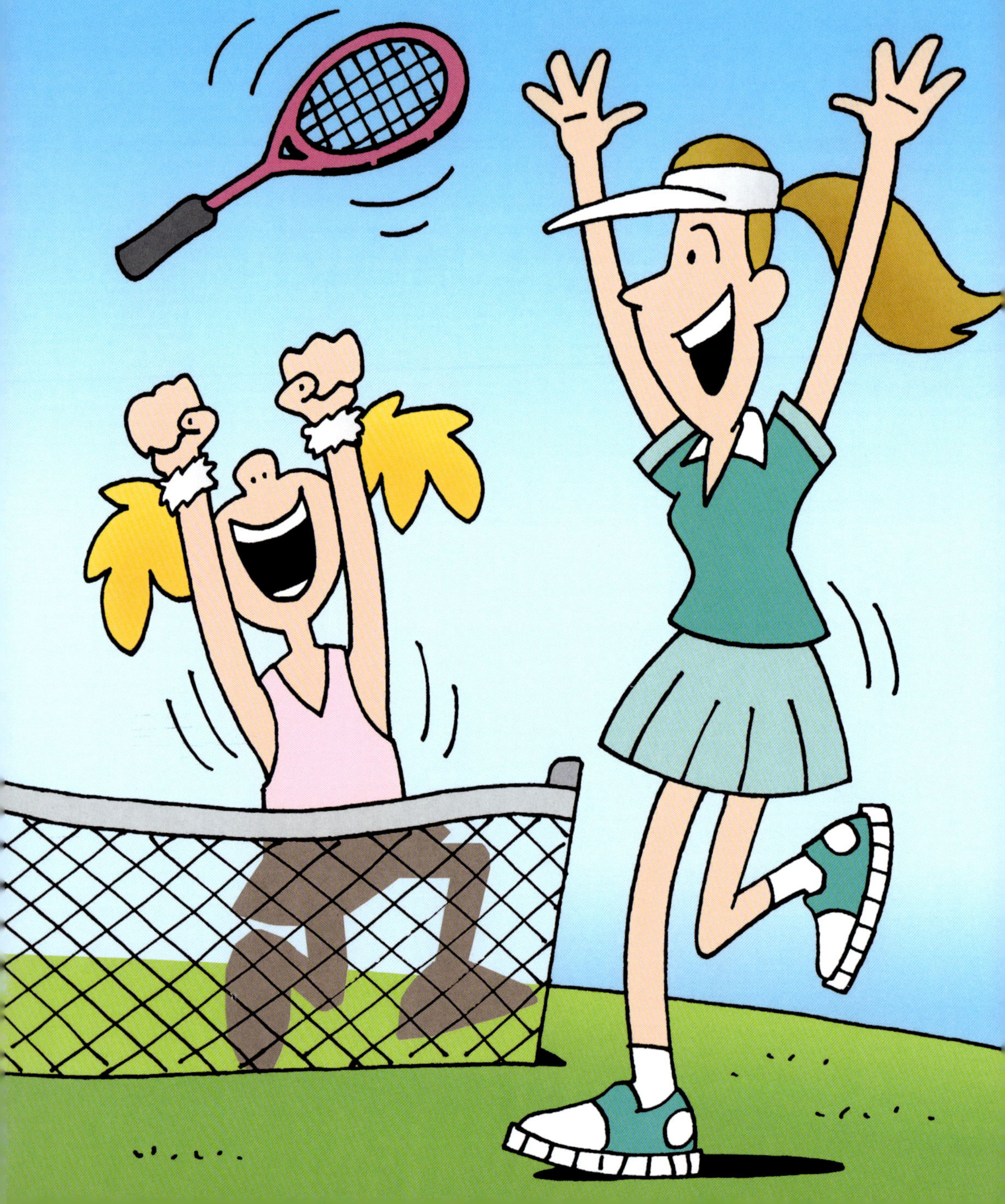

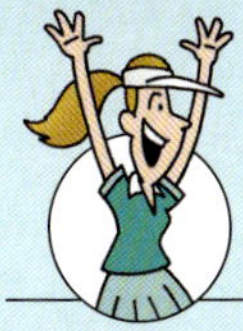

B Ballina

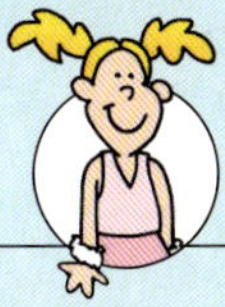

M Mona Mutig

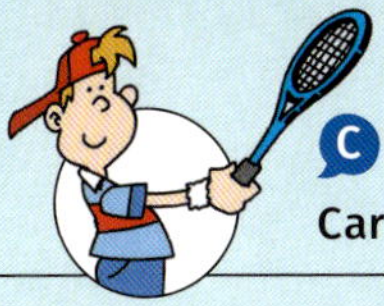

C Carlos Cool

Ballina sieht Carlos und Mona, wie sie nach dem Match auslaufen und ihre Cool-down-Routine durchführen. Sie geht zu ihnen hinüber und fragt, wie das Match gelaufen ist.

B Hallo, ihr beiden. Wie ich sehe, macht ihr gerade euer Cool-down. Wie ist euer Match heute gelaufen?

M Hallo, Ballina, ich habe verloren und ich bin total enttäuscht. Es ist einfach gar nichts gelaufen. Ich bin so schlecht. Wieso trainiere ich überhaupt so viel und so fleißig, es bringt ja eh alles nichts.

C Hallo, Ballina, dafür lief es bei mir sensationell. Ich habe das Turnier gewonnen. Alles lief wie geschmiert. Diese Saison werde ich so richtig absahnen. Wenn es so weitergeht, kann mir keiner das Wasser reichen. Dann bin ich bestimmt bald die Nummer 1 in der Rangliste.

B Nun aber mal langsam, ihr beiden. Ich glaube, wir müssen mal über den richtigen Umgang mit Siegen und Niederlagen sprechen. Es ist weder gut, nach einer Niederlage den Kopf in den Sand zu stecken, noch sollte man einen Sieg bei einem Turnier überbewerten. Beides wird euch nicht weiterbringen.

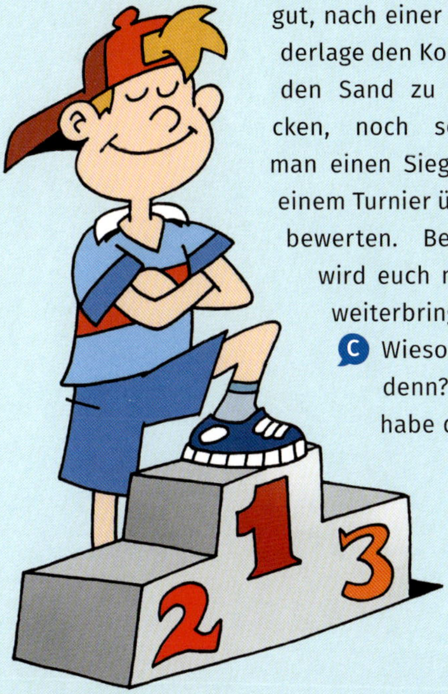

C Wieso das denn? Ich habe doch so toll gespielt. Was soll denn jetzt noch schiefgehen?

B Genau das ist die Gefahr, Carlos. Wenn du einen Sieg überbewertest und denkst, dass jetzt immer alles so glatt läuft, dann nimmst du die nächsten Matches nicht ernst genug. Du wirst dich bestimmt nicht optimal vorbereiten und deine Aufmerksamkeit ist nicht voll da. Das führt zu Nachlässigkeit und leichten Fehlern. Läuft es dann nicht so gut, wirst du dich sicher ärgern.

C Da hast du bestimmt recht, Ballina. Da war ich wohl ein wenig zu euphorisch über meinen Sieg. Ich werde mich morgen mit meinem Trainer hinsetzen und neue Ziele für das Training und das nächste Turnier setzen. Dann kann ich mich wieder gut vorbereiten.

B Prima, Carlos, das hört sich viel besser an. Und nun zu dir, Mona. Also nur, weil du heute verloren hast, darfst du nicht gleich alles schwarzsehen. Das Beste ist, dass du das Match sachlich analysierst und dir dann auch wieder Ziele für das Training und das nächste Match setzt. Das Wichtigste ist, dass du aus deiner Niederlage lernst und sie als Chance siehst, etwas zu verändern oder zu verbessern.

M Da hast du recht, Ballina, ich bin einfach nach einem Match immer so enttäuscht, dass ich am liebsten meine Schläger wegwerfen würde.

B Das verstehe ich, aber denk mal darüber nach, wie viele Spieler bei einem Tennisturnier verlieren. Stell dir vor, die würden alle ihre Schläger verkaufen. Es gehört dazu zu verlieren, nur muss man dann auch richtig damit umgehen können.

M Oh je, du hast recht, dann würde wohl bald niemand mehr Tennis spielen. Und ich werde ab heute besser damit umgehen.

Übungen

Umgang mit Sieg und Niederlage

5-10, 11-14, 15-18 Jahre

Der Spieler soll sich jeweils eine Karte mit seinen Favoriten im Umgang mit Siegen und Niederlagen erstellen. Er kann sie aus den Tipps zusammenstellen, die weiter vorne im Buch aufgeführt sind. Nach dem Match kann er diese Punkte mit seinen Eltern oder seinem Trainer durchgehen und sie möglichst schriftlich festhalten.

Matchanalyse

5-10, 11-14, 15-18 Jahre

Nach dem Match sollte sich der Spieler die folgenden Fragen stellen. Am besten beantwortet er sie schriftlich oder bespricht sie mit seinem Trainer.

- Was waren heute meine Stärken, womit habe ich die meisten Punkte gemacht?
- Was waren heute meine Schwächen, womit habe ich die meisten Punkte verloren?
- Was waren heute die Stärken meines Gegners, womit hat er die meisten Punkte gemacht?
- Was waren heute die Schwächen meines Gegners, womit hat er die meisten Punkte verloren?
- Welche anderen Faktoren haben heute noch eine Rolle gespielt?
- Wie bin ich damit umgegangen?
- Was kann ich aus diesem Match für die Zukunft lernen?

Erfolgstagebuch

5-10, 11-14, 15-18 Jahre

Der Spieler benötigt ein kleines Heft, in welches er hineinschreiben kann. In dieses Tagebuch soll er jeden Abend hineinschreiben, was er an dem Tag alles gelernt und gut gemacht hat. Dazu gehört, was er im Training und in einem Match gut gemacht hat und was er dort gelernt hat. Natürlich gehört auch dazu, was er in einem Match gut gemacht hat, das er verloren hat, und was er aus dem Match gelernt hat. Pro Tag soll er mindestens fünf Dinge eintragen. Es kann sein, dass der Spieler am Anfang noch Unterstützung braucht, indem er auf die positiven Dinge aufmerksam gemacht wird und lernen muss, wie eine „positive Einstellung" aussehen sollte. Bei sehr jungen Spielern können die Eltern beim Schreiben helfen.

Mit der Zeit wird der Fokus des Spielers von allein immer mehr auf die positiven Dinge und eine positive Einstellung übergehen. Er sollte sich sein eigenes Buch von Zeit zu Zeit immer wieder durchlesen, damit er selbst merkt, wie viele tolle Dinge er schon gelernt hat und wie gut seine Einstellung ist. Dieses Tagebuch sollte vertraulich behandelt und nur unter vier Augen mit dem Spieler besprochen werden.

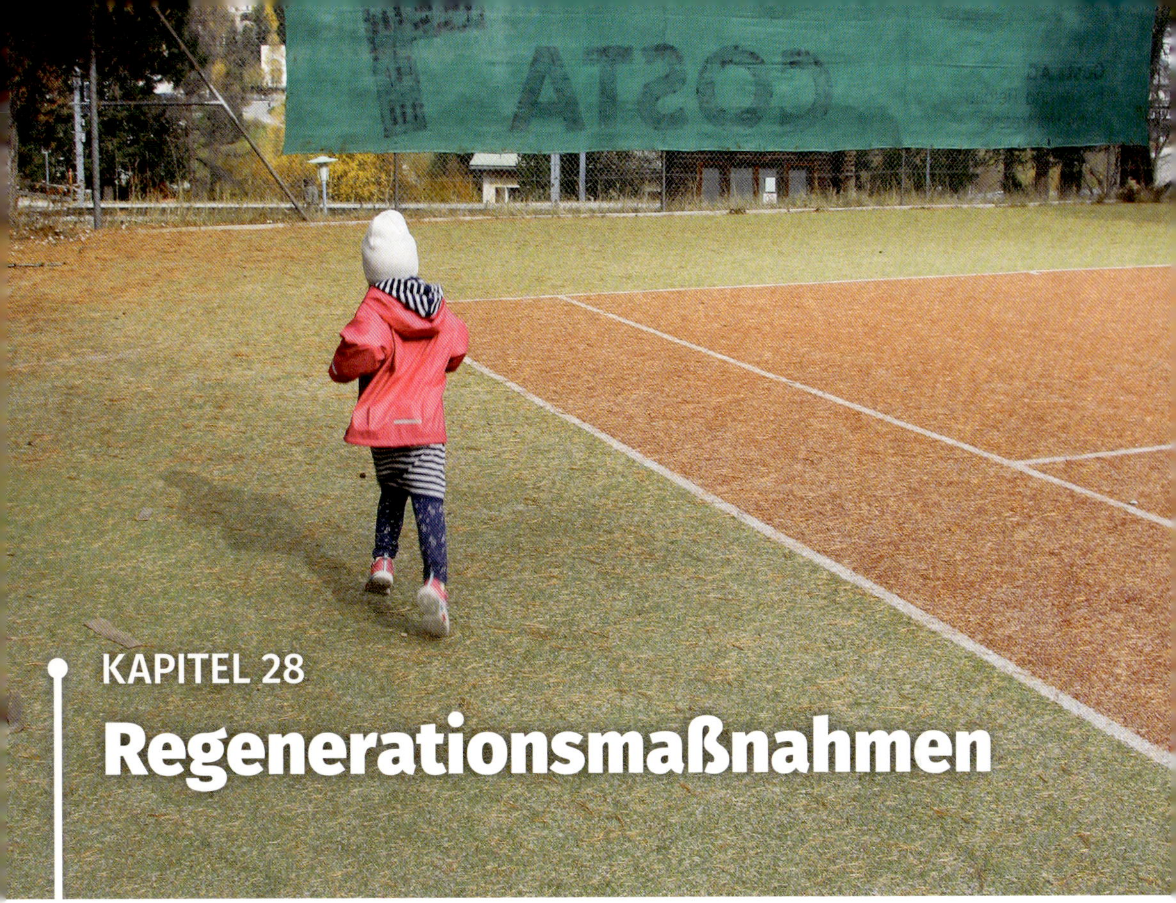

KAPITEL 28

Regenerationsmaßnahmen

Jeder Tennisspieler ermüdet physisch und psychisch während eines Matches, außer dieses ist schon nach sehr kurzer Zeit und mit einem sehr deutlichen Spielstand beendet. Aber auch nach einem „einfachen" Match folgt die nächste Runde und irgendwann werden die Matches eng und ermüdend. Meistens gibt es bei Turnieren nicht die nötige Zeit, die der Körper braucht, um sich komplett zu erholen oder sich sogar den erhöhten Ansprüchen anzupassen, wie es nach Trainingseinheiten der Fall sein sollte. Ein Spieler muss bei einem Turnier meistens mehrere Male an einem Tag spielen und/oder an mehreren Tagen hintereinander. Hier kann er nur durch zusätzliche regenerative Maßnahmen seine Erholung begünstigen und beschleunigen. Die Regeneration nach jedem Match ist ein wichtiger Bestandteil und sollte daher als feste Routine immer durchgeführt werden. Die Regenerationsprozesse des Körpers können mit aktiven und passiven Maßnahmen unterstützt und beschleunigt werden. Wer sich nicht richtig oder nicht schnell genug erholt, kann auf Dauer keine guten Leistungen bringen, denn nach dem Match ist auch fast immer vor dem Match.

Auch die psychische Spannung während eines Matches ermüdet, da sie aufgrund der Erwartung einer positiven Leistung entsteht und die Leistungsreserven eines Spielers aktiviert. Sobald die Spannung das angemessene Aktivationsniveau überschreitet und zu einem erhöhten Muskeltonus führt, kann sie verkrampfte Bewegungsausführungen und Koordinationsstörungen zur Folge haben. Ein erhöhter Spannungsgrad der Muskulatur verhindert die ökonomische Zusammenarbeit der aktiven und passiven

Muskelgruppen. Spannungszustände, die durch Angst, Unsicherheit oder Aggression in einem Match entstehen, verhindern eine bestmögliche Leistung der Muskulatur und belasten bzw. ermüden den Körper.

Aktive Regeneration

Durch eine aktive Gestaltung der Pause mit dynamischen Abwärmübungen bzw. einem Cool-down, wie zum Beispiel Auslaufen oder Ausfahren, wird die Blutzirkulation aufrechterhalten. Der Blutfluss zum Herzen wird durch den Wechsel von Entspannung und Anspannung der Muskulatur erhöht. Auf diese Weise bleibt der Stoffwechsel aktiv, angefallene Stoffwechselschlacken können von den Muskelfasern aufgenommen und besser abtransportiert werden. Weiterhin trägt die niedrige Aktivität dazu bei, dass Pulsfrequenz, Blutdruck, Atmung und Temperatur schneller wieder in den Normbereich absinken.

Das körperliche Cool-down ist zudem eng mit dem psychologischen Cool-down verknüpft. Sobald ein Spieler seine Cool-down-Routine durchführt, weiß er, dass das Match nun beendet ist und er sich um seine Regeneration kümmern muss. Er übernimmt Verantwortung für seinen Körper und kann anfangen abzuschalten.

Allgemeine Infos

- Jedes Training oder Match sollte mit einer individuellen Cool-down-Routine positiv abgeschlossen werden.
  - Auf diese Weise können Köper und Kopf in gewohnter Weise herunterfahren.
  - Die Cool-down-Routine leitet die Regenerationsphase ein und kann sie um ein Wesentliches verkürzen.
  - Die Routinen bestehen aus aktiven und passiven Regenerationsmaßnahmen.
- Die aktive Erholung leitet die Regenerationsphase ein.
  - Sie sollte bei lockerer Intensität durchgeführt werden.
  - Sie sollte möglichst disziplinfremd sein, um den beanspruchten Bewegungsapparat nicht zusätzlich zu reizen.
  - Sie sollte keine zusätzliche Belastung sein.
- Im Anschluss an das aktive Abwärmen eignen sich Dehnübungen.
  - Dabei sollte man auf präzise Dehnpositionen achten.
  - Dehnübungen sollten gezielt und kontrolliert durchgeführt werden.
  - Dabei sollte man möglichst eine bequeme Positionen und ein angenehmes Umfeld wählen.
  - Es ist empfehlenswert, bei mittlerer Intensität statisch zu dehnen, je beanspruchter die Muskulatur ist, umso vorsichtiger sollte jedoch gedehnt werden.
  - De Zeitempfehlung beträgt ca. 15 bis 20 Sekunden, für erhöhte Entspannungseffekte kann man die Dehnung länger halten.
  - Dabei sollten immer verkürzte Muskulatur und Dysbalancen berücksichtigt werden.

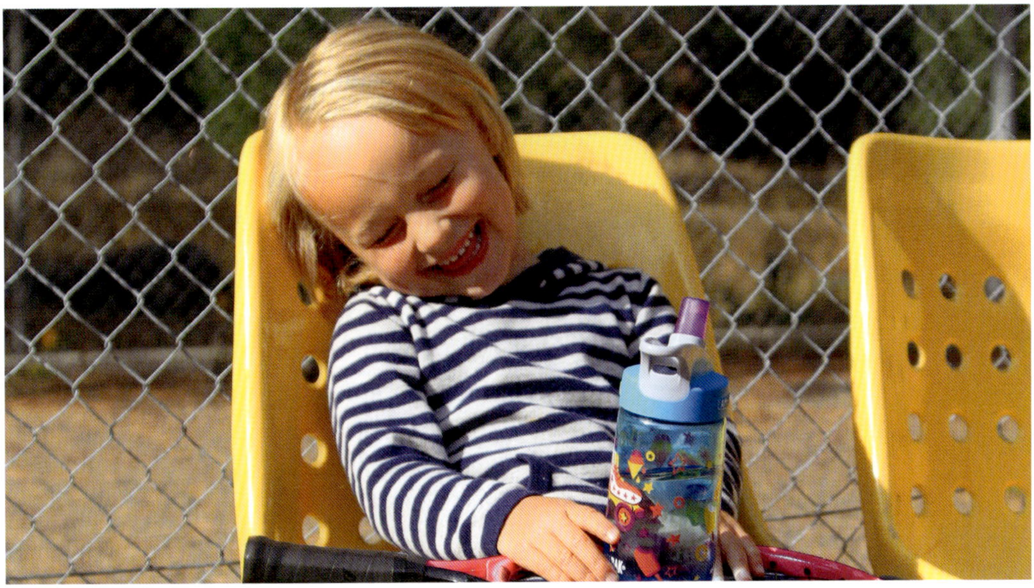

Tipps für Spieler

- Zu den aktiven Regenerationsmaßnahmen gehören Ausfahren, Auslaufen, Ausschlagen, Schwimmen, Stretching, Yoga, Pilates und Ähnliches.
- Stelle dir eine eigene Cool-down-Routine zusammen und füge deine Favoriten aus den aktiven Regenerationsmaßnahmen hinzu.
- Verfolge konsequent deine individuelle Cool-down-Routine. Auf diese Weise lernst du dein physisches und psychisches Befinden besser einzuschätzen, und du kannst entsprechende Maßnahmen für die Regeneration einleiten.
- Falls du dich nach einem anstrengenden Match extrem müde fühlst, solltest du deine aktiven Maßnahmen zur Regeneration entsprechend verlängern.

Passive Regeneration

Auch eine Massage kann zur Verkürzung der Regenerationszeit und einer rascheren Erholung beitragen, da sie die Durchblutung, den Abbau von Stoffwechselendprodukten und die Lockerung der Muskulatur fördert. Massagen haben ebenfalls einen wohltuenden psychischen Entspannungseffekt auf den Gesamtorganismus. Intensive Massagen sollten in einem Zeitraum von etwa einer Stunde nach der Belastung bis zu einem Tag danach durchgeführt werden. Extensive Massagen, die der Spieler selbst ausführen kann, wie Selbstmassagen an den Beinen oder Ballmassagen für den Rücken, sind auch direkt nach dem Spiel möglich.

Für eine schnelle Erholung des Körpers spielt die richtige Aufnahme von Nahrung und Getränken eine wichtige Rolle. Wird der Flüssigkeits- oder Energieverlust im Körper nicht ausgeglichen, kommt es zu einer verlangsamten Erholung oder zu Leistungseinbrüchen. In eine gut geplante Cool-down-Routine eines Tennisspielers gehören neben den aktiven

Maßnahmen wie Auslaufen oder Ausschlagen auch die Aufnahme von Regenerationsgetränken und Nährstoffen.

Tipps für Spieler

- Zu den passiven Regenerationsmaßnahmen gehören Flüssigkeits- und Nahrungsaufnahme, Wechselduschen, Massage, Sauna, Whirlpool, Schlaf, individuelle Maßnahmen, wie lesen, fernsehen, Musik hören etc.
- Stelle dir deine eigene Cool-down-Routine zusammen und füge deine Favoriten aus den passiven Regenerationsmaßnahmen hinzu.
- Kümmere dich konsequent um deine passiven Regenerationsmaßnahmen nach dem Match abhängig von deinem Befinden und deinen Bedürfnissen.
- Falls du keine Möglichkeit hast, eine Massage zu bekommen, dann führe Selbstmassagen oder Ballmassagen durch.

Entspannungsmaßnahmen

Ein vom Tennis nicht wegzudenkender Erfolgsfaktor ist die Entspannung. Denn ohne Entspannung könnte es keine Anspannung oder Belastung geben. Und wer sich permanent so extrem belastet wie ein Tennisspieler, muss sich auch sehr gut erholen können. Niemand kann ständig auf Hochtouren laufen und jeden Tag oder jedes Match voll durchpowern. Beim Tennis kommt es besonders darauf an, das richtige Gleichgewicht zwischen Belastung und Erholung, also der Anspannung und Entspannung, zu erhalten. Gerade diese wichtigen physischen und psychischen Erholungsphasen kommen bei Kindern und Jugendlichen heutzutage sehr oft zu kurz. Bei der enormen Doppelbelastung von Schule und Sport hetzen die meisten von Termin zu Termin, ohne dass sie sich selbst eine angemessene Pause gönnen. Aber Sport, Schule und eventuell noch andere Tätigkeiten sind sehr anstrengend, Körper und Geist brauchen Erholung und Spannungsabbau. Nach jeder mentalen Anstrengung, die z. B. aus großer Aufmerksamkeit wie Lernanstrengungen besteht, macht eine Entspannungsübung es möglich, sich von dem Stress zu erholen. Regelmäßige Entspannungsübungen begünstigen die physische und psychische Erholung, die Muskeln werden entspannt und dadurch kann der Körper sich besser erholen. Viele Spieler wenden dieses Prinzip nicht genug an, sie stehen unter permanenter Dauerspannung. Dadurch verkrampfen sie immer mehr und verlieren unnötig Energie, da sie ihre Energie in den Pausen nicht genügend aufladen können. Der Wechsel zwischen Belastung und Erholung ist eine notwendige Voraussetzung, um nicht zu schnell zu ermüden. Zudem beugen Entspannungsübungen Verletzungen vor und bekämpfen den Stress und die Ängste, die sich bei den Kindern entwickeln können. Die Kinder lernen ihren Körper und ihre Empfindungen besser kennen.

Tipps für Spieler

- Zu den Entspannungsmaßnahmen gehören die progressive Muskelrelaxation (Anspannen – Entspannen im Wechsel), Atemübungen, Visualisieren, Autogenes Training etc.
- Stelle deine individuelle Cool-down-Routine zusammen und füge deine Favoriten hinzu.
- Finde heraus, welche Auslöser bei dir welche Spannungszustände hervorrufen.

- In Ruhepausen zwischen mehreren Matches kannst du durch Entspannungsübungen dein psychisches Gleichgewicht wiederherstellen.
- Denke daran, dich kurz vor dem nächsten Match wieder zu mobilisieren, um die Energie und Reaktionsfähigkeit wiederherzustellen.

Entspannungsübungen

Ob ein Tennisspieler nun Entspannungsübungen durchführen soll, hängt von seinem psychischen und/oder physischen Spannungszustand ab. Generell haben Entspannungsübungen für Tennisspieler, die unter hohen Belastungen stehen, eine positive Wirkung auf die Leistungsfähigkeit. Ein guter Start wäre schon, wenn Kinder und Jugendliche einmal in der Woche eine Entspannungsübung machen. Noch besser wäre es natürlich, wenn sie regelmäßig nach dem Training und Matches (oder nach der Schule) ihre persönlichen Entspannungsübungen durchführen. Entspannungsübungen werden meistens im Liegen oder Sitzen durchgeführt. Aber es kann auch sein, dass sie gerade beim Tennis im Stehen durchgeführt werden müssen.

Die Entspannungsübungen selbst können ab und zu verändert werden, um das Interesse und die Abwechslung aufrechtzuerhalten. Zudem kann man den Kindern unterschiedliche Bilder, Techniken und Ansatzpunkte geben, die sie dann selbst zusammenstellen können.

Allgemeine Infos

Liegen:

- Beim Entspannen im Liegen kann ein Kissen den Kopf und Nacken unterstützen.

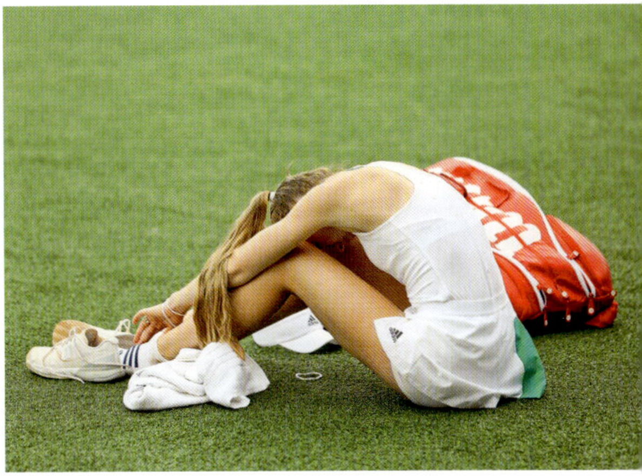

- Die Beine sind ausgestreckt, die Füße kippen leicht zur Seite.
- Die Hände liegen entweder entspannt neben dem Körper oder auf dem Bauch.

Sitzen:

- Wer eine Entspannungsübung im Sitzen durchführen möchte, sollte möglichst einen Stuhl mit einer harten Sitzfläche wählen.
- Die Füße werden locker auf den Boden gestellt.
- Mit dem unteren Teil des Rückens berührt man die Rückenlehne, mit dem oberen Teil des Rückens nicht.
- Die Arme liegen entweder locker auf den Oberschenkeln oder sie hängen seitlich herunter.
- Der Kopf hängt etwas nach vorne, er wird mit so wenig Muskelaufwand wie möglich gehalten.

Stehen:

- Beim Entspannen im Stehen sollten die Füße hüftbreit auseinander und die Knie leicht gebeugt sein.
- Die Arme und Schultern hängen locker herunter.
- Der Kopf kann etwas nach vorne hängen, er wird mit so wenig Muskelaufwand wie möglich gehalten.

Ballinas Tricks zur aktiven und passiven Regeneration

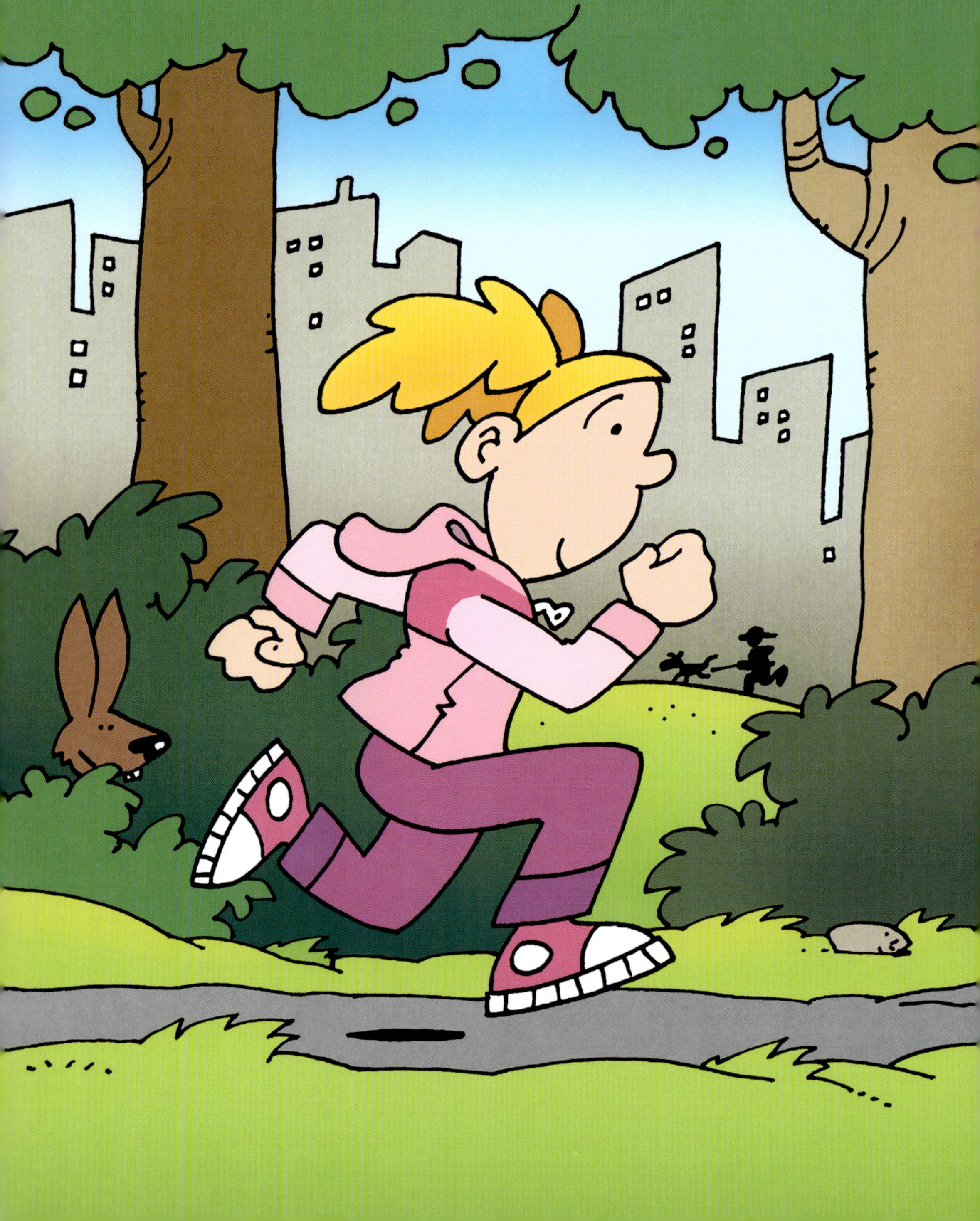

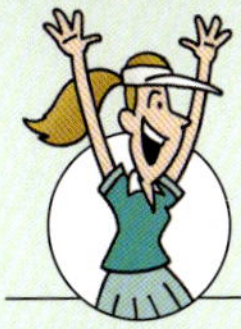

B Ballina

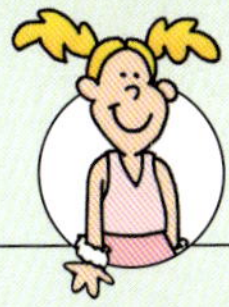

M Mona Mutig

Mona ist gerade mit ihrem Match fertig. Sie hat über drei Stunden bei großer Hitze gespielt und kann sich kaum noch bewegen.

B Herzlichen Glückwunsch, Mona. Du hast sehr gut gekämpft und das lange und harte Match verdient gewonnen. Wie geht es dir jetzt?

M Danke, Ballina. Ich bin total erledigt. Ich werde mich jetzt erst einmal schön ausruhen und gar nichts machen.

B Glaubst du, dass das eine gute Idee ist? Du hast dich so sehr angestrengt, und es wäre nicht optimal, wenn du jetzt gar nichts machst. Du hast doch morgen wieder ein Match.

M Ja genau, morgen geht es weiter. Aber ist es nicht besser, wenn ich mich jetzt ausruhe?

B Nein, im Gegenteil. Dein Körper braucht jetzt ein gutes Cool-down, damit er sich besser und schneller erholen kann. Wenn du jetzt gar nichts machst, dann wirst du morgen wahrscheinlich sehr müde und verspannt sein.

M Was soll ich denn machen, Ballina? Kannst du mir ein paar Tipps geben?

B Natürlich, gerne. Also als Erstes solltest du dich aktiv abwärmen, das bedeutet, dass du zum Beispiel locker joggen gehst oder dich auf ein Fahrrad setzt. Dabei kann dein Körper herunterfahren und angefallene Abfallstoffe abtransportieren. Danach kannst du ein paar Stretchingübungen oder etwas Yoga machen.

M O. K., dann werde ich jetzt mal eine Runde joggen gehen.

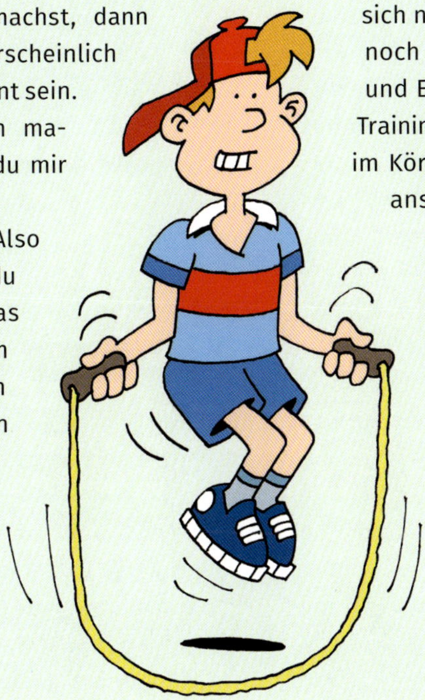

Nach 15 Minuten kommt Mona zurück und während sie ihr Stretching durchführt, redet sie weiter mit Ballina:

M Ach, prima, ich fühle mich schon etwas besser und nicht mehr ganz so kaputt wie nach meinem Match. Das Joggen hat gutgetan.

B Und nun zu den passiven Maßnahmen, Mona. Ganz wichtig ist auch, dass du viel trinkst und etwas isst, damit deine Speicher sich wieder aufladen können. Dein Körper braucht auch eine Dusche und wenn möglich eine leichte Massage. Danach kannst du noch dafür sorgen, dass dein Kopf und Körper sich noch mehr entspannen. Kennst du noch die Übung mit dem Anspannen und Entspannen, die wir oft nach dem Training machen? Du kannst alle Muskeln im Körper durchgehen und einmal kurz anspannen, um sie danach richtig schön zu entspannen.

M Ja, ich kenne sie noch. Das mache ich dann nach dem Duschen oder wenn ich zu Hause bin.

B Prima, dann sehen wir uns morgen wieder fit und munter für die nächste Runde.

M Tschüss, Ballina, bis morgen.

Übungen

Plus – Minus

5-10, 11-14, 15-18 Jahre

Der Spieler soll zusammen mit seinen Eltern oder seinem Trainer eine Tabelle erstellen. Auf der einen Seite (unter dem Plus) werden alle Dinge gesammelt, die der Spieler heute gut gemacht hat. Auf der andere Seite (unter dem Minus) werden alle Dinge aufgeführt, die heute nicht so gut gelaufen sind oder die verbessert werden können. Nach der Erstellung der Tabelle soll besprochen werden, wie die Dinge verbessert werden können. Alle positiven Dinge sollen so beibehalten werden. Ältere Spieler können in der linken Spalte alle Dinge sammeln und ihnen Noten zwischen 1 und 10 geben. 1 ist sehr schlecht, 5 mittel und 10 ist super. In der rechten Spalte neben der Note sollen sie aufführen, auf welche Weise oder mit welchen Handlungen die schlechten Dinge verbessert werden können.

Skala Körperwahrnehmung

5-10, 11-14, 15-18 Jahre

Um die Körperwahrnehmung und Selbsteinschätzung von jungen Spielern zu verbessern, sollten Trainer und Eltern täglich mehrmals fragen, wie die Spieler sich auf einer Skala von 1 bis 10 einschätzen. Die Frage könnte lauten: „Wie fühlst du dich heute oder wie ist dein Körper drauf?" 1 ist sehr schlecht, der Spieler ist z. B. sehr krank, eine 10 bedeutet so viel wie „ich bin in Topform, besser geht es nicht." Optimal wäre es, alle Noten in einer Tabelle zu notieren. So kann man auch sehen, wie der Spieler sich vor und nach der Schule, vor und nach dem Training, vor und nach dem Match oder sonst fühlt. Wird diese Frage regelmäßig eingebaut, wird die Einschätzung des eigenen Zustandes zur Routine. Beim Erlernen und Durchführen von Entspannungsverfahren können die Kinder dann später auch überprüfen, ob sie ihre vorher gefühlte Anspannung tatsächlich beeinflussen.

Loslassen nach einem anstrengendem Match

11-14, 15-18 Jahre

Dieser Text kann vom Trainer oder den Eltern vorgelesen werden. Sobald der Spieler den Inhalt des Textes kennt, kann er versuchen, diese Übung selbst durchzuführen.

Nach einem anstrengenden Match kannst du dir erst einmal einen ruhigen Ort suchen, an dem du es dir auf einem Stuhl oder einer Bank bequem machst. Stelle deine Füße nebeneinander auf den Boden und lege deine Hände auf die Oberschenkel. Du hast es geschafft, jetzt ist dein anstrengendes Match überstanden. Nun kannst du dich ausruhen. Atme tief durch die Nase ein und halte die Luft für eine Weile an. Beuge dich dann mit dem Oberkörper nach vorne und lasse die Luft wieder heraus. Versuche, alle Anstrengungen herauszupusten. Gehe mit deinem Oberkörper wieder nach oben und atme erneut durch die Nase ein. Dann beugst du dich wieder nach vorne und pustest alles von dir weg. Dies kannst du drei- bis viermal wiederholen, bis du dich wieder für den nächsten Punkt parat machen musst. Dann kannst du aufrecht sitzen, mit den Beinen wippen oder schon stehen und hüpfen. Atme nun bis den Bauch und puste die Luft energiegeladen aus und fühle dich erfrischt und energiegeladen.

Progressive Muskelentspannung

10-14, 15-18 Jahre

Die folgende Übung kann von den Trainern oder Eltern vorgelesen werden. Etwas ältere Spieler können sie nach einer Weile auch selbst durchführen.

- Setze oder lege dich bequem hin, schließe deine Augen und entspanne dich.
- Strecke deinen dominanten Arm (der Arm, mit dem du spielst) aus, balle die Hand zur Faust und spanne alle Armmuskeln für vier Sekunden an.

- Löse deine Faust und spüre, wie sich dein Arm entspannt.
- Strecke den anderen Arm aus, balle die Hand zur Faust und spanne alle Armmuskeln für vier Sekunden an.
- Löse deine Faust und spüre, wie sich dein Arm entspannt.
- Runzele deine Stirn, spanne die Augenpartie an und presse deine Zähne ganz fest für vier Sekunden aufeinander.
- Spüre, wie sich dein Gesicht, die Augen und der Kiefer entspannen.
- Ziehe deine Schultern bis an die Ohren, spanne deine Nackenmuskulatur an und halte die Anspannung für vier Sekunden.
- Spüre, wie sich deine Schultern und der Nacken entspannen.
- Atme tief ein und halte die Luft für vier Sekunden an.
- Entspanne dich beim langsamen Ausatmen.
- Spanne deine Bauchmuskulatur für vier Sekunden an.
- Spüre, wie sich deine Bauchmuskulatur entspannt.
- Strecke deine Beine aus, drücke die Fersen auf den Boden und die Zehen nach vorne und spanne alle Muskeln in den Beinen und Gesäß für vier Sekunden an.
- Spüre, wie sich deine Beine und Gesäß entspannen.
- Spanne als Letztes einmal den ganzen Körper mit jedem einzelnen Muskel für vier Sekunden an.
- Spüre, wie sich dein ganzer Körper entspannt.
- Bewege nun deine Arme und Beine, stell dir den Ort vor, an dem du dich befindest, und öffne langsam die Augen.
- Schaue einen Punkt an, an dem du dich wieder im Hier und Jetzt orientieren kannst.
- Falls du nicht schlafen möchtest, bewege dich locker hin und her, bis du dich wieder topfit und erholt fühlst.

Dem Stress auf die Spur kommen

15-18 Jahre

Der erste Schritt zu einer besseren Bewältigung von Belastungen in Sport und Schule besteht darin, möglichst genau die Situationen herauszufinden, die als Stress empfunden werden. Der Spieler soll diese Situationen beobachten, um zu sehen, was mit ihm in diesen Situationen geschieht. Er soll versuchen, sich über einen längeren Zeitraum gezielt zu beobachten, wann er sich gestresst fühlt. Dazu soll er sich die folgenden Fragen stellen:

- In welcher Situation fühle ich mich gestresst?
  - Wann?
  - Wo?
  - Durch wen?
  - Was geschieht?
- Wie bewerte ich die Situation, das Verhalten anderer, mich selbst?
- Welche Erwartungen habe ich an mich oder andere?
- Welche Befürchtungen habe ich?
- Was spüre ich körperlich? Was fühle ich?
- Was tue oder sage ich?

Nachdem der Spieler sich seiner persönlichen Stressoren bewusst geworden ist, kann er sich damit beschäftigen, Bewältigungslösungen für „seine" spezielle Situation zu finden. Er soll konkret für „seine" Problemsituation einen Handlungsablaufplan mit Hilfe der „Sechs Schritte zur Problemlösung" erstellen.

Die sechs Schritte sind:

1. Dem Stress auf die Spur kommen.
2. Ideen zur Bewältigung sammeln.
3. Den eigenen Weg finden.
4. Konkrete Schritte planen.
5. Im Alltag handeln.
6. Bilanz ziehen.

Er erkennt daran, dass er Probleme selbst durch sein aktives Handeln verändern kann.

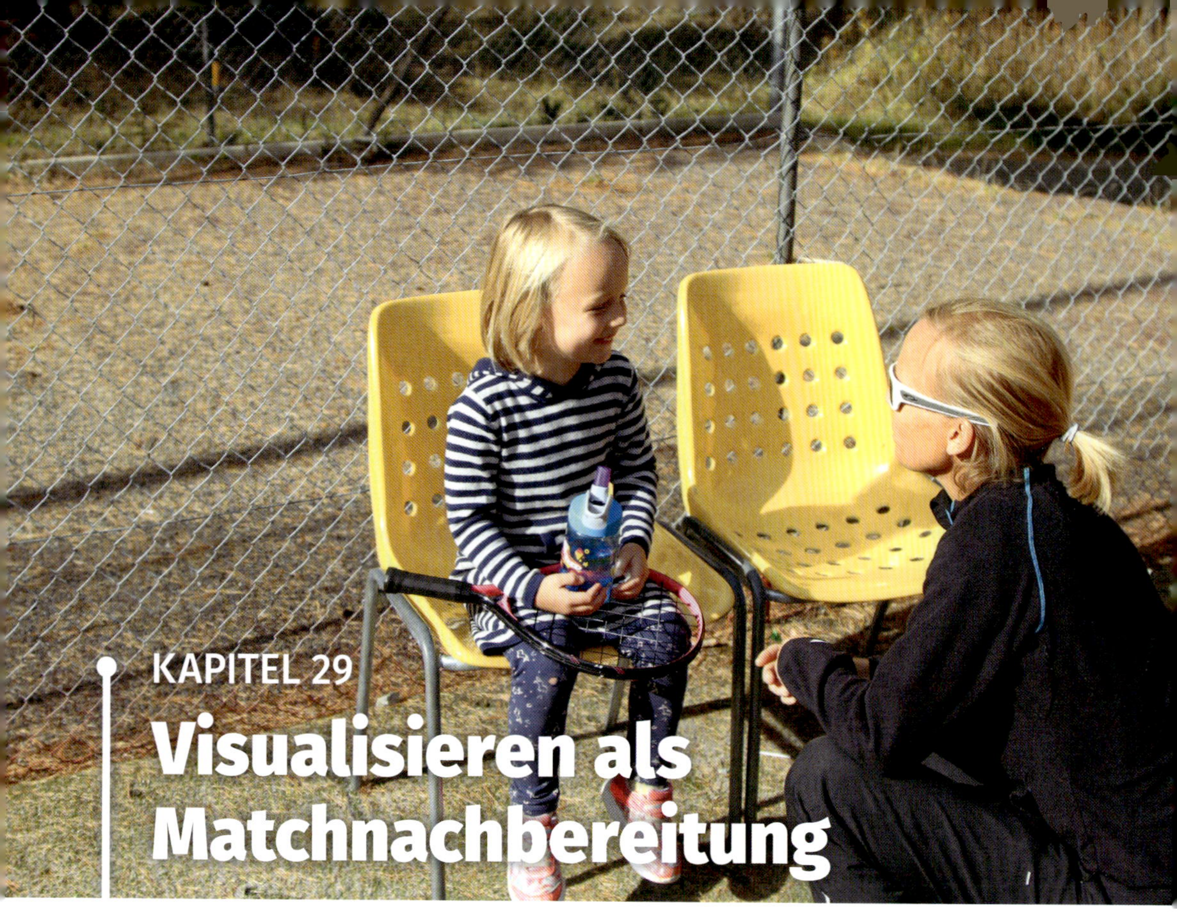

KAPITEL 29

Visualisieren als Matchnachbereitung

Das Visualisieren nach einem Match kann für verschiedene Dinge genutzt werden. Es kann z. B. mit bildhaften Vorstellungen verschiedene Entspannungsübungen unterstützen und so wohltuend auf den Körper und die Psyche einwirken. Schon allein durch das Visualisieren der Anspannung und Entspannung bestimmter Muskelgruppen kann man die Koordination der Muskulatur verbessern, ohne sie in Wirklichkeit anzuspannen oder zu entspannen.

Zudem kann die Visualisierungsübung „Replay“ genutzt werden, um sinnliche Eindrücke einer schon erbrachten Leistung besser nachzuempfinden. Grundsätzlich hat der menschliche Körper ein außergewöhnlich gutes Gedächtnis. Manchen Sportlern fällt es sehr leicht, dieses Gedächtnis anzuzapfen, andere haben ein wenig mehr Schwierigkeiten damit. Gute Spieler erinnern sich beinahe an jede Einzelheit eines Matches, auch wenn dieses manchmal schon Wochen zurückliegt. Wenn ein Spieler die Fähigkeit, sich an vergangene Leistungen zu erinnern, noch nicht so gut beherrscht, kann er sie mit ein wenig Übung sehr schnell verbessern. Als Tennisspieler sollte es einem nicht sehr schwerfallen, sich daran zu erinnern, wie man sich bei dem letzten Match gefühlt hat oder was man in dem Match in welcher Situation gemacht hat. Das Replay ist eine gute Möglichkeit, um Fehler oder Auslöser für Fehler (z. B. Verhalten oder negative Gedanken) zu finden und sie zu korrigieren. Zu diesem Zweck kann man die Bewegung noch einmal langsam vor den Augen ablaufen lassen. Die Visualisierung kann danach für die nächste Ausführung oder als Vorbereitung für das Preplay genutzt werden. Hierbei hilft es, wenn der Athlet versucht, sich selbst von außen anzuschauen. Er kann sogar sein eigener Trainer sein, indem er sich beobachtet und seine Leistung beurteilt. Das kann helfen, mehr Einsicht in die eigene Technik zu bekommen. Schafft ein Spieler es im Training problemlos, von kinästhetischen und taktilen Empfindungen (er fühlt die Bewegung) zu visuellen (er sieht sich von außen) umzuschalten, kann er diese Methode auch im Match anwenden. Er wird sich dann dort die positiven Momente viel besser einprägen und in anderen Matches leichter hervorrufen können. Auf diese Weise hat er die Möglichkeit, sich bei schwachen Leistungen mit einem Replay aus dem Tief herauszuziehen.

Tipps für Spieler

Folgende Dinge solltest du beim Visualisieren nach dem Match beachten:

- Entspanne dich als Erstes, nach einem anstrengenden oder herausfordernden Match kann es eine Weile dauern, bis du die nötige Ruhe findest.
- Suche dir Symbole bzw. Bilder, die du beim Visualisieren nach dem Match nutzen kannst, um dich besser zu entspannen.
  - Vervollständige innerlich den Satz: „Ich fühle mich wie ...“ und schon hast du dein persönliches Image gefunden.
- Überlege genau, was in deinem Match passiert ist.
  - Lasse das Match oder die wichtigsten Dinge noch einmal vor deinen Augen ablaufen, betrachte dich dabei von außen.
- Gab es deiner Meinung nach entscheidende Momente, Situationen oder Phasen (im Match sollte das überwiegend die Taktik betreffen)?
  - Korrigiere die Fehler vor deinem inneren Auge.
  - Stell dir vor, wie du diese Situation das nächste Mal lösen wirst.
  - Für dein Verhalten, Gedanken und Gefühle vervollständige den Satz: „Das nächste Mal, wenn ..., dann werde ich ...“
  - Speichere alle positiven Momente ab, damit du sie bei zukünftigen Matches wieder hervorrufen kannst.
- Schließe beim Visualisieren alle Sinne mit ein.
  - Wie hast du dich in bestimmten Situationen gefühlt?
  - Was hast du bei bestimmten Schlägen gespürt?
- Überprüfe zum Abschluss die Ziele, die du dir vor dem Match gesetzt hast.
  - Waren deine Ziele realistisch?
  - Hast du sie erreicht?
  - Wenn ja, bravo.
  - Wenn nein, analysiere, warum nicht.

Ballinas Tricks zum Visualisieren als Matchnachbereitung

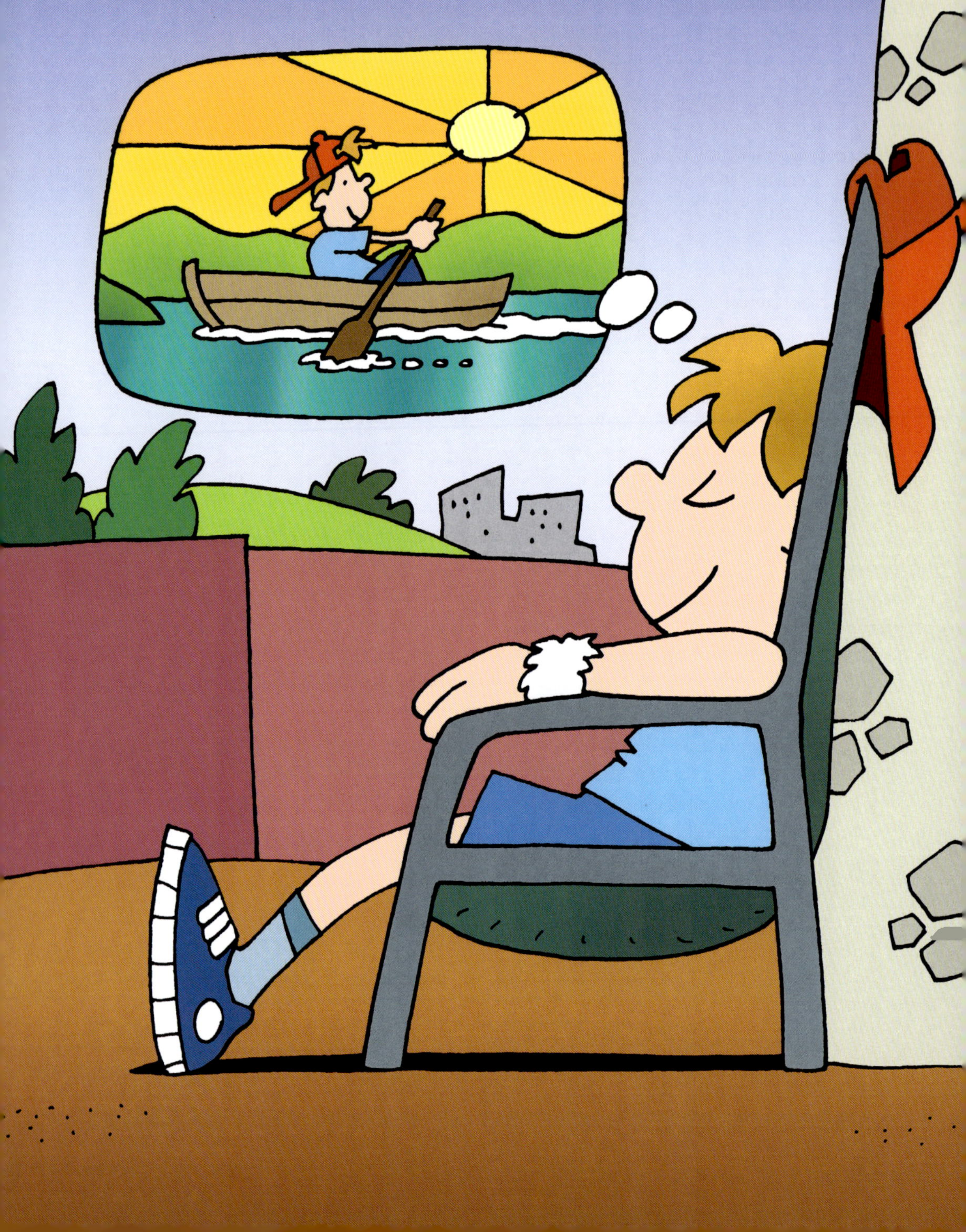

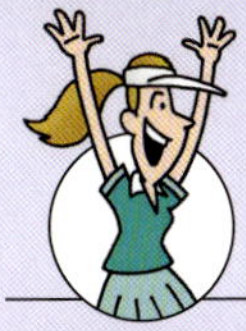

B Ballina

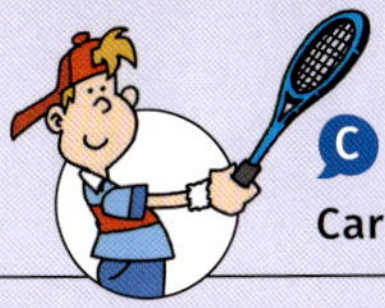

C Carlos Cool

Carlos ist gerade mit seinem Match fertig und ist total kaputt. Im Kopf schwirren ihm tausend Gedanken herum. Ballina gibt ihm Tipps, wie er sich nach dem Match besser erholen kann.

B Hallo, Carlos, was für ein hartes Match. Bravo, ich sehe dich gerne, wenn du so hart kämpfst.

C Oh ja, das war wirklich ein Fight, ich bin total kaputt.

B Hast du denn schon deine Cool-down-Routine durchgeführt?

C Ja, habe ich. Aber das Match geht mir immer noch im Kopf herum. Und so richtig entspannen kann ich mich auch nicht.

B Hast du schon einmal Visualisierungsübungen ausprobiert? Du kannst sie sehr gut als Nachbereitung des Matches und als Entspannungsübungen einsetzen.

C Ja, ich habe schon oft Visualisieren geübt. Das klappt eigentlich ganz gut. Aber zur Matchnachbearbeitung habe ich sie noch nicht eingesetzt.

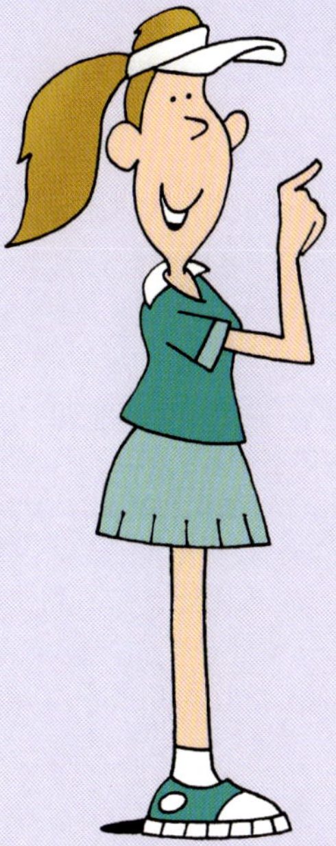

B Was beschäftigt dich denn von deinem Match am meisten?

C Ach, ich habe immer, wenn ein kurzer flacher Ball gekommen ist, blöde Fehler gemacht. Aber ich weiß einfach nicht, was ich dort falsch gemacht habe.

B Wie wäre es, wenn du die Situationen noch einmal langsam vor deinen Augen ablaufen lässt. Vielleicht entdeckst du etwas.

Carlos schließt die Augen und ist für einige Minuten ruhig damit beschäftigt, alle Situationen noch einmal durchzugehen.

C Du hast recht, Ballina, ich habe etwas entdeckt. Ich habe alle flachen Bälle versucht sehr schnell longline zu spielen. Und natürlich sind sie entweder ins Netz oder hinten ins Aus gegangen.

B Das ist prima, Carlos, bravo. Und nun solltest du den Satz vervollständigen: „Wenn ich das nächste Mal ..."

C ... einen flachen Ball bekomme, dann werde ich ihn mit mehr Drall und cross spielen.

B Prima. Nun kannst du dich voll auf eine Entspannungsübung einlassen. Wie wäre es, wenn du dir eine gemütliche Bootsfahrt auf einem kleinen ruhigen See vorstellst? Du könntest in Gedanken hin- und herschaukeln und die Ruhe genießen.

C Ja, Ballina, das werde ich machen. Vielen Dank.

Übungen

Bootsfahrt

5-10, 11-14 Jahre

Die folgende Übung kann von den Trainern oder Eltern vorgelesen werden. Etwas ältere Spieler können sie nach einer Weile auch selbst durchführen. Setze oder lege dich bequem hin, schließe deine Augen und atme durch die Nase ein und den Mund wieder aus. Stell dir vor, dass du an einem kleinen See bist, am Ufer des Sees liegt ein kleines Boot und du beschließt, eine kleine Fahrt mit dem Boot zu machen. Du steigst in das Boot und spürst, wie es unter dir anfängt zu wackeln. Dann stößt du dich vom Ufer ab und lässt dich auf dem See treiben. Du hörst das leise Plätschern des Wassers und kannst dich so richtig entspannen. Es ist wunderschön auf dem See. Und wenn noch Gedanken in deinem Kopf kreisen, so werden diese jetzt immer leiser und leiser. Du hörst nur noch das Plätschern des Wassers, das Boot schaukelt sanft hin und her und du wirst immer ruhiger und entspannter. Mit diesem guten Gefühl lässt du dich langsam wieder zum Ufer treiben. Strecke und bewege dich ein paarmal kurz, öffne deine Augen und komm langsam wieder zurück in den Raum, in dem du dich befindest.

Hängematte

5-10 Jahre

Die folgende Übung kann von den Trainern oder Eltern vorgelesen werden. Etwas ältere Spieler können sie nach einer Weile auch selbst durchführen.

Lege oder setze dich ganz bequem hin und stell dir vor, du liegst in einer Hängematte und lässt dich hin- und herschaukeln. Die Sonne wärmt dein Gesicht und du atmest tief die klare Luft ein. Deine Arme liegen auf der Seite deines Körpers und schaukeln zusammen mit dir und der Hängematte hin und her. Du kannst spüren, wie deine Arme und Hände von der Sonne angenehm warm werden und sich ganz von alleine entspannen. Auch deine Beine entspannen sich immer mehr und werden leichter und leichter.

Während du weiter in der Hängematte liegst und schaukelst, fühlst du, wie sich deine Gesäß- und Bauchmuskeln immer mehr entspannen. Dann werden auch deine Nacken- und Rückenmuskeln ganz weich und entspannt. Du spürst, wie die Hängematte dich trägt und sanft schaukelt und du ganz ruhig atmen und einfach lockerlassen kannst.

Bewege nun locker deine Arme und Beine, stell dir den Ort vor, an dem du dich befindest, und öffne langsam die Augen. Schaue einen Punkt an, an dem du dich wieder im Hier und Jetzt orientieren kannst. Falls du nicht schlafen möchtest, bewege dich locker hin und her, bis du dich wieder topfit und erholt fühlst.

Replay

11-14, 15-18 Jahre

Der Trainer liest vor:

Wenn du mit dem Visualisieren beginnst, atme tief ein und entspanne dich beim Ausatmen.

Möchtest du eine Eigenschaft verbessern, die bei dir schon ab und zu vorhanden ist, du aber nicht zuverlässig damit umgehen kannst, solltest du dich auf eine Visualisierung deiner eigenen Leistung konzentrieren. In diesem Fall ist es von großer Bedeutung, dass du die Gefühle hervorrufst, die du hattest, als du die entsprechende Bewegung schon einmal perfekt ausgeführt hast. Lass zu dem Gefühl ein entsprechendes Bild entstehen, mit dem du die Bewegung geistig gut in Verbindung bringen kannst.

Stelle dir die vergangene Szene in allen Einzelheiten vor. Achte dabei auf die Gefühle, die du wahrgenommen hast, als du dich auf die Leistung vorbereitet und sie dann ausgeführt hast. Durchlaufe die ganze Situation noch einmal von vorne. Bei diesem Durchlauf konzentrierst du dich darauf, wie sich dein Körper verhalten und sich bewegt hat und wie du deine Bewegungen kontrolliert hast. Welche Eigenschaften fallen dir dabei besonders auf?

Hast du genug Zeit, gehe mit deinen Gedanken zurück zum Anfang und werde ein Beobachter deiner eigenen Leistung. Ist es möglich, dass du einen Teil deines Körpers vernachlässigt hast? Das könnte zum Beispiel ein wichtiger Hinweis auf eine mangelhafte Bewegung sein. Nachdem du dich erneut von außen betrachtet hast, versetze dich wieder in deinen Körper hinein und versuche nachzuvollziehen, was genau du beim Ansatz der Bewegung gedacht hast. Welche Gedanken und Gefühle sind in deinem Kopf umhergekreist und inwieweit haben sie deine Leistung positiv oder negativ beeinflusst?

Bei dem mentalen Vorspielen von mangelhaften vergangenen Leistungen kannst du auch an der Bewegung kleine technische Veränderungen vornehmen. Positive Dinge solltest du unbedingt beibehalten. Verändere nun das, was deine Leistung verbessern würde, und spiele dir im Kopf die verbesserte Version ein paarmal vor.

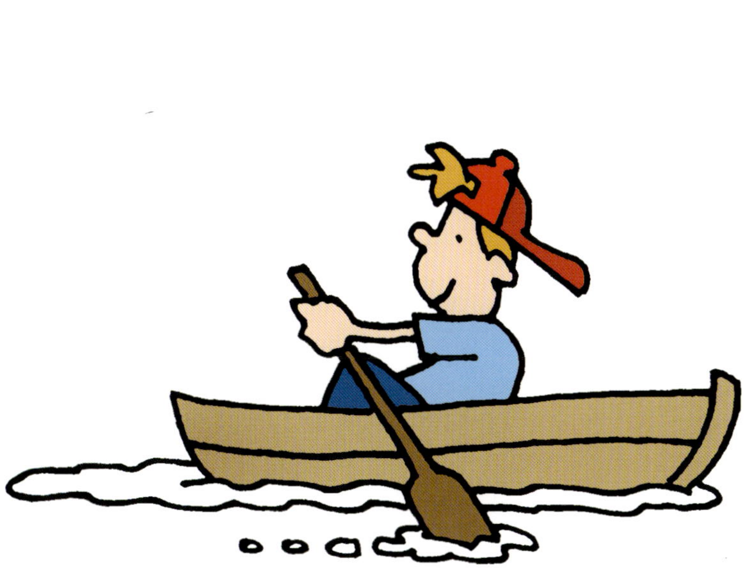

Literaturverzeichnis

Amler, Wolfgang/Bernatzky, Patrick/Knörzer, Wolfgang: Integratives Mentaltraining im Sport, Meyer & Meyer Verlag, 2009

Baisch-Zimmer, Saskia/Petrig, Gabriele: Kinder-Mentaltraining, Kinder für das Leben stärken, Beltz Verlag, 2011

Bandura, A.: Self-efficacy, The exercise of control, New York: Freeman, 1997

Baumann, Sigurd: Psyche in Form, Sportpsychologie auf einen Blick, Selbstvertrauen stärken Motivation fördern, Stress bewältigen, Meyer & Meyer Verlag, 2011

Baumeister/Roy, Vohs, Kathleen: Handbook of Self-Regulation, Research Theory and Applications, New York, 2004

Bass, Bernard, The Bass Handbook of Leadership, Theory, Research & Managerial Applications, 4th Edition, New York: Simon & Schuster, 2008

Bühler, Jürg: Player Development, Grundlagen Psyche, Swiss Tennis, Spitzensport, 2012

Cramer, Gunner/ Furuholmen, Dag: Ich coache mich selbst, Das Erfolgstraining gegen Stess, Angst und andere Belastungen, humboldt, 2001

Dreher, Caroline: Persönlichkeitsstrukturelle Entwicklung in der Psychotherapie, Südwestdeutscher Verlag für Hochschulschriften, 2015

Eberspächer, Hans: Mentales Training, Ein Handbuch für Trainer und Sportler, sportinform, 1995

Engbert, Kai: Mentales Training im Leistungssport, Ein Übungsbuch für den Schüler- und Jugendbereich, Neuer Sportverlag, 2011

Erikson, E.H.: Identität und Lebenszyklus, Suhrkamp Taschenbuch Verlag, 1966

Flammer, August: Entwicklungstheorien, hogrefe, 2017

Linz, Lothar: Erfolgreiches Teamcoaching, Ein Team bilden, Ziele definieren, Konflikte lösen, Meyer & Meyer Verlag, 2004

Loehr, James, E.: Die neue mentale Stärke: sportliche Bestleistung durch mentale, emotionale und physische Konditionierung, BLV Verlagsgesellschaft mbH, 2000

Loehr, James, E.: Tennis im Kopf, Der mentale Weg zum Erfolg, BLV

Mahoney, M. J./ Avener, M.: Psychology of the elite: An exploratory study. Cognitive Therapy and Research, 1977

Mastronardi-Johner, Gerda/ Piedford-Marin, Oliver: Handbuch Mentaltraining für junge Athleten/innen zwischen 6 + 12 Jahren, Sportwissenschaft Swiss Olympic, 2006

Nideffer, R. M.: The Inner Athlete. New York, Thomas Crowell, 1976

Nittinger, Nina: Psychologisch orientiertes Tennistraining, Neuer Sportverlag, 2009

Nittinger, Nina: My-Pocket-Coach Mental, Neuer Sportverlag, 2010

Nittinger, Nina: My-Pocket-Coach Tennis Taktik, Neuer Sportverlag, 2011

O'Shannessy, Craig: www.braingametennis.com

Schönborn, Richard: Optimales Tennistraining, Der Weg zum erfolgreichen Tennis vom Anfänger bis zur Weltspitze, Spitta, 2010

Schulz von Thun, Friedemann: Miteinander Reden, Störungen und Klärungen, Reinbek bei Hamburg 1981

Zeitschriften

Nittinger, Nina: Mental-Tipp des Monats, Deutsche Tennis Zeitung, Januar 2016 - November 2017

Siegemund, Laura, Bild, 30.4.2017

Voll, Stefan, Alles Kopfsache, Tennissport 2018

Siegemund, Laura: Mentale Stärke trainieren, Tennis Sport, Januar 2018

Webseiten

www.braingametennis.com

https://de.wikipedia.org/wiki/Bereitschaft

https://www.duden.de/rechtschreibung/Bereitschaft

www.parentingforbrain.com

https://www.swisstennis.ch/national/leistungssport/player-development

Impressum

Mentale Tipps & Tricks im Tennis
Stuttgart: Neuer Sportverlag, 2019
ISBN 978-3-96416-017-1

Autor
Nina Nittinger
Horlaubenstr. 2c, 7260 Davos, Schweiz

Projektleitung und Redaktion
Hendrik Schulze Kalthoff, Nadine Müller

Gestaltung
Joschka Silzle
Nadine Müller
Kim Vollmer

Herausgeber
Neuer Sportverlag
Silberburgstr. 112, 70176 Stuttgart, Deutschland
www.neuersportverlag.de

1. Ausgabe

Layout und Satz
Kim Vollmer

Reproduktion und Bildbearbeitung
Holger Koch
André Poch

Bildnachweis
Rolf Semmler
Tennis Turniere Klosters
Nina Nittinger
picture alliance / AP Photo: Titelbild groß, S. 23

Vielen Dank an
Petra Russegger für ihren grossen Zeitaufwand und die vielen tollen Tipps und Hinweise zum Buch. Freddy Siegenthaler für seine kreativen Verbesserungsvorschläge. Jürg Bühler, Laura Siegemund und Angelika Küng für ihre Unterstützung. Tennis Turniere Klosters und Rolf Semmler für die tollen Fotos.

Und ein herzliches Dankeschön an die Spieler
Luca Stähli
Henry von der Schulenburg
Simona Waltert
Leonie Küng
Fiona Ganz
Joanne Züger
Chiara Filli-Cavegn
Gianna und Men Costa
Marcel Giovanoli
Naila Saager

NEUER SPORTVERLAG

My-Pocket-Coach Mental/Tennis/Fitness

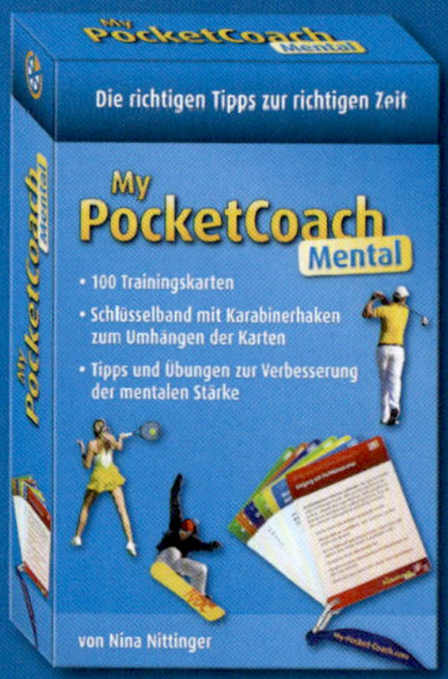

My-Pocket-Coach

ist das ultimative Tool für Athleten und Trainer, um die mentale, physische und taktische Stärke im Training und bei Wettkämpfen gezielt zu verbessern. Mentale Stärke, Fitness und taktische Finesse spielen eine enorm wichtige Rolle, um die sportliche Leistungsfähigkeit voll ausschöpfen bzw. sie aufrechterhalten zu können.

Mit **My-Pocket-Coach Mental** können Athleten aller Sportarten sich schnell wichtige Kenntnisse aus dem mentalen Bereich aneignen. Praktische Übungen helfen, die mentale Stärke gezielt aufzubauen. Im Training oder bei Wettkämpfen gibt My-Pocket-Coach immer die richtigen Tipps für entscheidende Momente.

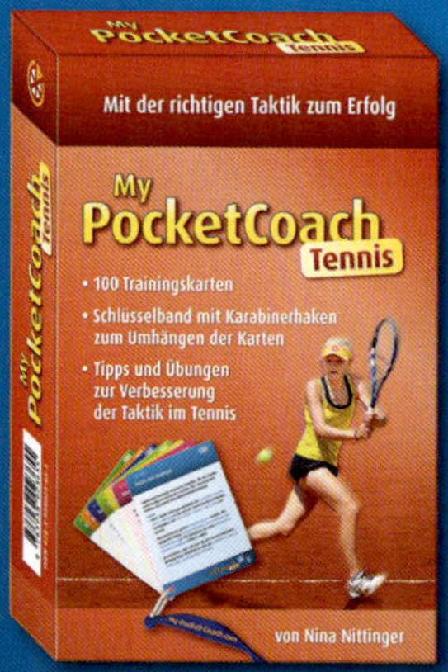

My-Pocket-Coach Tennis ist der unverzichtbare Ratgeber für jeden Tennisspieler, um in schwierigen Situationen die erfolgversprechendste Lösung parat zu haben. My-Pocket-Coach Tennis gibt ambitionierten Spielern die taktischen Tipps für das Match, die den Weg zum Erfolg ebnen. Wer ein Match gewinnen will, muss wissen, wie er seinen Gegner besiegen kann.

My-Pocket-Coach Fitness ist das umfassende Werkzeug für jeden Sportler, der mit gezielten und funktionellen Übungen seine körperliche Fitness trainieren will. Durch regelmäßiges Trainieren werden die Leistungsfähigkeit des Körpers gesteigert, Schwächen gezielt behoben und Verletzungen vorgebeugt. Mit über 180 bebilderten Übungen auf 100 Trainingskarten kann jeder Sportler die vorgegebenen Trainingsprogramme einfach nachvollziehen und eigene Programme zusammenstellen.

Die Übungen können spezifisch auf verschiedene Sportarten abgestimmt, vereinfacht oder erschwert werden, so dass sie sowohl von Leistungs- als auch Hobbysportlern aller Altersstufen durchgeführt werden können.

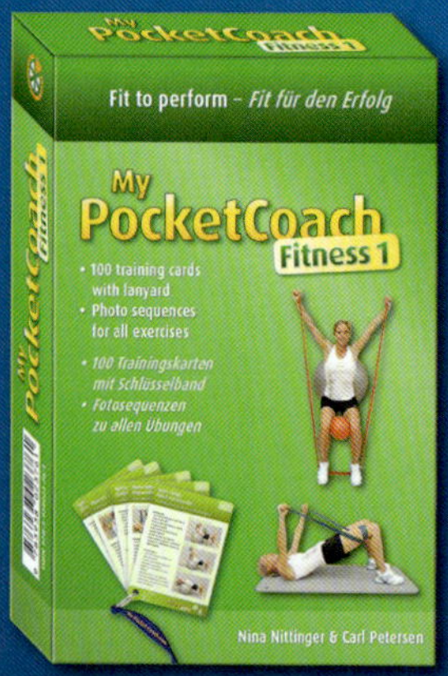

Einfach eine individuelle Auswahl an Karten zusammenstellen, an das Schlüsselband hängen und los geht's!

My-Pocket-Coach Mental
ISBN 978-3-938023-57-0

My-Pocket-Coach Tennis
ISBN 978-3-938023-65-5

My-Pocket-Coach Fitness
ISBN 978-3-938023-76-1

je EUR 29,90
Nina Nittinger

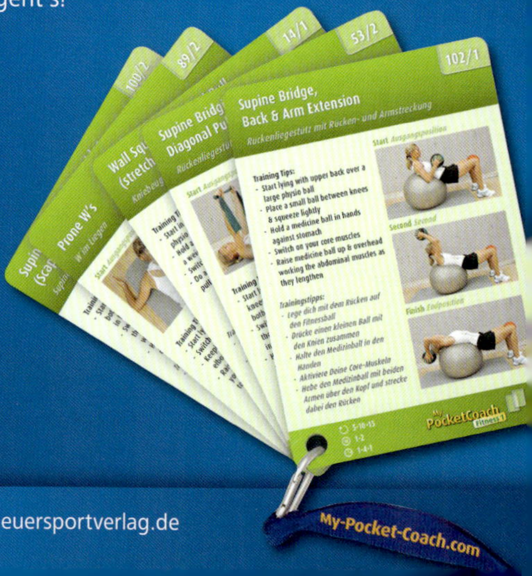

NEUER SPORTVERLAG

Weitere Trainings- und Übungsbücher

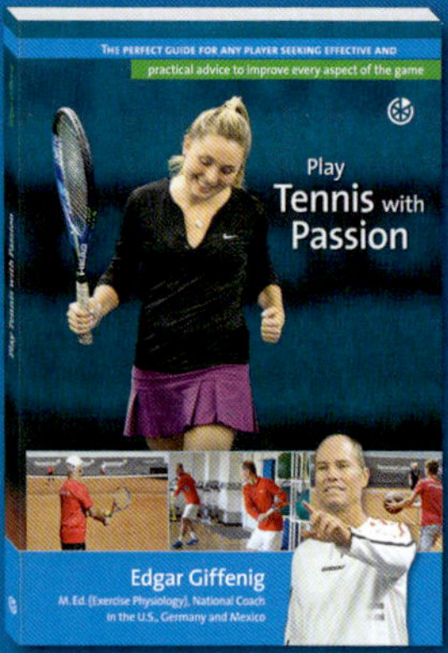

Play Tennis with Passion

This book is for every player who feels stuck and frustrated by lack of improvement. It is the perfect guide to understand and develop every aspect of the game. The book breaks tennis down into ten performance determining factors, which directly establish a player's performance level: consistency, precision, footwork, perception and anticipation, variation, spin, ball speed, camouflage, mental skill and decision making. Each chapter addresses one of these factors and presents simple and effective tips and exercises to develop it, ultimately improving overall performance. This guide is the perfect long-term companion for any player. It can be read cover to cover or selectively by focusing on the chapter that addresses immediate, specific problems or concerns.

ISBN 978-3-96416-020-1 **EUR 24,90** Edgar Giffenig

Developing High Performance Tennis Players

A guide for coaches, players, parents and anyone who wants to know what it takes to be the best.

This book is an attempt to answer the questions that the author has pondered most of his life: What does it take to be a great tennis player and what is the most effective way to train. It is a summary of 40 years in competitive tennis as a high performance player and coach of elite athletes. Within its pages you will find a player development system that guides coaches, players and parents through the intricacies of high performance tennis training.

ISBN 978-3-944526-01-0 **EUR 24,90** Edgar Giffenig

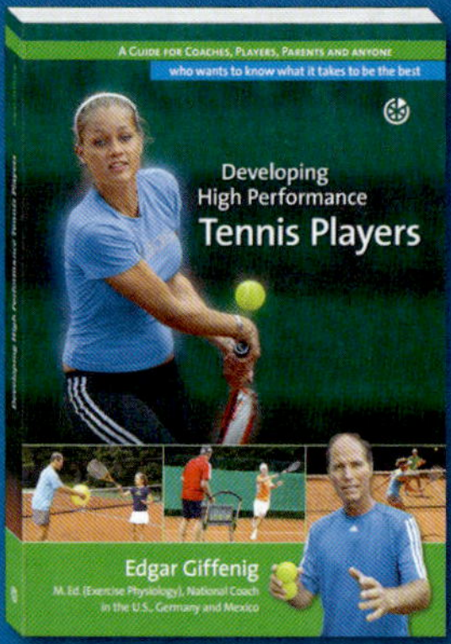

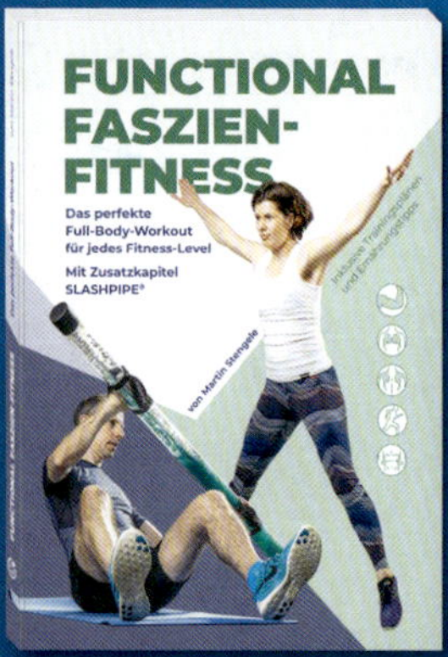

Functional Faszien-Fitness
Das perfekte Full-Body-Workout für jedes Fitness-Level

Der ultimative Guide zu Ihrem Ganzkörper-Workout. Er bietet funktionelle Fitness im höchsten Maße: Kraft, Agilität, Stabilität und Balance. Das Buch enthält eine große Anzahl an Workouts von leicht bis sehr schwer. Die jeweiligen Übungen sind mit detaillierten Bildfolgen verständlich aufgebaut. Darüber hinaus wird bei allen Workouts angezeigt, welche Muskeln hierbei beansprucht werden. Den Themen Faszien-Training, Animal Moves, SLASHPIPE®-Training, Bodyweight-Training und Life Kinetik® wird jeweils ein eigenes Kapitel gewidmet. Functional Faszien-Fitness ist Ihr idealer Begleiter für ein perfektes Workout.

ISBN 978-3-96416-010-2 **EUR 19,50** Martin Stengele

NEUER SPORTVERLAG

Fit to Play Golf Fitness verbessern & Handicap senken

ist die neueste Ressource für jeden, der ein besserer Golfspieler werden möchte. Das Buch stellt eine Trainingsanleitung dar, mit der die Leistungsfähigkeit verbessert werden kann. Wer sein Training optimiert, kann das bestmögliche aus jeder Fitnessstunde herausholen. In diesem umfassenden Fitnessguide haben die Autoren ihr gemeinsames Wissen in Kombination mit Quellen anderer Fachleute zusammengefasst, um Golfspielern die neuesten Informationen zu cleveren Trainingskonzepten vorzustellen. Vertieftes Wissen und die Ausbildung in den Bereichen Stabilitäts- und Krafttraining, Verletzungsprävention und Erholungsmethoden können eine verlängerte gesunde aktive Karriere für den Hobbyspieler ermöglichen.

ISBN 978-3-944526-73-7 **EUR 19,50** Nina Nittinger & Carl Petersen

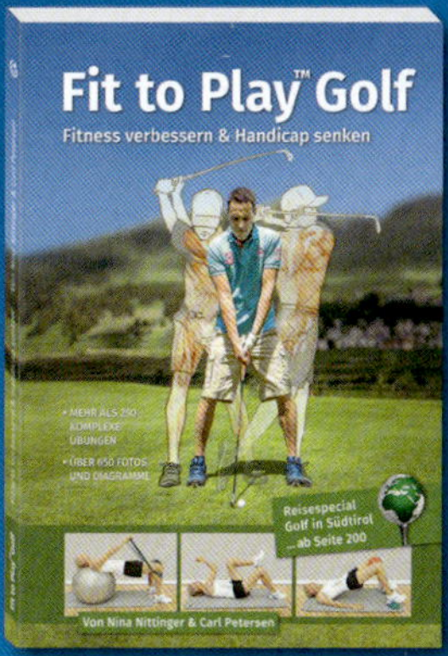

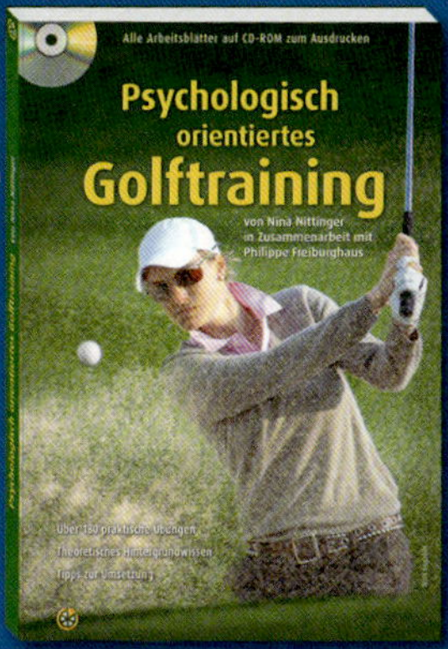

Psychologisch orientiertes Golftraining

Für jeden Golfer, vom Profi bis zum Clubspieler mit Platzreife, bedeuten 18 Löcher auf dem Golfplatz zu spielen auch gleichzeitig 18 große Herausforderungen zu bestehen. Und das nicht nur im technischen und taktischen, sondern ganz besonders im psychischen Bereich. Das in diesem Praxisbuch dargestellte psychologisch orientierte Golftraining bezieht sich auf den Aufbau der psychischen Leistungsfähigkeit, so dass diese unter Wettkampfstress und hohen Belastungen stabil bleibt. Ein starker Kopf ist kein Zufall, sondern das Resultat eines zielgerichteten und systematischen Trainings.

ISBN 978-3-944526-27-0 **EUR 19,50** Nina Nittinger

Mentales Training im Leistungssport

Mentale Stärke im Leistungssport ist kein Zufall, sondern das Ergebnis von Training und Erfahrung. Daher sollte bereits im Schüler- und Jugendalter mit dem mentalen Training begonnen werden. Langfristig führt es zu mehr Selbstbewusstsein, stabileren Wettkampfleistungen und hilft besonders „Trainingsweltmeistern", ihre Leistung dann abzurufen, wenn es zählt.

Dieses Buch richtet sich an Trainer und Sportpsychologen, die mit Sportlern im Einzelcoaching oder in der Gruppe mentales Training planen und durchführen möchten.

ISBN 978-3-938023-63-1 **EUR 19,50** Dr. Kai Engbert

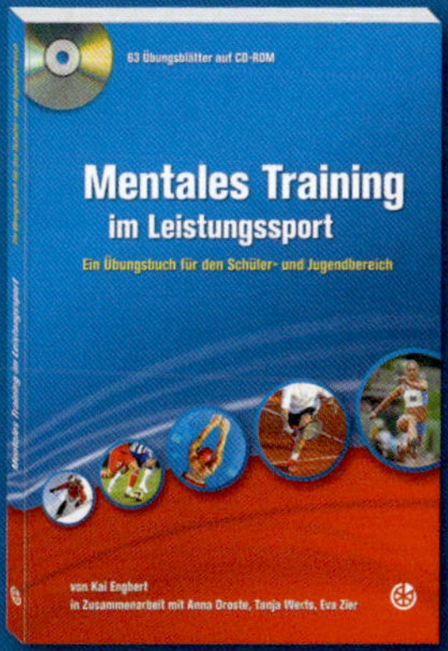

Weitere Trainings- und Übungsbücher sowie aktuelle Informationen finden Sie unter **www.neuersportverlag.de**